# 「J演劇」の場所

トランスナショナルな移動性《モビリティ》へ

内野 儀［著］

東京大学出版会

The Location of J Theatre:
Towards Transnational Mobilities
Tadashi Uchino
University of Tokyo Press, 2016
ISBN 978-4-13-080217-8

# まえがき　〈媒介〉としての「日本」——舞台芸術のモビリティを高めるために

本書をはじめるにあたって、浅田彰による、以下の示唆的かつ明晰な〈現実〉をとらえた発言を引用しておきたい。

> 原点に返って現実を批判し、別の現実を構想することが、求められているのです。そのためにも、この本［『構造と力』］をバージョンアップしたような新しい地図が必要になっているのかもしれない。とくに、東アジア諸国には、さまざまな伝統がある一方、日本が百年以上かけて受容してきた近代思想や現代思想が十年くらいで一挙に押し寄せている。議論を整理するためにも何らかの地図が必要でしょう。さもなければ、マイケル・サンデルの「ハーバード白熱教室」のような米国の有名大学の「知」がすべてをのみ込んでしまう。それこそ悪《あ》しきグローバル化じゃないでしょうか。（浅田、二〇一三）。

ここでの浅田の発言は、時代が大きく動いた現在、一九八三年に出版された主著『構造と力』に代わるなんらかの思想的・原理的地図が必要とされているのではないか、という趣旨である。わたしなりに解釈するなら、日本は西洋のよき理解者であり、東アジア諸国・諸地域とは地理的に連なっているという位置性を自覚せよ。そして、その両方向を視野に入れた「これから進むべき道＝地図」を作成＝構想せよ、ということになろうか。「示唆的かつ明晰」と書いたのは、このいわれてみれば当たり前の日本の立ち位置が、諸実践レヴェルではあまり意識化されることがないように、わたしには思えているからだ。「明晰」だが実践するには、それなりの戦略がいる、ということでもある。

というのも、「西洋かアジアか」という単純な二元論に、わたしたちは情緒的に弱いからである。

たとえば、第二次世界大戦後、浮沈を経験しながらも、継続しているように思える昨今主流の反米主義的自立論が典型であるように、憲法改正問題にせよ、基地問題解決にせよ、すべては「西洋コンプレックス」の裏返しでしかなく、生産的な議論が生まれる余地がほとんど感じられない。その逆の、近頃は多少おさまってきたようではあれ、いわゆるアジア・ブームも、アジアに対する西洋の植民地主義的視線が日本人に内面化されたことを示すだけで、そこからなんら創造的・生産的な展開が見えてこない。

芸術の分野ではどうか。明治以来のヨーロッパ至上主義は、大戦間中と戦後期に、ハリウッド映画を代表格とするアメリカ的大衆文化が流入してくるにつれ、その対象を特に高級芸術《ハイアート》分野に焦点化し、ますますその勢いを増してきているようだ。何もかも、ヨーロッパ基準で、芸術実践の水準を問うというわたしたちの内面的価値意識には、ほとんど何の変更もない。そしてその反対側には、日本「独自の価値」というヨーロッパ基準の絶対性の単なる裏返し(=ガラパゴス化)がぴったりと張り付いている。明治期に「日本の伝統文化」を「発見」したのは、いうまでもなく、西洋人である。つまり、日本の伝統文化を云々する言説は、単にそうした西洋人の視線を反復しているにすぎない、ということである(だからこそ、たとえば、村上隆は成功した、というのがわたしの見立てである——村上には戦略があったということだ)。

「アジアか西洋か」と「日本独自=ガラパゴスとしての日本」が等価にかつスタティックに付置されてしまっている現在、何かが「動く」とするならば、まずは「アジアも西洋も」となる必要があろう。その先に、「日本独自」、それも孤絶したガラパゴスではなくアジアと西洋の両方向に開かれた「日本独自」(の立ち位置、振る舞い方、戦略)が見えてくるのではないか。

単なる夢物語ではない。たとえば、日本の現代演劇の世界でみるなら、劇作家・演出家である岡田利規の活躍がある。その最新作の『Zero Cost House』が、アメリカの劇団のために英語で書き下ろされ、アメリカで初演されたという事実は、岡田がヨーロッパのフェスティヴァルから日本語での新作を委嘱されているということを加えて考えれば、単に歴史的事件であるだけでなく、今後の日本国籍の舞台芸術の進むべき道を示してもいるだろう。[補1]「クールジャパン」という日本発ではない日本ブームと、岡田の活動がほぼ関係がないことも重要である。鈴木忠志の『リア王』がモスクワ芸術座のレパートリーになったり、宮本亜門演出のミュージカル（『太平洋序曲（*Pacific Overtures*）』）がブロードウェイで上演されたりしたのとは、次元が異なる新展開だと考えられるのである。[補2] 岡田の場合、「その先」、比較的一枚岩だと想定しやすい欧米とは様相が異なるアジアとどのような関係を今後とれるのかという課題は残されている。

アジアとの連携ということでは、特に韓国との密接な関係が近年、際立っている。日韓演劇交流センターができたのは一九九九年までさかのぼれるし、近年では、多田淳之介のように両国を自在に往来して作品を発表している演出家も出てきている。こうした韓国とのバイラテラルな連携における問題は、もちろん、韓国だけとの双方向という「狭さ」である。アジアは、あるいは東アジアは韓国だけではない。中国はどうか。さらに東南アジアは。南アジアは。実際、韓国と「その先」については、未だ個（別）的ベースの点と点が時おり結ばれるだけで、「交流」の域を出ていないように思われる。しかも、多くの場合、それらは西洋に向かって開かれてはいない。

ここで「交流」とわたしが呼んでいるものは、直接的・日常的な創作環境において作られた作品をお互いに持ち寄ることをイメージしている。当然、その次の段階としては、間文化的（＝インターカルチュラル）な創造がやって来るはずである。互いの芸術・文化的規範の外にいったん出て、現場的交渉プロセスを経て、作品へといたる道筋である。インターカルチュラル演劇という概念そのものは、欧米圏ではすでに定着しているものだが、そういう概念語が人口に膾炙しているとはいえない日本の舞台芸術についても、少なくとも韓国とのバイラテラルな関係においては、あるいは、言語を必ずしも必要としないダンスにおいては、ここ十年で、実態としてみれば、すっかり定着した感がある。

ただ、理論的には、芸術・文化をある特定の地理的ないしは規範的フレーム内に固定して捉えるインターカルチュラリズムは、すでにアルカイックなものとして否定されている。というのも、ここ二十年のグローバルな領野での舞台芸術のひとつのクリティカルな特質は、国籍や固有の文化とは必ずしも即応しない特異性としての芸術的個（＝シンギュラリティ）と個が、偶発的に出会い、雑種的としかとりあえずは呼びようがない上演へと、あるいは、もう少しキャッチフレーズ的に言うなら、トランスナショナルな実践として、時として結実していることだからである。

少なくともこういう舞台芸術は、グローバル資本の運動とパラレルな関係にある。多国籍どころか今や国籍すら定かではなく、国境など瞬時に越えてしまう資本の移動とみあうものでありうる。みあえばよいということではないにせよ、時代の、そしてグローバル資本主義の速度感と遍在性を批判的に体現できる可能性がある。遅れずに、グローバルに展開する危機的諸問題と芸術的に対峙する可能性が開かれる。

ところが、舞台芸術は遅い、モビリティが低いという自明視されがちな前提がある。だが本当にそうだろうか、と疑ってかかる必要があるのではないか。そうでないなら、舞台芸術は国家または「自国の文化」（この二つは、ほとんど同じものだ。さらにここに、「地域」というガラパゴス日本的枠組みを加えてもよい）という固定枠のなかでしか発想／消費されるほかはなく、その国家内の階級的ハイアラーキーと即応する種類別／価格別の消費財として、限定的な社会機能しか果たしえないだろう。それぞれの階層に帰属する／させられる人々にとっての、それ相応の「癒やし＝娯楽」にしかならないということである。そして、日本国籍の舞台芸術は、おおむねそのようになってしまっている。さらに、そのようにして発想される作品は、その限定的・固着的枠組みの鏡＝反映としての上演となり、たとえば、ゼロ年代の「自国の文化」が、わたしたちには〈個〉と〈世界〉という二項しかないという妄想的断念のうちに「セカイ系」文化を生み出してから、だいぶ遅れて演劇でも「セカイ系」が出てくる――具体的には、ままごとの『わが星』（柴幸夫作・演出、二〇〇九）のことを言っている（第Ⅱ部六章を参照）――といった顚末になるだけである。

舞台芸術のトランスナショナルな移動性＝モビリティを高めること。芸術家は、つねにすでに、移動しなければならない。地理的移動、ジャンル的移動、思想的移動、方法的移動、あらゆる意味での移動である――もはや（かつての）浅田彰的「逃走」とはいうまい。そこから逃げるべき中心などもうないのだから。そうしてはじめて、日本を〈媒介《メディウム》〉にした、すなわち日本を根拠や定点や規範とすることなく単なる〈媒介《メディウム》〉とする、西洋とアジアの両方向に開かれた芸術実践というものが構想可能になる。

　アーティスト・イン・レジデンスというスキームが近年、盛んになってきているのには、プラクティカルな経済的理由もあるだろうが、[補3] 原理的には、この芸術家の移動という理念が深く関与していると考えるのが妥当だろう。心地よい「自」の文脈をたちきって「他」のただなかで活動すること。可視的業界の境界の埒外でだけ動くこと。このようにして、〈特異点《シンギュラリティ》〉と〈特異点《シンギュラリティ》〉がアトランダムに接合しつづけることができれば、何かが変わるかもしれない（変わらないかもしれない）。国家（＝自国の文化）などというアルカイックなカテゴリーの延命／強化への奉仕を拒否する助成金というものがありうるとするならば、それはまさしく、こうした〈特異点《シンギュラリティ》〉と〈特異点《シンギュラリティ》〉のアトランダムな接合を促すものであるはずだろう。そして、こうしたアトランダムな接合を記録／記憶していくことができれば、わたしたちにもわたしたちなりの「地図」が描けるはずなのである。そのためにも、〈アジア〉や〈西洋〉

という既存のカテゴリーを理念的・現実的に鍛え直しつづけ、〈媒介《メディウム》〉としての日本を複数化させつつ実体化することが求められている。「何も変わらない」というシニシズムに沈潜するのは、そのプロセスを経た後でも、けっして遅くはないはずである。

（二〇一三年五月）

＊＊＊

以上が、本書を出版する時点での、日本及び世界の舞台芸術に関するわたしの現状認識である。グローバル化した世界では、アーティストにかぎらず、わたしたちは移動性（モビリティ）を獲得しなければならない。ないしは、するほかはない、という趣旨である。さまざまな理由で強制的に移動させられる人々がいる——そして、その数はますます増えている——一方で、なにをのんきなことを、ということになるだろうか？　ただ、〈九・一一〉と〈三・一一〉を経験したわたしたちは、たとえ「のんき」と罵倒されようが、「のんき」というユートピア的身ぶりにおいて、移動してしまう／しつづける——ナショナルボーダーを、学問領域的ボーダーを、感性的ボーダーを、コミュニティ的ボーダーを——ことくらいしかできないのではないか。諸ボーダーの突破とか転倒とか攪乱といった勇ましい運動性ではない。ただ単に動くことである。動いてみせることである。

本書を出版するにあたり、『メロドラマの逆襲——〈私演劇〉の八〇年代』（勁草書房、一九九六）、『メロドラマからパフォーマンスへ——二〇世紀アメリカ演劇論』（東京大学出版会、二〇〇一）の二冊の著書の出版以降に書きためた論文、劇評、エッセイ等々を読み返しながら、事後的にではあれ、落ち着きのない動きっぱなしの〈受動性〉（＝動いてしまっている）のうちに、これらは書かれたものだ、と強く思った。症状的にいうなら、〈他者からの承認〉を求めていただけなのかもしれず、そのためそれらは、思考のリニアな軌跡を描くというよりも、思考の破線／断片が乱雑に積み重なるのみというふうに、〈まとまり〉としては、見えたということである。

そうはいっても、本書では、おおよそ〈九・一一〉と〈三・一一〉のあいだに書かれた文章を、ある程度年代別・テーマ別に配列することを試みた。主題的一貫性については、この危機的十年のわたし自身の心と思考の揺れと、それをあからさまに反映してしまっている文体／語彙使用の不安定さとともに、強くあるとは言えないかもしれない。もちろん、一方に、日本――わたしは〈Ｊという場所〉という表記を好むが――の現代パフォーマンスの諸実践というフィールドがあり、他方で、アメリカ合衆国の近現代のパフォーマンスの諸実践というフィールドがある。さらに、そうした（国民）国家的枠組みを突破した「グローバル化した世界」とそこで行われる――「そこ」は、「場所」というより、トロープとしてある――パフォーマンスの諸実践がある。そうした複数のフィールドを、わたしは移動しつづけたつもりだが、単にふらふらと彷徨っていただけではないか、という反省がないわけではない。

第Ⅰ部の「現代アメリカ演劇の地平――モダン・ドラマとパフォーマンス」では、『メロドラマからパフォーマンスへ』では十全に扱えなかった一九九〇年代以降の現代アメリカ演劇ならびにアメリカ演劇研究の同時代的動向を論じた文章を収めた。ここでは特に、いい意味での歴史修正主義として、近現代英語圏演劇研究における「ドラマ」概念再訪という事態が起きていることを背景にした論考が多い。それは文学研究が文化研究にとってかわられた――少なくとも英語圏では――ことと無関係ではないが、そのおかげもあって、ユージン・オニールやアーサー・ミラー、あるいはテネシー・ウィリアムズといった、わたしの関心の圏外に一度は去ってしまった作家たちについて、再び論じる必要性を感じることができたのである。

つづく第Ⅱ部の「Ｊ演劇を理論化する――〈九・一一〉のあとに」では、わたしが命名したＪ演劇（日本国籍の演劇、でもよい）について、〈九・一一〉以降から〈三・一一〉前後までに書いた文章を収めた。この日本における二一世紀の最初の十年間というのは、六〇年代後半に始まるアングラ演劇全盛期と同じくらい新たな動きが見られた時代である。というと、すぐさま反論がきそうなので、より正確を期した表現をするなら、「グローバル化した世界」との複雑な――リテラル／意識的というより兆候的／無意識的な――照応関係において、たとえガラパゴス的と批判的に称されようが、論じるに足る演劇文化的動き、すなわち現代演劇という狭い世界の中でこそ見えてくる価値や方法のパラダイムシフトが加速度的に進行し、そしてまたたくまに収束していった十年だったとわたしは考えている。

最後の第Ⅲ部は「グローバリゼーションにまみれて」とし、いわゆるゼロ年代半ば以降（二〇〇六〜）に書いた文章を置いた。扱う対象も、ゼロ年代後半における特異な事象であったJ演劇の欧米における新たな受容から、ジュディス・バトラー、ベルトルト・ブレヒト、村上春樹、そして最後には、同時代の介入的パフォーマンス実践といった具合で、特に一貫性はない。ただ、第Ⅲ部では、グローバルとローカルがいわば相互貫入的にある全体性を示しはじめた時代背景のなかで、わたし自身の〈受動性〉におけるパフォーマンスをめぐる劇場的思考の軌跡をそれなりに示せたのではないか、と考えている。

補注（二〇一六年三月追記）

［補1］『Zero Cost House』（演出・ダン・ローセンバーグ）は、二〇一二年九月四日、ピッグ・アイロン・シアターによって初演された後、神奈川芸術劇場でも、一三年二月に上演された。岡田利規／チェルフィッチュが海外から委嘱された作品は、『フリータイム』（二〇〇八）、『地面と床』（二〇一三）、『スーパープレミアムソフトWバニラリッチ』（二〇一四）のほか、短編がいくつかある。より正確には、岡田はまず日本語で戯曲を執筆し（『群像』二〇一三年二月号に所収）、それ以前も彼の戯曲

の英語訳を担ってきたオガワアヤと共同で、『Zero Cost House』の英語テクストを作成した。その後岡田は、アジアとのコラボレーションを開始しており、二〇一五年には、韓国・光州のアジアン・アーツ・シアターのオープニング作品として日韓共同制作による『God Bless Baseball』を発表している。なお、本稿執筆後、日本とアジアをめぐる文化政策に大きな変化があり、二〇二〇年の東京オリンピックに向けて、日本語教育、知的交流に加えて文化芸術事業でも知られる独立行政法人・国際交流基金が、いったん閉鎖したアジア・センターを別組織として二〇一四年に再開し（ただし、時限付き）、主として東南アジアとの芸術交流は、その機会を加速度的に増やしている。一方、岡田以降の若手アーティストによるアジアにとどまらない国際共同制作も増えてきているが、その成果については、稿を改めて論じる必要がある。

［補2］鈴木忠志と宮本亜門はともに演出家であり、劇作家と演出家を兼ねることが多い岡田利規とは、そもそも職能が異なっていると考えることはできる。ただ、鈴木の場合、モスクワ芸術座の『リア王（*King Lear*）』（二〇〇四）以前にも、海外とのコラボレーションが数多くあり、同じ『リア王』が、アメリカのリージョナルシアターの演目として全米各地で一四七回上演された（一九八八）ことは記憶されておいてしかるべきだろう。

［補3］アーティスト・イン・レジデンス、即ち芸術家滞在型の創造は、個人としてのアーティストが中長期間ある場所（劇場、美術館、アートセンター等）に滞在して作品を制作する形式だが、歴史的には一九世紀末にまでさかのぼることができる。ただ、グローバル化時代に入って（一九九〇年代以降）、この形式が加速度的に増えたことは衆目の一致するところであろう（たとえば、英語版ウィキペディアにおける記述等を参照 http://en.wikipedia.org/wiki/Artist-in-residence、最終アクセス日二〇一六年三月二四日）。あまりにも多様な形態があり、どのアーティスト・イン・レジデンスにおいても、それぞれのプログラムの独自性をもっているが、舞台芸術の場合、人や物の移動に経費がかさむ「引っ越し公演」といったような興行形態が主要とは必ずしもいえなくなってきている事態はグローバルに観察可能である。その背景には、ただ単に費用対効果といった資本主義的要請があるばかりでなく、作品の文脈（地理的、歴史的、観客的等）を無視しての「引っ越し」という近代的普遍主義が理論的に無効化されたということもある。ただこの場合は、現地における作品創造という方法が採られることも、近年では珍

しくない。国内的には、公益財団法人・セゾン文化財団が先駆的にアーティスト・イン・レジデンス事業を展開している。故・堤清二（一九二七〜二〇一三）を理事長として発足した同財団は、そもそも舞台芸術への公的助成を一九八七年に開始する等の革新的な取組みで、〈Jという場所〉の舞台芸術に多大な影響を与えてきたことで知られるが、アーティスト・イン・レジデンス事業においても、予算的には、二〇一五年度までの五年間（以降は、財団の独自予算による）は、文化庁の「文化芸術の海外発信拠点形成事業」の一環としてというかたちはとっていたものの、同財団ならではのきめ細かいサポートにより、トランスナショナルな作品創造やネットワーク立ちあげにつき、大きなかつ重要な成果を上げつつある（「レジデンス・イン・森下スタジオ」（http://www.saison.or.jp/r_morishita/index.html）を参照。最終アクセス日二〇一六年三月二四日）。

J演劇の場所——トランスナショナルな移動性《モビリティ》へ　目次

# 第Ⅰ部　現代アメリカ演劇研究の地平

モダン・ドラマとパフォーマンス

# 1

# 二〇世紀アメリカ演劇をマッピング／ザッピングする

## ——その〈始まり〉と〈終わり〉をめぐって

ウースター・グループ『皇帝ジョウンズ』

## 「二〇世紀を定義した二五作品」

「ニューヨーク・タイムズ」紙の演劇批評主筆（出版当時）ベン・ブラントリーが編集した『ブロードウェイの本——前世紀の忘れがたい戯曲のための特等席で（*The New York Times Book of Broadway: On the Aisle for the Unforgettable Plays of the Last Century*）』という二〇〇一年に出版された書物がある（Brantley 2001）。全体で一二五の作品が、舞台写真・上演データのほか、初演時の「ニューヨーク・タイムズ」紙の劇評とともに掲載されているが、そのうちの二五作品は、「二〇世紀を定義した二五作品」としてより大きな扱いを受けることになっている（本章末「二〇世紀を定義した二五作品の一覧」参照）。一二五を選ぶという作業もさることながら、さらにそこから選ばれた二五作品を「二〇世紀を定義した」とまで書いていることからも、「ニューヨーク・タイムズ」紙とブロードウェイ演劇の歴史的な深いかかわりというものがうかがい知れよう。

その二五作品では、まず台詞劇としては、ユージン・オニールが一九二二年にプロヴィンスタウン劇場で初演した『毛猿（*The Hairy Ape*）』（一〇八回公演）で始まり、ウースター・グループがパフォーミング・ガレージで九三年に初演した同じオニールの『皇帝ジョウンズ（*The Emperor Jones*）』（エリザベス・ルコント演出、一五回公演）で終わっている。一方、最初に取り上げられるミュージカルは、オスカー・ハマースタイン二世とジェローム・カーンによる『ショーボート（*Show Boat*）』（一九二七）で、最後を飾るのはロック・ミュージカル『レント（*Rent*）』（ジョナサン・ラーソン脚本・音楽、一九九六）である。アフリカ系作家ではロレイン・ハンズベリーの『日なたの干しぶどう（*A Raisin in the Sun*）』（一九五九）とオーガスト・ウィルソンの『マ・レイニーのブラック・ボトム（*Ma*

*Rainey's Black Bottom*)』(一九八四)の二つが入り、「外国勢」では、サミュエル・ベケットの『ゴドーを待ちながら(*Waiting for Godot*)』(一九五六)、ハロルド・ピンターの『管理人(*The Caretaker*)』(一九六一)、ピーター・ブルック演出のロイヤル・シェイクスピア劇団によるシェイクスピアの『夏の夜の夢(*A Midsummer Night's Dream*)』(一九七一)のほか、英国発のミュージカルの『キャッツ(*Cats*)』(一九八一)が入っている。

この一覧表にある一二五作品が、一般的な意味での「二〇世紀アメリカ演劇の代表作」ということになろうが、「外国勢」が入っていたり、公演回数が相当いびつになっていることからも、編者ブラントリーの評価基準は、ヒットしたかどうかでは必ずしもなく、影響力があったかどうかであることが了解される。実際、選ばれた一二五作品については、その選択が元同僚のピーター・マークスと行われたこと、また、その際には「作品の内在的価値だけでなく、歴史的文脈やその文脈に〔劇評を書いた〕批評家がどこまでかかわっていたか」を考えたという記述が序文に見られる(同上 xviii、和訳は引用者、〔 〕内は引用者の補筆)。そこからさらに二五を選んだ理由には触れられていないが、ほぼ同様のロジックが一二五作品から二五作品を選ぶために使われたと考えてさしつかえないだろう。もちろん何をもって歴史的文脈、つまりは、歴史的影響力だったと考えるかという一点において、ブラントリーのイデオロギー的ポジショニングは明らかだと断ずることはたやすく、そしてそれは、ブラントリー個人の問題に留まらず、「ニューヨーク・タイムズ」紙という「アメリカを代表する」という呼称を与えられることが多い活字メディアの政治的ポジショニングの問題でもある(二〇一六年三月追記:英語版ウィキペディアによれば(http://en.wikipedia.org/wiki/The_New_York_Times)、二〇一四年九月現在、印刷・デジタル版を合計して一八六万五三一八部であったが、その後、デジタル版の普及により、印刷版の発行数は大幅に減少している)。

言うまでもなくそれは、「良識的リベラル」という中産階級的政治的ポジショニングだが[1]、その圏域ではつまり、演劇実践の影響力なるものは、その作品の持つ文化資本性と経済資本性のバランスにおいて計量されることを意味するだろう。文化資本性とは、その文化実践の形態が前提とする共同体に対し、どのような社会文化政治的な意味を持ちうるかという属性のことである。つまり、ブラントリーが言うような「内在的価値」(それが何を意味するにせよ)、国民的、「人種」的、エスニシティ的、ジェンダー的、セクシュアリティ的、思想的、階級的等々のアイデンティティ構築というプロジェクトや、いわゆる批評性(反省/内省という行為性《エージェンシー》)という重要な契機《モティーフ》と深くかかわる文化実践の属性である。一方、経済資本性とは、純然たる経済活動としての文化実践の属性である。ブロードウェイ演劇は、その定義上、公的助成金をいっさい受けない商業演劇であり、その意味ではまず何より、経済資本性が当然問われることになる。娯楽であることが最優先されるのである。一方、単なる娯楽ではない(=経済資本性のみではない)こともまた、文化資本性を重要視する「良識的リベラル」にとっては当然クリティカルなファクターとなり、「ニューヨーク・タイムズ」紙を一読すれば、たとえば日本の全国紙と読み比べても、その知的水準——想定されている読者の「民度」——は、相当高度なものであることが理解できるはずである。つまりは、そうした高度な知的水準に呼応する演劇の文化資本性もまた、「良識的リベラル」のアイデンティティ構築に重要な役割を果たすのである。

もちろん、文化資本性(=リベラリズム思想/哲学の演劇的表現)を文化実践に求めるかつての左翼的リベラリズムが、一九八〇年代以降、経済資本性のみを価値とするネオ・リベラリズムに取って代わられて久しい現在、「ニューヨーク・タイムズ」紙的リベラリズムがきわめて危機的な状況にあることを、すぐさま、わたしたちは思い出すほかはない。ただし、旧来的リベラリズムがネオ・リベラリズムへとスムーズに移行したわけでは必ずしもない。そのことは、本章執筆当時[二〇〇六年]に行われた大統領選挙の結果を見ても明らかであり、ジョン・ケリーとジョージ・W・ブッシュという固有名の元に、完全に二分化したアメリカ国内の支配的政治権力の地図は、そのまま旧来的リベラリズムとネオ・リベラリズムの対立の構図に当てはまるのである。しかしながら、民主党と共和党が結局のところ、メインストリームの政治地図を体現するにすぎないのと同様に、「二〇世紀を定義した二五作品」もまた、アメリカ演劇のメインストリームを表象するのみである。「ニューヨーク・タイムズ」紙的リベラルの「寛容」の臨界点としては、したがって、初演当時は衝撃的であった表現主義的手法によるオニールの『毛猿』と、古典テクストの読み直しとも、脱構築的ポストモダン版とも呼べる「六〇年代演劇革命」の後継者たるウースター・グループによる同じオニールによる『皇帝ジョウンズ』上演が、一方は出発点として、他方は二一世紀という未来に向けて、ともに「可能性」として——かつてあった「可能性」とこれからありうる「可能性」——、取り上げられることになる。そのため、たとえばいわゆる「六〇年代演劇革命」を主導したリチャード・シェクナーが「五つのアヴァンギャルド、あるいはゼロ（Five Avant-gardes... or None）」（Schechner 1993/2005）という一九九三年に書かれ、その後二〇〇五年にアップデートされたエッセイで取り上げたアーティストやパフォーマンス集団は、シェクナー個人のパフォーマンス・グループを含め、インターカルチュラリズムの実践者として言及されるピーター・ブルック——「二五の作品」で取り上げられる『夏の夜の夢』からかなり時間が経過してからの活動期である——とウースター・グループをのぞけば、いっさい登場しない。[2] また、マイノリティということで見てゆくと、女性劇作家では、「二五の作品」には、わずかにロレイン・ハンズベリー一人、女性演出家ではウースター・グループのエリザベス・ルコントが取り上げられているのみで、ゲイネス／クイアネスを明確なアイデンティティとする作家の作品はトニー・クシュナーの『エンジェルズ・イン・アメリカ（*Angels in America*）』（第一部、一九九三年）、ラーソンの『レント』のみということになってもいる。つまりは、二〇世紀のアメリカ演劇を「定義した」のは、言い換えれば、演劇の文化資本性と経済資本性の理想的なバランスを示しえたのは、主として白人の異性愛主義男性作家たち（英国勢も含む）であり、そこにはたまにはアフリカ系、ゲイの作家や女性作家が色を添えていた、という構図となり、それはまさしく、二〇世紀アメリカのイデオロギー布置の歴史的推移とほぼ重なるとも言えるだろう。というより、二〇世紀アメリカのリベラリズムの歴史的推移とほぼ重なるといったほうが正確だろうか。いずれにせよ、ブロードウェイ演劇はこのように、アメリカのリベラリズムの境界をつねに示し続けてきた文化実践であり、表象の形式であると考えることができるのである。

## ユージン・オニールと〈心理学的主体〉の劇

ここで重要なことは、この書物の最初を飾るユージン・オニールという「国民的劇作家」の一九二〇年代における登場と熱狂的受容が、南北戦争後、一九世紀後半からアメリカで進行する階級分化と深くかかわっていたというジョエル・フィスターの指摘である（cf. Pfister 1995）。フィスターは、その階級をプロフェッショナル／経営者階級（professional-managerigal class）としているが、要するに、資本家階級と労働者階級のあいだにある一九世紀後半における中産階級の登場と二〇世紀に入ってからのその肥大化である。文学では、一九世紀のアメリカはすでに、ナサニエル・ホーソン、エドガー・アラン・ポー、ハーマン・メルヴィル、ウォルト・ホイットマンなどの偉大な文学者たちが登場しており、一九二〇年代がスコット・フィッツジェラルドやウィリアム・フォークナーらのモダニズム文学の時代であることを考え合わせると、オニールが主導した「近代劇の誕生」は、文学におけるモダニズムの革新とパラレルな現象だったというより、中産階級の肥大化による大衆文化の登場と文学的モダニズムの中間に位置する現象だったと考えられてよい。ポピュラー・エンターテイメントとハイアート（＝モダニズム芸術）の中間にある実践としての中産階級をターゲットとした演劇。すなわち、その「上方」でモダニズムと接触し、その「下方」でポピュラー・エンターテイメントへと開かれているような、中産階級特有の「良識的リベラル」という政治的ポジショニングが要求し、劇場においてそのようなポジショニングを明示化／確認する近代劇という形式が、ブロードウェイ演劇の〈始まり〉の時点における文化資本性と経済資本性を担保したのである。したがって、ブラントリーが「二〇世紀を定義した」最初の作品に、モダニズム的手法（＝表現主義）を借りながらも、「自分探し」（＝アイデンティティの構築）を主題とした『毛猿』を選んでいることは実に当をえていると言うべきだろう。そして、これ以降、アメリカ演劇がリベラルな主体――それはすでに触れたように、必然的に異性愛主義白人男性の主体となる可能性が高い――を立ち上げつづけたというよく見受ける議論が、それなりの説得力を持つのである。

演劇論的思考にとってここで注目すべきことは、そうしたリベラルな主体が、フィスターがオニール劇について指摘しているように、「深さ」、すなわち個人の「内面」というものを重要視すること、つまりは〈心理学的主体〉として構築／表象されたということにほかならない。したがって、アメリカの近代劇における主体の問題は、「近代的自我」といった大きな哲学的カテゴリーとのかかわりや、リアリズム劇における〈表象の透明性〉といった大ざっぱな括りにおける主体の存在論としてではなく、ただ単に〈心理学的主体〉の劇として論じられるべきものなのである。ただし、たとえばオニールの作家歴が、すでに触れた『毛猿』以降、中期のスペクタクル劇と歴史劇的大作を通過して、最晩年の『夜への長い旅路（*A Long Day's Journey into Night*）』（一九三九～四一年執筆、作者没後、一九五六年初演）へといたる方法的探求という性格を強く持つことから、一九二〇年代から第二次世界大戦にかけての時期において、「深さ」とかかわるリベラルな主体の演劇的表象の形式が確定していなかったこと、言い換えれば〈国民的合意〉へといたっていたわけではないことにも留意しておく必要がある。わたしたちが「心理主義リアリズム」として現在認定できる形式が支配的になるのは第二次世界大戦後であり、それが開花するのは一九五〇年代ということになる。

そのことについて、『ケンブリッジ版アメリカ演劇史（*the Cambridge History of American Theatre*）』のなかでアーノルド・アロンソンは、テネシー・ウィリアムズが『ガラスの動物園（*The Glass Menagerie*）』（一九四五）のために発明したスタイルが、アメリカ演劇史上おそらく唯一の「国家＝国民的スタイル」である「詩的リアリズム」あるいは「アメリカ的象徴主義」と呼べる形式であり、それ以降の一五年間を支配することになったと述べるのである（Aronson 2000b: 95–6）。

さらに、そうした「詩的リアリズム」支配には、一方で、一九三〇年代のグループ・シアターによってもたらされたスタニスラフスキーの演技論が、アメリカ化されてメソッド演技として定着するという戦後的事態ともかかわっている。メソッド演技を発展、確立させたことで知られるアクターズ・スタジオは一九四七年、ウィリアムズ劇やアーサー・ミラー劇の演出で知られるエリア・カザンらによって設立されているが、その名を世界的に知らしむることになるのは、リー・ストラスバーグが一九五二年にスタジオを実質支配するようになってからである。

また、リアリズムという形式が、二〇世紀に入ってから特権的劇作家によって突如、発見されたわけではないことにもここでは注意を喚起しておきたい。日常的（＝口語的）言語による戯曲はそれ以前にも書かれていたのであり、二〇世紀に入ってからの問題関心はむしろ、非リアリズム（＝メロドラマ）対リアリズムという対立の構図から、リアリズムからより複雑なリアリズム、つまりは「深さ」のリアリズムへと移っていったということである。表層的な日常語で、登場人物を言語的に表象するのではなく、日常語を話しながらも、それが心理学的「深さ」とかかわるものであるよう劇作家は登場人物を構築したのである。そのため、たとえばオニールは、当初、素朴なリアリズム劇（『地平線の彼方（*Beyond the Horizon*）』（一九一八年執筆、一九二〇年初演））でブロードウェイ・デビューを飾って以降、表現主義（『皇帝ジョウンズ』、『毛猿』）、ギリシャ悲劇と俗流フロイト心理学（『楡の木陰の欲望（*Desire under the Elms*）』（一九二五）、『喪服の似合うエレクトラ（*Mourning Becomes Electra*）』（一九三一）に依拠したり、仮面の使用（『偉大なる神ブラウン（*The Great God Brown*）』（一九二五）、『ラザロ笑えり（*Lazarus Laughed*）』（一九二六））や内的独白（＝「意識の流れ」、『奇妙な幕間狂言（*Strange Interlude*）』（一九二八））といった演劇的実験を繰り返したのである。それどころかオニールは、その舞台空間構築においても、ただ単に、たとえば世紀転換期の演出家、デイヴィッド・ベラスコのように、リアリスティックに背景／環境を再現する（＝現実の忠実な再現）のではなく、舞台装置や照明効果が、劇の主題とかかわる記号論的意味のネットワークを形成し、かつ劇場的機能も果たすという水準において、戯曲テクストのト書きに綿密かつ実際的な書き込みを行ったことはよく知られている。わたしたちは、『楡の木陰の欲望』における有名な象徴的かつ機能的舞台装置や、多くのオニール劇で見られる劇の主題とかかわる時間指定／場所指定のことを思い出すだけで事足りるだろう。

　つまり演劇史的に見れば、オニールが代表するような「深さ」のリアリズムのための試行錯誤が、戦後、ウィリアムズの（そして、そこにアーサー・ミラーを加えてもよい）「詩的リアリズム」となって結実するわけだが、それが長期間、アメリカ演劇の支配的形式になったのは、一九五〇年代、すなわち、「パックス・アメリカーナ」という冷戦構造下の中産階級白人男性異性愛主義イデオロギーによる一極支配という歴史的文脈とほぼ呼応しているのである。ウィリアムズの場合は、その戯曲が可視化するリベラルな主体（＝〈心理学的主体〉）が、そうした支配的イデオロギーの周縁部にいる存在としての女性という形象を借りたクイアな主体であるという、しばしば見られる表象的操作を見逃すわけにはいかないにせよ、そしてまた、そのクイアな主体がつねにすでに、そうしたリベラルな主体の構築を脅かす存在であったことも見逃せないけれども、そのイデオロギー的マトリクスにおいては、ウィリアムズの作品群のうち正典《キャノン》化されている前期作品は、どこまでも五〇年代的である。そのことの証左として、ここでは当時のブロードウェイ演劇とハリウッド映画の距離の近さを挙げておきたい。ウィリアムズの劇作品はブロードウェイでの初演後、そのほとんどが映画化され、『欲望という名の電車(*A Streetcar Named Desire*)』(一九四七年、映画は五一年)をその代表作として、場合によってはハリウッド映画史において、正典化《キャノン》されてもいるのである。[3] では、そのことは、わたしたちに何を告げているのか。

第一にこの事態は、セクシュアリティにかかわる複雑な様相を呈しているとはいえ、「深さ」のリアリズム(=〈心理学的主体の劇〉)が、演劇と映画という異なるメディウムの両方になじむ表象の形式だったということを意味するだろう。第二にそれは、五〇年代における中産階級の郊外的不安とでも呼べる心情――核戦争への恐怖、「人種」的不安、「持てる者」としての漠然とした不安――とも容易に結びつけられもするだろう。逆からいうなら、演劇であれ映画であれ、文化資本性と経済資本性のバランスのうえに成立する範疇における文化生産と受容の支配的存在は、全国に遍在する中産階級の白人であり、スラム化する都市部から郊外へと逃避しつつ、「同じアメリカ人」として均質な共同体を全国的に立ち上げていった五〇年代の中産階級のアイデンティティ構築の存在論的位相と、〈心理学的主体の劇〉がまずブロードウェイで生産され、ハリウッド映画として全国に遍在する映画館を通じて撒種されるというプロセスは近しい関係にあった。つまり、五〇年代アメリカにおいては、演劇と映画の経済資本性とのかかわりにおいても、「アメリカ人」という一枚岩的存在が想定可能だったということを意味するのである。さらにそうした五〇年代的な中産階級的閉域に亀裂が走るのには、五〇年代終わりからの公民権運動の盛り上がりを、そして、その階級的アイデンティティを表現するものとしての〈心理学的主体の劇〉としての近代劇(=「詩的リアリズム」)が形式的動揺に見舞われるのは、ほぼ同じ時期に開始されるリヴィング・シアター(一九四七〜)の実験を待たなければならなかった。

## 六〇年代演劇革命と演劇の民主化

こうして、公民権運動が中産階級白人男性異性愛主義・アメリカの脱構築をもたらすことになるのとほぼパラレルに、リヴィング・シアターを嚆矢とするいわゆる「六〇年代演劇革命」が起きることになる。したがって、ここで注意されるべきことは、日本の演劇史における新劇対アングラという図式が導くような、単なる二項対立でアメリカの「六〇年代演劇革命」を理解するには無理があるということである。「前近代を否定的媒介に近代を乗りこえる」(花田清輝)といった歴史性はアメリカにはなかったのであり、むしろ一九六〇〜七〇年代にかけて起きたことは、公民権運動と同様の水準における演劇の民主化であったと言ってしまったほうが正しいのではないか。たとえばそれは、身体という主題をめぐる〈革命的事態〉の内実を検証すればすぐにでも明らかになるだろう。演劇史にその名を残すリヴィング・シアターの身体は、残された映像から判断するかぎり、通常言われる「俳優/肉体の復権」的な方向性をまったく示してはおらず、そこではむしろ、近代劇、すなわち〈心理学的主体の劇〉に奉仕するために、たとえばメソッド演技によって訓練と規律化のプロセスを経験した身体を、上演の現場において「解放」し、その「解放」の磁場に日常生活で訓練と規律化を経験している観客の身体を巻き込むことが目論まれていたように見えるのである。リヴィング・シアターの上演において遂行される「解放」へと向かうモメントは、キャッチフレーズ的にいうなら、「反省する主体」から「欲望する主体」への移動とでも呼べるだろうが、有名な『パラダイス・ナウ(*Paradise Now*)』(一九六八)において実際に起きたように、「反省する主体」としての観客から「欲望する主体」としての上演参加者/共犯者への移動を意志した身体たちは、性的欲望に身を委ねるか、はたまた具体的な暴力の発現へといたるかのどちらかであることが多かったのである。

あるいは、リヴィング・シアターから出発して、メソッド演技をこえる新たな演技術の創出を目指したジョーゼフ・チェイキンが率いたオープン・シアター（一九六三～七三）の場合であれば、その代表作『蛇（*The Serpent*）』（一九六八）などの残された映像からも明らかなように、そこで現前する身体は強度をたたえた単独的ないしは様式的なものであるより、日常性の延長線上にあるゆるゆるの集団的身体性（＝「だらしない身体」）に近いものである。たしかにチェイキンは、〈心理学的主体の劇〉を上演するための日常的身ぶりの演技に慣れ親しんだ俳優たちを、よく知られたトランスフォーメーションという方法で[4]、多様な登場人物を次々と演じることや様式的な身ぶりへと誘うのだが、そこではむしろ、生々しいという感覚に近い身体的身ぶりが提示されるのである。したがって「六〇年代演劇革命」においては、近代劇的身体（＝〈心理学的主体〉の身体）の席巻という事態のために、失われた身体を取り戻すことなどが試みられたわけではなく、むしろ素朴に、公民権運動が作り出しつつあった社会文化的環境に呼応するかたちで、訓練／規律化された身体からの「解放」や主体の複数化、あるいはアイデンティティからアイデンティフィケーションへという、主体の概念化における概念上の再定義が目指されていたのであり、それを端的に演劇の民主化と呼ぶべきだとわたしは言っているのである。

こうして、「六〇年代演劇革命」が最も重要な一翼を担うかたちで、演劇の民主化と呼ぶべきプロセスが稼働すると考えられるのだが、それは中産階級の独占物であったブロードウェイ演劇を代表とする台詞劇の規範的形式（＝「詩的リアリズム」）が、すなわち〈心理学的主体の劇〉が、不可逆的に相対化されることを意味していた。つまり、戯曲の虚構性を暴露することが焦点化されたリヴィング・シアターの最初期の活動がその典型であるような[5]、近代劇への抵抗あるいは乗り越えを目指すような演劇内的思考を無効化し、文化的他ジャンル（ハリウッド映画やテレビ、ロックカルチャーを含むポピュラーカルチャーの諸ジャンル）、芸術的他ジャンル（現代音楽、現代美術、アンダーグラウンド・シネマ、ポスト・モダンダンス）、地政学的他者（性的・ジェンダー的・「人種」的マイノリティのコミュニティ、地域のコミュニティ、大学における知識人コミュニティ）、歴史的他文脈（一九二〇年代アヴァンギャルド、美術史、映画史、文学史、思想史）へのアトランダムともいえるほどの「他なるもの」への多様な接続を可能にしたのである。というより、そうした「他なるもの」との接続を果たすことで、演劇の民主化が進行したのである。

一九七〇年代以降に活躍を始めるデイヴィッド・マメットやサム・シェパードといった正典《キャノン》的な劇作家の劇言語を見れば、そこでは明確に〈心理学的主体の劇〉は無効を宣言されている。他方、「六〇年代演劇革命」影響下にある演劇実践とは断絶しつつ、現代美術の諸実践やアンダーグラウンド・シネマとの関係意識のなかで上演を構想し始めたロバート・ウィルソンやリチャード・フォアマンらの「イメージの演劇」では、近代劇的登場人物（＝〈心理学的主体〉）という概念そのものがすでに不在で、かといってそこで新しい身体性の創出が目指されるわけでもなく、俳優の身体は、イメージ生産の容器《ヴィークル》としてのみ扱われることになる。さらに、六〇年代にはすでに、エル・テアトロ・キャンペシーノやサンフランシスコ・マイム・トゥループ、さらにはパンと人形の劇団のように、「六〇年代演劇革命」の旗手たちをラディカル右翼——演劇内革新派／政治的保守派——と名指しつつ、ハイアート（＝モダニズムとポストモダニズム）の舞台から退場し、特定のコミュニティ（前の二つはヒスパニック／ラティーノ等のマイノリティのコミュニティ、後者は自前で構築したコミューン的な共同体）のための政治性の強い演劇を構想・実践してゆくことになる。はたまた、七〇年代は、フェミニスト・パフォーマンスにとって、「驚くべき十年」[6]（Roth 1983）であり、そこでは、ほとんど伝説化されるようなかたちで、「女性の身体」が問題化され、あるいは多くの場合は——後に批判されることになるように——本質化された「フェミニスト／女性の主体」がギャラリー空間から小劇場空間まで、西海岸を中心とする全米各地で立ち現れてきてもいたのである。他方、〈心理学的主体の劇〉についても、それが支配的であることはなくなった一方、六〇年代末から盛んになるリージョナル・シアター運動によって、全米各地に作られた多数のリージョナル・シアターという別の劇場的上演回路を通じて、相対的な位置を確保しつつ、生き残ることになった。[7]

## トニー・クシュナーとレザ・アブドーの一九九〇年代

しかし、こうして六〇年代に開始された演劇の民主化のプロセスは、PC（ポリティカル・コレクトネス）とエイズ危機の八〇年代や、九〇年代初頭の文化戦争といった事態を経験しつつ、緩やかに収束に向かったことは、一九九三年初出の先のシェクナーのエッセイが語るとおりである。いや、収束という言い方は正しくないかもしれない。八〇年代までブロードウェイ演劇を頂点として、可視的なハイエラーキー構造を形成していたアメリカ演劇が、九〇年代初頭にいたり、シェクナーが件のエッセイで語るように、データベース化する、つまり、多様な他領域と接続しつつ、単に横並び状態になって、民主化が完成するのである。つまりは、東浩紀の言葉を借りれば「徹底化されたポストモダン」状態がここでも観察可能になるのである（東、一九九九、参照）。そして、その事態を逆説的な意味で象徴するのは、二人の作家、トニー・クシュナーとレザ・アブドーである。

壮大な規模を持つクシュナーの『エンジェルズ・イン・アメリカ』二部作は、すでにブラントリーが「二五の作品」として正典化《キャノン》しているように、ブロードウェイ演劇のパラダイムを変更するだけの強度を持った「国家的テーマに関するゲイ・ファンタジア（A Gay Fantasia on National Themes）」（同作品の副題）であった。レーガン政権下のエイズ危機を生きる人々の葛藤を、歴史的・神話的時空にまで拡大してゆく知性と、「なんちゃって」感をつねに忘れないそのキャンプな感性は、演劇の民主化のひとつの結実といっても過言ではない。と同時に、同作品の政治的過激さとブロードウェイにおける大ヒットという一見矛盾する事態については、すでに多くの言説が書かれているが、ここではデイヴィッド・セイヴランがイヴ・セジウィックの言葉を引用して『エンジェルズ・イン・アメリカ』を評した一節を使っておきたい。その一節とは、同作品は、「いくぶん転倒的であり、いくぶんヘゲモニックでもある」(Savran 1995: 224　和訳は引用者)作品だというものである。言い換えれば、同作品は、文化資本性と経済資本性のバランスが、レーガン政権以降のネオ・リベラルな社会文化的クライメートのなかで、奇跡的に保たれた作品であったのである。

一方、エイズのために一九九五年に夭折したイラン系演出家のレザ・アブドーについては、その作品の「ナンデモアリ」感が何といっても特徴的である。ケーブルテレビの多チャンネルリモコンを思わせるように、次から次へとディストピックなイメージを高速で提出しつつ、クイアな身体を使いながら、「世界の終わり」的な感覚と「救済」のイメージを上演空間に刻んでいくその作品群は、ハイアートもポピュラー・エンターテイメントもサブカルチャーも、その差異など関係ないといわんばかりのジャンクな美的強度に充ち満ちており、演劇の民主化の果てに、それでも演劇というフレームにこれだけのものを詰め込むことができるという逆説的な至福感をそこに感じることができるようなものだった(第I部六章も参照)。

こうして世紀末に至ったアメリカ演劇は、ブラントリーがわずか一五回しか上演されなかったウースター・グループの『皇帝ジョウンズ』でその『世紀を定義した二五作品』を終えているように、将来への展望を欠いたとしか言いようがない境界画定が困難な地図を描きつづけている。たしかにアメリカの二〇世紀演劇を開始したオニールの実験的な作品の、「六〇年代演劇革命」の遺産相続者であるウースター・グループによる「古典の読み直し」上演が、わずか一五回の公演であるにもかかわらず、「二〇世紀を定義した二五作品」の最後に来るのは、いかにも「ニューヨーク・タイムズ」紙の「良識的リベラル」という政治的ポジショニングにふさわしい選択であるといえるだろう［二〇一六年三月追記・その後、同作品は二〇〇六年に再演され、ニューヨーク以外に、フィラデルフィアやシカゴでも上演された］。と同時に、すっかりネオ・リベラリズムに席巻された感がある社会文化政治風土のなか、特に〈九・一一〉以降、あたかも二分化されたアメリカのメインストリーム政治地図に対応するように、ブロードウェイ演劇は経済資本性のみが担保する娯楽性にその生き残りを賭けているように見え、他方、五〇年代的〈心理学的主体の劇〉は、その文化資本性を担保に、リージョナル・シアターを中心にして、「良識的なリベラル」の劇として生きつづけている。[8] そして、この二つの対立するメインストリームとかかわらない多様な領野で、マイナーかつ多様な演劇実践——それはもう演劇という限定的呼称より、パフォーマンスという多義的な呼称こそがふさわしい——が、「他なるもの」とのジャンル的・人的接続を果たしながら、散乱状態にある。しかし、だからこそ、二〇〇五年にいたってクイア批評のデイヴィッド・ロマンは、その著書『アメリカにおけるパフォーマンス（*Performance in America*）』の冒頭で、次のように書くことができたのである。

『アメリカにおけるパフォーマンス』は、国家＝国民的想像力にとってパフォーマンスはマージナルであるという伝統的な常識に反して、同時代のアメリカ文化における上演系芸術の重要性を明らかにすることを試みるものである。本書では、アメリカ文化、特に人種や市民《シチズンシップ》というイデオロギーと国家的アイデンティティの形成をめぐって、上演系芸術が果たす役割を正面から取り上げようと思う。同時代文化を対象に行ったいくつかのケース・スタディを通して、本書はローカルな、リージョナルな、あるいはナショナルな共同体にとって、演劇、パフォーマンス、ダンスがいかに重要な意味を持つかを検証し、以下の問いに答えていきたい。現在進行中の国家的問題意識や論争の中心にパフォーマンスを位置させることで、わたしたちは何を得ることができるのか？（Román 2005: 1　和訳は引用者）

本章でここまで行ってきた二〇世紀アメリカ演劇をマッピング／ザッピングするという作業については、わたしはロマンと同じ立ち位置にいるといってよいと思う。つまり、「伝統的な常識」、すなわち、ピューリタン的伝統のために、パフォーマンス的なものが、主として知的言説において、つねにすでに無害化される（＝何の意味もないとされる）という作られた伝統にはそれなりに実証可能な理由が見いだせるにせよ、緻密に検証していけば、イデオロギー装置として歴史的に稼働してきたことが明らかになるという確信である。もちろんこの確信は、わたしとロマンだけが共有するものではなく、本章でもすでに言及した三巻にわたる大部の『ケンブリッジ版アメリカ演劇史』が近年発刊され、また最近になって、文化社会政治現象として演劇を捉える視点から、多様な研究的／批評的書物が出版されるようにもなっていることから見ても、広く共有される確信であることは明らかである。[9] そうしたアメリカの上演系芸術実践についての根源的な言説的見直しが、実践そのものに何をもたらすかは今のところ不明であるとはいえ、ブロードウェイ演劇だけが演劇であるかのように、あるいはニューヨークの演劇だけがアメリカ演劇であるかのように振る舞う日本のマスメディアやその影響下にある学会的言説生産における素朴な伝統主義に対し、やがては一石を投じることは確実であろう。もちろん、重要なことは、アメリカから遠く離れたこの日本におけるアメリカ演劇のポピュラーイメージに「一石を投じる」ことなどではない。ロマンの思考法に寄り添いつつ、短絡的なイメージに還元されがちなアメリカ合衆国という国家の複雑な様相を読み解くひとつの、しかしクリティカルでありうる歴史的かつ同時代的社会文化政治の場所《サイト》として、上演系芸術の別称としての、あるいは概念装置としてのアメリカの〈パフォーマンス〉にわたしたちは応援しなければならないのである。

（二〇〇六年五月）

［注1］中産階級という語は学問的には正確さに欠けるという指摘もある。ウィキペディア英語版の定義によれば、「経済的自立しているが、社会においては、影響力や権力をそれほど持っていない存在である。たとえばアメリカ合衆国では、自分の家を所有するが、その掃除は自分でするような中小企業のオーナーは、通常『中産階級』の人とされるだろう。それとの対比として、下流階級は雇用主や土地所有者の親切さにすがる必要があり、上流階級は信託財産だけで生活ができる」とある（http://en.wikipedia.org/wiki/Middle_class、最終アクセス日二〇〇六年三月六日）。本章での中産階級は、分厚い中産階級層のなかでも、いわゆるアッパーミドルクラス寄りのイメージが強いことをここで記しておく。［二〇一六年三月追記］その後、このエントリーはより学問的な妥当性の高い定義へと大きく書き換えられている。「中産階級とは、社会のハイエラーキーの中間にある人々の階級である。ウェーバー的社会経済用語で言えば、中産階級は社会経済的に労働者階級と上流階級のあいだに収まる多様多岐にわたる人々の集団である。何が中産階級を構成するかは、文化によって大きく異なる」http://en.wikipedia.org/wiki/Middle_class　和訳は引用者、最終アクセス日二〇一六年三月二四日）。

［注2］同エッセイでシェクナーは、「歴史的アヴァンギャルド」「同時代アヴァンギャルド」「未来志向アヴァンギャルド」「伝統志向アヴァンギャルド」「インターカルチュラル・アヴァンギャルド」という、実践家によっては重複することもある、五つのアヴァンギャルドのカテゴリーを提示し、さまざまな上演系芸術にかかわる現象をカタログ的に記述している。そして、そのカタログはすでに一九九三年に完成していて、二〇〇五年の時点で特に付け加えるカテゴリーはない（個々のアーティスト名としては、当然、新しいエントリーがある）とするのである（Schechner 2005）。

［注3］インターネット映画データベースによれば、ウィリアムズ作品で舞台と大きな時差なしで映画化されたものには、『ガラスの動物園』（一九五〇）、『欲望という名の電車』（一九五一）、『バラの刺青（*The Rose Tattoo*）』（一九五五）、『焼けたトタン

屋根の上の猫（*A Cat on a Hot Tin Roof*）』（一九五八）、『ある夏、突然に（*Suddenly Last Summer*）』（一九五九）、『地獄のオルフェウス（*Orpheus Descending*）』（一九六〇）、『夏と煙（*Summer and Smoke*）』（一九六一）、『青春の青い鳥（*The Sweet Bird of Youth*）』（一九六二）、『適応期間（*Period of Adjustment*）』（一九六二）、『イグアナの夜（*The Night of Iguana*）』（一九六四）等がある。また、ウィリアムズ関係として、このデータベースには、合計九二のエントリーがある（http://us.imdb.com/name/nm0931783/、最終アクセス日二〇一六年三月二四日）。

［注4］トランスフォーメーションという技法については、アイリーン・ブルーメンソール『Joseph Chaikin（ジョーゼフ・チェイキン）』（Blumenthal 1985）に詳しいが、『ケンブリッジ版アメリカ文学史第七巻（*The Cambridge History of American Literature Volume 7, Prose Writing, 1940-1990*）』（77）のほか、多数の研究書に言及がある。

［注5］リヴィング・シアターは、その最初期に、映画化までされたジャック・ゲルバー作『麻薬密売人（*The Connection*）』（一九五九、映画は一九六一）やケネス・H・ブラウン作『営倉（*The Brig*）』（一九六三）といった戯曲テクストがありながら、劇場では現実と虚構の区分が曖昧になるような作品を上演していた。詳細については、Bigsby（1985: 74-96）等を参照のこと。

［注6］「驚くべき一〇年」はモアイラ・ロスが編集したフェミニスト・パフォーマンスを紹介するもっとも初期の書物の題名である（Roth 1983）。

［注7］リージョナル・シアターという呼称は、直訳すれば地域劇団となるが、アメリカ合衆国においては独自の意味を持つため、カタカナ表記にしている。興味深いことに、英語版ウィキペディアには「アメリカ合衆国におけるリージョナル・シアター」でエントリーがあるが（https://en.wikipedia.org/wiki/Regional_theater_in_the_United_States）、より学術的な『ケンブリッジ版アメリカ演劇事典（*The Cambridge Guide to American Theatre*）』（第二版、二〇〇七）にはエントリーがなく、「レジデント型非営利プロフェッショナル劇場／劇団（resident nonprofit professional theater）」とされるものが、ここでいうリージョナル・シアターにあたる（Wilmeth 2007, 548-52）。

［注8］二〇〇六年二月に開かれた東京国際芸術祭における「アメリカ現代戯曲・劇作家シリーズ vol. 1」と題されたイヴェント

は、リージョナル・シアターの現在を知る上で、大変興味深いものだった。アメリカ劇作家協会と同芸術祭の共催のもと、二〇歳代から六〇歳代までの、年齢的には多岐にわたる四人の劇作家の四作品が、日本の演出家によるリーディング公演として紹介された。その四作品とは、ケリー・スチュアート『メイヘム（*Mayhem*）』（二〇〇〇）、ジョーダン・ハリソン『アクト・ア・レイディ――アメリカ中西部ドラァグショー（*Act a Lady, a Mid-western Drag Show in Three Acts*）』（二〇〇五）、マック・ウェルマン『ベラージオ、もしくはメタル製のすべてもの、もしくはおじいちゃんがパパを射殺させるとき（*Bellagio; or Of all Things Made of Metal; or When Grandpapa Had Daddy Shot*）』（二〇〇五）、ジュリー・マリー・マイアット『セックス・ハビッツ・オヴ・アメリカン・ウィメン（*The Sex Habits of American Women*）』（二〇〇四）である（順序は同芸術祭のHPの記述による――http://tif.anj.or.jp/program/america.html　最終アクセス日二〇〇六年三月六日、現在は閉鎖）。このうち、スチュアートとマイアット作品は、〈心理学的主体の劇〉の伝統にあるもの、つまり普通の近代劇的台詞劇だった（ただし、一九九五年以降、「心理学化する社会」（斎藤、二〇〇三、参照）にわたしたちが生きているとすれば、〈心理学的主体の劇〉が再びアクチュアルになる可能性はあると、この二作品を見て、わたしは考えることができた）。ハリソン作品は、クシュナーが開拓した〈心理学的主体の劇〉をクイア化するような形式性とメタシアター的仕掛けが施された複雑な構造を持つキャンプな戯曲。また、今回参加した作家のなかでは、唯一大御所的存在であるウェルマンは、未来派とイタリア・ファシズムのかかわりという重要な歴史的問題を、硬質な言語感覚とシュールなイメージの連鎖で描くという意味で、「六〇年代演劇革命」の後継者の一人という印象を残した。「リージョナル・シアターの現在を知る上で」と右に記したのは、今回参加した劇作家の作品がブロードウェイで上演されることは考えにくく（少なくとも、しばらくの間は）、リージョナル・シアターという近代劇の上演をその主レパートリーとしつつも、多様性に開かれていなくはない上演システムとのかかわりのなかで、参加作品それぞれの地域性や劇作法、あるいはその思想性を考えるべきだと思うからである。

［注9］リチャード・シェクナーが主導してきたパフォーマンス研究は、まさにこうした視座から成立してきた学問領域だが、近年、必ずしもパフォーマンス研究という視座からではないアメリカ演劇研究が盛んである。［追記：二〇一六年三月］ケンブリ

ッジ大学出版局が一九九四年に刊行を始めた「ケンブリッジ版アメリカ演劇とドラマ研究（*Cambridge Studies in American Theatre and Drama*）」というシリーズでは、二〇一六年三月現在、二七冊の単行本が出版されている。旧来的な作家研究や戯曲研究はおおむね影を潜め、植民地時代から現代にいたるパフォーマンスとしての上演系芸術が多様な主題によって記述・研究されている。詳細は、ケンブリッジ大学出版局のＨＰを参照のこと。

## 『ニューヨーク・タイムズ』紙「20 世紀を定義した 25 作品」(→第Ⅰ部1章)

| 作家名 | 作品名 | 初演年度 | 劇場 | 公演回数 |
|---|---|---|---|---|
| ユージン・オニール | 毛猿 | 1922 | プロヴィンスタウン劇場 | 108 |
| オスカー・ハマーシュタイン２世／ジェローム・カーン | ショーボート | 1927 | ジークフェルド劇場 | 572 |
| クリフォード・オデッツ | レフティを待ちながら | 1935 | シティレパートリー劇場 | 96 |
| デュボーズ・ヘイワード／アイラ・ガーシュイン／ジョージ・ガーシュイン | ポギーとベス | 1935 | アルヴィン劇場 | 124 |
| モス・ハート／ジョージ・カウフマン | 一緒に持ってはいけない | 1936 | ブース劇場 | 837 |
| ソーントン・ワイルダー | わが町 | 1938 | ヘンリー・ミラー劇場 | 336 |
| ハマーシュタイン２世／リチャード・ロジャーズ | オクラホマ！ | 1943 | セント・ジェイムズ劇場 | 2,212 |
| テネシー・ウィリアムズ | 欲望という名の電車 | 1947 | バリモア劇場 | 855 |
| アーサー・ミラー | セールスマンの死 | 1949 | モロスコ劇場 | 742 |
| アラン・ジェイ・ラーナー／フレデリック・ロウ | マイフェアレイディ | 1956 | マーク・ヘリンジャー劇場 | 2,717 |
| サミュエル・ベケット | ゴドーを待ちながら | 1956 | ジョン・ゴールデン劇場 | 59 |
| ユージン・オニール | 夜への長い旅路 | 1956 | ヘレン・ヘイズ劇場 | 390 |
| アーサー・ローレンツ／スティーヴン・ソンドハイム／レナード・バーンスタイン | ウエストサイド物語 | 1957 | ウインター・ガーデン劇場 | 732 |
| ロレイン・ハンズベリー | 日なたの干しぶどう | 1959 | エセル・バリモア劇場 | 530 |
| ハロルド・ピンター | 管理人 | 1961 | リセウム劇場 | 165 |
| エドワード・オールビー | ヴァージニア・ウルフなんて怖くない | 1962 | ビリー・ローズ劇場 | 664 |
| シェイクスピア／ピーター・ブルック | 夏の夜の夢 | 1971 | ビリー・ローズ劇場 | 62 |
| ジェームズ・カークウッド／ニコラス・ダンテ／エドワード・クレーバン／マーヴィン・ハムリッシュ | コーラス・ライン | 1975 | ニューマン／パブリックシアター | 6,137 |
| ヒュー・ウィラー／スティーヴン・ソンドハイム | スウィーニー・トッド | 1979 | ユーリス劇場 | 557 |
| アンドリュー・ロイド・ウェッバー | キャッツ | 1982 | ウインター・ガーデン劇場 | 7,485 |
| デイヴィッド・マメット | グレンギャリー・グレン・ロス | 1984 | ジョン・ゴールデン劇場 | 378 |
| オーガスト・ウィルソン | マ・レイニーのブラック・ボトム | 1984 | コート劇場 | 275 |
| トニー・クシュナー | エンジェルズ・イン・アメリカ第１部 | 1993 | ウォルター・カー劇場 | 367 |
| ジョナサン・ラーソン | レント | 1996 | ニューヨークシアターワークショップ | 2,213（ロングラン中） |
| ユージン・オニール／ウースター・グループ | 皇帝ジョウンズ | 1998 | パフォーミング・ガレージ | 15 |

# 2

# オニールを読み直せるか?

## ——モダン・ドラマとユージン・オニール

オニール『奇妙な幕間劇』

『ドラマ・レヴュー（*The Drama Review*）』誌第一七八号のＴＤＲコメント（「恐怖の時代におけるパフォーマンス研究（Performance Studies in an Age of Terror）」でジョン・ベルは、パフォーマンス研究という学際的なディシプリンのさらなる発展を祈願しながら、その一方で、かつてはモダンの中心的な文化の形態として「ザ・ドラマ（The Drama）」と大文字で呼ばれていた「ライヴでテクストに基盤を置くリアリスティックなパフォーマンス」が研究対象としての自律性を喪失して久しいと語っている（Bell 2003: 6）。ベルによれば、「ザ・ドラマ」が重要であったのは、一九世紀からブロードウェイが上演作品数でそのピークに達する一九二八年までか、あるいはせいぜい、ソーントン・ワイルダーがガートルード・スタインに、ついにハリウッドがブロードウェイを乗りこえたと手紙に書いた一九四〇年までということになる。

一方、その名も『モダン・ドラマ（*Modern Drama*）』誌という「一八五〇年から現在までの世界のドラマ（world drama from 1850 to present）」という副題をもつ北米を代表する演劇研究の学術誌は、二〇〇〇年の冬号と二〇〇一年の春号の二回にわたって「モダン・ドラマ——研究分野を定義する（Modern Drama (defining the field)）」という特集を組んだ。そこに掲載された「なぜモダン・プレイは文化でないのか——いくつかの学問領域的盲点（Why Modern Plays Are Not Culture: Disciplinary Blind Spots）」という論考でシャノン・ジャクソンは、タイトルにあるように、アメリカ合衆国において、モダン・ドラマ——彼女はモダン・プレイと呼んでいるが——が「文化」になりそこなった経緯を辿ってみせる。つまり、一方で守旧派に保護され続けてはいるものの、文学研究の片隅においやられたままの、他方で進歩派（を自認する）カルチュラル・スタディーズに無視され続けたままの、ジャンルとしてのモダン・ドラマである。ここでジャクソンは「文学としてのドラマ」、すなわちニュークリティシズムの分析に耐えうる対象とみなされなかった——「文化」になりそこなった——アメリカのモダン・ドラマへの批評家の両義的反応をまずは描きだす（Jackson 2001: 31-2）。その上で彼女は、カルチュラル・スタディーズの英国における始祖とも見なされるレイモンド・ウィリアムズが、一九七五年にケンブリッジ大学のドラマ学教授（Professor of Drama）に就任した際の記念講演（「ドラマ化した社会におけるドラマ（Drama in a Dramatized Society）」などに言及しつつ、モダン・ドラマ研究を出発点とするウィリアムズの「文学」から「文化」へという移動の軌跡を分析している。ウィリアムズにとって、モダン・ドラマ研究が文学研究と文化研究の結節点にあったこと、モダン・ドラマというジャンルが、カルチュラル・スタディーズにとって本来は重要だったという従来見逃されてきた点（＝いくつかの学問的盲点）を指摘するのである（同上 43-8）。

とはいえ、ベル同様ジャクソンもパフォーマンス研究を自身の帰属するディシプリンと認識しているので、現在時においてモダン・ドラマ研究が重要だと言っているわけではない。ジャクソンも言及するウィリアムズの言葉を使うなら、社会的カテゴリーと美学的カテゴリーの両方向を見据えることを可能にする位置にあるジャンルとしてのモダン・ドラマの特権性は、ウィリアムズがそう語った時代（一九七五年）以上に、いまや過去のものになったということになる。[1] 広い意味での同時代のアクティヴィズムとの連携を重要視するパフォーマンス研究にとって、系譜学的興味とそこから派生する理論的課題はともかく、モダン・ドラマという過去のジャンルについて、そのジャンル的枠組みを維持したままでかかわってゆく時間的余裕などないように見える。

ここでわたしは、「モダン・ドラマ」という語をそのまま「ユージン・オニール」に置き換えたい誘惑に駆られているわけだが、というのも、おおむねオニール研究史というものは、このエッセイで可視化されるジャクソンの見取り図にあまりにもぴったりと当てはまるからである。一方で、アメリカ文学研究のサブジャンルとしてのアメリカのモダン・ドラマ史という「弱い」物語の主人公でしかないオニールは、急速に脱神話化されるという典型的な「被害」を被ることなく、何となく生き延びている。そもそも神話化されていなかったのだから脱神話化されることもないのである。他方、批評理論の新たな展開とは縁のないモダン・ドラマ研究という狭い世界に安住する研究者たちにとってのオニールは、相変わらず「アメリカ最大の劇作家」ということになっており——というより、「神話化」という半永久的に継続可能な作業の対象になりうるのであり——、だからこそ「前衛」を自負するパフォーマンス研究系の研究者は、ベルやジャクソンが典型であるように、オニールどころかアメリカのモダン・ドラマ研究の外部に立ってしまう。

一九九八年に出版された『ケンブリッジ版ユージン・オニール・コンパニオン（*The Cambridge Companion to Eugene O'Neill*）』は、その意味で、オニール研究の入門書として、少なくとも出版当時、オニール研究の現状を知るのに格好な書物となっていたと見なせる。ここに収められた論考のうち、既存のオニール観そのものに根源的異議を唱えようとしているのは、象徴的にも最後から二番目に収められたマシュー・H・ウィカンダーによる「オニールときまじめさのカルト（O'Neill and the cult of sincerity）」（Wikander 1998）だけである。たしかにここでのウィカンダーは、オニールの作家としての「きまじめさ」をもってして、生前から評価が大きく分かれていた彼の劇作家としての活動を、いろいろ問題はあるが「まじめに」取り組んでいてエライというような言説に回収すべきではないとしている。にもかかわらず、結局のところは、「きまじめ」なだけでない、アントナン・アルトーの「残酷性」ともかかわる怒れる芸術家という——アルトーの名が最後に唐突に出てくる——ロマンティックなまでのアンチ・既成イメージを提示するにとどまり、「オニールの作品は自己認識と赦しの証言であるのではなく、怒りの証言であるのだ」（233　和訳は引用者）とこの論を結ぶことになる。この点で、キャノニカルな大作家とオニールを比較して「似ている」とする、これまでにもよく見られた——あえていえば姑息な——オニール評価とそれほど違わない結論に至ってしまっていると言ってよいと思われる。[2]

この論考が最後から二番目なのは、このあとに本書の編者マイケル・マンハイムによるオニール研究史の概説（「オニール批評（O'Neill Criticism）」）が収められているからである（Manheim 1998）。そしてこの概説のなかで、「現在流行している、（新）歴史主義的批評モード」による「オニールに親切でない」とされるジョエル・フィスターによる『深さを上演する——ユージン・オニールと心理学的言説のポリティクス（*Staging Depth: Eugene O'Neill and the Politics of Psychological Discourse*）』（一九九五）が、カルチュラル・スタディーズの視線に近い立場と方法論で書かれているのはもちろん単なる偶然ではない。フィスターによるこの書物は、ベルやジャクソンは認めないかもしれないが、オニールを現在時において読み直す必要があるとすれば、たとえばこう読むべきだという教科書的研究書であり、逆から言えば、オニールに「親切で」あろうとする批評家にとっては、「現在流行している」だけのいかがわしい書物ということになる。

当のフィスターは、自身を「文化史家」と規定し、既存のオニール研究に十分な敬意を表しながら、すでに触れたウィリアムズと同じ位置に立つ。すなわち、「オニール」とカッコ付きでオニールの作品群を呼び、社会的カテゴリーと美学的カテゴリーの両者を見据える結節点にオニールのテクスト群を置き直すのである。そして、ジャクソンも言及していたウィリアムズの「感情の構造（structure of feeling）」という概念に沿って、この書物の結語部分で、テリー・イーグルトンを引用しながら、次のように記している。

「オニール」と題された作品は、深さというトロープが、当時出現しつつあった「感情の構造」を組織化するのにいかに役だったかについての、豊かな文化的な記録である。そしてその「感情の構造」は、変化の渦中にあったプロフェッショナル／経営者

> 階級が内面化したり、利用したりするだけでなく、さまざまな方法で抵抗してもいたのである。イデオロギーとは、テリー・イーグルトンが観察するように、「思想の問題というより、感情、イメージ、リアクションの問題」なのである。オニールが断腸の思いで書き残したドラマとそこで劇化され現実化される感情の歴史的意義を理解するためには、わたしたちはオニールの上演されるイデオロギーだけでなく、「オニール」を上演したイデオロギーを把握しなければならない。文化がオニールの深さを形作るのである。（Pfister 1995: 222　和訳は引用者、以下同様）

この一節は決意表明ではなく論の結語であり、実際ここにいたるまでにフィスターは、先行研究では例を見ないほどの膨大な資料を駆使して、「オニール」の分析を行っている。一言でいえば、フィスターの試みは「オニール」が生産される現場の現場性を分厚く記述するものと言えるのだが、そのなかでも特に、ロナルド・H・ウェインスコットが「実験の時代（the experimental years）」（cf. Wainscott 1988）と呼んだ一九二〇年から三四年までのオニールの表舞台での活動期における諸作品についての分析は、貴重な洞察を多く含むものとなっている。つまり、『皇帝ジョウンズ』（一九二〇）、『毛猿』（一九二二）から『奇妙な幕間狂言』（一九二八）、『喪服の似合うエレクトラ』（一九三一）、『終わりなき日々（*Days without End*）』（一九三四）にいたるテクストを「ポップ心理学」や「ポップ・モダニズム」といったキーワードで精緻に読み解いてゆくのである。つまり、精神分析の「輸入」に伴う新しい心理学的知見（「ポップ心理学」）からドイツ表現主義を筆頭とするヨーロッパの歴史的アヴァンギャルド運動の影響（「ポップ・モダニズム」）などの当時の知的ファッションまで、あるいはロシア革命によるアメリカにおける左翼運動の盛り上がりから大恐慌という直接的社会事象にいたるまで、具体的な人的交流や活字メディアの言説との交渉を媒介にして形成される「オニール」の諸相がここでは明らかにされてゆくのである。諸相といっても、本書の題名にあるように、その中心は個人の内面（意識／無意識）や歴史にかかわる「深さ」を上演すること（staging）への同時代的憧憬と「オニール」——ここにはオニールの写真媒体による自己表象の問題もかかわる——との往還関係、ないしは相互貫入性に議論は集中することになる。

たとえば『奇妙な幕間狂言』をいま読むわたしたちは、かなりの違和感を覚えることになるのは当然であろう。第一に、その異様なまでの長さ（九幕）。第二に、メロドラマというよりソープオペラに近いプロット展開。さらに、この劇の手法的特徴である内的独白（「思考傍白（thought aside）」）もある。もしこの作品がいま、劇場でそのまま上演されたなら、特にこの内的独白については、観客の失笑を買うほかないのではないか。もちろんそれはオニールの責任ではなく、彼が開発した登場人物たちの心理的「深さ」へと観客を導く演劇的手法が、その後、普遍化して共有されてコンヴェンションとならなかっただけの話である。したがってここで問われるべきなのは、何よりまず、なぜオニールがここまでして「深さ」を劇場において明示化しなければならないと思ったかである。その点についてフィスターは、上の引用にも出てきた「変化の渦中にあったプロフェッショナル／経営者階級」というオニール自身がこの作品を書いた時点で属し、かつこの作品がそこに向かって書かれたと想定される階級の問題を中心に論じている。フィスターはまず、一九世紀末から二〇世紀初頭にかけて、アメリカにおける資本主義の成熟とともに出現する資本家や労働者というお馴染みの二項対立的カテゴリーの中間に位置する「プロフェッショナル／経営者階級」が、その主体の場所《サイト》を個人の内面／心理に求め、そこに「深さ」という不可侵／不可視の領域を仮構することで、心理学的主体とでもいうべき階級的アイデンティティを文化領域で生産し続けたとする。劇作家として職業的に、あるいは対象とする観客についても、この「プロフェッショナル／経営者階級」との連携を二〇年代が進むに連れて強めていったオニールは、いまだ形成期にあったその階級意識を裏書きするために、いや、それどころかその階級自身を劇場の場で可視化するために、登場人物の心理学的「深さ」の劇場的表象に、性的抑圧の主題化や告白という制度の導入などを通して、こだわってみせた、というのである。

> オニールによるタブーを破る心理学的ドラマは、小規模な起業家の生産者文化による一九世紀のセンチメンタルな自己像の中産階級的諸イデオロギーから、二〇世紀のリベラル／企業秩序と消費文化の確立に貢献したプロフェッショナル／経営者階級の「心理学的」諸イデオロギーへの移行を示す一つの文化的兆候である。（同上 78）

一九世紀的「自力でたたき上げの人（self-made man）」のイデオロギーが有効ではなくなり、「リベラル／企業的秩序」が支配的になりつつあった一九二〇年代、「自力でたたき上げの人」にかわるイデオロギーとして重要になるのが心理学的「深さ」のリベラル（「タブーを破るような」）な主体というわけである。したがって、他人には聞こえない内面の声の表出にほかならない『奇妙な幕間狂言』で採用された「思考傍白」という手法は、単なる技法的目新しさとして受け入れられたというより、そのような不可侵／不可視の「深さ」にある心理が声として劇場で聞こえるという、まさにその告白としての形式性によって、観客に自身の心理的「深さ」の存在——心理学的自己の絶対性——を確認させるというセラピー的機能を果たすことになったとフィスターは考えるのである。

いまでは見るにたえない可能性が高い『奇妙な幕間狂言』がなぜ大ヒットしたのかという問いについて、フィスターの論はひどくすっきりした説明ではないだろうか。もちろんすっきりしすぎているとも言えるし、また方法論的な問題として、一方にオニール戯曲のテクストとそれにまつわる一次資料の言説を置き、他方に歴史学的研究の二次資料を置くというこの書物に通底する方法論そのものに異議を唱えることも可能である。しかし、「オニールを読み直せるか?」というプロジェクトを想定したとき、その出発点としてこの書物は評価されるべきであり、事実、たとえば、タムゼン・ウルフは、フィスターの論を更新させるかのようなかたちで、『優生学的《ユージニック》オニール』と『奇妙な幕間狂言』の秘密」という『奇妙な幕間狂言』をめぐる重要な論文を二〇〇三年に発表している（Wolff 2003）。ここではタイトルにあるように優生学、ないしは遺伝という主題についての当時一般に流布していた言説と同作品におけるその言説の使用と機能についての分析がなされるが、この論文においてもまた、なぜ『奇妙な幕間狂言』が大ヒットしたのかについての説明が、フィスターとは別角度から試みられるのである。

　優生学の流布という当時の問題についての具体的な事象を見わたし、さらにテクストを詳細に検討していったあとでウルフは、「『奇妙な幕間狂言』とその批評家たちは、さまざまな優生学的考えを流通させ、認知させるのに貢献しただけでなく、重要なことに、それらの考えの間にある矛盾を強調しもしたのである」（同上 233-4　和訳は引用者）という。この先につづく結論部分、すなわちこうしてこの作品におけるオニールは、決定論的なプロット構成、すなわち客観的（＝科学的）に同定可能な過去が劇場的現在を規定するという優生学と親和性をもつメロドラマのドラマトゥルギーとは異なる別種のドラマ形式を求めているというウルフの論の主張については、やや牽強付会かもしれない。それでもここでは、オニールが同時代の支配的イデオロギーに積極的に荷担したわけでも、ただ単に再生産したわけではないという指摘に耳を傾けるべきであろう。

　というのも、オニールに「親切ではない」とされたフィスターもまた、「オニール」のなかに支配的イデオロギー装置――彼の場合は書名にある「心理学的言説」――への抵抗というものを、場合によっては、見ようとしているからである。場合によっては、というのは、オニールのどの作品にも抵抗が刻印されているというようなロマンティックな芸術家像に、「文化史家」を自認するフィスターが与するはずはなく、むしろ彼は多様な力線が交錯する同意が取れない場所《サイト》として「オニール」を立ちあげようとしているからにほかならない。

　おそらくオニールを読み直すためには、少なくともフィスター的な冷静な視線を維持しつつ、「神話化」と「脱神話化」の力学から遠く離れ、ウィリアムズ的「感情の構造」を丹念に読み解いてゆくという作業を開始するよりほかはないだろう。ベルやジャクソンの「そんなことをしている場合か」という声にも耳を傾けつつ、モダン・ドラマが「文化」でありえたオニールと「オニール」とその時代をまっとうに歴史化するために。

（二〇〇三年九月）

［注1］ウィリアムズは過去形で、次のように言っている。「わたしはドラマの分析を通じて、社会のある側面を理解するための一つの道筋というだけでなく、わたしたちが社会として集合化するその仕方にかかわる基本的なさまざまなコンヴェンションを見通すための一つの道筋としてわたしには効果的だと思えるものを学びました。そしてそれは、ドラマの問題のいくつかを新しく重要なものとして、浮上させてくれもするのです。舞台とテクスト、そこで行為として（active）演じられる（enacted）社会の二つの方向を見ることにおいて、同時にドラマ的現実でもあり社会的現実でもある閉じられた部屋——舞台上には部屋があり、その第四の壁が上にあがるという新しい隠喩——の重要性を理解できると思ったのでした」（Williams 1975: 311　和訳は引用者）。

［注2］たとえば、以下のような研究がある。Normand Berlin, "The Beckettian O'Neill,"（Berlin 1988）、*O'Neill's Shakespeare*（Berlin 1993）。

# 3

# リベラル悲劇の顚末

## ――アーサー・ミラーのために

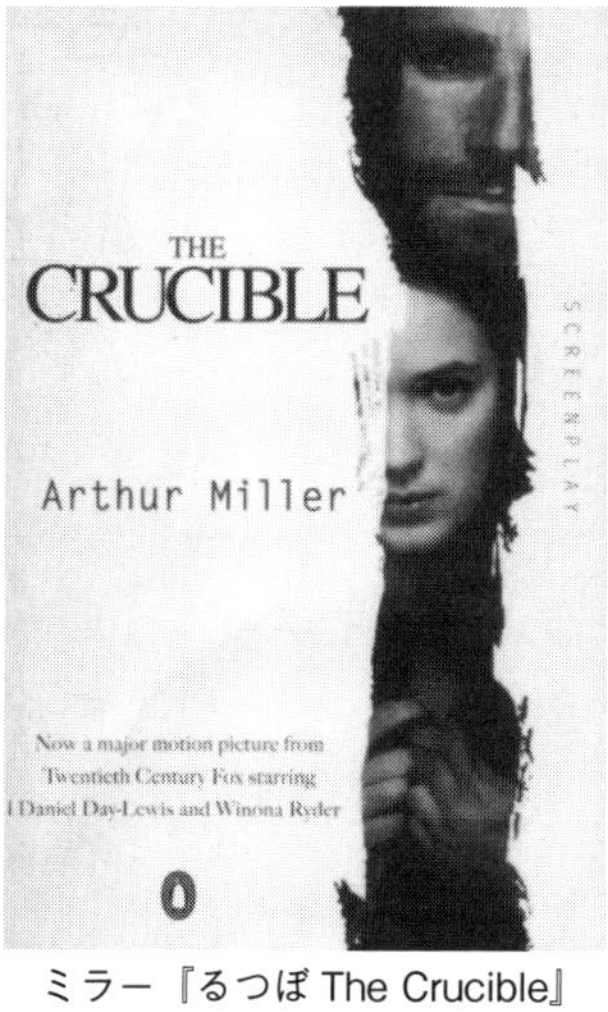


ミラー『るつぼ The Crucible』

アーサー・ミラー（一九一五〜二〇〇五）への追悼文で、『ヴィレッジ・ヴォイス（*The Village Voice*）』紙のマイケル・ファインゴールドは、ミラーという存在は、「芸術家、商業的成功者、政治的英雄と犠牲者、芸能人、賢者、年老いた政治家、そして最後には記念碑的存在」（Feingold 2005　和訳は引用者、以下同様）になった、と的確な評を書いている。そしてそのような「記念碑的存在」であるミラーの劇作の特徴を――といっても、その登場人物のふるまいについてであるが――心理学的と政治的の二つの方向から了解するミラー批評の流れを指摘しつつ、その二つが実は出会わないまま不協和音を奏でてしまうことにこそ、「第三の要素」、すなわちわたしたちがこれから考えるべきミラーの作家としての特質があるとする。つまり、「ミラーはいつでもどのような立場からのものであっても、ひどく饒舌な説明とともに、パラドクスとアイロニーにも好奇心をそそられていたのである」（同上）というのである。ここでは「ひどく饒舌な説明」が、心理学的説明と政治的説明に相当する。もう少し一般的な言い方をすれば、ミラー作品の登場人物は、心理学的（＝合理的）に説明可能な内面をもちつつ、社会という環境を生きる人物だということになる。ここからは、ミラーについて常々言われている、相互交渉するものとしての「個人」と「社会」という弁別可能なエンティティが抽出できるわけだが、それと同じくらいミラーが関心を引かれていた「パラドクスとアイロニー」、すなわちファインゴールドが語る「第三の要素」もまた、そのふたつのエンティティ間の解消不能なずれや軋みのことである――それが悲劇的に現れるとはもちろん限らない――ということになるだろう。

しかしわたしたちはさらに、ファインゴールドの「説明」そのものが、「饒舌な説明」のひとつに過ぎないと考えることも大いに可能であり――追悼文だからという理由だけでなく――『セールスマンの死（*The Death of a Salesman*）』（一九四九）や『るつぼ（*The Crucible*）』（五三）といったミラーの代表作における人物造型やそのふるまいに、ある種のノスタルジアを感じつつも、違和感を抱かざるをえないことが、どうしても思い出されてしまうのである。ここでわたしは、ハロルド・ブルームにならって、ミラーが二流の「文学」作家で一流の演劇の作家だったと言おうとしているわけでも（Bloom 1987: 1）、そのブルームによる、アメリカに一流の劇作家が登場しないのは、アメリカの文学的想像力の「本質」が演劇的でないからだ、という指摘に改めて賛同しようというのでもない［補注］（同上 2）。むしろわたしの違和感の中心には、一般的に社会派とされるミラーの、その社会を描くための形式そのものがある。

よく知られているように、その代表作『るつぼ』のテクストでミラーは、通常のト書きに加えて、なぜ魔女狩り裁判が起きたのかにつき、長文の背景説明的文章をテクストのあちこちに挿入している。たとえば、「セイラムの悲劇」（Miller 1952: 228）を（同意されたものとしての）宗教共同体から市民共同体へのドラスティックな質的変化への応答と捉えるミラーは、その問題を普遍化しつつ、こう言う。

しかし、あらゆる組織は排除と禁止のアイディアに基づいており、あるいはそうでなければならず、それはちょうど、二つの物体が同じ場所を占められないのと同じである。ニューイングランドには明らかに、秩序による抑圧が、秩序のために形成されたさまざまな危険が正当化する抑圧よりも、強いものとして感じられる時代がやってきていたのである。（同上　和訳は引用者）

ここでいわれていることは正論――少なくともリベラリスト・ヒューマニズムの伝統的立場からすれば――なので特に反論するつもりもない。それどころか、この後に続くソ連の資本主義敵視政策とアメリカの共産主義嫌悪（「……その考え方が反動的ではない人間は、アメリカにおいては、赤の地獄の共犯者だと非難される可能性がある」）を「現代の悪魔主義」として批判する箇所など（同上 249）、〈九・一一〉以降のアメリカとアラブ世界の対立そのものへの的確な論評としても、十分読めるものになっている。だが、「セイラムの悲劇」を劇化するにあたり、ミラーがとった戦略が興味深いのである。階級間の葛藤劇として書きえたはずのこの歴史的事件につき、ミラーはジョン・プロクターという階級的自覚の希薄な個人を主人公としつつ、彼の「不倫」——しかも、その出来事そのものは、すでに終わっている——という個人の「罪悪感」を媒介にしてナラティヴを前方へと駆動させるために、魔女狩り裁判の首謀者の一人とされるアビゲイル・ウィリアムズの年齢を史実よりも上に設定したのである。その意味で、『るつぼ』の「悲劇の構造」は必然的に、ザ・ウーマンとの「不倫」を主人公の中心的トラウマとする『セールスマンの死』と同型となり、悲劇、あるいは、悲劇的なものが成立するための用件としての「憐憫（pity）」というミラーが観客に期待する感情がいかにも時代色を帯びることになる。

この点については、ミラーの／というテクストを、テネシー・ウィリアムズとともに、冷戦期という「文化的モーメントの場面」（Savran 1992: x　傍点は原著者）として読むというデイヴィッド・セイヴランによる画期的なミラー論がある。ミラー的リベラル悲劇（レイモンド・ウィリアムズ）の主人公たちは、その権威としての男性主体を構築するために、大文字の他者としての女性（性）、あるいは内面の同性愛的欲望に勝利することを余儀なくされる。そうした大文字の他者の排除、あるいは同性愛的欲望の抑圧という物語を生きることで、冷戦期リベラルの異性愛男性主体の安定性（という神話）をかろうじてパフォームしうる、とセイヴランは言うのである（同上 20-42）。『るつぼ』では、『セールスマンの死』とは異なり、同性愛的主題はほぼ抑圧されている。だがここでの主人公もまた、いったんは「肉欲」という名のもとに、他者としてのアビゲイルを欲望した——抑圧すべき他者への欲望に身体を委ねた——のであり、そうした冷戦期リベラルの理想としての男性主体からの逸脱からいかに帰還するかという問いこそが、物語的に明示化されていることになる。さらにうがった見方が許されるなら、セイヴランも指摘するように（同上 25）、テクストに挿入されたコメンタリーの発語主体の主体としての信憑を確保する超越性——二元論的な悪魔主義の外部——をテクスト作家としてのミラーに付与するのもまた、こうして物語のプロセスで取り戻されるものとしての冷戦期リベラルの男性主体そのものだ、ともいえてしまうのである。

　このように『るつぼ』のテクストは、冷戦期リベラルの男性主体が危機を乗りこえる――主人公の死という「悲劇的」事態によって――物語として、「セイラムの悲劇」を描きだしてしまうのだが、それこそがミラーの限界だったという半ば自明の結論――リベラル悲劇はリベラル悲劇だというトートロジー――を、ここで書きたかったわけでは必ずしもない。その後ミラーは、主人公が「必然の死」を迎えるというリベラル悲劇から遠ざかり、劇形式のレヴェルでも主題レヴェルでも、多様なものに取り組んだことはよく知られている。だがそれは、ファインゴールドも指摘していたように、「賢者、年老いた政治家」という社会的役割からのものだったことをわたしたちは忘れるわけにはいかない。セイヴランが冷戦期リベラルのイデオロギーを体現する存在としてミラーを分析する根拠として挙げているように、六〇年代までのブロードウェイ演劇は、社会的影響力のある「純粋な大衆芸術」（同上 6）だった。しかしその後、演劇はまたたくまにその「大衆芸術」としての影響力を失っていったのであり、ミラー自身、そのことに気づいていなかったはずはない。と同時に、リベラリズムというイデオロギーは、紆余曲折を経ながらも、ひとつの政治的オプションとしていまだ、生き残ってもいる。「ヒューマニズムの終焉」（リチャード・シェクナー）をアカデミア内でいくら叫んでも、一歩外に出てみるなら、ベタなヒューマニズムにどれほど力があるか、わたしたちは思い知らされているのではなかったか。〈九・一一〉以降という「文化的モーメント」を生きるわたしたちにできることは、「セイラムの悲劇」をミラー的リベラル悲劇以外の物語装置で劇化することが果たして可能か、今しばらくは問い続けることくらいしかないのである。

（二〇〇五年六月）

［補注］（二〇一六年三月追記）このブルームの主張は、それほど広範に知られていないと考えられるが、きわめて重要である。本書でも何度か触れるように、アメリカにおける「演劇嫌悪」の伝統（特に第Ⅲ部三章を参照）を歴史的に説明する研究者は数多いが、ブルームのように、近代に限定して、というか、アメリカには近代しかない――西洋史というフレームで歴史を捉えるならば、である――ことを前提に、文学的想像力を考えるとすると、当を得た指摘である。したがって重要なことは、本章で取り上げたミラーをイプセン（「アメリカのイプセン」）になぞらえたり、ウィリアムズをストリンベリ（「アメリカのストリンドベリ」）になぞらえたりする（あるいは、前章でも触れたように、オニールをベケットの一歩手前と見なす）ことではなく、むしろ、同じような傾向を見せながら、なぜミラーはイプセンではないのか、なぜウィリアムズはストリンドベリではないのかについて、〈才能〉の問題に還元せずに、分析的に論じられるかどうかである。

# 4

# ドラマと身体

## ——テネシー・ウィリアムズのテクスト的身体

フランク・カストロフ『終着駅アメリカ』

## モダン・ドラマ再訪という流行《ファッション》

ラウトレッジ社がその「文学及び文化研究における批評的コンセプト（critical concepts in literary and cultural studies）」シリーズの一貫として二〇〇八年に出版した『モダン・ドラマ（*Modern Drama*）』の編者マーティン・プッチナーによれば、モダン・ドラマ研究の歴史はいくつかの弁別可能なより糸によって構成されているという。それらのより糸には以下のものが挙げられる。

数多く残されているモダン・ドラマティスト自身によるかなり偏向した文章（中略）、同時代の演出家によってなされた選択、形成されつつあったモダン・ドラマの正典《キャノン》に興味を持った初期理論家や哲学者たちから示された見解、一九五〇年以降今日までの学問的研究を支配してきた多様な方法論上の流れや流行、学問分野としての演劇研究（theatre studies）をめぐる変容しつづける制度としての歴史といったものがある。（Puchner 2008: 15　和訳は引用者、以下同様）

このなかでわたしが最も興味を持つのは、この最後の部分、すなわち演劇研究という学問分野が文学研究から離脱して独自の分野となりつつあった時代、すなわち一九五〇年代から六〇年代にかけて、実践中心の演劇学部にあって、つねにマイナーであるほかはなかった学術的な演劇研究者たちが、自己のアイデンティティの確保／維持のために、「文学部との差異化を常に望んだ」（同上）という指摘である。そして、こうした展開のためにもたらされたのが、以下のような事態だった、とプッチナーは続ける。

文学部、あるいは演劇学部のどちらに所属しているにせよ、自律的な演劇研究を確立しようとする人々は、演技、大道具、デザイン、建築、音楽を含めたパーフォーミング・アーツとしての演劇の非文学的諸側面を強調することで、テクストのジャンルとしてのドラマ文学を相対的に放置することになった。（中略）これはつまり、文学研究がテクスト性をめぐる新しく刺激的なアプローチを発展させつつあるときにあってさえ、ドラマ文学のテクストとしての側面を暗黙のうちに無視することを意味していた。したがって、こうしたテクスト性への新しいアプローチを利用し、テクストのパフォーマティヴな使用や印刷技術によるテクストの流通等についての研究がなされるようになったのは、ごく最近のことなのである。（同上）

ちょうど文学研究におけるテクスト性についての新しいアプローチが登場しつつあったときに、そうしたアプローチをスルーするかたちで演劇研究は進んだ、とプッチナーはここで言っている。そして、ようやく最近になって、そうしたテクスト理論の演劇研究への応用／援用がはじまったのだ、と。そしてもちろんプッチナー自身、この試みに大いに荷担し、その線に沿って、演劇というと広すぎるのでモダン・ドラマ研究というカテゴリー内において、着実に著作を発表しているということになる。[1]

わたしもまた、こうした英語圏における演劇研究の流れとともに生きてきて、ここでのプッチナーの要約には大きくうなずかされるものがあり、なかでも英語圏演劇研究におけるこの後進性が、日本語圏演劇研究の後進性と折り重なるようなかたちで進んできていることにある種の感慨さえ覚えている。ざっくりいってしまえば、ニュークリティシズム的テクスト研究としての演劇研究でさえ文学研究の周縁部にしかなかった日本語圏においては、英語圏における「遅れ」は一種の僥倖でさえあり、せいぜい、ドラマのテクストそのものでなければ、非テクスト的要素の研究といったシンプルな研究対象の選択や移動が散発的に見られたという程度でしかなかったと考えられるからである。それは、もう少し大きな枠組みでいえば、文学研究としてのドラマ研究と演劇研究としてのドラマ研究の、いわば中途半端な同時進行／並列状況という事態となって、未だにそこから日本語圏演劇研究は抜け出せないでいるということともつながっているだろう。

さて、そのプッチナーがいう新たなテクスト理論——正確にはテクストのテクスト性へのアプローチの仕方——については、ドラマ研究に何をもたらしているのか、ということが重要になってくる。そして、本章のテーマはテネシー・ウィリアムズというモダン・ドラマ作家と見なせる存在であることから、そうした理論に目配せをしておくことは、少なくともわたしにとっては、今（さら）、テネシー・ウィリアムズについて何が語れるか、という問題を考える際の、必須の作業となるはずである。

## ドラマと身体という問題系

ここではもう少々詳しくドラマ概念再訪という近年の学問的傾向《ファッション》を見ておくことにしたい。というのも、本章ではウィリアムズにおける「身体」という問題を考えようとしており、そのためにも、ドラマ概念再訪の言説が「身体」をどう扱ってきたかを見ておく必要があるからである。もちろんその「身体」なるものが、テクストレヴェルでの身体表象や身体イメージ——作家性に還元可能であるような——だとするなら、特に思い悩む必要はない。だが、本章で扱うウィリアムズの場合、俳優の生身の身体を前提として書かれた文字テクストである、という演劇／戯曲テクスト（＝ドラマ）に特有の前提に立っており、そのためにもドラマと身体という問題系を検討しておく必要があると思われるのである。

ここで注目すべき主題としては、プッチナーが触れていたドラマ研究の問題というよりも、文学研究から派生してまたたくまに拡大していったパフォーマンス研究（Performance Studies）（以下、ＰＳと表記）という、わたし自身もそこに帰属していると自覚している学問分野のことがある。ＰＳについては、これまでいろいろなところで書いてきているので（cf. 内野 二〇〇九）深入りはしないが、一九八〇年代にはじまる「パフォーマンス」をキーワードにする新たな学問分野だということだけは確認しておきたい。

上記の「全体へのイントロダクション（"General Introduction"）」でプッチナー自身は、ＰＳという主題を特に扱ってはいないが、第I部二章ですでに論じたように、二〇〇〇年代に新たな論客として登場してきたシャノン・ジャクソンが、その著書『パフォーマンスを表明／職業にする――哲学からパフォーマティヴィティへのアカデミアにおける演劇（*Professing Performance: Theatre in the Academy from Philology to Performativity*）』（二〇〇四）で行った研究が象徴するように、文学研究とＰＳの複雑な共犯関係が、ＰＳ成立後二〇年あまり経過して、言説化されるようになってきたというアカデミア的大文脈とドラマ概念再訪という事態には関係があると考えられる。ただし、これはあくまでも北米アカデミアの問題にすぎないという言い方は可能で、より広い歴史的・地理的視座でドラマ概念を考えようとするプッチナーの場合――つまり、ヨーロッパのアヴァンギャルド演劇運動とベケット、ジュネ、イヨネスコ等のいわゆるハイ・モダニズムと呼ばれる系列のヨーロッパ演劇を思考の対象に入れようとするならば――文学（戯曲／テクスト）対パフォーマンス（上演）といった、それはそれでわかりやすい対立軸よりも、たとえば、詩としてのテクスト対演劇性《シアトリカリティ》としてのパフォーマンスという対立軸のほうが、より演劇史的には重要になってくる。

たとえばその主著『舞台恐怖――モダニズム、反演劇＝上演性とドラマ（*Stage Fright: Modernism, Anti-theatricality and Drama*）』（二〇〇二）でプッチナーが試みるのは、一九世紀後半から二〇世紀半ばまでのヨーロッパにおける演劇史を、「反演劇＝上演主義としてのハイ・モダニズム（high modernism as anti-theatricalism）」と「演劇＝上演主義としての前衛主義（avant-gardism as theatricalism）」という、これまで伝統的に了解されてきた二項を脱構築することである。すなわち、この二項を対立概念として捉えるのではなく、むしろ相互補完的なものとして具体的な再検証を行いつつ、通常、上演性《シアトリカリティ》の再獲得／称揚を目指したアヴァンギャルド演劇と、それに対立する反演劇《アンチテアトル》として定位されてきたモダニズム演劇の革新の中心に、上演性《シアトリカリティ》、すなわち親演劇＝上演的欲望を見てとろうとするのである。ここで重要なことは上演性《シアトリカリティ》とは上演可能性のことではなく、テクストそのものに内在する上演性《シアトリカリティ》のことであり、しかもそれは、テクスト外の諸要素とのさまざまな触媒的関係性において、現実の上演可能性へと常に反転する可能性がある上演性《シアトリカリティ》として捉えられていることであろう。アリストテレスの『詩学』ではなく、プラトンの反演劇＝上演主義にまでさかのぼって多様な対象が論じられる本書は、したがって、西洋演劇史を新たな視点から読み直す画期的な書物でもあり、同時にまた、上記の二項の複雑な絡み合いのなかで、戯曲テクストそのものでもパフォーマンスそのものでもないものとして、「ドラマ」という概念を再構成しようとするのである。

　ではプッチナーは、本章のテーマである演劇における身体問題とでも呼べるものをどう考えているのか。たとえば、全体を概観する本書のイントロダクションにおいて、彼が身体――この場合は俳優の身体と限定可能である――として論じるのは、反・演劇＝上演主義と演劇＝上演主義を字義通り媒介する存在としての俳優の身体である。そこで彼は、芸術作品としての演劇というジャンルにおけるコントロール不可能性の象徴としての俳優の身体に対する、両者（二つの「主義」）それぞれについての肯定の筋道を見いだそうとする。つまり、この二つの「主義」を隔てるとされてきたもの――かたや身体を否定、かたや肯定という伝統的二律背反――から議論を立てないところにこそ、プッチナーの斬新さがある。すなわち、演劇＝上演主義は上演の重要な要素として俳優の身体を伝統の延長線上で肯定し――登場人物の再現機能を担う透明性を標榜するメディウムとしてより、不透明な直接性のエージェンシーとして――、一方の反演劇＝上演主義としてのモダニズム演劇は、伝統を否定するためのテクストに立てこもる身ぶりのうちに、俳優の身体を上演性において肯定する道筋を探ったのだ、というふうに彼は論じるのである。

では、プッチナーよりもう少し図式的でありながら、より原理的な議論を展開するという意味でわたしなどにはより親しみやすいW・B・ウォーゼンはどう考えているのか。彼もまた、こうしたドラマ概念再訪において、詩（テクスト）対パフォーマンス（上演）という対立軸を呼び出しつつ脱構築し、ドラマ概念を再定義しようとする論客のひとりである。したがって、近年の著作であるウォーゼンの『ドラマ——詩とパフォーマンスのあいだ（*Drama: Between Poetry and Performance*）』（二〇一〇）は、先にプッチナーが言っていたような最近のテクスト理論の演劇研究への応用の典型例となっている。本書においては、たとえば、そもそも演劇はテクスト（活字）であり読むべきものだというのが常識になったのは一九世紀後半においてである——イプセン作品のヨーロッパにおける普及という革命的事象は、ノルウェー語というマイナー言語で書かれたイプセン作品の舞台上演より、英語、ドイツ語等のメジャーなヨーロッパ語への翻訳を契機とする出版メディアを通しての流通によるところが大きいことはよく知られている——といったような、諸問題を厳密な歴史性において捉える論が多く含まれているが、本章の主題にとって重要なのは、第一部「詩からパフォーマンスへ」の第二章「アンティゴネーの骨」である。

## アーカイヴとレパートリー

ウォーゼンがこの章の基調音として設定し、その脱構築を試みるアーカイヴとレパートリーという対立概念は、実はウォーゼン自身によるものではなく、ラテン・アメリカのパフォーマンス研究で知られるダイアナ・テイラーの二〇〇三年出版の著作の題名に由来している（『アーカイヴとレパートリー――南北アメリカにおいて文化記憶をパフォームする（*The Archive and the Repertoire: Performing Cultural Memory in the Americas*）』）。この二項は、テクスト対パフォーマンスという二項と響き合っており、PSによる後者の強調、前景化という現時点での研究的状況を批判的に検証することから、ウォーゼンはここでの議論を展開している。少々長くなるが引用する。

ドラマのパフォーマンスを明らかに排除したパフォーマンスのレパートリー（中略）は、〈書かれたもの〉の硬直性と安定性によって定義される文字文化としてのアーカイヴに対立するのだと今、断定されてしまうと、それを受け入れるのには多少なりとも躊躇する必要がある。テイラーにとっては、〈書かれたもの〉を演劇的に使うことは、帝国主義的拡張と西洋の認識論における帝国主義的私／眼（I/eye）に特徴的である「何世紀にもわたる植民地主義の福音のための、あるいは規範化のための活動」（15）と関係している。ドラマのパフォーマンスは、国家が「権力を維持する」（19）ためのひとつの方法、つまり抑圧装置として、基本的には特定のアーカイヴへと回収されたと彼女は言うのである。その結果、「アーカイヴとレパートリーのあいだには、つねに相互作用があったにもかかわらず、レパートリーを過去のものとして葬り去る傾向が強く見られた」（21）。テイラーの『アーカイヴとレパートリー』という著作が試みるのは、同時代社会における進行中の政治的認識論的抵抗を眼差しつつ、その外延を描きだすために、レパートリーの社会的機能を回復することである。というのも、「アーカイヴとレパートリーは、互いの限界をともに超えでることが可能なので、つねに情報源として重要であり」、たいていの場合、「他の伝達システムと協働していた」（21）にもかかわらず、アクティヴなパフォーマンス文化にとって、アーカイヴは牢獄であり墓場だったからである。ちょうど骨が「骨は同じものかもしれないが、その骨の語る物語は変わるかもしれない」のと同様、「『アンティゴネー』のテクストは安定したシニフィアンを約束するが、多様なやり方で上演することが可能なのである」。（Worthen 2010: 65-66　文中はテイラーの著作の頁数、傍点は原著者、和訳は引用者、以下同様）

テイラーの分析に基本的には賛同しながらも、彼女が同書で、ドラマ（＝テクスト）のパフォーマンスが、アーカイヴとしての〈書かれたもの〉に端的に従属する帝国主義的実践としていとも簡単に排除されていることに、ウォーゼンはこのように疑義を呈している（「多少なりとも躊躇する必要がある」）。そしてそれは、引用箇所以下に展開される、ウォーゼンによる『アンティゴネー』のテクストが「安定したシニフィアン」を提供するというのはほんとうか、という問いに集約されるような疑義である。テイラー自身がアーカイヴとレパートリーのあいだにはつねに相互交通があり、そのパフォーマンスにおいては、「互いのその限界を超えでることが可能」だとしているにもかかわらず、である。もちろん、原理的にはそうであるにもかかわらず、西洋における演劇を中心とするパフォーマンスの歴史においては、そうならなかったために、テイラーは同時代の政治的身ぶりとして、テクストのない、すなわちレパートリーのみから構成される――そしてその場で消滅する――ラテンアメリカ諸地域の「生きたパフォーマンス文化」――タイトルにあるような文化記憶をパーフォームする文化――を記述分析する、ということになっている。

こうしてウォーゼンは、文学研究からの離脱の欲望を起源とするPSの出発地点――それが必然的に文学的な営為とならざるを得なかったといったような指摘を含め――といった歴史性への言及や、その同時代にドラマのパフォーマンスにおける演技の問題をまったく別の文脈で思考しようとしていたにもかかわらず、PSの勢いに押されて消えていった理論的文脈を辿ってゆくことになる。すなわちテイラーも認めているアーカイヴとレパートリーの相互交通というのものを、ドラマのパフォーマンスを正確に眼差すための道筋として再考してゆくのである。

その際の重要なポイントのひとつは、「安定したシニフィアン」としてのアーカイヴ（＝テクスト）に対して、単にひとつの解釈としてのみ上演（＝パフォーマンス）がある、というありがちなドラマ上演のスタティックな理解である。近代西洋演劇は、基本的にはこの線で理解されてきたことは周知のことだと思われるが、この解釈としての上演（必ずしも再現ではない）は、ただ単に、「安定したシニフィアン」を前提とする解釈共同体を拡張してゆくだけの帝国主義的欲望であるとして、まさしくテイラーが排除した考え方にほかならない。したがって、ウォーゼンが前提とするのは、アーカイヴとレパートリーの「安定した」相互交通とは似て非なるものだということに注意しておく必要がある。

　こうした思考を通してウォーゼンによって定式化されるドラマのパフォーマンスとは、以下のようなものになる。

> ドラマのパフォーマンスはレパートリーでアーカイヴと対決し、変化しつづける演劇の社会文化的テクノロジーにおいて、その諸ツールのアフォーダンスをつねに再発見しなければならない。あるいはベネットの言い方を借りれば、アーカイヴをレパートリーに晒して、芸術の境界面において、テクストからも、復元された行為を安定させる委任代理からも予測ができない独自な出来事が生みだされなければならない。同じように、戯曲を書物として物質化することは、そのアーカイヴ的ステータスを物神化してしまう。あるいは、こう言ってもよい。〈書かれたもの〉のひとつの形式を、上演するための前テクストとして固定してしまう。つまり、〈書かれたもの〉はすでに複数で、さらに複数化さえしているのに、上演化のプロセスで捨て去られるのである。（中略）〈書かれたもの〉は、ひとつのアーカイヴとして機能することが可能である。ドラマは行為への諸契機の倉庫であり、所与の演劇形式において、所与の社会的文化的テクノロジーが可能にする行為、演技、身ぶり、そしてアイデンティティのイデオロギー内部において、意義深い出来事を生みだすソフトウェアなのである。（同上 91-2）

ウォーゼンに寄り添ってこう考えてみると、「アーカイヴとレパートリーという注意をそらせるような区分をいつまでも続けることなく、この二元論が捉えることを難しくしていたドラマのパフォーマンスの側面について注意を差し向けることができるようになるかもしれない」（同上 92）のである。そして、「ドラマは、行為への諸契機の倉庫であり、所与の演劇形式において、所与の社会的文化的テクノロジーが可能にする行為、演技、身ぶりそしてアイデンティティのイデオロギー内部において、意義深い出来事を生みだすソフトウェアなのである」という箇所に注目しておこう。明確な定義だと思われるが、もしかしたら必要ないかもしれない注釈を差し挟むならば、テクストが「行為への諸契機の倉庫」、すなわちアーカイヴであるとはいえ、単なる素材にすぎないのだから、何をしてもよい（あるいはその逆に、何もしなくてもよい）といっているわけではない、ということである。テクストは、あくまでもそれが上演される場面の外部的な要因をも含む予測可能・予測不可能両方のさまざまな要素との真剣な相互交通的対話によって上演へと至ったとき、単なる再現でも一つの解釈でもない「独自な出来事」になるとウォーゼンは主張するのである。

続く結語部分では、新たなドラマ研究が問うべき事柄を列挙した上で、その前提になるのは以下のようなことだとウォーゼンは続ける。

> こうした問いを考えるためには、（中略）「相互作用の恒常状態」に、アーカイヴとレパートリーのあいだ、「テクスト」を開かれたままで使用するための素材として理解する方法に新たな注意を差し向ける必要がある。そのためには、偶発的であっても因襲的なパフォーミングのシステムとレトリカルな身ぶりのシステムの内部での（再）構築の可能性に関心を持ち、表象が演劇のレトリックにとって必要不可欠な要素ではないことを忘れない必要がある。「演技の演劇」における独自の身ぶりはそれ自体――強化し、逆転し、引用し、要約し、還元し、異化し、身体化する――舞台のすぐ外にあるまた別の演劇の身ぶりの諸レパートリーとかかわるのである。しかしまた、〈書かれたもの〉の物質性を評価する方法を発展させる必要もある。しかもそれは、単にそのジャンル的形式性においてではなく、プロセスと場所性を起動させ、再現前と現前の境界面を明確化し、ドラマの出来事に独自な「解釈可能性」のため、（いくつかの）素材を提供するようなやり方によってである。ドラマの出来事は、世界のど

こでも、未だに政治的批評性、抵抗、そして行為の潜勢力を持ち続けていることを忘れてはならない。（同上）

「アーカイヴとレパートリーの相互交通」を注視するのは当然として、「〈書かれたもの〉の物質性を評価する方法を発展させる必要もある。しかもそれは、単にそのジャンル的形式性においてではなく、プロセスと場所性を起動させ、再現前と現前の境界面を明確化し、ドラマの出来事に独自な『解釈可能性』のため、（いくつかの）素材を提供するようなやり方によってである」というところが何より目新しいということになるだろうか。原理的にはここで言われていることは、たしかに十分理解可能である。しかしながら、ある特定の点に注意を差し向けつつではあれ、ウォーゼンがここで召喚するテクストから上演へ、あるいは詩からパフォーマンスへ、というプロセスの全体性を（学術的であれどうあれ）記述することなど果たしてほんとうにできるのだろうかという問いに、わたしたちはすぐさまぶつかることになる。もちろんそれはナイーヴな問いであって、ウォーゼンはここで、一種の原理論を展開しているだけであって、別に演劇（性）の全体性にかかわる新しい具体的方法を提示しているわけではないと考えることは可能である。実際この後、本書ではこれまでの原理論を踏まえた上で、いわばそのマトリクスの上で、近代以降の幅広いドラマ作家たち、イプセン、スーザン＝ロリ・パークス、ベケット、ブレヒトといった作家たちが論じられることになる。

では、俳優の身体はウォーゼン的にはどういうことになるのか。本書では、マイケル・ゴールドマンによって一九七五年に書かれた『俳優の自由——ドラマの理論に向けて（*The Actor's Freedom: Toward a Theory of Drama*）』の紹介というかたちで、俳優の身体の問題が論じられている。というのも、単純化を恐れずにまとめてしまうならば、ゴールドマンは、単なる登場人物を再現する主体でもなく、また、戯曲を踏み台とした俳優のパフォーマティヴな自己表現でもないような、より複雑な演技体をドラマ演劇は要求するとしていたからである。

「演技の演劇」という戦略的な言い回しを使うゴールドマンは、ドラマのパフォーマンスはテクストの解釈だとする、必要以上に決定的だとされてしまった「文学的」理解と、パフォーマンス活動の広い領野の周縁にドラマを追いやってしまう、あるいはその領野から完全に追放してしまうように、当然ながらしばしば機能してしまった当時出現しつつあった「パフォーマンス理論」の二極を交渉させつつ、ドラマ理論が進んできた独自の道筋を明らかにすることを可能にするのである。（同上 71）

というのも、

自律した有機的統一体としての言語表現ではなく、パフォーマンスの要素としてドラマを読むことは、「作品」はテクストのみに内在し、舞台にそれなりの権威とともに移植されるという考えに異議を唱えることである。（中略）ゴールドマンは、登場人物を発話行為において表現されるもの、すなわち戯曲の言語秩序の単なる具体化とは考えず、むしろ交換のメディウムであると考える。（中略）。そのことで、ドラマのエクリチュールは、使用可能な演技のレパートリーで捕捉可能な活動のひとまとまりのレパートリーを俳優に与えるものとなる。登場人物とは、テクストに書き込まれたものではないし、模倣したり表象したりするモノでもなく、登場人物としての俳優がいかに「演技するか、すなわち、彼の持っている役柄のさまざまなレパートリーに入ったり出たりするか」（92）によって**結果的に出現するある効果**なのである。（中略）ドラマのパフォーマンスをモデルにする（「発話するものこそが登場人物」）のではなく、「発話こそがドラマの問題」なのである。「対話の一行一行は、発話が破壊するものを取り戻さなければならない」（117）からだけではない。生きられたライヴの行為にテクスト性を差し挟むような発話は、パフォーマンスの現前を妨げるのである。ゴールドマンによる「演技の演劇」はしたがって、対話の文学的表現性ではなく、演技に固有の〈フリをする〉と〈明らかにする〉というダイナミックな振幅のなかにある行為を、いかにして正確なアフォーダンスに近づけるかを探らなければならないのである。(同上 74-5　傍点は原著者、太字は引用者、頁数はゴールドマンの著作の頁数)

こうして、三〇年以上前に書かれたにもかかわらず、ある意味ではきわめて斬新なアイディアをゴールドマンが示していたことが理解できよう。登場人物は「交換のメディウムである」から、「ドラマのエクリチュールは、使用可能な演技のレパートリーで捕捉可能な活動のひとまとまりのレパートリーを俳優に与えるものとなる」。さらに、「登場人物はテクストに書き込まれたものではないし、模倣したり表象したりするモノでもなく、登場人物としての俳優がいかに『演技するか、すなわち、彼の持っている役柄のさまざまなレパートリーに入ったり出たりするか』によって**結果的に出現するある効果**」である。そして、「演技の演劇」はしたがって、対話の文学的表現性ではなく、演技に固有の〈フリをする〉と〈明らかにする〉というダイナミックな振幅のなかにある行為を、いかにして正確なアフォーダンスに近づけるかを探らなければならない」ということになる。言い換えればここでは、俳優は、登場人物そのものでもなく、かといってテクストの台詞をただ引用する存在でもなく、あるいはその逆に、「自己」や「内面」を表出する人間でもなく、俳優の身体の歴史性やその身ぶりや演技のレパートリーとの交渉(「相互交通」)において、瞬間瞬間の劇行為、すなわちドラマ的行為を見いだし身体化するような存在として定式化されるのである。

## テネシー・ウィリアムズのテクスト的身体

テネシー・ウィリアムズの身体について語るはずの本章であるが、あまり関係のないところに着地してしまったように見えるかもしれない。ただし、ここまでの議論であれ、この一九七五年というゴールドマンの「演技の演劇」論が書かれた時代のことを考えてみてであれ、わたしたちは、大陸ヨーロッパ演劇、なかでも演出家の演劇という一九七〇年代以降に主流となったドイツを中心とする古典の上演について、ウォーゼンの原理論は言及しているだけなのではないか、という疑念に向き合う必要が出てくるだろう。いわゆる「auteur（作家主義）の伝統」といわれる系譜に属するドイツであれば、主として公立劇場を中心に支配的であり続けている上演のモードである。[2]

そして、ここまで長々と一見関係なさそうな原理論について語ってきたのは、旧東ドイツ出身のフランク・カストルフ（一九五一〜）という演出家／演劇作家が、ベルリンのフォルクスビューネにおいて演出し、日本でも上演された『欲望という名の電車』（二〇〇〇年一〇月初演、以下『欲望』と表記）があるからにほかならない（後に触れるように、原作テクストを大幅に書き換えているために上演許可が下りず、『終着駅アメリカ（*Endstation Amerika*）』というタイトルで上演された）。

ここではまず、どのような上演であったのか、ドイツ演劇学者の新野守広の解説を見ておこう。長くなるが引用する。

> 舞台には、コンテナの内部を思わせる大きな箱が置かれている。（中略）この長方形の空間には、上手にミニ・バー、下手にバスルームとベッドが備え付けられ、簡単な住居が構成されている。ミニ・バーにはスティーヴ、ユーニス、ステラがいる。けだるい雰囲気に包まれた舞台。スティーヴはギターの弾き語りでルー・リードの『パーフェクト・ディ』を歌っている。舞台上方には発光ダイオード（ＬＥＤ）の表示板が設えてあり、そこに原作『欲望という名の電車』のト書きが英語とドイツ語で流れる。すると金髪のブランチが戸口から入ってくる。こうして第一場が始まる。
>
> テネシー・ウィリアムズの原作では、ステラの夫スタンリーはポーランド系移民である。それ以外に東欧の話は出てこない。ところがカストルフ演出では、ブランチはポーランド文学を教える教師になっている。しかもブランチとスタンリーは、かつて

ポーランド「連帯」の同志だった。原作ではブランチだけに起こる意識の錯乱は、カストルフ演出ではスタンリーにも起こる。ふたりはここがアメリカであることを忘れ、ポーランドの記憶に苦しめられる。このときのふたりの会話には、アンジェイ・ワイダの映画『鉄の男』も引用される。スタンリーは幻覚から覚めることができるが、ブランチの意識は錯乱し続け、過去から抜け出せない。舞台にワルシャワ労働歌が響いてくるが、これはブランチにしか聞こえない。自分にしか聞こえてこない労働歌のリズムに合わせて、ブランチは行進をはじめる。原作では、錯乱するブランチの耳に聞こえてくるのはワルシャワ舞曲だが、カストルフはこの舞曲を労働歌に変え、舞台に「連帯」の記憶をよみがえらすのだ。

原作『欲望という名の電車』のブランチが安らぎを得られる唯一の空間、バスルームは、『終着駅アメリカ』ではブランチの住む場所になっている。そして彼女の様子は、バスルーム内に取り付けられたヴィデオカメラを通して、室内に置かれたテレビに映し出される。観客は俳優とともにブランチの様子をテレビを通して鑑賞する。この間、舞台上方の発光ダイオード表示板には、ブランチがローレルで身を持ち崩した話が流れる。テレビの映像とパネルの発光文字を通してブランチは観客に曝され、虚像を取り繕う姿が、メディア装置で強調されている。(中略)さらにカストルフは、原作の最後の場面を大幅に書き換えている。テネシー・ウィリアムズの原作ではステラに赤ん坊が生まれるが、カストルフ演出ではステラは流産し、次の世代を象徴する新しい命は生まれない。(新野 二〇〇五:一九二―五)

第I部一章でも取り上げたように、アーノルド・アロンソンは、「詩的リアリズムあるいはアメリカ的象徴主義」と呼ぶ『ガラスの動物園』以降、アメリカにおけるナショナルなスタイルと呼べるに近いスタイルをウィリアムズが確立したと述べている。そして『欲望』は、そう彼が評するようなテクスト群の代表的なものであることはあえて言うまでもないだろう。ただここで注意すべきことは、そのアロンソンが、『ガラスの動物園』で舞台装置を制作したジョー・ミールツィナーの功績を、一方『欲望』では、エリア・カザン演出による一九四七年のニューヨーク初演におけるマーロン・ブランドの演技スタイルの重要性を、それぞれ説いていることからもわかるように、アロンソンの評価においては、テクストと上演が区別されないまま、一体のものとして議論されていることである（Aronson 2000b: 96-7）。実際のテクストは一九四九年に出版されているが、こうして『欲望』については、五一年のカザンによる映画版の制作によって——幕切れの書き換えや台詞の改変、その他の当時の保守的道徳にかかわる場面のカットが当時から話題になっていたことも忘れてはならない[3]——、すでにして固定したテクストとしてのアーカイヴとなったというよりも、レパートリーの増殖と受容があっというまに進行したという徴候的な歴史性を見て取るべきだろう。すなわち、『欲望』が古典テクストとして認知されたのは、ブロードウェイとロンドンでのライヴの上演による成功もさることながら、「イプセンの一九世紀」であれば出版メディウムによって散種されたであろうテクストの古典性が、ハリウッド映画という別メディウムによって代行されたためだと考えられてよい。

それから半世紀以上たったわたしたちは、ブランチが登場するときのト書きにおける彼女のきわめて短いが「蛾のような」という有名な紹介（「彼女はステラよりも五歳くらい年上である。彼女の繊細な美しさは強い光を避けなければならない。彼女のふわふわしたそぶりには、その白い衣装とも相まって、蛾を思い起こさせるものがある」（Williams 1947: 471　和訳は引用者）よりも、映画におけるヴィヴィアン・リーの姿を先に思い浮かべることになる可能性の方が高いのではないだろうか。日本に長く生きていれば、さらにそこに、杉村春子や大地喜和子、大竹しのぶや篠井英介まで、ブランチを演じた俳優たちの姿が重なって脳裏に浮かんでくるかもしれない。ウォーゼンがレパートリーにアーカイヴが侵食されるといったのは、こうした事柄も指すのだろうと思われるが、ではカストルフ演出のブランチはどうなのか。

一般に『終着駅』は、新野が言うように結末が大きく変わるために——ウィリアムズ本人も映画版で変えたことはさせておき——いわゆる改作劇と呼べるジャンルのものになるが、実は相当緻密に原作テクストとの関係が練られている。紙幅の関係であまり詳細に検討できないが、端的にいってしまえば、壁崩壊後のドイツに生きるカストルフ——ないしは、フォルクスビューネのドラマトゥルクをふくむ上演の複数的主体——が、テクストを読み、そのときにイメージしたり想起したりした事柄が、テクストを読むプロセスそのものが、そのままとは言えないにせよ、整理されたかたちで、上演の内実を為していると考えてほぼまちがいないと思われるのである。『欲望』という名前での上演許可が下りなかったのは理解可能だが、それは内容的にというよりも、コピーライトにかかわる法律的問題にすぎないように思われ、『終着駅』が原作への「冒瀆」でも何でもないという考え方は大いに可能なのである。もちろん、テクストへの「冒瀆」ということ自体をウォーゼンは否定するだろうことも、これまでの議論で明らかだろう。

まさしくここにおいて、「ドラマのパフォーマンスはレパートリーでアーカイヴと対決し、変化しつづける演劇の社会文化的テクノロジーにおいて、その諸ツールのアフォーダンスをつねに再発見しなければならない。(中略)アーカイヴをレパートリーに晒して、芸術の境界面において、テクストからも、復元された行為を安定させる委任代理からも、予想ができない独自な出来事を生み出さなければならない」ことになる。アーカイヴとしての『欲望』というドラマ・テクストは、あからさまにレパートリーに曝されている。二〇〇〇年という特定の時代環境——たとえば、ここで召喚されるアメリカのノスタルジックな一九七〇年代的イメージは、どう見ても〈九・一一〉以前的である——におけるカストルフ+フォルクスビューネがそれまで醸成してきた、そしてまたドイツの公立劇場の演劇文化が歴史的・同時代的に織りなす演劇的環境——(非)標準的演技スタイル、演劇的感性、劇場的思考、美意識、政治意識、空間意識等々と演劇的諸記号を配置・現実化するさまざま作法——というレパートリーに曝されていると言えるのだ。

では、「ドラマは」――すなわち『欲望』のテクストは――「行為への諸契機の倉庫であり、所与の演劇形式において、所与の社会的文化的テクノロジーが可能にする行為、演技、身ぶり、そしてアイデンティティのイデオロギー内部において、意義深い出来事を生み出すソフトウェア」だと言い切ってよいのだろうか。そう問わねばならないのは、ここでわたしたちには、テクストそのものが改変されている事実をどう考えるかという問題が生じるからである。しかしながら、改変という言い方そのものが、テクストを固定的な絶対的権威とする旧来的な思考に囚われているのであり、むしろわたしたちは、この改変――としか呼びようのないもの――が、いったいどのように為された改変なのかを――テクストレヴェルと行為レヴェル、そして上演にいたるプロセスの調査等を通して――つぶさに見ておく必要があるだろう。そうして初めて、生み出された出来事が「意義深い（significant）」かどうか、評価することができるようになる。

こうして見ると、この上演に効果として現れるブランチ・デュボワという登場人物とその身体は、きわめて複雑な様相を呈してくることが理解されるだろう。先ほど、杉村春子などという名前を出してしまったが、少なくとも一般的観客の知覚にとっては、テクストを読んでいるならばテクストが喚起した（はずの）ブランチの身体イメージがまずあり、読んでいないとしても、映画版のヴィヴィアン・リーの身体イメージと、眼前で提示されるブランチを演じるフォルクスビューネの俳優の身体との差異としての「効果」が、〈ブランチの身体〉として知覚されることになる――リチャード・シェクナーが提示した有名な俳優の存在論――「わたしではない――わたしでなくはない（not me. not not me）」[4]――という振幅のある（何にでも当てはまる）俳優的存在のモデルが当然ここでも妥当なものと考えられるとして、ここで問題になるのはあくまでも〈ブランチの身体〉という「効果」であり、それは観客の記憶のアーカイヴとの「相互交通」において――『欲望』にかぎっても、ヴィヴィアン・リーだけにとどまらず、これまでにその観客が体験した舞台、映画、テレビにおける『欲望』であるかもしれないし、そうでないかもしれない——生じる現象的「効果」でもある、あるいはそうでしかありえないのである。

もちろん、『欲望』を読んだことも見たこともない観客にはどうなのか、という問いがあることも事実である。しかし、『欲望』を読んだことも見たこともない観客などいるはずがないというのが、カストルフが前提とする観客共同体のイデオロギーであり、それはすなわち、同時代ドイツの公共劇場のイデオロギーであり——単なる教養主義と言いたくはないが、それに近いかもしれない——それはそれとして批判することは当然できるのだろうと思われる。そしてそうしたイデオロギーとは無縁の演劇環境に住むわたしたちは、カストルフの『終着駅』を真っ向から批判することも肯定することもできないと、ウォーゼンのモダン・ドラマ再訪理論を経由してしまうと、言うほかはなくなるのではないだろうか。

（書き下ろし）

＊本章は、二〇一一年一〇月二九日に開催された日本英文学会九州支部第六四回大会におけるシンポジウム「テネシー・ウィリアムズと身体」での研究発表「ドラマの身体——テネシー・ウィリアムズのテクスト的身体」の内容に加筆修正したものである。

［注1］ プッチナーの主要著作としては、以下のようなものがある。*Stage Fright: Modernism, Anti-theatricality, and Drama*, Baltimore: Johns Hopkins UP, 2002, *Poetry of the Revolution: Marx, Manifestos, and the Avant-Gardes*, Princeton: Princeton UP, 2005, *Against theatre: Creative Destructions on the Modernist Stage*, New York, N.Y.: Palgrave Macmillan, 2006（Alan Ackerman との共著）、*The Drama of Ideas: Platonic Provocations in Theater and Philosophy*, New York: Oxford UP, 2010 等。

［注2］作家（auteur）とは、本来は映画研究から出てきた用語で、その由来については、たとえば、Pam Cook, *Cinema Book*, 3rd ed., 2007: 101-23 等を参照のこと。映画作品を分析するにあたり、監督を作家とみなし、映画作品を作家としての監督の個的表現として考えるという批評の方法論（auteur theory）であるが、それは作家主義とも呼ばれる。その後、作家（auteur）という語は、汎用性を獲得していき、一九七〇年代以降特に顕著になる、西ヨーロッパにおける演出家が作家性を発揮して古典（オペラであれ、台詞劇であれ）を上演する場合の、演出家の職能が経験した劇的な変化について言及する語としても使われるようになった。楽譜／音楽（オペラ）あるいはテクスト／台詞（演劇）にはいっさい手を加えずに、視覚・聴覚要素を含んだ舞台上に生起する事象すべてを、創造的にコントロールする職能としての、作家としての演出家である。重要なことは、ここにオリジナルの「読み直し」という契機――「書き換え」では必ずしもない――が不可欠であることで、そこがいわゆるる翻案物とも異なっている。ただし、このような動きがあったのは、フランスとドイツを中心とする大陸ヨーロッパが中心で、アングロ・アメリカ圏や日本では、そのような動きは、長らく顕著ではなかった。日本における例外は、おそらく演出家の鈴木忠志ひとりで、その『トロイアの女』を含む一連のギリシャ悲劇演出は、作家主義的「古典の読み直し」である。

［注3］たとえば、カザンの自伝には、映画公開の前に、彼の関与しないところでかなりの変更が加えられたことにつき、詳しい言及がある（Kazan 1988 [1997]: 432-7）。また、カットされた部分については、公開版の版権が切れた当時、カットされたフィルムそのものが公開版の版権が切れた一九九三年に偶然発見されたことから、新たに上映されたり（cf. Rose 1994）、その後、市販ＤＶＤ等に特別版として収録されたりすることもある。

［注4］シェクナーのこのモデルは、さまざまなところで論じられているが、代表的な論究として“Rerstoration of Behavior”（Schechner 1985: 35-116）の記述（なかでも 109-11 あたりの記述）を参照のこと。

# 5

# 「身体からテクストへ」

## ——カレン・フィンリーとジョン・ジェスランを中心に

カレン・フィンリー『欲望の恒常的状態』

## ジョハンネス・ビリンジャーによるポストモダンの身体

ジョハンネス・ビリンジャーが一九九一年に出版した『演劇、理論、ポストモダニズム(*Theater, Theory, Post-modernism*)』という書物がある。欧米の演劇表象を中心とするメディア諸ジャンルにおけるポストモダニズムの表象の問題とポストモダニズムの諸理論の往還によって書かれた本書は、実践家/批評家としてのビリンジャーによる同時代的な演劇をめぐる思索の書として、かけがえのないものだとわたしは考えているが、その最後に収められたエッセイは「パフォーマンスにおけるポストモダンの身体」と題されている。そこで彼は、ポストモダン状況における文化の諸ジャンルにおける「身体の再構築」というプロジェクトについて語っている。ポーランドのイエジェイ・グロトフスキの「聖なる俳優」の身体性から、その歪んだ鏡像としてのアメリカの六〇年代演劇的「解放された身体」へ。さらに初期パフォーマンス・アートにおける「身体それ自体」から、彼が「フォルマリストのマルチメディア・パフォーマンス演劇」(Birringer 1991: 223 和訳は引用者、以下同様)と呼ぶところのロバート・ウィルソン的パフォーマンスにおける「身体の消滅/身体のスペクタクル化/表層(記号)化」(同上)へ。身体(表象)の歴史的変遷を、ビリンジャーはこのように理論的かつ歴史的に跡づけたあと、この論の結びとして、この文章が書かれた時点での二つのまったく方向の異なる典型的な身体のあり方/使い方をカレン・フィンリーとジョン・ジェスランの作品に見ようとする。簡単にまとめれば、フィンリーの「身体」は初期パフォーマンス・アートの「身体それ自体」から展開してきた、それとの近似の関係にあるもの、ジェスランの「身体」は「フォルマリストのマルチメディア・パフォーマンス演劇」の同時代的、すなわちポスト・ウィルソン的身体表象(「身体の消滅」)の系譜にあるもの、ということになる。

本章では、九一年の時点で、上記のようなかたちでビリンジャーが歴史化／理論化した対照的でもあり、かつ交渉不能にも見えるふたつの身体（性）について、もう少し具体的に、フィンリーとジェスランのそれぞれ具体的作品のコンテクストで、まずは検証することにする。さらに、そうした身体を中心にした演劇表象が、その後、九〇年代後半に至り、どのような展開を見せているのか、同じ二人のアーティストの近年までの作業を見ながら、考えていくことにしたい。

## カレン・フィンリー『欲望の恒常的状態』

カレン・フィンリー（一九五六〜）の代表作といえる『欲望の恒常的状態（*The Constant State of Desire*）』（一九八七）については、その一部を現在、市販の映像で見ることができる。この映像自体は、『モンド・ニューヨーク（*Mondo New York*）』という八八年に制作されたドキュメントふうの映画で、その中に、同作品のパフォーマンスの一部が映っている。[1] 同作品については、二種類のテクストが出版されているが、[2] この映画のなかで彼女が話すテクストは、そのどちらにも忠実に従ってはいないようである。一〇分ほどの映像だが、そこでは、初出のＴＤＲ誌版のテクストでいえば、二幕に当たる「黄色が嫌い」、「何も起こらなかった」、「あんたをしばって、ＢＭＷを盗んでやる」、それから、「タマチョン切り」という一つながりの四つのセクション（Finley 1988a: 140-2）が、台詞の順序を多少入れ替えたかたちで即興を交えながら話されている。

映画では、フィンリーの多彩なパフォーマンスの手法のなかでも、一般にいちばん「過激」であるとみなされるシーンだけが収録されていて、ただ一方的に騒いでいるだけではないか、という印象を持たれる可能性が高い。そして、その印象が間違っているとは言い難いのだが、それは、映画での語りはすべて一人称で、内容もまた、比較的単純でわかりやすいことに起因するだろう。内容がわかりやすいというのは、ケンブリッジ版の『アメリカ演劇事典』のフィンリーの項の記述でも「クリシェに近い」というかたちで指摘されていることだが（Wilmeth 2007: 153）、しかし、彼女の身体性も含めて、語りの手法までを考慮に入れた場合、ことはそれほど単純ではなくなるはずである。

語りの人称については、たとえば「ベイビー・バード」と題されたこのテクストの開始部分は「彼女は夢見る」という言葉で始められていて、このセクションの終わり近くまで三人称が維持される。小鳥のクビをへし折る夢。アパートの五階の窓から飛び降りて体が無惨に砕け散る夢。そしてその夢を、幼児期の性的虐待のトラウマと結びつけて了解してしまう「男性」精神分析医への批判、しかし、その批判は結局、社会的文化的規範としての「女性性《フェミニニティ》」を自らに投影《プロジェクト》せざるをえない「彼女」自身へと向けられてゆく。そこから語りはかなり唐突に一人称へと転じ、その一人称の「わたし」への近親相姦的愛情を告白した後、トイレでマスターベーションをした直後、自殺してしまった父の記憶へと展開していく。

映画で取り上げられる場面は、テクスト的にはそこに続く場面である。そこでは、かなり直接的なヤッピー文化批判が展開され、資本主義と高級芸術《ハイアート》の共犯関係までを揶揄しながら、何も起こらない、何も変わらないという、テクストの言葉でいえば、「どんづまりの世界」（Finley 1988a: 143）への焦燥感から「タマチョン切り」という妄想としての「復讐」に走るほかはないという内容が語られている。

ここまでは三人称であれ一人称であれ、おそらくフィンリー自身の自伝的内容と深くかかわると思われるヘテロセクシュアルな白人女性が語りの主体だったのだが、この場面の直後、今度は二人の「主婦」の精神分析をめぐる会話

（を一人でやる）――「フロイト」と題されている――へと流れ込み、さらに主題的連関性を保ちつつ、「パラノイアの話をしてあげよう」で始まる「パラノイア」と題された次セクションでは、再び一人称の語りへと戻っている。そして、三幕の最初の「最初の性体験――コイン・ランドリー」では、今度は母親とのエディプス的関係にある息子の語り、つづく「冷蔵庫」では、父親に性的虐待を受けた少女の語りではじまったものが、いつのまにかホモセクシュアルである「長男」の「父」への語り／告白へと横すべりしてゆくのである。

　こうしためまぐるしい人称／語りの主体の変化がフィンリーのテクストの特徴となっていて、ここではテクスト分析をするのが目的ではないが、語りの内容とフィンリーが提示する身体とは密接にかかわると考えられるので、ここで簡単に説明しておいた。これだけの説明では分析不足な感は否めないが、基本的には批評家のリンダ・ハートがフーコーの『性の歴史』に依拠しながら言うように、このテクストではフロイト／ラカン的問題機制《プロブレマティック》のなか、遅延としての欲望が問題化される、ということになろう。

> 彼女の作品のタイトルがはっきりと語るように、このパフォーマンスにおける欲望はつねに遅延される。それはつねに失われたオブジェ／対象の恒常的追究になるのである。したがって、欲望はつねに喪失と層状に重なり合い、フィンリーの「タブー芸術」は、性的差異を構成する近親相姦のタブーのフロイト／ラカン的問題を探究するものとなるのだ。彼女の独白は抑圧されたものが回帰してきたことを報告する。そして、フーコーも指摘するように、このように性的幻想を明示化することは、セクシュアリティを言説として再生産せよという要求に従うことになるのである。フィンリーは文化や起源としての失われたオブジェ／対象、シニフィエなきシニフィアン――すなわち、ファロス――の根拠となるラカンの超越的シニフィアンを声高に呼び出すのだ。
> （Hart 1992: 127-8　和訳は引用者）

ハートに言わせれば、いわばこのパフォーマンス自体が精神分析批判というよりは精神分析のディスクールの具体的あるいは行為遂行的《パフォーマティヴ》な提示である、ということになるが、そのことを検討している余裕はここではないので、本章の主題にそって、レベッカ・シュナイダーの言葉でいえば、フィンリーの「むき出しの／明示的身体（explicit body）」[3]を問題にするためには、ビリンジャーの記述に立ち戻りつつ、この作品のフェミニスト・パフォーマンスをふくむパフォーマンス・アートの系譜における位置づけをしておく必要がある。

## フィンリーにおける身体生産

ビリンジャーがジョセット・フェラルを引用しながら初期パフォーマンス・アートにおける身体生産について語るところによれば、

> 快楽原則からのプレッシャーを感じつつ（恍惚の六〇年代）、その一方で、解放された身体という新たなメディアを脳裏に置きつつ、一九七〇年代のフォーマルな、あるいはインフォーマルなパフォーマンス・アートによる諸実験のほとんどすべては、身体の存在性（presentness）（身体が「いま、ここ」にあるということ――引用者註）を、あまりに安易かつ短絡的に想定してしまった。パフォーマーが、自身の身体を使い、「それを探索し、操作し、それに絵の具を塗りたくり、それを何かでおおい、その何かを取り去り、それを凍結し、動かし、切り裂き、孤立化し、それに話しかけさえすれば、すなわち、身体というものが、主体の欲望と抑圧がそこに浮上しうる他者性のオブジェであるかのように扱いさえすれば」、身体の存在（＝身体が「いま、ここ」にあるということ）がその行為自体の直接性によって保証され、そこで、その身体が生産されることが、さらに生産された身体が先送りされることが可能になると想定したのである。（Birringer 1991: 220）

初期フェミニスト・パフォーマンスのアイデンティティ・ポリティクスの枠内でのあからさまに本質主義《エッセンシャリズム》な傾向もここに含めてよいと思われるが、要するに、身体行為の本質主義《エッセンシャリズム》とでも呼べるようなパフォーマンスの現場における身体生産の自律性というものがあまりに無前提に信じられていた、とビリンジャーは初期パフォーマンス・アートにおける身体生産について語るのである。これを彼はまた別のところで、「自伝的あるいは告白的パフォーマンスや初期フェミニスト・ボディー・アートにおける、文字通りの身体の露出過剰と感情的ファンタジーの自己虐待的提示」（同上 221）とも呼んでいるが、そうした身体（行為）の本質主義《エッセンシャリズム》的使用が、「美学的にも理論的にも、次第にやりつくされたものになってしまい、その効果の限界が明らかに」なり、そして「七〇年代から八〇年代に移行するに連れて、身体言語の字義通り性や記号論的操作への信頼を失っていった」（同上）と結論づけるのである。

では、こうした初期フェミニスト・パフォーマンスにおける身体生産とフィンリーのそれとでは、どこがどう違っているのか。その問題については、一言でうまく事態を言い当てている文章がある。それは、エリノア・フックスという批評家の『登場人物の死――モダニズム後の演劇についての諸見解（*The Death of Character—Perspectives on Theater after Modernism*）』のなかに収められた次の一節である。

> フィンリーは、扱うのにもっとも困惑させられるような、そしてまた位置づけがもっとも困難なたぐいのアーティストになった。というのも、彼女は、ポルノグラフィの性的刺激という側面にはまったく興味を示さず、人の魂を圧殺するようなその本質をわしづかみにするからである。フィンリーのすべてを略奪された世界ほど、わずか四半世紀前のキャロリー・シュネイマンによる女性のセクシュアリティ礼賛から遠いものはない。（Fuchs 1996: 120　和訳は引用者）

シュネイマンが比較対照されていることでもわかるように、フックスは、フィンリーには本質主義的《エッセンシャリズム》方向での身体生産がない、身体それ自体／モノとしての身体、あるいは、身体の神話性の構築（「身体の記号論的操作」という手法による）というような身体イメージの操作がない、と主張していることになるだろう。初期フェミニスト・パフォーマンスの手法ないしは身体技法をフィンリーが参照していると言えるのは、すでに触れた映画の画像などからも明らかなのだが、そこから立ちあがってくるもの（「生産される身体」）が違っている。では、何が違っているのか。それは一言で言ってしまえば、いわゆる唯物論的《マテリアル》フェミニズムの諸理論とパラレルなかたちでのイデオロギー批判の場所《サイト》として、「生産される身体」ということになるだろう。語りの人称のところですでに言っておいたように、パフォーマンスの場に置かれたフィンリーの身体は、複数の声が通過する器《ヴィークル》としてしつらえられている。その身体は、パフォーマーの主体をパーフォマティヴに本質《エッセンシャライズ》化してゆく（その「根拠」として身体がある）というような、ビリンジャーが語っていた初期パフォーマンス・アートの「身体」とは似ても似つかない、主体位置が「声」として訪れてはまた去ってゆく場所《サイト》としての身体なのである。このような身体（生産）について、とちぎあきらのように「憑依」という評言を当ててよいものか（とちぎ 一九九七：四四参照）、あるいは、逆説的ながら、「ふつうの」演劇的身体／表象の身体と呼ぶべきなのか、そういう概念それ自体の定義とともに議論の余地があるところだろうとは思う。いずれにせよ、フィンリーのパフォーマンスでは、いってみれば「交通の場所」として身体というものが置かれている、ということだけは確認しておきたい。

さらに、フェミニズム的イデオロギー批判の実践というレヴェルでいえば、ビリンジャーのみならず数多くの論者が指摘するように、フィンリーのパフォーマンスでは、「見る—見られる」の伝統的視線の権力関係の転倒が——それがたとえ、必然的に逆説をはらむものであるにせよ——あることは、そしてその転倒を可能にする装置として身体が考えられている、ということははっきりしているのではないだろうか。裸になる、ということが重要なのではない。それよりもむしろ、身体がそこらじゅうに可視的にあってしまう、ということ。ビリンジャーの言葉を借りれば、「猥褻で、下品で、おどろおどろしく、糞尿学的で、ポルノグラフィックで、アイロニックな見る—見られる」（Birringer 1991: 226）身体が、フィンリーによって意図的に観客の前に陳《ディスプレイ》列されることで、男性的窃視症の視線と物象化の欲望が宙づりにされる。あるいは、むしろそれらの視線と欲望のヴェクトルが逆流させられて、男性主体（としての観客）へと送り返されてくるのである。

## ジェスランにおける身体生産

では、フィンリーのこうしたシュナイダー的「むきだしの／明示的な身体」、すなわち政治性と演劇性の両者をはらんだ身体の陳《ディスプレイ》列に、ビリンジャーが対置するジョン・ジェスラン（一九五一〜）の上演における身体性／身体生産とはどのようなものだろうか。

ジェスランはその最初期の『空虚な月のチャン（*Chang in a Void Moon*）』の上演のときから注目されていて、一九八五年の時点で、ロナルド・K・フリードによって「映画的演劇」とその上演の傾向を名指しされていた（cf. Fried 1985）。その名の通り、映画の映像やヴィデオ映像を劇場に持ち込むだけでなく、具体的に映画的手法を演劇に導入したということで、ビリンジャーのカテゴリーでいえば、「フォルマリストのマルチメディア・パフォーマンス演劇」の系譜に属するということになる。ただし、マルチメディア・パフォーマンスという言葉から想像されるような、これまでの既成の演劇言語にマルチメディアがプラスされて、素朴な意味で記号的により豊かな上演を可能にしたという意味でのマルチメディア・パフォーマンスではない、ということは指摘しておくべきだろう。少なくとも、フィンリーの『欲望の恒常的状態』前年の八六年に初演された『ディープ・スリープ（*Deep Sleep*）』というジェスランの代表作においては、むしろ、ビリンジャーが「文化的リアリズム」（Birringer 1991: 120）と呼ぶところのポストモダンの文化状況、すなわちヴィデオ／映像というテクノロジーによって現実が構築されるというわたしたちの「文化的リアリティ」に対するコメンタリーとして、マルチメディアが使用されるという点に特徴がある。

この作品は、以降のジェスランの作品よりは主題も構造も比較的単純だが、それでも会話はリニアな物語を形成しないし、登場人物たちもいったい何者なのか、最後までわからないようになっている。上演空間は、俳優の演技のための場所とその両側上部に取り付けられた二つの巨大な映像用スクリーンから構成されている。出版されたテクストでも、該当する台詞を話す人物がそこに実在するのか、映像内に存在するのか、わかるように書かれていて、それがそのまま、「あちら側」と「こちら側」というこの作品の構造と主題に対応している。「あちら側」が映像の世界、「こちら側」がライヴ／「現実」の世界である。そして、「こちら側」にいた人物たちが、徐々に「あちら側」に取り込まれてゆくというのが、この作品の主要なプロットである。最終的には、ホワイトニーという登場人物だけが、「あちら側」に取り込まれることを拒絶し、「こちら側」に残るのだが、その彼も、幕切れのせりふでは、対話不能状態に陥り、自問自答のモノローグを語りだし、分裂症状を呈してしまう。

テクストのレヴェルでのこの作品の眼目は、ほとんど予想可能だと思われるが、劇が進むにつれ、二つの世界が交換可能になってくる、別の言い方をすれば、「あちら側」こそが「現実」の世界であって、「こちら側」は単なる「現実」の投影にすぎないのではないか、という「不安」に「こちら側」にいる人物たちがとらわれてしまう、という点にある。しかし、実際には「あちら側」は映像であって、幕切れ近くで、映し出されていたフィルムは終わるとスクリーンは真っ暗になってしまい、上に挙げたホワイトニーの自問自答の分裂症的モノローグが語られて幕が下りる、という展開なのである。映像によって構築される「現実」、あるいはメディアと「現実」の相互侵犯性というのは、いまや、ほとんどクリシェともいえるが、それをビリンジャーが「文化的リアリズム」と呼んでいるのである。

ここでは、文字通り、俳優／登場人物の身体が徐々に消滅してゆく。映像／スクリーンの平面へと回収されると言ってもよい。そしてこの事態を、ビリンジャーは以下のように解読してみせる。

ジェスランの上演における空間的、物語的、テクノロジー的デザインは、ポストモダニティのリアリティ（あるいは、ハイパーリアリティ）のサイボーグ的側面を誇張して提示する。すなわちそれは、現実、アイデンティティ、主体、身体などというものは、単なる分身《ダブル》――投影されたゴースト画像――にすぎず、すでにメディア内に乱反射―拡散されてしまい、メディアのシミュレーションと判別さえつかないのではないかとわたしたちに伝えるのだ。

複数の表面とスクリーンへの乱反射―拡散は、アイデンティティの脱身体化としてここでは上演され、身体演技（演技空間とプロジェクション（スクリーン）のあいだの具体的な緊張関係においては、脱身体化した身体は、解決／解像度（resolution）という概念そのものが、アイデンティティの問題を考えることのパロディになってしまうような誇張された幻想的スタイルを通じて以外、解決不能であるように見える。（同上 120）

ジェスランの『ディープ・スリープ』では、このようにアイデンティティ、そしてアイデンティティが構築される場所《サイト》としての身体が映像の中へと消滅してしまうのである。そしてその「文化的現実」を、定義的には身体表現であるはずの演劇が上演しなければならない。そのようにしかありえない身体こそ、ポストモダンの身体だ、ということになるだろうか。もちろん、ここでは「身体の消滅」それ自体が上演の内実を構成していることが重要であり、それでもまだ、俳優の具体的な身体というものが、そこにはいわば無前提に確保されていて、その点こそが、この上演の特徴であるということになろう。

ビリンジャーの記述に戻ると、実際のところ、先ほど紹介した最終章では、フィンリーと並べるかっこうでは、『ディープ・スリープ』ではなく、同じ一九八六年に初演された『ホワイト・ウォーター(*White Water*)』のほうが論じられている。この作品では、今度は(フィルムではなく)ヴィデオが主役になっていて、舞台そのものが二〇のモニターに取り囲まれるというかたちになっている。物語は、主人公らしき霊にとり憑かれた少年(これは「生身の俳優」が演じる)が、その霊体験について、残り二人のさまざまな役を演じる俳優たちと、ヴィデオ・モニターに映る少年の分身《ダブル》を含むさまざまな人物たちから尋問される、という内容である。ここでの少年の身体は、ヴィデオの内部に最終的に回収されたりはしないが、そしてビリンジャーもその点に注目して、二つの作品のあいだにある重要な差異を論じてはいるが、それでも、ジェスランの作品における身体の位置、ということに関しては、結局のところ、以下のような結論を出すことになる。

いまや身体は、ウィルソンやローリー・アンダーソンのコピーであるヴィデオの劇場のテクノロジー的「鏡の間」へとフェイド・アウト、内破していってしまった(ジョン・ジェスランの『ディープ・スリープ』と『ホワイト・ウォーター』参照)。その身体のイメージを同時代のパフォーマンス・アートが再歴史化するだけの度胸と力があるかどうかは、いまのところ不明である。ヴィデオの劇場では、身体はコミュニケーション言語のなかに消滅してゆく。そしてそれは、誰でも知っているたった一つのメッセージ(メディア/テレビのほうが現実よりもリアルである)以外には、何も伝えることができないコード化された信号《シグナル》として、繰り返し回帰してくるだけなのだ。(同上 225)

つまり、「メディア／テレビのほうが現実よりもリアルである」という、誰でも知っているメッセージを反復する以外にジェスランらによる「ヴィデオの劇場」の身体はやっていない、やれないのではないか、ということである。このエッセイでのビリンジャーは、こう語ったあとに、フィンリーの身体を取り上げ、こちらのほうに可能性があるのではないか、という含みで、このエッセイを終えている。

## 一九九〇年代へ

こうしてわたしたちは、ようやく一九九〇年代に入ることになるのだが、では、その後、こうした二つの身体はどうなってしまったのか。フィンリーにとって、あるいは、フィンリー的なものとでも呼べるものにとって決定的だったのは、いうまでもなく、いわゆるＮＥＡ（アメリカ国家芸術助成金）問題だった。ここで詳しく触れている余裕はないが（内野 一九九八c参照）、要するに、ジェシー・ヘルムスという保守派の上院議員からの横やりで、いったん助成が内定していたフィンリーを含む四人のアーティストに対する助成が取り消された、という事件である。これは、国家による検閲もどきの事件ということで、アメリカではあまり前例がなかったために、その後、「文化戦争」という異名をとるほどの論争へと発展したのである。

八八年のＴＤＲ誌に『欲望の恒常的状態』が掲載された際のリチャード・シェクナーによるインタビューのなかでも、すでにフィンリーはほとんど検閲とでもいえるようなかたちで公演をキャンセルされていると不満を漏らしていたが（Finley 1988b: 152-3）、その問題が、よりパブリックな領域で彼女にふりかかったのである。その結果、彼女はなかば逆説的に一挙にマスメディアの中心に躍り出て、いわば芸能人化する／させられることになった。すでに取り上げたリンダ・ハートも同じ論文のなかで、その問題を取り上げて論じているように、ＮＥＡ問題以降、フィンリーを支配的《メインストリーム》文化の空間に包摂しようとする力学があからさまにポピュラー・メディア上で稼働しはじめたのである。もちろん、それに付随するかたちでアーティスト側の「表現の自由」というアピールも含め、強い反論も起きてくる。その経過はともかく、結果的にどうなったかといえば、フィンリー自身というべきか、フィンリー的なものが、ひどく単純な二元論に還元され、オルタナティヴな文化のコミュニティでは、彼女は「正義の味方」化されてしまったように見える。批判や分析の対象ではなくなってしまったのである。彼女のやっていることは、無前提に「正しい」と。ＮＥＡ問題以降のフィンリーのパフォーマンスが、そうした外的状況によって変化を被らざるをえなかったことを、たとえば、すでに引用したフックスは次のように描写している。

> この世論を二分する事件の結末は、結局、演劇界が——アーティストも観客もともに——ここですでに書いてきたような芸術的自由についての「愛国的」防御として考えられるようなさまざまな題材について、より深い反応を吟味する機会をほとんど持てなかったことである。これは不運なことだった。というのは、ヘルムスや右翼の連中にとって、これらの作品が何の問題もなく「間違っている」のと同じように、防御者にとっては、何の問題もなく正しく、よいものになってしまったからである。カレン・フィンリーに混乱させられ、ときには恐怖心さえ抱いていた観客は、まもなくわけ知り顔の笑顔とスタンディング・オヴェーションで彼女を迎えることになった。（中略）アーサー・ダントーがメイプルソープの写真を語るのに使った幅広い意味を持ちうる「人に不快感を与える（disturbational）」という単語で形容できるものはなんでも、アーティストを支持しようと決めてかかっている観客によって、エンターテインメントへと軽量化されたのだ。（Fuchs 1996: 108　傍点は引用者）

フィンリーがあのような身体とパフォーマンスの戦略を使いつつ、観客に「不快感を与え」ようとしていたとしても、それがＮＥＡ問題以降は、もうだめになった、ということである。同じフックスは、フィンリーの身体をほぼ同じ時期に登場したアニー・スプリンクルの身体なども併せて、「猥褻な身体（obscene body）」と呼ぶのだが、そうした「猥褻性」が政治的スキャンダルでありえたのはほんの短い――彼女は一九八〇年代はじめから半ばすぎまでと規定する――一時期にすぎなかったと、結果的にではあれ、断言することになるのである（同上）。すなわち、フィンリーのパフォーマンスは、外的状況によって、一種のコミュニティ演劇へと横滑りを起こすことを余儀なくされ、何が起こるかわかっている観客の前で、予定調和のパフォーマンスをやらざるをえない、という状況になってゆく。そのとき、初期フィンリーの身体が持っていた「不快感を与える」侵犯性が消滅してしまうのである。

わたしが実際の上演に立ちあうことができたフィンリーの一九九七年の作品『アメリカのチェストナット（*The American Chestnut*）』では、このあたりの影響はどのように見えたのだろう。当時、わたしはこの作品について、ある雑誌で以下のように報告を書いている。長くなるが、引用する。

舞台装置といえるものは、背景のスクリーンと舞台下手のテーブルの上に置かれたミニチュアの人形の家くらいで、あとは、鏡台と椅子が舞台上手にぽつねんとある。ミニチュアの人形の家の前にはヴィデオカメラが置いてあって、そのカメラに映った人形の家の内部が、時に応じて、スクリーンに映し出される仕掛けになっている。ここでのフィンリーは、主婦である。それも、専業主婦らしい。幕開きと同時に、掃除機を引きずりながら舞台に登場した彼女は、朝の掃除をするときに専業主婦の脳裏に浮かぶ脈絡のない思考をそのまま言葉にしているかのように、ただひたすらしゃべりまくる。クマのプーさんからボスニアの戦争まで、要するにメディアを通じて彼女にインプットされた話題／主題に次から次に言及していくのだが、けっして、どこかに落ち着くことはない。結論が出たり、教訓を引き出したりすることはなく、ただ、ひたすらクモの巣状に言葉を拡散させていくのだ。ズレていくというといかにもポストモダンだが、それなら、ある種の物語が観客の脳裏に形成される前に、脱臼させてしまう、といったほうがよいだろうか。さらには、鏡台の前での独白（「外出前」の主婦の思考）から、舞台中央でのいくつかの詩の朗読——たいていは、記憶、セクシュアリティ、神経症という主題性をはらむ——まで、衣装をとっかえひっかえ替えながら、ときどき裸体（というより、身体のある部分——お尻だけとか）を見せながら、動きの少ないモノローグを中心として、場面が提示されていく。（中略）「やたらと裸になって、けたたましく騒ぎまくる」というパブリック・イメージが、このパフォーマンスを見て、もろくも崩れさったということだ。「楽屋落ち」という意図的切断がいちばんあからさまだが、それ以上に重要なのは、保守派上院議員を「怒らせた」だろうことが想像できるような「ワイセツ性」など微塵も感じられなかったということだろう。すなわち、身体性の欠如である。（中略）

すでに触れたように、けっこう裸になる。また、自分の出産シーンをスライドでスクリーンに映しだし、「ね、きれいでしょ」とフィンリー自らのたまったりもする。急に「別人格」になって、白石加代子のような声で、朗々と詩を朗読し／演じたりもする。しかし、実際にわれわれ観客の前に置かれた身体は、アウラも放たなければ、オブジェとして政治性を発揮することもないのだ。われわれ男性の視線を宙づりにしたり、挑発したり、誘惑したりしないのだ。要するに、何もしないのだ。それはいわば、衣装をつけるためにただそこにある。衣装を脱いだら、たまたま「裸」でした、というような感じ？　しかも、「裸も衣装なのだ」ということでもない。

この身体が——もしかしたら、これはもはや身体ですらないのかもしれない——なんなのか、わたしにはよくわからない。おそらく、なんでもないのだ。ただ、演劇史を知ってしまったわれわれは、これは身体の「破棄」なのではないか——断っておくが、「不在」ではない——と、どうしてもいいたくなってしまう。演劇への「抵抗」に読めてしまう。ここには、起源としての身体も、政治的身体もなく、身体という概念で何かを言おうとする者を拒絶する意志だけがある、といったら、いいすぎだろうか。（内野　一九九八ａ：九四—五）

ここでわたしは、要するに、フィンリーの身体の位相が八〇年代のころとは相当変わっているのではないか、ということを言っているのだが、しかし、身体の「破棄」という方向転換は、かなり重要な問題をはらんでいるのではないか。もちろん上演の手法それ自体も、ヴィデオの使用も含め、視覚イメージが主要なメディアになってきていて、『欲望の恒常的状態』とは、相当な距離がある。さらに言えば、テクスト言語も以前より複雑になってきていて、その点でも『欲望……』との相違がかなり感じられるのである。

## ジェスランの一九九〇年代

一方のジェスランはどうなっているのだろう。すでにわたしたちは、『ホワイト・ウォーター』までを簡単に見たわけだが、一九九〇年代に入っても、彼は映像と現実、あるいはシュミラークルと一言で言ってしまってもよいが、そういう「現実としての映像」とでも呼べる問題を、さまざまなテクスト・レヴェルでの主題的変奏とともに、継続的に追究してゆく。こうした彼の方向性は、先ほどのNEA問題による「文化戦争」という外的状況を考慮に入れれば、かなりマイナーでやりにくい作業になっていたのである。というのも、彼は九〇年代的意味での「コミュニティ演劇」になることを極力拒否してしまったからだ。たとえば、彼はゲイであるが、そういうゲイネスなりクイアネスなりをアイデンティティとしたパフォーマンスへと移行していれば、観客が獲得でき、批評家も喜んだかもしれず、助成金もNEA以外であれば、ふんだんに獲得できたことは想像に難くない。しかし、ジェスランは、一九九五年の『スライト・リターン（*Slight Return*）』という作品にいたるまで、一貫して、テクノロジーと身体という主題を中心とした作品を作りつづけるのである。

この作品における身体の扱われ方については、八〇年代からのジェスランの身体をめぐる思索のある種の徹底が見受けられる。身体の監禁とか尋問とかという主題は、すでに見た二作品以来のものだといえるが、ここでは当初から、身体がまったく消滅してしまっている。舞台上には五つのモニターが並べられているだけで、そこには女性のパフォーマーのものらしき身体の部分だけが実況中継さながら映しだされている。そして、観客には彼女が独白する声だけが聞こえてくる。実は彼女は、同じ舞台の後方にしつらえられた二メートル四方の箱に閉じこめられていて、その中で終始演技をしており、その姿をカメラがとらえ、モニターに映し出している、という設定になっているのである。身体がこのように事実上消滅してしまうことで、いったい何が起きているのか？　その点について、北野圭介は、この上演の場における意味論的構造について、次のような指摘を行っている。すなわち、ここで扱われている意味論的構造とは、

モニターの映像を介して、役者の所作やセリフを、彼女がいるはずだと観客が信じている箱の中の世界の意味として、モニターのあちら側の世界の意味として、観客は打ち立てるという意味論である。ビデオ・モニターの介在のために、あちら側／こちら側という意識が、舞台上の現象に常にそしていつもまとわりつくのである。すぐそこで、近寄れば呼吸が聞こえ手を伸ばせば触れることのできる通常の舞台演技が前提とする、知覚／意識／意味構造とは、異なるものがそこにはある。屈曲をうけた意味生産の構造がここには仕掛けられている。ありていに言えば、『スライト・リターン』が問いただしているのは、ビデオへ向かう視線に巣食う、あちら側／こちら側という意識、なのである。その舞台の投げ出す、視覚と聴覚のねじれた関係は、正確な再現（Representation）というビデオの意味論に潜在する不可避的権力構造の図式にほかならない。（北野　一九九七：一七二）

ここで北野がいうような「こちら側」と「あちら側」というのは、一九八〇年代のジェスランの主題であったわけだが、しかしそこでは、たしかに、その両者の境界が曖昧にされていたり、相互侵犯性が強調されていたりしたものの、

「こちら側＝現実」と「あちら側＝映像」という二元論的世界観とでも呼べるものがまだ色濃く残っていた。が、『スライト・リターン』にいたると、身体は映像内部の身体部位へと分断され、身体と声は分離され、「あちら側」についての、あるいは「こちら側」と「あちら側」との関係についての整合的物語を観客が構築する欲望は中座させられてしまうのである。全体性としての身体イメージというものの、上演における生産が不可能になるといってもよい。しかし、にもかかわらず、身体は確実にある、身体は分断され、監禁されてどこかにあることが執拗に示唆されつづけるし、観客はそれを意識するほかはないのである。

ビリンジャーはすでに引用した文章で、「身体のイメージの再歴史化は果たして可能か」と問うていた。ジェスランのこの作品における監禁され、消滅させられ、分断されて字義通りのイメージと化した「身体部位」を、「身体のイメージの再歴史化」という視点から捉えなおしてみるなら、ここでは、きわめて逆説的なかたちであれ、身体イメージの再歴史化が試みられている、といえるのではないか。ここにあるのは、「映像に内部に取り込まれた分断された身体」という、ベルリンの壁崩壊以降の同時代的身体の存在論的位相の上演における記述の試みといってよいように思うからである。そしてまた、ジェスランは、このように身体表象だけを、その表象を立ちあげるメディアの権力構造だけを扱うことによって、観客による身体の物語化やイメージ化を徹底して拒みもするのだ。ここでもまた身体は、フィンリーとは必然的に違った意味であるけれど、上演において、「破棄」されている。

そして、まるでその身体の「破棄」という事態に対応するかのように、九六年以降のジェスランはむしろ劇作家／テクスト生産者という立場性へと移動しているように見える。たとえば、『ファウスト――帝国モーテル（*Faust: Imperial Motel*）』は一九九六年に書かれているが、これはもう純然たるテクストであって、上演についてのヒントはほとんどそこにはない。タイトルにあるように、同作品はファウストの一種の改作劇で、そうした古典のテクストを同時代にアップデートするというジェスランの作家意識自体が、八〇年代の「映画的演劇」をやっていたころとは相当異なるものになっていることだけは、はっきりしているだろう（内野 一九九八bを参照）。

こうして、フェミニスト・パフォーマンスの系譜においても、「フォルマリストのマルチメディア・パフォーマンス演劇」の系譜[4]においても、いまや身体は「破棄」されようとしている。それが、「身体からテクストへ」というシンプルな逆流であるはずはないのだろうが、少なくとも「身体かテクストか」という演劇史的に重要な二元論的問題設定内部で、この潮流を定式化してみるなら、そこに明らかに「身体からテクストへ」という物語をわたしたちは読み込むことが可能になるのである。

（二〇〇一年一二月）

＊本章は、アメリカ文学会東京支部会一九九九年一月例会・全体発表において、筆者が発表した内容をもとに『アメリカ文学ミレニアムⅡ』（國重純二編、南雲堂、二〇〇一）に掲載した文章（四二四～四五頁）に加筆・修正したものである。

［注1］映画でのパフォーマンスについては、観客（席）を意識的に撮影したり、台詞のない部分で妙なサックスの音楽が流れたり――わたしの知るかぎり、フィンリーはそういうことはしない――という具合で、ニューヨークのアンダーグランド文化を窃視症的に見るという字義通りにポルノグラフィックな視線で作られていて、その点が後述するように、フィンリーの作家的意図に反するものになっている。それでも、彼女がこの当時どのようなパフォーマンスを行っていたのかが鮮明な画像で伝わってくるという意味で、貴重な映像資料であることは間違いない。

［注2］ひとつは初演直後の一九八八年にTDR誌に発表されたもの（これはのちに、『アウト・フロム・アンダー――女性パフォーマンス・アーティストによるテクスト集（*Out from Under: Texts by Women Performance Artists*）』という一九九〇年に

出版されたアンソロジーに収められ、さらには『フェミニスト演劇とパフォーマンスのためのソースブック（*A Sourcebook of Feminist Theatre and Performance: On and Beyond the Stage*）』（一九九六）というアンソロジーにもそのままのかたちで再録されている）。もうひとつはフィンリーの『ショック療法（*Shock Treatment*）』（一九九一）というテクスト集におさめられたものである。TDR誌掲載のテクストは上演テクストという体裁になっていて、フィンリーのテクスト集のものはそうなっていない。この二つのテクストのあいだには、かなりの異同が見られるが、以下、本章におけるテクストの引用頁数は、TDR誌版による。訳語については、邦訳に従った。

［注3］「むき出しの／明示的身体」はシュナイダーの著作のタイトルでもあり、ここでは特に参照頁数は示さない（Schneider 1997）。

［注4］フェミニスト・パフォーマンスの系譜学については、すでに別の場所で書いたことがある。フィンリー及び、フェミニスト・パフォーマンスにおける身体生産の問題についての本章の記述には、その文章と内容的に重なる部分があることを、ここでお断りしておく（内野 二〇〇一a：二〇六―一八）。

# 6

# 「アジア系」から遠く離れて

## ――レザ・アブドーと危機的身体

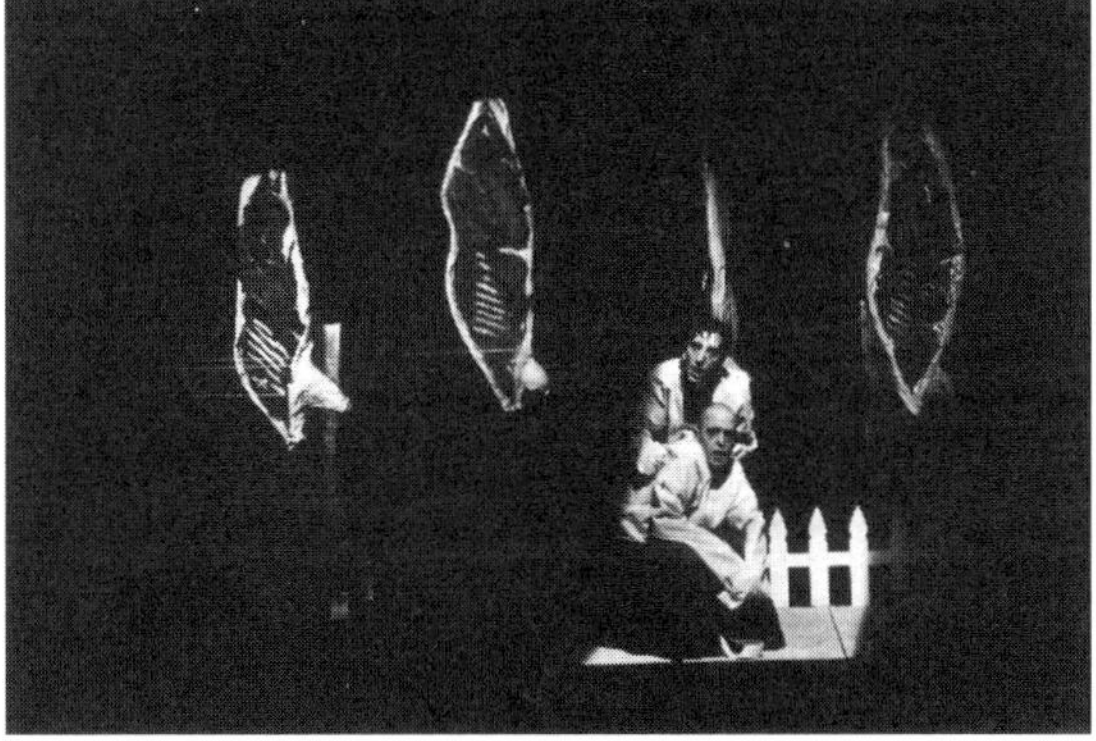

レザ・アブドー『廃墟都市からの引用』

## 「アジア系」から遠く離れて

一九九三年に出版された『ケンブリッジ版アメリカ演劇事典』には「アジア系アメリカ演劇」という項目が立てられていて、次のような常識的な定義がされている。

この語はアジア系に属するすべてのアメリカ演劇人の作品――ピン・チョンの前衛的スペクタクルからデイヴィッド・ヘンリー・ホワンのブロードウェイでの劇作まで――に適応することができる。しかしながら、この語は、エスニシティをアイデンティティとする演劇の同時代的運動を意味することがより頻繁である。その運動は地域劇団を生みだし、アジア系アメリカ人の俳優、演出家、そしておそらくもっとも重要なのは、劇作家に、勇気だけでなく訓練の機会を与え、またプロとしての演劇活動へ彼/彼女らを向かわせることになった。アジア系アメリカ演劇が統一的な美意識や政治的な相貌を持っているかどうかについては議論の余地がある（Wilmeth 1993: 50　和訳は引用者、以下同様）

簡単にいってしまえば、「アジア系アメリカ演劇」とは、ともに中国系のピン・チョン（「前衛」）やデイヴィッド・ヘンリー・ホワン（「ブロードウェイ」）のような例外もあるが、基本的にはアジア系というエスニシティをアイデンティティとする行為者を主体とし、リージョナル・シアターをその具体的活動の場所とする、近年（contemporary）可視性を獲得してきた演劇運動（movement）ということになろうか。この記述で重要なことは、「おそらく」（perhaps）と書き手が断わりながらも、「アジア系アメリカ演劇」は劇作家＝戯曲によって担われているという指摘である。したがって、この定義に続く記述のなかでは、「アジア系」をアイデンティティとする劇団とその劇団にかかわる代表的劇作家とその作品紹介が記述の大半を占めることになるが、その多くが中国系と日系であるのは単なる偶然ではなく、歴史的ないしは地政学的必然ということになろう。

二〇世紀における演劇というメディアは、「演劇後進国」アメリカにおいては、ヨーロッパとは異なる二極化のダイナミズムにさらされてきたことは周知の事実である。すなわち、演劇の商業性の確立へと向かう方向とその方向に対抗するような非商業性を志向する二極を見据えた演劇史的展開である。ヨーロッパの主要演劇国であれば、その対立はメインストリーム対アヴァンギャルドというような美学的あるいは方法論的対立項を軸としつつ、そこにたとえば階級闘争や思想闘争までもが刻印されるようなプロセスとして、諸演劇実践が演劇史に登録されてきたのに対し、アメリカでは商業演劇対非商業演劇という経済基盤における対立のみが演劇のジャンル形成に重要な役割を果たしてきたのである。あえて図式化をしてみるならば、一方にブロードウェイでの上演を目指す諸演劇実践があり、他方にブロードウェイの上演を当初から考慮に入れない諸演劇実践があるということになる。

「アジア系」という主題において問題にすべきなのは、したがって後者ということになるが、そうした非商業性を標榜する演劇は、当然のごとくコミュニティ・ベースの演劇になる。ここでいうコミュニティには、「アジア系」のようなエスニック・コミュニティにかぎらず、大学あるいはゲイ・コミュニティのようなコミュニティまで含まれる。さらに重要なことは、ヨーロッパのように国立・公立劇場をその表象主体として「芸術」のイメージが公的に共有されることがなかったアメリカでは、「エンターテイメントか芸術か」という二項対立は機能しなかったので、コミュニティのための非商業的演劇がより「芸術」的であるということには、基本的にはならなかった。ブロードウェイよりも「芸術」的かどうかは基準とはならず、多種多様なコミュニティのニーズによってどのような演劇が生産されるかが規定されたのである。「基本的には」と述べたのは、一九六〇年代以降のニューヨークという特定の地域とそこにおけるアーティスト・コミュニティという特異な例外があるからである。

ニューヨークのアーティスト・コミュニティを発信源とする一九六〇年代以降の「演劇革命」と呼ばれるものは、多様な要素をはらみながらも、その中核にはヨーロッパ的な意味での「芸術」革命の相貌が現れており、その意味では、その担い手たちをモダニスト（＝アヴァンギャルディスト）と呼んでもよいと思われる。すなわち、その革命はアーティスト・コミュニティ内の革命であったにもかかわらず、コミュニティの境界を侵犯ないしは突破して演劇史そのものを書きかえてしまうだけの強度をもったということである。その一方で、たとえば同じニューヨークに一九七七年に設立されたパン・エイジアン・レパートリー劇団（Pan Asian Repertory Theatre）などが典型であるように、主要なアジア系アメリカ演劇は、少数の個人的例外（たとえば、事典の記述が言及するピン・チョン）を除き、モダニズム（＝アヴァンギャルディズム）の潮流にコミットすることなく、ブロードウェイを中心とする商業演劇との距離を測量しつつ、アジア系コミュニティに自らを位置づけてきたのである。それはすなわち、芸術史的観点から書かれた「アメリカ演劇史」にアジア系演劇人が登場することはほとんどないということを意味するだろう。と同時に、一九二〇年代のユージン・オニールに始まる「まじめな劇」とも呼ばれる近代劇の伝統のなかにアジア系演劇は包摂されることにもなり、それが上記のアジア系アメリカ演劇でもっとも重要なのは、「おそらく」劇作家＝戯曲だという事典項目の執筆者の記述へと繋がることにもなっているのである。

さまざまなアジア系劇作家が、それぞれのエスニック・コミュニティのために、自らの体験や歴史を（近代）戯曲化すること自体に問題があるわけではもちろんない。それは広義の歴史記述の方法として有効であることはまちがいないのである。だが、それらの歴史記述が近代劇という強固な表象の形式内部にある以上、近代を超える運動性を獲得することも、近代自体を批判することもできず、たとえそれがすぐれた文学作品として評価されたとしても、せいぜいPC（ポリティカル・コレクトネス）の圏域にとどまるほかはないのではないか。あるいは、広義のアメリカ文化の周縁部における位置づけ（歴史的、文化的、社会的……）から逃れえないのではないか。

本章で取りあげるレザ・アブドーは、ここまで概観してきたアジア系アメリカ演劇の達成と現在的位置から見て例外中の例外といえるアーティストである。それは彼がイラン出身のゲイのアーティストであり、同じアジアといっても中国系や日系に比べればマイノリティ中のマイノリティに属するばかりか、それに加えてゲイというといわば二重のスティグマを負って／負わされていることと無関係ではない。それ以上にわたしがアブドーに興味を惹かれるのは、アジア系演劇人として、芸術史的観点からも「アメリカ演劇史」に登録される可能性の高い人物がようやく登場したということの歴史的な意味のほうである。ここでは衝撃的な登場を果たし、AIDS関連の病のために若くして世を去ったアブドーの活動を概観することを本章の主目的として、以下の議論を進めていきたい。

## レザ・アブドーとは何者か？

アブドーの経歴とその代表作について、既存の資料からまずは引用しておく。

レザ・アブドー（一九六三～九五）

レザ・アブドーは一九八二年から一九九五年のあいだに、二三の演劇作品と多くのヴィデオ作品を構成／演出し、一本の長編映画を制作した。彼はAIDS関連の病で三二歳でこの世を去った。イラン生まれのアブドーはロンドンで演劇を、そして南カリフォルニア大学で映画を学んでいる。彼の演劇作品の多くはロサンジェルスで作られ、それらは、ロサンジェルス演劇センターにおける一九八九年〜一九九一年の期間に上演された、論争を呼び起こすような作品群に結実した。九一年、彼はダール・ア・ルッツ（Dar A Luz）・カンパニーを創設して、ニューヨークに活動拠点を移した。彼の晩年、その作品はアメリカ合衆国とヨーロッパで高い評価を受け、また観客動員も増えていった。（ジョン・ベルによる）。（Abdoh 1995: 136　和訳は引用者）

レザ・アブドー主要作品
・『ピープ・ショウ（*Peep Show*）』（八八）、マイラ＝ラニ・オグルスビーとの共作、ハリウッド・ハイランド・ホテル
・『ミナマタ（*Minamata*）』（八九）、マイラ＝ラニ・オグルスビーとの共作、ロサンジェルズ演劇センター
・『父さんは奇妙な人だった（*Father Was a Peculiar Man*）』（九〇）、マイラ＝ラニ・オグルスビーとの共作、ニューヨーク、食肉工場街にあるエン・ガルデ・アーツ
・『エウリディケのヒップホップ・ワルツ（*The Hip-Hop Waltz of Eurydice*）』（九〇）、ロサンジェルズ演劇センター
・『ボーギィ・マン（*Bogeyman*）』（九一）、ロサンジェルズ演劇センター
・『残余の法則（*The Law of Remains*）』（九二）、ディプロマットホテル、ニューヨーク
・『タイト、ライト、ホワイト（*Tight Right White*）』（九三）、ラファイエットストリート四四〇番地、ニューヨーク
・『廃墟都市からの引用（*Quotations from a Ruined City*）』（一九九四）、西一六丁目四四八番地、ニューヨーク
（Mufson 1999: 158-9　和訳は引用者）

彼の経歴については、ダニエル・マフソンが編集した『レザ・アブドー（*Reza Abdoh*）』の履歴の最初の部分でマフソンが書いているように（同上　157-8）、一九六三年イラン生まれということはまちがいないようだが、七二年から八二年までのあいだについては実ははっきりしない面があるようだ。たとえば、これまでは母がイタリア人、父がイ

ラン人とされていたのだが、マフソンによれば、母もまたイラン人であるということが確認されている。

ともあれ演劇作家としてのアブドーは、八三年にロサンジェルスで演出デビューを果たし、その後、ロサンジェルスで活動を展開することになる。そして、九〇年にはじめてニューヨークで作品を発表。その翌年の九一年には、ダール・ア・ルッツという集団をニューヨークで立ちあげるが、それからわずか四年後の九五年にＡＩＤＳ関連の病で亡くなったのである。まさに国内的にはＡＩＤＳ危機から九〇年前後のバブル経済期に向かいつつも同時にいわゆる文化戦争の騒然とした時代、国外的には壁の崩壊から湾岸戦争、ボスニアの内戦とつづく、多少大げさではあるが、「虐殺の時代」とでも呼べる時代を駆け抜けていったということになる。そして、彼の作品は、そうした「内」と「外」の状況を凝視しつつ拮抗するような、あるいはそうした「内」と「外」の状況との一種の対話ともいえるような上演を、特に九〇年代以降その死を迎えるまでの短い期間、作りつづけたと考えられる。

## 『廃墟都市からの引用』について

アブドーの評価ないしは研究というのは、ようやく手がつけられたばかりといったほうがよいが、ジョン・ベルがその「ＡＩＤＳとアヴァンギャルドのクラシシズム――レザ・アブドーの『廃墟都市からの引用』（AIDS and Avant-garde Classicism: Reza Abdoh's *Quotations from a Ruined City*」（Bell 1995a）のなかでも紹介しているように、同時代的な評価という点では両極にわかれていたようで、それももっともなことだと思われる。その点については後述するが、ここではまずそのアブドーの遺作となった『廃墟都市からの引用』（以下、『廃墟』）について、その概要を、アブドーの現時点におけるもっともよき理解者といえる上記ベルのエッセイからの引用で見ておきたい。[1]

> アブドーの『廃墟都市からの引用』は、ダール・ア・ルッツ・アンサンブルの一二名によって演じられる九〇分間のマルチメディア・スペクタクルである。アクションは舞台前のプラットフォームで行われるが、そのプラットフォームは、横方向に連なる一一の有刺鉄線によって観客からは隔てられ、白い杭垣によってその周囲を囲まれている。『廃墟都市からの引用』は、一九九四年における世界状況についての演説教書、世界劇場（*theatrum mundi*）であり、アブドーのパラドクシカルな視点を絶え間なく提示しつづける。それはすなわち、アメリカ文化がその影響力を行使する、多様なレヴェルでの意味作用に浸りきり、そこから離れることができない、アブドー自身の言葉によれば「テレビ・ジャンキー」としての永遠のアウトサイダー、アブドーのパラドクシカルな視点である（略）。
>
> 　二組の男性カップルが上演の主要な登場人物となる。トム・フィッツパトリックとトニー・トーンは、最初ピューリタンの扮装で、後には青のブレザーと会社員風のネクタイという出で立ちの現代のビジネスパーソンとして、登場する。彼らはポスト黙示録的世界の資本主義者、将来の起業家たちである。最初白い衣服で、後に緑の女性用シャツを着て登場するトム・パールとピーター・ジェイコブスは、ときに暴力的にならざるを得ない関係から抜け出せないクイアなカップルである。この二組のカップルが廃墟都市を通過する。（同上24　和訳は引用者、以下同様）

『廃墟』は、他のアブドー作品同様、ベルが引用部分で部分的に言及しているように、断片的な場面の集積からなっていて、出版されたテクストでは、それぞれの場面にはかなり謎めいた名前が付けられている。長くなるがここにそのすべてを挙げておく。

『廃墟都市からの引用』――セクション／シークエンス

トニー／トム・Fのモノローグ：一二分間――幕開きの動きのシークエンス――商品を受け取る――足かせのタブロー――ラン

ディ・カウズ／耳を引っ張るセクション――ミンガスのダンス――ショウの始まり――フィールドのタブロー／ピーターの歌――刺し貫く――ニューヨーク・セクション――ミンガスのダンス――ボディ・ビッグのシークエンス／サブリナの一六の「言葉」――処刑――蝶々第一番――蝶々第二番――歯の拷問――舞台奥でのミンガスのダンス――サブリナ、タイトなナッツのテクスト――「わたしは死ぬ、いいえ、死なない」のシークエンス：ブレンデンの耳を引っ張る――アラビア語の祈り／レザの壁のダンス――電気ショックの処刑シークエンス第一番――四〇行、トム・Pとピーター――真空管のテクスト／鼻の長さを測るシークエンス――レザのダンス――ハドル――マリオのモノローグ――棺桶／ひどい発作のシークエンス第一番――棺桶のシークエンス／トム・F、エーモス・アンド・アンディのモノローグ――ダンス：ジャス・ジュース――電気ショックの処刑シークエンス第二番――二〇行：ピーター／トム・P――真空管／頭蓋骨を測る――ターゲットのシークエンス（「ああ、何と美しい朝だろう！」三発の銃声）――署名のシークエンス／アラビア語の祈り／寝台のシークエンス――白のローブのシークエンス――熱狂的な動きのセクション――「休憩しよう」――七年の疼き（ヴィデオ）――捧げ物のセクション――電気ショックの処刑シークエンス第三番――五つの静謐な鐘の音（ケンをのぞく）――歌「最後まで」――追想――ダンス：ジャズ・ジュース第二番／バレエ――中世のハイパーゾーン（一五秒）――ヒマワリを植える――ミルク／蝶々のシークエンス――歌：「この土地に最初に来たとき」――ショウの始まりのポジション――シューッというダンス――牛肉／ピーターの歌（最後の二つの歌詞）――ボーイスカウト・ライン／口笛を吹く――鼓笛隊の行進シークエンス――最後のダンス――最後のテクスト（全部で五五場面）（Abdoh 1995）

タイトルを見ただけではその意味や内実はほとんど理解できないと思われるが、実際にテクストを読んでみても（あるいはおそらく上演を見ても）、テクストの内容はきわめて難解である。ただし難解というのは作家のひとりよがりによるための意味不明ということでは必ずしもなく、ちょうどリチャード・フォアマンのテクストの多くがそうであるように、台詞の、あるいは文章の断片性、つまりリフェレンスやコンテクストの意図的な切断があるために、普通一般に了解されている意味において、たとえば「物語性」や直接的なメッセージ性を求めるとまさしく「わけがわからない」、ということである。そしてこのことは、この作品全体にもあてはまるわけで、膨大な情報量の言語（イメージ）、視覚イメージ、サウンド、歌、身ぶり、ダンス、音、色彩、身体（性）が、テクストと同じように、リフェレンスやコンテクストを剝奪され、断片化されて、ばらまかれ、まきちらされるのである。

このアブドーの上演の記号的過剰さは、これとはまさに対極に位置するミニマリスト的テクストでありながら、その「引用の織物」性において、アブドーの舞台との共通性を強く感じさせる旧東ドイツの劇作家ハイナー・ミュラーが残した『ハムレットマシーン（*Die Hamletmaschine*）』（一九七七）という作品のテクストとしての「厚み」ないしは「分厚さ」を思わせるものがある。よく知られているように、ミュラー研究者はこのテクストを「引用の織物」と考え（ほとんどオリジナルな言葉はないのではないか、とさえ言われている）、その引用やエコーのオリジナルを必死になって探求するという研究さえ行なっているが、アブドーの舞台もまた、このような作業がなされる日が来るのだろうか。あるいは、ロバート・ウィルソンの舞台のように、ここでばらまかれる諸記号は、基本的には極私的なものであり、その起源を明らかにするという試み自体が最初から無化されてそこにばらまかれているのだろうか。

## 『廃墟都市からの引用』のテーマ系と問題性

ベルは上記のエッセイにおいて、カタログ的に『廃墟』の特徴、ひいてはアブドーの作家的特徴について列挙してくれている。ここでそのすべてを検討する余裕はないが、まずは、そこから論を展開することで、もう少しこの舞台に接近しておきたいと思う。以下はベルがそのエッセイの作品分析部分の各セクションに付けた小見出しである。

感覚の過剰ロード——テクスト——戦争の恐怖——魂の救済——スペクタクルを切断する——反復と意図——ハーフィズとシンボリズム、タージヤと死——エイズとポストモダニズム——アヴァンギャルドの「構造的安定」。(Bell 1995a: 24-37)

このうちの二つ目の「テクスト」というセクションで、ベルはアブドーのテクストの特徴について言及しているが、その前に来る「感覚の過剰ロード」というのが、多くの批評家または観客の第一印象ということになる。それはつまり、先ほど記号的過剰性といっておいたことを、別の角度から、つまり観客の受容における感覚的側面から見ると、そう呼べるということである。たしかに、ヴィデオ映像でも十分確認できるように、観客の五感に対して、いろいろなものが過剰に襲いかかってくる感じがある。めまいさえおぼえさせるようである。めまぐるしく変わる場面、静と動の極端な対比、脱中心化された舞台の構図、相互に無関係の舞台上におけるアクションの同時多発状況、大音響、フラッシュ(光)などなど。いわば演劇的(劇場的、ないしは劇場テクノロジー的)手法の総動員といえるような演劇性《シアトリカリティ》がここにはある。

こうしためまいさえも起こさせる演劇性《シアトリカリティ》、すなわちこの舞台の上演におけるフォルム的特性を考えて、そうした多様多彩でかつ断片の集積的経験とでも呼ぶべきか、そういうものが、いわばわたしたちが日常的にメディアを通じて体験している「世界」の経験と同じだ、というような結論に、まずは誰でもいたることができるだろう。したがって、ここではそういうことを指摘している批評家の名前はあえて挙げないでおくが、インターネットをサーフィンしている「わたしたち」、何百チャンネルもあるケーブルテレビや衛星テレビをリモコンでがちゃがちゃ切り替えながら見ている「わたしたち」、その「わたしたち」の体験とアブドーの上演の体験とのパラレルやアナロジーはかなり自明なことととして理解できると思われる。そこから、アブドーの演劇は多チャンネルテレビ同様、あるいはインターネットのウェッブ同様、ただのジャンクだとする批評家が出てきても不思議ではないことにもなるだろう。より具体的にアブドーの上演に即していえば、彼自身も認めるMGM系の昔のミュージカル映画への偏愛など、アメリカ大衆文化への彼の同一地平から（あるいは下方からの視線と言ったほうがよいだろうか）の強い思い入れがある。そしてそれらは、奇怪としかいいようがない手法によって上演へと翻訳されてしまうのである。つまり、「罪のない」かつてのスペクタクル・ミュージカル映画の形式的・映像的特質だけを「横領」してきて、グロテスクな形象で代替してしまうというような、あるいは全裸で「楽しい」ブロードウェイ・ミュージカルをやってしまうというような、ジャンクな感覚にみちあふれた翻訳の方法である。そういう彼の上演のジャンク性もまた、批評家がよく指摘することでもある。

## レザ・アブドーの「作家性」

こうした同時代的「世界の経験」のありようをたとえばポストモダン的と形容できるとして、ここで注意しなければならないことは、ベルが同じエッセイで強調するように、そしてアブドー自身がそのベルのインタビューで認めているように、彼の上演には「視点がある／立場がある」、つまり、ポストモダニズムの相対主義という非政治主義の罠（「開かれた意味」、あるいは「あらゆる上演は織物」であるという）から自由であると、少なくともアブドー自身は考えていることである。

アブドー　「ポストモダン」というのは、自分が理解できないことを描写する安易なやり方だと思います。それに、わたしの作品をポストモダンだと定義してしまうような理論が、作品には実は内在していないと思います。そのような理論とは矛盾さえ来してしまう。なぜなら、そこには視点があるからです。ポストモダニズムの重要な要素のひとつは視点を持ってはいけないということですからね。わたしには視点が絶対にあるし、それも強い視点だと思う。政治的で社会的で、また美学的な視点です。

（Bell 1995b: 52　和訳は引用者）

すなわち、伝統的な意味における主題群と呼べるものを、この断片が集積する「がらくたの山」の間隙に見いだすことが可能かもしれないということにほかならない。事実ベルは、そのエッセイのなかで、たとえば「戦争の恐怖」「魂の救済」というような主題性を『廃墟』に見いだしている。「戦争の恐怖」というのは具体的にはボスニア内戦を指すが、ベルも指摘しているように、作品の冒頭、ボスニアにおけるセルビア系住民による民族浄化の問題への直接的な言及としてイスラム系住民のかなりグラフィックな処刑の描写がある。

トム・P　地面にはオーク材のポールが立っていた。二・五メートルあった。先っぽに鋭い鉄の切っ先がついていた。
トニー　やつらがムスタファに横になれと命令すると、彼は頭を下げた。するとチェトニク〔訳注：セルビア民族独立運動グループの一員。第一次大戦前はトルコに抵抗し、両大戦中はゲリラ活動を展開した〕たちは彼に近づき、上着とシャツをむしり取りはじめた。
サブリナ　それからやつらは、両足のそれぞれを一本のロープで縛った。
トム・P　二人のチェトニクが彼の股を広げた。
ピーター　もうひとりのチェトニクがムスタファの足の間にポールの先端が来るように、ポールを二本の丸太に固定した。
トニー　彼はベルトから幅広の短剣を取り出し、ムスタファの引き延ばされた体の前にひざまずき、股間のズボンの布を切り

裂き、ポールが体に貫通する場所を広くした。（中略）
トム・F　ムスタファの縛られた体はナイフに突き刺されて震えた。
トム・P　チェトニクは飛び下がって木の小槌をつかむと、ポールの下の方をゆっくりかつ執拗に叩きはじめた。
サブリナ　ムスタファの体は小槌の一撃のたびに硬直し、その背骨は反り返って湾曲したが、ロープが彼をさらに強く縛りつけ、その体をまっすぐにした。
ピーター　彼は音を出した。悲鳴でも叫び声でも死の際の喉の鳴りでもなく、誰かが丸太を繋いでフェンスを作っているときの音のようなキィキィ、バンバンいう音だった。
(Abdoh 1995: 114-5)

あるいは、ベルが『廃墟』をそれ以前のアブドー作品とわける大きな特徴としてあげているように、「現代世界というディストピア」における「救済」という主題性を見いだすことさえできるかもしれない。それはたとえば、ふたりの恋人たちによる幕切れ近くでの多少センチメンタルであるが、かすかにコミュニオンの可能性を暗示する歌や抱擁の場面などを見ればよく理解できるだろう。もちろんアブドーにとって重要なことは、このふたりはおそらくＡＩＤＳ患者であり、死がすぐそこに待ちかまえていることを大前提になっているということ――それは、彼らが「死体」のメイクをしており、さらにその背後には牛の肉がぶら下がったままであることによって明示される――だが、それでもそこに、ある種の救済のヴィジョンが提示され、救済を希求する感覚が表明されているのはたしかに興味深いことである。

ベルは、救済という主題については、むしろコーランからの引用を含む「アラビア語の祈り」やその他、この作品に断片的に挿入されるさまざまな「伝統的な」歌を挙げている（Bell 1995a: 29-30）。「アジア系」という主題で論じるならば、アブドーについてコーランやイスラム詩人の作品からの引用など、イスラム文化との関係も重要な問題となるのは当然であるが、その点についてベル以上のことをコメントすることはここでは差し控えたい。[2] いずれにせよ、「死と再生」というような大文字の物語にさえ回収可能な（実際、ベルはそうしている）アブドーの「視点／立場」を読みとることが可能だということだけは言っておきたいと思う。

そういう主題性をめぐる問題からベルはかなり強引とも思える、しかし刺激的な結論をアブドーについて下すことになる。それが「アヴァンギャルドの構造的安定」というセクションである。

> わたしたちがここで考慮すべきなのは、「アヴァンギャルド」演劇はそれ自身の一世紀にわたる伝統を作り出したということである。「自身の『アヴァンギャルド』のルーツに自覚的なパフォーマンス・アートがクリシェ化してしまう」と見なされる可能性があるのは、実際のところ、「アヴァンギャルド」パフォーマンスがそれ自身の「構造的安定」――そこから、異なる演劇芸術が創造されることが可能になる――を達成した別種の演劇ジャンルを構成しているかもしれないのである。（中略）二〇世紀アヴァンギャルドのエスタブリッシュされた演劇言語内で思考しているアブドーは、そこから自らを解き放ち、ハイ・ポストモダニスト・パフォーマンスではふつう不可能とされる政治的、社会的、精神的内容へと回帰したのである。（同上 40）

簡単にいってしまえば、一八九〇年代から始まったアヴァンギャルド演劇には百年の歴史があり、それはすでに伝統と呼んでよいアヴァンギャルド・パラダイムを構築してきた。そしてアブドーはそういう「アヴァンギャルドの構造的安定」にのっかって（あるいは、「横領」して）、そのパラダイムの内部にあるさまざまな方法的、美学的、主題的要素を組み合わせることで、彼以前の「ハイ・ポストモダニスト・パフォーマンス」（つまり、フォアマン、ウィルソンらによる「イメージの演劇」のことである）を乗りこえ、新たな政治（性）の時代（内戦、虐殺、ＰＣ、文化戦争等々）にふさわしい「内容」のある演劇を創り出した、ということになるだろう。

## レザ・アブドーの「危機的身体」とアヴァンギャルドの「終焉」

ここまでベルのアブドー論に寄り添って『廃墟』を見てきたが、ここまで来ると、多少は反論しておくべきだとなるのはいたしかたないことかもしれない。そうなると、まずはこのベルのエッセイが一九九五年に書かれているという事実をわたしたちは考えないわけにはゆかない。

そのとき、重要になってくるのは「危機的身体」という同時代演劇／パフォーマンスにおけるテーマ系である。周知のように、ＡＩＤＳ危機以降のアメリカのパフォーマンス・アートにおいては、「ＡＩＤＳの身体」とでも呼ぶべき新たな身体性が登場し、それはより広い領野では、壁崩壊以降のグローバリゼーションという歴史過程のただなかに置かれ（置き去りにされ）、さまざまな力線（文化的、社会的、政治的……）に刺し貫かれた「身動きのとれない身体」の陳列となって、ドイツのタンツ・テアーターの旗手ピナ・バウシュから日本の解体社やダムタイプまで、同時代の先鋭的な舞台表現をおおいつくしていた。

「死と再生」や「救済のヴィジョン」というような主題性をひとまず横に置いたとしても、アブドーの上演の大きな特徴は「身体性の肯定」であるようにわたしたちには見える。ひいてはそれは、「廃墟としての世界のまるごとの肯定」ということにおそらくはつながるのだろうと思われるが、それ以上に注意すべきことは、ここにあるのは「危機的身体」の表象であって、「危機的身体」そのものではないということのほうではないだろうか。ベルの主張をそのまま使わせてもらうなら、「構造的安定」、あるいは「演劇表現としての強度」、ないしは演劇を演劇たらしめる共有される歴史性というものが、アブドーの上演では主としてその俳優の身体によって担われていることははっきりしている。しかしそれはある種のパラドクス、あるいは演劇のジャンル論的アポリアを導くのである。ベル自身はそのことに無自覚のようだが、彼はＡＩＤＳ（＝ＡＩＤＳ的身体＝廃墟としての身体）こそが『廃墟』のタイトルにある「廃墟」というこの作品に通底するイメージの根幹にある事実性であるとしている（Bell 1995a: 43）。しかし、ＡＩＤＳの身体性というのは本来的には位相の異なるものなのではないか。体内にある不可視の免疫システムが崩壊するというＡＩＤＳという病は、本来「構造的安定」をこそ攻撃するものでなければならない。にもかかわらず、俳優の身体性によって維持される演劇としての「構造的安定」があるために、『廃墟』には作品としての強度と幻惑性が確保されるのである。それをベルのように歴史的側面から説明するにせよしないにせよ、一九九五年の限界というものを、わたしたちはそこに感じるのである。つまり、一九九五年というのは、日本でも同じＡＩＤＳを扱った『Ｓ／Ｎ』を上演したダムタイプや当時の解体社などが、アブドーと同じような問題意識で新たな演劇表現の可能性を探っていた時期に当たっているからにほかならない。

しかし、そのような新たな演劇表現の可能性と思われたものは、以降五年ほどで一挙にしぼんでゆく。『Ｓ／Ｎ』のダムタイプや『廃墟』のアブドーや解体社が、いわば百年間のアヴァンギャルド演劇の歴史を、考古学的かつ直感的に、反芻、再利用、再編集、アップデートしながら、そこに「内容」や「意味」というものを、高速度で日々変容する「世界」やその「世界」を構成する諸関係への批評的視線（社会的、政治的、個的）や、緊急性のある主題の表象という回路を通じて、上演において記述しようとしていたわけだが、それでは間に合わなくなったのだ。事態はより深刻になったのである。

ダムタイプという集団は、『Ｓ／Ｎ』制作のプロセスで主導的立場にいた古橋悌二がアブドーと同じくＡＩＤＳ関連の病で亡くなったあと、世代交代を果たして、いわば美学的範疇、非社会的範疇へと逃走をはじめる。解体社は

「危機的身体」それ自体を提示することは可能か、といういわば演劇論的には「不可能性の問い」（なぜなら、それは美学的強度を捨て去るということを意味するであろうから）へと向かうことになる。[3]

アブドーが生きていたら、どうしただろうか。それはもちろんわからない。わからないけれども、一つだけ言えることは、ベルによればアブドーが再生した、あるいは新たな歴史的局面へと持ち込んだとされるアヴァンギャルド演劇という運動・思想については、一九九五年ではなく二〇〇〇年の時点で、アーノルド・アロンソンがその『アメリカのアヴァンギャルド演劇――ある歴史（*American Avant-garde Theatre: A History*）』のなかで書いているように、一九九〇年代の十年間でアヴァンギャルドは終焉する、という見解のほうが正しいのではないかと考えられるのである。

> 明らかに伝統的な演劇がより大きな公式文化の内部の重要な要素として再出現するまでは、あるいはそうならない限り、アヴァンギャルド演劇がそれに対立して現れる可能性はないだろう。一九四〇年代後半に始まったアメリカのアヴァンギャルドは一九九〇年代にフェイドアウトしていったのである。（Aronson 2000a: 211　和訳は引用者）

ここまでの議論で理解できると思うが、わたし自身はアヴァンギャルドを単にアロンソンのように「公式文化」に「対立する」だけのものだとは考えていないので、その理由には必ずしも賛成はしないが、その結論部分には同意してよいと思う。すなわち、二〇〇一年の時点にたてば、アブドーは百年間続いたアヴァンギャルド演劇の、あるいはアメリカにかぎれば、六〇年代に始まったアヴァンギャルド演劇の、輝かしいエピローグになりつつある、というふうにしか言えないだろう、ということである。

イラン系アメリカ人の演劇作家レザ・アブドーは、そのエスニシティを明示的なアイデンティティとすることなく、ロサンジェルスとニューヨークのアーティスト・コミュニティに身を置きつつ、「二〇世紀演劇」という大文脈に身を投じ、あっというまに駆け抜けていってしまった。彼の生涯とその作品の過激さと唐突さは、アメリカにおけるモダニズム（＝アヴァンギャルディズム）の最後の担い手にふさわしいものだったと言えるかもしれない。モダニズムとは、どこまでも「天才」によってこそ維持されうるモードであるからである。しかし彼の「天才」ぶりが興味深いのは、無から有を生みだすという幻想を観客にもたらしたからではなく、本章で扱った『廃墟』のように、ジャンク（としてのアメリカ）をジャンク（としてのアメリカ）として扱いながらも、そこにポストモダニズム的「順列組み合わせの強度」という、ほとんど形容矛盾としかいえない事態を、劇場空間に出現させてしまったからにほかならない。それが可能であったのが、ある種の歴史的必然のためであったのか、あるいは彼の単独者性にあったのかは不明である。しかしながら、「アジア系」というカテゴリーから、アブドーほど遠く離れた「アジア系」アーティストは例外的であり、そのようなアブドーの存在論的単独者性こそが、彼の上演に「天才」性を刻印するものであったとしても不思議ではないと思えるのである。

（二〇〇二年三月）

※本章は二〇〇一年一〇月一三日、岩手県立大学で開催された日本アメリカ文学会全国大会における筆者の研究発表内容を、「『アジア系』から遠く離れて——レザ・アブドーと危機的身体」『東京大学アメリカ太平洋研究』第二号（東京大学総合文化研究科附属アメリカ太平洋地域研究センター、二〇〇二、六三〜七四頁）として発表した文章に加筆・修正したものである。

［注1］『廃墟都市からの引用』のテクストはすでに出版されている（参考文献参照）。またアブドーの作品は、そのほぼすべてがヴィデオ映像で残されており、ニューヨーク公立図書館舞台芸術分館で見ることができるが、以下の記述については、わた

しが個人的に所有する同作品のヴィデオ映像から得られた観察・印象が含まれることをここで断っておきたい。

［注2］アブドーとイスラム性を探ってゆく試み自体にわたしの興味がないわけではない。アブドーの言説には神秘主義的色彩がないとは言えないからである。そうしたイスラム性とアメリカのジャンク・カルチャーの奇怪な取り合わせこそが、アブドーの特徴であるとも言えるが、そのイスラム性について判断を下すだけの知識を残念ながらわたしは持ち合わせていない。これからの研究者の仕事に期待したいところだが、その一方で、本章の主題ともかかわるが、そうしたエスニックな、ないしは宗教的アイデンティティから「遠く離れて」モダニストの伝統に身を投じたアブドーにこそわたしは注目しているのである。

［注3］ダムタイプや解体社の作品についてはさまざまな論考があるが、ここでは参考のために、拙稿のみをあげさせていただく。主として劇評・エッセイの類である。「身体・歴史・演劇――電波少年のサラエヴォとソンタグのあいだ」、『シアターアーツ』第一号（東京：晩成書房）、一九九四年、三七～四七頁（なお、この号には『S／N』の上演テクストが収録されている）。「ダムタイプの『J』」、『図書新聞』二〇〇一年三月三日号、八頁、図書新聞社。「危機的状況見つめる視座――変わった米観客の精神性」、『毎日新聞』、二〇〇一年一一月八日夕刊、毎日新聞社。「『Jという場所』のアヴァンギャルド――清水信臣と永井愛」、『テアトロ』二〇〇一年九月号、二二一～二五頁、カモミール社。

# 7

## 〈マルチメディア的〉アメリカ
### ——ウースター・グループからビルダーズ・アソシエーションへ

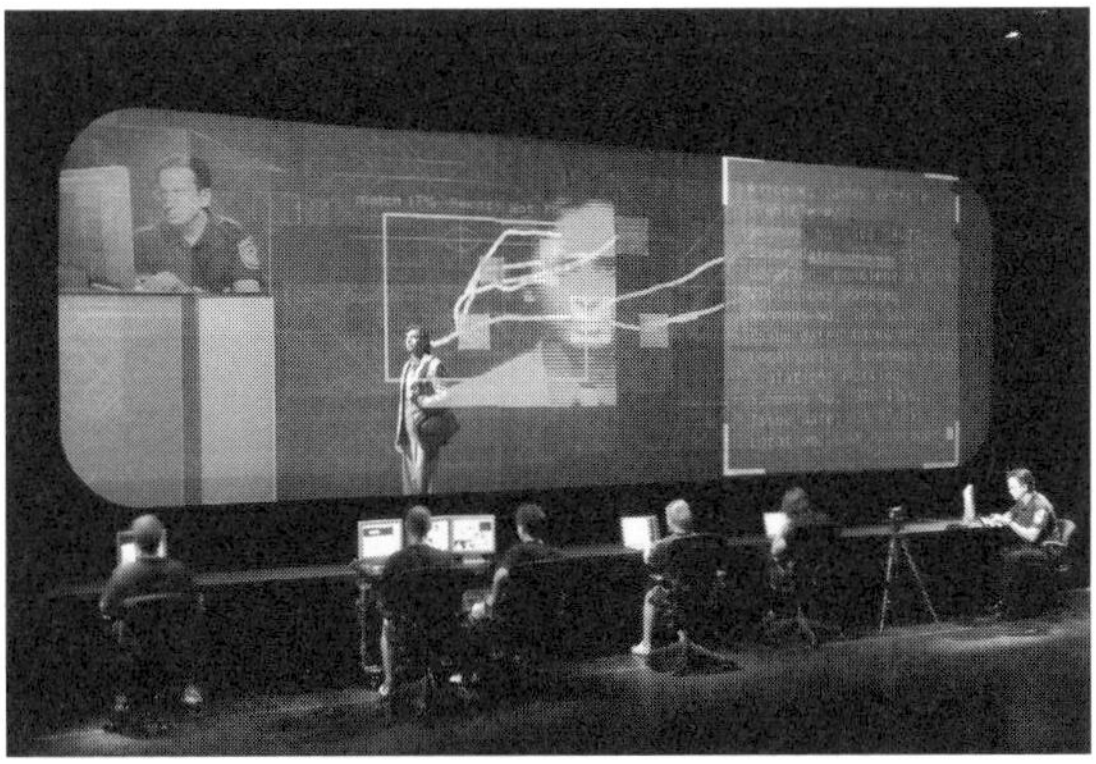

ビルダーズ・アソシエーション『スーパーヴィジョン』

## マルチメディア演劇とは何か

演劇研究の分野では、マルチメディア演劇とは何かと問う前に、メディアという問題がある。ここでは単純に二〇世紀以降にわたしたちの日常生活に欠かせないものとなった新しいメディア・テクノロジー、なかでも視覚（性）、「見ること」、そして記録という問題系とかかわるテクノロジーのことだといっておく。具体的には、まずはフィルム／映画があり、それからテレビ、そしてヴィデオという順に発展ないしは展開してきたテクノロジーである。その他、無線からはじまるラジオやインターネット等も視野に入れる必要があるが、本章では演劇とのかかわりということを重視して、新しい視覚メディアのことだと定義しておきたい。

次に、マルチメディアという言葉そのものをどう考えるかだが、厳密に考えれば、演劇はそもそもマルチメディアであるといえてしまうということがあり——視覚性と聴覚性にかかわるメディアの同時存在——、あえてこの言葉を使うのは、やはり記録メディアとしての映像、もう少しいうと、単にフィルムのような記録が目的ではなくライヴ中継も可能なテレビ＋ヴィデオ・テクノロジーとの関係が意識されるようになってから使われるようになった語ではないかと思われる。というのも、たとえばアメリカの場合、演劇と映画は、二〇世紀初頭以降、それぞれの居場所《ニッチ》を考えながら、マーケットの奪い合いを演じつつも、かろうじて共生してきたという歴史があるからにほかならない。もちろん、テクノロジー一般を、つまりは、テクノロジーという抽象的な概念を敵視するという長い伝統が西洋にはあり、それはほとんど内面化されたイデオロギーとして、さまざまな時代環境の中でさまざまな影響を舞台芸術に与えてきた。そしてそれは、きわめて複雑な地図を描いているのだが、ここではあえて単純化して定式化しておきたいと思う。それは、ライヴ性vs記録性、一回性vs再現可能性、直接性vs媒介性、本物性vs偽物性という、それぞれが互いに重なり合うようないくつかの二項対立として提示できるのではないか。劇場ではライヴでパフォーマンスが展開してそれは〈いま、ここ〉で生起する一回性のものだが、映画やテレビは何度でも再現可能であるし、映画はフィルムに記録され、映像のスクリーンという平面に投射される光の束にすぎないし、テレビは、たとえそれがライヴであっても、モニター（＝テレビ画面）という平面に映る一種の媒介的映像／幻影にすぎない、といった考え方である。あるいは、舞台芸術は〈いま、ここ〉に俳優／ダンサーの身体が存在するがゆえの「本物性（authenticity）」がある一方で、映画・テレビの身体は、その二次元イメージゆえの「偽物（fake）」にすぎない、といったようなことになろう。

舞台芸術サイドからは、だからこそ舞台芸術に価値（＝「本物性」）がある、ということになるし、映画／テレビ側からいえば、なんとなく舞台芸術のライヴ性への〈良心の呵責〉的なものがありはするが、基本的には単に異なる表現形式、あるいはメディアだということになるだろうか。ただ、一般的なイメージからすると、舞台芸術をメディアとは呼ばない／考えないのではないか。認知／視認可能な機械が関係していないから、表現の核に機械が関与していないから、メディウム（＝媒介）とはあまり考えないのである。そこから、演劇にとって、「直接性（immediacy）」がその重要なコミュニケーションの価値だということになるのだが、このこと自体、原理的には奇妙である。なぜなら、演劇の台詞（＝劇作家の言葉）を構成する言語やダンサーの身体はメディウム（＝媒介）ではないのか。言葉の定義次第だということはあれ、そうした「突っ込み」的な考え方も、ここからは出てくることになる。

とはいえ、照明や音響のことを考えてみればわかるように、テクノロジーが舞台芸術に長いあいだ関係してきたことは誰も否定できない。ランプの光にはじまってガス照明からさらに電気照明へ、ライヴの音楽からアナログレコードやテープ、さらにはそれ以降のＣＤを嚆矢とするデジタルメディアによる音響効果は、舞台で展開するイメージを補強したり、さまざまな効果を生み出したり増幅するために使われてきたことは自明なのである。したがって、メディア・テクノロジーに対するアレルギーが舞台芸術側にあるといっても、舞台芸術のエッセンス、すなわちそのライヴ性を損なわないかぎりは、必ずしも否定的には捉えられてはいない。とするなら、問題は、新しい視覚メディアとの関係にほかならない、ということになる。一般に、〈マルチメディア〉という場合、既存メディア（＝素材ないしは表現手段）に映像（＝動画メディア）が加わると、〈マルチメディア〉という呼称が召喚されることからも、そのことは理解できるだろう。

フィルム映像（＝映画）の時代は、したがって、それほど問題はなかった。映画はフィルムの投射という営為を必要とするため、柔軟な、つまりは使いやすいメディアではなかったからである。もちろんフィルム映像（＝映画）を舞台芸術に導入した事例は数多くあり、いわゆる前衛と呼ばれる人たちは、かなり早い時期からフィルム映像あるいは映像作家とのコラボレーションと呼べるようなものとの関係を探ってきてもいた（一九二〇年代ヨーロッパのアヴァンギャルドを嚆矢とし、アメリカではマース・カニングハムやリチャード・フォアマンが代表的である）。しかし、なんといっても、舞台芸術に大きな転換をもたらしたのは、ヴィデオというメディアの発明とヴィデオ・テクノロジーの急速な発展と普及という事態である。

時代時代を画する時期には必ずそこに介在したテクノロジーがあったといったのは米国の批評家のフレドリック・ジェイムソンである。ジェイムソンによれば、いわゆる近代からポストモダンへという流れの中で、ポスト近代のメディアはヴィデオ・テクノロジーであるということになる（Jameson 1985: xxv）。なぜヴィデオなのかをここで詳細に論じることはできないが、ただそれは、単にヴィデオが普及していろいろ便利になったというような話ではなく、人間の認識や知覚、あるいは存在様式、たとえば、アイデンティティ／アイデンティフィケーションとかかわる実在性

／現前性や身体、あるいは視覚性から記憶・認知の問題にいたるまで、複雑かつ哲学的でもある領域におけるポスト近代における人間存在の地殻変動的事態をヴィデオが徴候的にもたらしかつ示す、といったようなことだったことは、押さえておきたい。そして実際、当初第二次世界大戦後のいわゆる現代美術の分野で、たとえばヴィデオ・アートという固有のジャンルが誕生したことが例証するように、美術の歴史的展開とヴィデオ・テクノロジーはたしかに大きくかかわり、ヴィデオが次第に一般に普及してくると、舞台芸術にも大きな変化をもたらした、という見取り図をとりあえず描けるのである。かつてはプロフェッショナル用だったヴィデオ機材があっという間に民生用として普及し、かたやハイヴィジョンやさらに次世代ハイヴィジョンへと技術的な発展を見つつ、今や誰でも動画を扱えるメディア環境があるという、わたしたちが誰でも知っているここ三十年ほどの展開とパラレルに起きている現象である。

そして現在時においては、たとえば日本で行われている舞台芸術のことを考えてみても、背後にスクリーンがあってそこに何かの映像が映ることはさほど珍しいことではなくなっている。ヴィデオ映像はたしかに、すでに何気なく／いつのまにか舞台における表現手段の一部になっているのである。いつのころからそうなったのか、わたしは歴史家ではないので、「何年から」とか「この舞台から」とかを特定するのはむずかしいが、テクノロジーの発展というよりも、普及／一般化に伴って、「使えるものは使う」というアーティスト側からいえば当然のロジックで、頻繁に使われるようになったという感触をもっている。特に大きな抵抗もなく、かといって、積極的というほどでもなく、ある意味、なし崩し的とも考えられる感じで、この事態は進んでいったように思える。時代的なことでいうと、たとえば、一九九五年前後に上演され、今や神話的でさえあるダムタイプによる『S／N』という作品があるが、この作品は典型的なマルチメディア演劇（パフォーマンス）だったのである。ただ、初演時のことを思い出してみると、たしかにその映像の使い方はかなり洗練されていると感じられるものだったが、それ自体として新しいとか画期的とかいうものではすでになかったと記憶している。

さて、こうした急速なヴィデオ・テクノロジーの普及や展開について、こと芸術表現に関して実りある視座を獲得するためには、ジャンル横断的に見ていかなければならないのは当然である。だが、美術やその周辺領域としてのパフォーマンス・アートと舞台芸術というジャンルのあいだには、日本だけでなく英語圏でも大きな壁があり、なかなかその全体像が把握しにくくなっていた。言い換えれば、美術館に行く人は劇場に行かないし、劇場に行く人は美術館に行かない、といったような状況である。それは単に学問分野の話ではないかといえば、その通りなのだが、ようやく最近になって、ジャンル横断的に〈マルチメディア〉をキーワードにして芸術表象を語る研究が出はじめている。ジャンル横断的になったのは芸術表現のほうがずっと先だったので、何を今さら、という感じがあるものの、しかし、たとえば、同じヴィデオ・テクノロジーとかかわるヴィデオ・アート系と舞台芸術系の作家や作品が一冊の書物のなかで語られるということはこれまであまりなかったことでもあり、わたしはそれなりに注目すべきだと考えているのである[1]。

## ニック・ケイ『マルチメディア——ヴィデオ、インスタレーション、パフォーマンス』をめぐって

本章ではまず、「ジャンル横断的に〈マルチメディア〉をキーワードにして芸術表象を語る」書物が二〇〇七年に出版されたことを踏まえ、その研究内容を紹介しつつ、そこで取り上げられている舞台芸術系の集団・個人の作品を検討することにしたい。その本とは、英国のエクセター大学で教鞭を執るニック・ケイが書いた『マルチメディア——ヴィデオ、インスタレーション、パフォーマンス（*Multi-media: Video-Installation-Performance*）』である。そ

のイントロダクションでケイが語るように、本書は、

ヴィデオ、インスタレーション、パフォーマンスのあいだのさまざまな動きとして定義可能な諸実践を扱う。すなわち、「ライヴ」パフォーマンスとの緊密でしばしばパラドクシカルでもあった連携において出現し、かつ展開した一九六〇年代半ば以降のヴィデオ・アート。「現実」と「仮想現実（＝ヴァーチャル）」の時間と空間の相互関係を、記録、媒介、伝達することで、具体化してみせるヴィデオ・インスタレーション、さらには、これらに続く、媒介的パフォーマンスにおける「ライヴであること」の意味を探求し、拡張したマルチメディア演劇である。ここでは、明らかにマルチメディアを意識した諸実践の歴史とその発展が、音楽、インスタレーション、演劇、パフォーマンス・アート、彫刻、そしてヴィデオの折衷的交差だけでなく、ライヴと媒介された時間、空間、パフォーマンスの収束化とその逆流（＝拡散）においても、形づくられていったのである。(Kaye 2007: 10　和訳は引用者、以下同様)

こうして単に論考だけでなくさまざまな作品のドキュメンテーションを適宜に配した本書では、今の引用にあった道筋で、まずその最初の章「ヴィデオの時間、パフォーマンスの時間」でナム・ジュン・パイク、ジョン・ケージ／フラクサス、ブルース・ナウマン、ダン・グレアム、ジョーン・ジョナスといったアーティストの活動が紹介・分析され、次章「ヴィデオ空間／パフォーマンス空間」ではヴィトー・アコンチ、スタジオ・アーッズーロウ、ピピロッティ・リスト、ゲイリィ・ヒルが論じられ、そして最後に、「複層化するメディア」において、これから論じることになる「マルチメディア演劇」であるウースター・グループ、ジョン・ジェスラン、そしてビルダーズ・アソシエーションが扱われるという構成になっている。

各章の詳細を見ていくことはここではできないが、この書物の進行を支えるクリティカル・ナラティヴとでも呼べ

るものをここではひとまず素描しておくことにしたい。まず注目すべきは、本書で論じられるテレビ／ヴィデオのテクノロジーというものは、単に既存の芸術形式（絵画であれ、演劇であれ）のその形式的既存性を補完／補助する形で導入されたわけではなく、むしろその既存性（＝約束事）、つまり因襲性を破壊したり、乗り越えたりするといったジャンル横断的、ないしは越境的試みの中で注目された、ということである（ここでは他方で、芸術家の身体というものを主題化したアクション・ペインティングなどを、同時代の別の流れとして想定しておいてよいかもしれない）。戦後アメリカ美術において、オブジェクト／モノとしての作品とその美術館／ギャラリー的なスペースにおける展示と観者の静的な作品受容のあり方や静的な作品──時間を超越することが前提された──の概念そのものを問い直すために、ヴィデオ・テクノロジーが導入されたのである。たとえば本書ではナム・ジュン・パイクやケージが取り上げられるが、彼らの作品では、先ほどの引用で簡潔に書かれていたように、「『ライヴ』パフォーマンスとの緊密でしばしばパラドシクカルでもあった連携」が試みられ、そこではまず「時間」という、つまり従来の美術にとっては少なくとも形式主義的には関係がないはずだった要素／概念が、テレビ／ヴィデオ・テクノロジーと「ライヴ」のパフォーマンスとの「しばしばパラドクシカルな連携」を通して問題化されたという流れがある。一方、時代的には重なるが、時間だけでなく空間性が問題化される流れもある。それがヴィデオ・インスタレーション的なものになるのは当然だが、たとえば、ジョーン・ジョナスの『垂直の転がり（*Vertical Roll*）』（一九七二）のように、それ自体は単一チャンネルのヴィデオ作品であっても、作品そのものが、同年の『有機蜂蜜の垂直な転がり（*Organic Honey's Vertical Roll*）』というジョナス自身のマルチメディアのライヴのパフォーマンスのプロセスで作られた映像であり、またそのライヴ・パフォーマンス自身が、それとはまた別のドキュメンタリー・ヴィデオ作品になっているといったような、きわめて複雑かつ相互参照的／インターテクスチュアルな作品概念の様相を呈してくる。ライヴのパフォーマンス、媒介されたパフォーマンス、さらに記録されたパフォーマンスを意図的に絡み合わせる（ケイ自身の記述による。同上78）ことで、ここでは「作品」が成立しているのだが、従来的な意味においては、「作品」の全体性に直接アクセスできない、アクセスできないといったような作品のあり方である。さらに重要なことは、作品が現象的／消えてしまう／そもそもアクセスできないことからもわかるように、観者であった美術鑑賞者は、いまや演劇の観客的になり、さらにはそれ以上にパフォーマンスの一要素ともなり、主体的に「作品」空間にフィジカルかつコンセプチュアルに組み込まれてしまうという経緯を経ることになる。

こうして最終章の「複層化するメディア」にいたるのだが、ケイによれば、

一九七〇年代半ば以降、ヴィデオアート・ヴィデオ・インスタレーションとパフォーマンスの緊密な連携を追いかけるように、メディアが現前性、行為性、場所性、表象性といったものを分割／分裂化してしまうという事態の意味を探る試みが、演劇的／劇場的と明らかに考えられる諸実践にも見られるようになった。ライヴの行為、テクスト、メディア、言語、知覚のあいだの関連を探るこれらマルチメディア演劇は、ニューヨークでは、ウースター・グループやローリー・アンダーソン、ジョン・ジェスラン、イヴォンヌ・レイナー、ピン・チョン、メレディス・モンク、そして近年ではビルダーズ・アソシエーションらの新たな発想（innovation）とともに想起されるものである。（同上163）

そしてこれらの演劇の展開は、

引用、流用（appropriation）、転位／外部化（displacement）といったもので特徴付けられる「ポストモダン」パフォーマンス（中略）と広い意味で関連づけられ、パフォーマーの現前性批判は脱構築ともリンクしている。しかし、媒介性（mediation）と

いう問題と取り組むことで、これらのマルチメディア演劇は、メディアによって変形させられて逆流してくるものについても関心を寄せるようになる。すなわち、パフォーマーの「場所」や「権威」を担保するための伝統的な方法は壊滅的な状態になっているにもかかわらず、再召喚される「現前性」。演劇が、観客へのアプローチの方法やチャンネルを複層化しているにもかかわらず、収束に向かうメディア、パフォーマンス、言語。さらには異なるメディア間の不協和音や差異によって、「物語」や「登場人物」をそれら自身から分離してしまっているにもかかわらず、回帰してくる物語と役柄である。（同上 163-4 傍点は原著者、以下同様）

「パフォーマーの『場所』や『権威』を担保するための伝統的な方法」がアメリカにおいて全面的に「壊滅的な状態」になっていたわけではないにせよ[2]、少なくとも当初、メディアとかかわろうとしたアーティストたちにとっては、そうなっていた、ということが重要だろう。したがって、演劇へのマルチメディアの導入は、既存の形式を変えようとか、新しい可能性を切り開こうとか、もっと演劇を豊かにしようといった発想ではなく、演劇とは何かといったような根源的な問い——そこで、ライヴ性、媒介性の問題や、俳優／パフォーマーの現前性の問題等が出てくる——との関係で、実践されたということである。つまり、メディアを複層化することは単に美学的手段だったわけでなく、パフォーマンスそのものの内容や主題とも深くかかわるものだったのである。

以上のように、こういう時系列に沿うようなかたちで、あるまとまりのあるテーゼ、ないしはクリティカル・ナラティヴを提出する本書でのケイは、こうして一九六〇年代演劇の流れをくむウースター・グループ（一九七五～）からはじめて、一九八〇年代のアンダーグラウンドなクラブ・カルチャーから登場してきたジョン・ジェスラン（一九五一～）、さらには、そもそもウースター・グループに所属していたマリアンヌ・ウィームスが芸術監督を務めるビルダーズ・アソシエーション（一九九四～）について、論を展開していくことになる。

## ウースター・グループの「複層化」という戦略

これまで本書で何度か見てきたように、一九六〇年代以降の「演劇革命」においては、イエジェイ・グロトフスキの「持たざる演劇（the poor theatre）」（cf. Grotowski 1968）というヴィジョンに忠実なかたちで、演劇の本来的かつ根源的メディウムとして俳優の身体が前景化されることになった。それは、美術におけるパフォーマンス的なもの、後にパフォーマンス・アートというジャンルを形成することになる表現においても同じであり、特に美術においては、美術館や美術の展示には伝統的に不在だった身体（性）を回帰させるという試みが、伝統破壊の実践として重要な意味を持ったことは今さら指摘するまでもないだろう。この身体（へ）の回帰――それが何を意味するにせよ――が自明化するのが、おおよそ一九八〇年前後である。このことは、リチャード・シェクナーが主宰したパフォーマンス・グループが、その主要メンバーによって、ウースター・グループ（以下、ウースター）と名称を変更して新たな活動をはじめたことに象徴的に現れるだろう。というのも、ウースターはその初期から、映像メディア等の視覚メディアをごくごく自然に導入していたからである。[3]

ケイはウースターのマルチメディア使用にかかわる戦略／特質を「複層化（multiplication）」と呼ぶ（Kaye 2007: 164）。そこではまず、最初期の『ロードアイランド三部作（*Rhode Islande Trilogy*）』（一九七五〜七八）が論じられている。パフォーマンス・グループの主要メンバーだったスポールディング・グレイのいわば集団内個人の作業から発展した三部作の第一作『サコネット岬（*Sakonnet Point*）』（一九七五）によって開始する当該三部作では、グレイ自身の自伝的内容が主要なモティーフになっている。その上演にあたっては、自伝的内容のテクスト朗読、録音テープ（自殺した母を担当していた精神科医との対話）の再生、ダンス的身ぶりといった複数のパフォーマンス的要素が混在していたが、二作目の『ラムスティック・ロード（*Rumstic Road*）』（一九七七）を経て、最後の『ネイヤット・スクール（*Nayatt School*）』（一九七八）にいたると、そこで初めて映像が導入されることになる（同上 165-8）。パフォーマンスに組み込まれる諸要素は、三部作が進むにつれて次第に複雑になっていき、最後の『ネイヤット・スクール』では、「乱暴に集められたテクスト群」（Savran 1988: 102）がその最大の特徴となった。この場合のテクストとは、文字テクストに限らず、録音音源であったり、そしてケイが注目するように、「同作品のリハーサル」の映像であったりしたのである。とはいえ、本作ではT・S・エリオットの『カクテル・パーティ（*The Coctail Party*）』（一九四九）が主要テクストとされ、グレイの自伝的要素と響き合いながら、パフォーマンスは構成されていった。ここで重要なことは、録音メディアや映像メディアが自己言及的に使用されることで、上演の時間が複層化するという事象が生まれたとケイは考えていることである。

> ウースター・グループの、ライヴと記録されたパフォーマンスとしての、「反復」と「再生産」による題材の再使用は、グループ自身と他者による作品＝作業（work）の再ステージ化を分節／具体化する（articulate）ためにレイヤー状に配置される。こうした反復は、単にウースター・グループの作品（productions）におけるオープンな間テクスト性——そこでは諸テクスト、諸パフォーマンス、諸映像が再使用（＝流用（appropriate））され、再-パフォームあるいは再生産されるのだが——とリンクしているだけでなく、（中略）「演劇を作る（making theatre）」プロセスに言及し、また、「ライヴ・イヴェント」とその媒介性（mediation）についても言及するものとなる。（Kaye 2007: 168）

例によってわかりにくい一説なので、パラフレーズしておこう。ケイの言う「グループ自身」の作品（work）とは、いわゆる作品制作のためのワークショップやリハーサルのプロセスにおいて、創作するに至った「題材」（文字テクストとは限らない、映像、音声、音響、身ぶり等々）、また、「他者による作品」とは、パフォーマンスの創造プロセス開始に先立って存在する、たとえば、『カクテル・パーティ』のような外部性の「テクスト（＝作品）」のことである。そうした諸要素を「分節／具体化する（articulate）」、すなわち、それらを差異としてパフォーマンスの空間／時間において明示化するために、それぞれがレイヤー状に、つまり層をなすように配置されるというのである。レイヤー状というのが重要なイメージだろう。直線的な上演の時間性でありながら、そこに異なるレイヤーが同時に、あるいは場合によっては、時間的なずれを伴いながら、生起するのである。それらは当然、ある種の関係性を胚胎する――ないしは、そもそも関係性（無関係という関係性を含む）を想定して導入されている――ことになり、それをケイは、「オープンな間テクスト性」と呼んでいる。したがって、すべては〈再〉――「再」使用、「再」パフォーム、「再」生産――すなわち、〈再（＝二度性）〉という感覚を持つことになる。その結果、今、観客の眼前で展開しているパフォーマンスについては、パフォーマンスに至るまでのリハーサル（＝プロセス）が、結果（＝作品）としての〈いま、ここ〉のパフォーマンスとともに生起するだけでなく、何がライヴで何が媒介的なのかという問いが、いやむしろ、ライヴ・イヴェントと媒介性（mediarity）とは、相互に矛盾するものではなく、ライヴのうちに〈媒介的なもの〉が折りたたまれて包摂されるかたちで、パフォーマンス空間（＝劇場）で現前していることになる、というのである。

ここでのケイの記述からある程度予測できるように、こうしたウースターの上演は当然断片的、切断的なものとなり、典型的な「ポストモダン・パフォーマンス」の様相を呈するのだが、時代を下るにつれ、「乱暴に集められたテクスト群」はさらにその多数性を誇ることになる。その結果、

〔ウースター〕グループの作品（work）は、さまざまなやり方で、テクストに対する高度に断片的なアプローチと再利用（＝流用性（appropriation））を強調する一方で、メディアを横断するそのパフォーマンスの分節／具体化において、劇団はリズム的、空間的、視覚的複層化を、追求することもあった。この意味で、グループの作品（composition）が、全体性、あるいは「封鎖（＝完結（closure））」の感覚を与えないのは、ただ単にラディカルなまでに無関係な諸テクストの相互縫合（interweaving）によるだけでなく、こうした諸差異を生み出し加速させる実践や構造を通してでもある。（同上 169　補足は引用者）

こうした方法的探求による〈複雑さ〉の頂点にあるのが、四年という長時間をかけて作られた『フランク・デルの聖アントニウスの誘惑（*Frank Dell's Temptation of St. Antony*）』（一九八八）であるが、そこでは、ケイが引用するスーザン・レッツラー・コールによれば、一四のまったく異なる素材が使われたという[4]（同上 169）。この作品を〈複雑さ〉の頂点としたのちのウースターは、『それいけ！（*Brace up!*）』（一九九一）以降、「『聖アントニウス』を特徴付ける極限的な拡散化と断片化から離れ、パフォーマンスの時間を統御する完全なあるいはほぼ完全なテクストを生み出すことを試みる一方で、リズム的複雑性をさらに発展させることになった」（同上 174）とケイは論じている[5]。それにしたがって、あるいは、ヴィデオ機材の使用がより容易になる時代背景もあり、ウースターのヴィデオというメディアの使用も頻繁また顕著になっていくが、ケイによれば、ライヴ及び録画された映像によるヴィデオ及び、その映像を映し出す移動可能なテレビモニター（当時はブラウン管テレビであり、移動可能な台上に乗っている）の導入は、「パフォーマンスにもうひとつの、そしてまた別個の継続性を導入することになり」、『それいけ！』において、ライヴのパフォーマンスとともに使用される「ヴィデオ自身の『独自の』『テクスト的』世界にある諸イメージが時間とともに明らかになるという経緯は、『それいけ！』を、主要なテクスト的ソースにとって明らかに他であるリズム的秩序へと「解き放つ」と書いている（同上 177）。

> ここ［他であるリズム的秩序内］でもまた、ヴィデオのノイズやテレビ・モニターの機能、さらにパフォーマーによるそれらの物理的操作［モニター台を移動させる］、そしてこれら機材が舞台装置の一部に組み込まれているという事態が、さらなる構造的レイヤーとして付け加わる。それは、まるでヴィデオそれ自身が『それいけ！』のパフォーマンスに「入って出る（in and out）」かのように振る舞うことで、ある瞬間瞬間に、特定の隠喩的あるいは物語的負荷を獲得する可能性をもつのである。（同上　補足は引用者）

ケイはさらに、こうした思考を手がかりに、ウースターの上演における時間性という問題を考えようとするが、アラン・カプローやアイナ・ブロムを引用しつつ、こう結論づけることになる。

> このリズムにおいてもまた、グループのパフォーマンスは、伝統的な演劇的テクストの上演がその内部で機能する傾向にある二項対立を無効化へと向かわせる。すなわち、「パフォーマー」と「登場人物」、「ライヴ性」と「媒介性」、「リアル」と「再現前性」といった二項対立である。たしかに、初期マルチメディア実践における「世界に向かって開く」（Kaprow 1993: 114）という特性と響き合いながら、ウースター・グループのアクションと空間と時間をレイヤー化させるという方法は、「普遍的な意味での（*in general*）時間性」（Blom 1998: 67）を、その構造的フレームワーク内へ取り込むところまで、拡張できる可能性を秘めている。（Kaye 2007: 178）

パリにおける『毛猿』上演時（二〇〇二）に、技術的な問題で上演が一時ストップしたというちょっとしたアクシデントがあったが、そのとき、上演の時間と〈現実〉の時間に何ら落差がないまでに、ウースターの「時間性」は現実にまで拡張されている、ないしは上演空間内部に取り込まれて構造化されている、と、パリ上演の劇評を引用しながら、ケイは続けて書くことになる。

> こうして、パフォーマンスの諸時間と諸空間へと注意を差し向けさせることによって、グループの作品はメディア分断の分節／具体化とパフォーマンスの「現前」を暗につないでみせる。とするなら、何よりこれらの諸構造は、メディア使用による時間と空間の複層化を明示的に演じ出し（act out）、パフォーマーの「位置（location）」、すなわち、（ライヴの、あるいは媒介された）空間が彼／彼女らによって占有されているかどうかという問いについて、諸リズムや諸時間に「入って出る（in and out）」場所との、あるいは、お互いと観客に対する、「パフォーマーとして」そして「役になっている」現前／存在とのかかわりにおいて、疑義を呈するのである。（同上 179）

「逃走する現前」というと、キャッチーにすぎるだろうか。ここで注意すべきは、マルチメディアの特性を最大限までに生かしつつも、複雑な構造を生起させるウースターの作品における「逃走」とは、もちろん、主体的逃走ではあり得ないことである。ここでわたしたちは、すでに触れた、ビリンジャーによる「文化的リアリズム」という言葉を思い出すべきなのかもしれない（第Ⅰ部五章を参照）。こうして、ウースターの諸上演は、同時代的複数メディア環境の編み目に囚われたわたしたちの〈リアルな〉ありようを、ただリテラルに上演、あるいは現象学的に記述しているだけではないか、と問うことも可能になる。

ここまで検討してきたように、ウースターの作品では、マルチメディア演劇などという口当たりのよいジャンル名をはるかに超えでるような、演劇哲学的とでも称すべき根源的な問いが、メディア使用によって喚起される、とケイは主張するのである。ただし、こうした「通常の演劇（的時間、構造、登場人物等々）」が脱構築、ないしは〈中断〉

されるからといって、ウースターの上演にたちあった観客であれば、ありがちな挫折感、ないしはコンセプチュアルな知的充足感だけを、劇場的に経験するのではないことを知ってしまっているのも、また事実であろう。というのも、ケイの記述においても暗に示唆されているように、こうした複雑な構造に耐えるだけの、〈名優〉、あるいは〈名優的身体〉の存在が、ウースターには欠かせないからである。夭逝するまでウースターを支えたロン・ヴァウター（一九四八〜九四）、あるいは最初期のスポールディング・グレイ（一九四一〜二〇〇四）、全盛期をささえたケイト・ヴォーク（一九五六〜）やウィレム・デフォー（一九五五〜）といった俳優は、むしろこうした複雑な構造へとさらされることで、〈演技体〉としての強度を獲得した、あるいはせざるをえなかった、とも言えるのである。たしかに、ウースターの諸上演は、複雑なマルチメディア〈操作〉によってだけでなく、これらの俳優の名前とともに記憶されることになったのである。

## 収束から回帰へ――ジョン・ジェスランとビルダーズ・アソシエーション

ケイは続いて、ジェスランのマルチメディア演劇へと議論を進める。ジェスランについては、第Ⅰ部五章で論じたので、ここでは、ケイの視点から簡単に整理しておくことにしたい。すでに触れたケイの著書全体のクリティカル・ナラティヴからいえば、「複層化」したウースターにつづくジェスランは「収束（convergence）」に向かうとされる。

ウースター・グループの作品はパフォーマンスの時間性と空間性の複層化を強調したが、作家で演出家でもあるジョン・ジェスランのマルチメディア演劇は、メディア間の分断を分節／具体化する一方で、言語、メディア、ライヴのパフォーマンスの構造

的収束へと向かったのである。（同上 181）

なかでもケイが注目するのは、ジェスランに見いだせる言語としてのメディアという考え方であり、ケイはジェスランの以下の言葉を引用する。

> これらの言語（引用者註：視覚言語も含む）は、別々に始まったのだろうか？（中略）わたしにとって、主要な関心はそれらを元の状態に戻すことだ。明らかな摩擦があるにもかかわらず（中略）声と言葉とメディアにはほとんど音楽的な関係があり、それがこれらの要素を、パフォーマンスにおいて、ひきつけあわせたり、再結合させたり、再組織化したりするのである。
> (Jesurun 1993: 60, quoted in Kaye: 193)

こうしてケイが「もっともあからさまに映画的（most overtly cinematic）」（同上 193）と呼ぶ『スノウ（Snow）』（二〇〇〇）において[6]ジェスランは、観客を映画館的に閉じたスペースへと招き入れる。そこにはスクリーンが四つあるだけで、パフォーマンスはその周囲に配置された廊下と四つの部屋を使って行われる。客席の四つのスクリーンには、周辺に置かれた二二台のカメラによる実況中継画面が、リアルタイムに編集され、録画済みの映像とときにミックスされて映し出されることになる。パフォーマーは四名だが、さらにキット（Kit）と名付けられたテレビ局やロケなどで使われるプログラム可能で高速移動が可能な、インターアクティヴ（センサー付き）小型カメラがある。そして彼？は、本作の第五の登場人物とされる。ケイはキットを「カメラ、コンピュータ・プログラム、シミュレーションとしてのパフォーマー、観客」（同上 194）と呼んでいる。

> インターアクティヴな第五の「登場人物」は、まさにその不在（absence）において機能するが、「その」カメラ視点（point of view）への観客の同化を通して、「ライヴ・スペース」における現前（presence）というパラドクシカルな感覚を観客に喚起する。しかし、隠された空間と情報というパフォーマンスのより広いテーマを反映することで、この「視点（point of view）」は、「ライヴ」パフォーマンスとしての『スノウ』の媒介性（mediation）を免れるのである。実際、キットの「視界（view）」は、媒介性それ自体の「内部的光景（interior view）」であり、そこでは「内部」と「外部」、「ライヴ」と「媒介」、テクノロジーとパフォーマーが混じり合っている。（同上 194）

「そこにはない（absence）」からこその「そこにある感（presence）」である。あるいは、すでに論じたパフォーマーの身体の問題として言い換えるなら、その身体が同じ空間に存在しないからこその、小型カメラの眼を通じての、そこにある感が得られる、あるいは得られることがもくろまれる、と言ってもよい。極限までに演劇を映画化する、つまり、物質的に完全に不在化することによって、逆説的に取り戻される、ライヴ性、物質性である。[7] そして、その逆説性から出発しながらも、次第に逆説性を消去していったのが、ケイが最後に取り上げるビルダーズ・アソシエーション（一九九四年設立、以下、ビルダーズ）の作品ということになる。

ビルダーズの芸術監督マリアンヌ・ウィームスは、一九八八年から九四年までウースターのドラマトゥルク、演出助手をつとめていた（同上 194）という経歴からもうかがい知れるように、また、ジェスランとのコラボレーション（『ジャンプカット（ファウスト）（*Jump Cut*（*Faust*））』（一九九七〜九八）等）があることからもわかるように、ケイが言う「マルチメディア演劇」のニューヨークにおける展開と現場的に深くかかわってきたアーティストである。そして当然、世代的に〈次〉を期待されるわけだが、ケイが引用するウィームスの弁によれば、「物語性は『実験演劇』よって、無意味なところまで内破されてしまった。（中略）わたしの劇団の関心は、テクノロジーを導入すると同時に構造的な意味での物語を再実装することにある」（同上）。そして実際、次第にスペクタクル化の度合いを強めていくその舞台では、ケイが言うように、「媒介のための諸テクノロジーの統合と統一への不気味な（uncanny）回帰」（同上）が実践されるのである。

ケイがここで論じる『時差ぼけ（*Jet Lag*）』（一九九八〜二〇〇〇）以下、『スーパーヴィジョン（*Supervision*）』（二〇〇五〜六）、『継続都市（*Continuous City*）』（二〇〇七〜一〇）にいたるまで、その「回帰」の流れは続いている。その舞台では、つねにライヴとプロジェクションが同一空間に存在し、プロジェクションは舞台上の大小さまざまのスクリーンに投射されることで、「あたかもそこにある、いる」感を出すこともあれば、複数のモニターが舞台装置的に配置され、そのモニターに、多様なイメージばかりでなく、舞台上で語る俳優の実況中継映像、あるいは、俳優の対話の相手としての人物の記録映像、または、どこか別の場所の現在的中継映像が映し出されることにもなっている。そこで扱われるのは、はっきりとした主題をもつストーリーである。たとえば、『スーパーヴィジョン』では、

データ圏の端にある三つのストーリーが衝突する。一、一人旅の旅行者が、継続的な境界を越えようとするたびに、自身の情報を次第にすべて明らかにしてしまうことになり、最後には彼のアイデンティティは透明になり、データ監視の領域外に彼の生活は何もないということになる。二、若い女性が健康を害している祖母の過去をデジタル的にアーカイヴする。三、父親が内緒で息子のデータを奪おうとするが、その策略はついに父のコントロールがきかないところまでいってしまう。彼の妻と息子には、ひどくやせ細ったデータ・ポートレイトしか残されないが、父の逃亡は、データ圏のあまりに広範な管理の力によって、つねに脅かされている。（http://www.thebuildersassociation.org/prod_supervision_info.html、最終アクセス日二〇一六年三月二六日）

「グローバル化／ネットワーク化した監視と管理をキーワードとする世界とその崩壊（システムの暴走）、あるいはそ

こからはみ出すもの（記憶とアーカイヴ）」と簡単にまとめてしまえるテーマ群がここにあることが、すぐにでも了解されるだろう。ただ重要なことは、この三つのストーリーが、断片的なイメージで綴られるのではないことである。観客が見るのは、たとえば一、についてみれば、入国のためのパスポートコントロールにいる旅人（ライヴの俳優がマイクを通して話す）が、映像としてスクリーンに投射される入国管理官（舞台上の別の場所にいるライヴの俳優が話すのが実況中継される）と入国をめぐるやり取りをするのだが、次第にそのやり取りは通常の範囲を逸脱し、実は、「管理する側」が、彼の病歴から何から何まですべてデータを持っている（そのデータが別のスクリーンに次から次に映し出される）ことが判明するといった具合に、きわめてアクセスしやすいかたちで示される。いやそれどころか、リアルとヴァーチャルをシームレスにつないでみせる上演の技術的洗練に――ビルダーズは、その技術を惜しげもなく観客にわかりやすく示すような場面を多く挿入する――感嘆の声をあげることにもなるだろう。さらにいえば、ビルダーズの上演では、俳優の演技そのものがノイジーに焦点化されることはない。ウースターのようにことさら〈名優性〉を誇示することはなく、そこで示されるのは、ふつうの演技としか呼びようのない標準的なもの、すなわち映画的／テレビ的／演劇的リアリズム演技である。俳優は、たとえマイクを通して発話するにしても、通常の意味における「登場人物」を明らかに演じているのである。

こうしたデジタル技術による上演空間の豊穣化とその裏腹にあるパフォーマンス自体の伝統回帰は、今やオペラのいわゆる新演出においても[8]、あるいは、ディズニー的なテーマパークのショーにおいても、特に珍しいものではなくなっている。ただ、少なくともこの当時は、ビルダーズの試みは、技術的フロンティアを切り開くものと評価されたことだけは、理解されておいてよい。

こうしたビルダーズの上演についてケイは、

「非場所性（non-place）」が、中継されるイメージの「非決定性」、場所や物やストーリーをより近くまで運んでくるというメディア的能力――そしてそれらは、媒介（mediation）によって生産されるために、この場所においては不在であることが明らかである――の戯れ（play）によって、喚起される。この不気味（uncanny）な混乱（中略）こそが、物語、登場人物の描写、ドラマ的場所の現実化への「回帰」によって、ビルダーズ・アソシエーションによる、建築的にモデル化された諸プロジェクションが演じ出し（act out）、その効果を高めるために働くのである。こうして、その内部でメディアが不可避的に機能している分断と複層化という事象を通して起動する物語や「登場人物」の断片化を追求するかわりに、これらの上演は、メディアの統合する能力、本来的には獲得しえないように思われる「統一」が可能だと主張するメディア的能力の再生産において機能する。しかし、これらの効果が生まれる諸メカニズムを探求し、かつ同定するという作業そのものが、メディアにふさわしい分離、そこでしかシミュレーションが効果を持ち得ないカモフラージュであることをつねに宣言し、またパフォームするのである。（同上 198）

こうしてビルダーズは、同時代のわたしたちが生きる、ないしは生かされている〈メディア的現実〉――この意味では、ビルダーズの作品もビリンジャー的〈文化的リアリズム〉と称することもできる――を逆手にとって、「効果」をもつ「シミュレーション」／「カモフラージュ」としての上演を試みていることが了解されるだろう。それはたしかに「回帰」といえば「回帰」なのだが、伝統的演劇観における「ライヴ性」とはすでに絶縁した圏域から発想された「ライヴ性」の活性化、あるいは新たな「ライヴ性」の獲得という事態なのだと考えることもまた、可能である。

こうした「回帰」をケイは、「差異における同一なものの回帰（return of the same in difference）」（同上 212）と呼ぶが、たしかにビルダーズの諸上演では、それに先立つウースターやジェスランの作品には明示的にあった伝統的な演劇的表象の形式に対する懐疑を、そこに看取することはほとんどできない。というのも、この「回帰」が「差異における」かどうかは、観客の歴史意識にかかっているからであり、すでに触れたように、こうしたマルチメディア的諸技術のオペラという高級芸術やディズニー的な大衆文化の諸ジャンルへの導入を考えてみるならば、これ以降、こうした技術の問題が、演劇哲学的思考の対象になることは、当分ないだろうと、現時点では考えざるをえないのである。

（書き下ろし）

［注1］ここから、ニック・ケイの著作について論じていくが、その他、二〇〇七年以降、マルチメディア、ないしは、デジタル・メディアを鍵概念とするジャンル横断的な上演系芸術についての包括的な研究書が出版されはじめた（cf. Dixon 2007, Salter 2010）。一般的にいえば、マルチメディアという語のほうが汎用性があるが、デジタルないしはデジタル性（digitality）という語は、コンピュータにかかわる技術の発明と展開・普及という二〇世紀的時代思潮と密接にかかわるため、たとえば、単なる研究書というより、事典的な様相を呈するディクソンの著作のように、二〇世紀初頭の歴史的アヴァンギャルドにおける〈実験性〉をその端緒としつつ、二〇世紀終盤の「デジタル化」へと収束し、さらなる展開を見せようとしている、というクリティカル・ナラティヴで、二〇世紀芸術の系譜を学術的に記述することが可能になる。それに比して、ケイの著作は主としてアメリカ合衆国における美術及び舞台芸術における主要な潮流を描こうとしており、本来的な狙いがディクソンとは異なっている。

［注2］いうまでもないことだが、ここではあくまでも先鋭的と見なされる諸実践が扱われており、ケイの言う「伝統的な方法」は、その圏外、すなわち、メインストリームのあらゆる場所で、まったく疑問を持たれることなく生き延びている。そしてその事態は、今もって、当然変わることはない。

［注3］ウースター・グループは、パフォーマンス・グループが解散する一九八〇年に、パフォーマンス・グループのエリザベス・ルコントを芸術監督として正式に成立するが、すでに一九七五年からパフォーマンス・グループ内で独自の活動を展開しており、スポールディング・グレイとルコントによる『ロードアイランド三部作』（一九七五〜七八）がその最初の作品と事

後的にされたのである。なお、この三部作にはエピローグ（『ジューディス岬（*Point Judith*）』（一九七九））がある。

［注4］現在、ウースター・グループのＨＰ（http://thewoostergroup.org/twg/twg.php?frank-dells-the-temptation-of-st-antony、最終アクセス日二〇一六年三月二六日）に掲載されているデータによれば、ソースとなったテクストは、以下の通りである。1）*La Tentation de Saint Antoine* by Gustave Flaubert. An epic closet drama based on the life of Saint Antony. 2）*The Magician*（1958）by Ingmar Bergman. A film about a traveling magic troupe whose tricks are revealed as fraudulent. 3）*Ladies and Gentlemen, Lenny Bruce!!*（1974）by Albert Goldman. An unauthorized biography of comedian Lenny Bruce. 4）*The Letters of Gustave Flaubert*（Letters from 1830 to 1880）. 5）*Channel J*—（Interludes after Midnight）. A cable television talk show, shown late night in New York, in which the participants were naked. 6）*Learned Pigs and Fireproof Women*（1986）by Ricky Jay. An account of some of the most peculiar and phenomenal acts from the history of the art of entertainment. 7）*The Road to Immortality: Being a Description of the Life Hereafter, with Evidence of the Survival of Human Personality*（1932）by Geraldine Cummins. A record of Cummins' psychic communications with the deceased F. W. H. Meyers, a nineteenth century poet, essayist, and the founder of the Society for Psychical Research. ここでいうテクストは文字テクストだけでなく、映像でもあることに注意されたい。

［注5］これ以降、ウースターの作品は「古典の読み直し」という大陸ヨーロッパ現代演劇との親和性を示す様相を呈する作品も作ることになる。ユージン・オニールの『皇帝ジョウンズ』（一九九三、二〇〇六）や『毛猿』（一九九六）、シェイクスピアの『ハムレット（Hamlet）』（二〇〇七、二〇一二）等である（http://thewoostergroup.org/twg/twg.php?work、最終アクセス日二〇一六年三月二六日）。もちろん、ここに至るまでにもある特定のテクストをコアにした上演があったことを忘れてはならないが、作品性（＝完結感）が強くなったというケイの主張に沿うならば、こうした古典テクスト名が上演名になっている、あるいはなることが可能であること自体、新たな展開であると考えられてよい。

［注6］なお『スノウ』の上演テクストは、本書（Kaye 2007）に収録されている。

［注7］ここでケイは、主として形式面、コンセプト面からジェスラン論を展開しているが、ジェスランの作品では、第Ⅰ部五章で触れたように、その言語性、あるいは言語テクストが重要な要素となっており、ウースター同様、ライヴ状況におけるその言語の物質化を担う俳優の力量が、実際には重要である。ただし、ウースターとは異なり、ジェスランの多くの作品では、俳優は映像的存在であるため、そこでの演技術については、映画的／テレビ的と演劇的／劇場的という区分があまり意味をなさないのは自明である。ウースターの場合、いくら上演的要素が複層化、レイヤー化しているといっても、古典的な意味での俳優の〈存在感（presence）〉が、その上演を下支えする、あるいは断片化を暗に縫合する――たとえそれが、作家的意図によるものでなく、結果ないしは上演的効果としてであれ――ことが、その特性であった。ジェスランにおける、ライヴ性と媒介性が〈収束〉する事態における――たとえば、パラドクシカルであっても――演技ないしは俳優の身体の問題は、稿を改めて論じる必要があろう。

［注8］大陸ヨーロッパにおける「古典の読み直し」がオペラにおいても主流であったことはよく知られているが、近年、デジタル技術による〈見せ方〉――テクストの「読み直し」ではなく――を主たる関心事にするオペラの舞台が増えてきている。たとえば、ニューヨーク、メトロポリタン歌劇場におけるロベール・ルパージュによるヴァーグナーの『ニーベルングの指環（*Der Ring des Nibelungen*）』新演出（二〇一〇～一二）や英国、ロンドンのロイヤル・オペラ・ハウス（米国・ヒューストン・グランド・オペラとの共同制作）におけるカスパー・ホルテンによるモーツァルト『ドン・ジョヴァンニ（*Don Giovanni*）』（二〇一四）は、ほぼ単一の巨大な建築的構造物（移動や回転が可能）にさまざまなプロジェクションを与えることで、魔術的な効果をもたせることを、その演出の大きな特性としていた。

# 第Ⅱ部　J演劇を理論化する――〈九・一一〉のあとに

# 1

# J演劇をマッピング／ザッピングする
## ——二〇〇五

『ユリイカ』「この小劇場を観よ！」

# はじめに

「最後のアングラ劇団」とも呼ばれたオウム真理教による地下鉄サリン事件が起きて本章執筆時の二〇〇五年までにすでに一〇年以上が経過した。同年の阪神淡路大震災のことも考え合わせながら、その一九九五年前後を画期とみなし、そこから現在にまで続く時間を一くくりに論じる論者がこの当時多くなってきていた。たとえば、「不可能性の時代」（大澤真幸）、「動物化するポストモダン」（東浩紀）、「ロマン主義的シニシズム」（北田暁大）、「心理学化する社会」（斎藤環）等々である。これらの論者の細部における論点には当然差異があるが、おおむね同じ時代認識を前提にしている。キャッチコピー的にいうなら、これまた東の言葉だが、「徹底化したポストモダン」、つまり、名実ともに近代、すなわち「啓蒙の時代」が終わり、ラカン的象徴界の「閾」が下がりきってしまった、そのために、象徴界／現実界／想像界という三角形のバランスが崩れている、という前提である。[1]

「現実」につねに遅れる演劇実践の場合、一九九五年前後に大きな転換点があったようには、少なくともわたしには、しばらくのあいだ、見えていなかった。もちろん、「遅れる」のは演劇を論じる側の問題であって、実践する側の問題では必ずしもない。アングラ演劇以降の小劇場演劇には、必ずそこに寄り添う評論家がいて、注目を集める演劇について、すぐに言説化を行っていた。一方、九五年以降においては、主として「コンテンポラリー・ダンス」とカテゴライズされる実践については、多くの言葉が書かれるようになったが、狭義の演劇実践については、公的助成金システムが整備されるという状況下、マーケットの論理とは別の論理によって、公演数が肥大化し、マーケットの論理だけでは生き残れなかったかもしれない類の演劇が、戦略次第では——たとえば、スター・システムという切り札を使うことで[2]——持続可能にもなった。[3] それらの演劇を、わたしは勝手に「公的助成金演劇」と呼んでいるが、それが演劇の遅れをいわば決定的なものにしたのである。つまり、「公的助成金演劇」が台頭した結果、演劇実践は、「徹底化したポストモダン」をその基本的構成原理としながらも、反時代的にも、堅固なハイアラーキー構造を外部へ向けて表象する〈業界〉として「公認化」（＝半官半民的な「あいだ」への閉域化）されるにいたったのである。「演劇人」は「社会性」をもち、「まじめ」に演劇に取り組むことが期待される存在になったというだけではない。資本主義（＝マーケットの論理）と直接対面する必要性が薄らいだことも手伝い、演劇をめぐる言説を〈業界〉内に幽閉することが当然視されるようになり、時代状況・思想状況どころか、文化状況、他ジャンルの芸術状況との関連のなかで、語られることも、それ以前にも増して少なくなったのである。「芝居好き」にとっては、たまらない時代が到来したといってもよい。〈業界〉のなかでの評価——単純化していえば、制度的尺度からいわれる「好き嫌い」、つまりはどれだけ既存の価値意識に沿っているか——が何より重要になり、ネットから活字媒体までにおける、あるいは、不可視化されてはいるが、さまざまな助成金をめぐる審査会における言説も、おおむねその評価をめぐるものへと一元化していったように思われる。その結果、一九九〇年代までに蓄積されてきたサブカルチャー的演劇の「知」——マーケット的前衛——と、モダニズム的演劇の「知」——思想的・方法的前衛——は、苦境に追い込まれることになった。サブカル的演劇はそう簡単にはマーケットを開拓できなくなり、モダニズム的演劇は観客を失う傾向が強くなったのである。なかでもサブカル的演劇の苦闘は、「現代美術」へのサブカルの進駐と比してみると、実に鮮やかな対比を示すだろう。

「クール・ジャパン」のかけ声とともに、「世界」へと飛翔した村上隆を中心とする「現代美術」の一部実践については、二〇〇五年のニューヨークでの「リトル・ボーイ——爆発する日本のサブカルチャー・アート」展におけるように、村上隆自身、あるいはそこに寄り添う椹木野衣らによって、国際的に言説化され、総括され、歴史化さえされつつある。同展覧会のカタログを見る限り、J的「オタク文化」――「だめだめ」感や「脱力」を中心化する〈J的感性〉――から国際的「現代美術」への力業的翻訳は、国内外ともに、見事に完成しつつある。[4] 他方、同じく〈J的感性〉と密接にかかわるサブカル的演劇の範疇に属する小劇場演劇については、いまだ、いわば〈Jの圏域〉に自足したままであるように見える。[5] もちろん、現代美術や小劇場演劇のような、社会にほとんど影響力をもたない分野の話だから、小劇場演劇にも、村上のように才能だけでなく、カリスマ性を誇る〈戦略家〉と、その思想を華麗に言説化する有能な批評家が登場すれば、あっというまに事態が変わってしまう可能性はある。

小劇場演劇を見ることの多いわたしの脳裏につねに浮かんでくるのは、このような文脈を踏まえた上で、ある種の逆説性を意識しつつ、「あっというまに事態が変わってしまう」可能性はあるのか、という問いである。逆説性とは、日本が誇るサブカルチャーとしての小劇場演劇が、「世界」に打って出ることを、もう少し厳密に言えば、「芸術」が現時点でもマーケッタブルである、欧米の限られたいくつかの国家が主導する「国際芸術市場」に出品可能になることを必ずしもわたしが望んでいるわけでもなく、またその反対に、サブカルはサブカルで、小さなローカル市場で自足していなさい、という〈暗黙の指令〉にしたがえばよいと考えているわけでもないからである。つまり、小劇場演劇が、結果としてどのようなステータスにいたるのが「正しい」かという、業界的水準でのグローバル／ローカルの闘争ゲームに、今のわたしは意義を見出せないのである。

それにしても、より深刻なのは、「あっというまに事態が変わってしまう」可能性があるのかという問いを問いとして思考する以前に、そもそも何を可能性の領域とし、何を「だめ」な領域とすべきか、実はよく見えていないのではないかということだ。たしかに、「可能性」はいろいろな領域で言われているし、「だめ」という断罪も散見される。

だが、何を根拠に「可能性」といい、何を根拠に「だめ」と言うのか。事実上、細分化された〈趣味的共同体〉へと散逸した日本の現代演劇実践について、何かを言うことは、今ひどくむずかしく、言ったところで、何になるのかという反論がすぐにでも返ってくるだろう。本章の目的は、さしあたって、何になるのかという正論を宙づりにしつつ、何かを言ってみることである。そのためには、自身を俯瞰的位置に押し上げる身ぶりが必要になる。俯瞰的など傲慢だというなら、一歩身を退くと言い換えてもよい。そこから眺めて、いったい、今、何が起きていると言えるのか。

何が起きているのか言うために、わたしはあえて、全体的に保守化したと見なせる中・大劇場で華々しく展開しているメインストリーム演劇は扱わないことにした。そこでは、あまりに〈ふつうの演劇〉が氾濫しており、何かを言う必要を感じないからである。それよりここでは、近年、少なくともその多様性だけは誰も否定できない小劇場演劇と見なせる諸実践を扱うことにしたい。小劇場演劇という名称は、今は思想的反響を持つことが困難であるため、ここでは「小劇場で行われている演劇」という程度のニュートラルな意味で使っている[6]。本章では、以下、特に若手小劇場演劇を中心に据え、フレドリック・ジェイムソン的同時代の小劇場演劇をめぐる「認識論的マッピング」を試みていくことにしたい。

## J演劇のマップを描く（1）——その指標とA面（青年団系）について

まずは、以上のような前提を踏まえてわたしが作成した二〇〇五年時点での日本の現代演劇マップを見ていただきたい（図参照）。横軸には「リアル志向」あるいは「ベタ」と「ガジェット志向」あるいは「ネタ」という指標を配した。縦軸には「リテラリィ（文学的）／テクスト」と「パフォーマンス／身体」を、その指標として採用してみた。

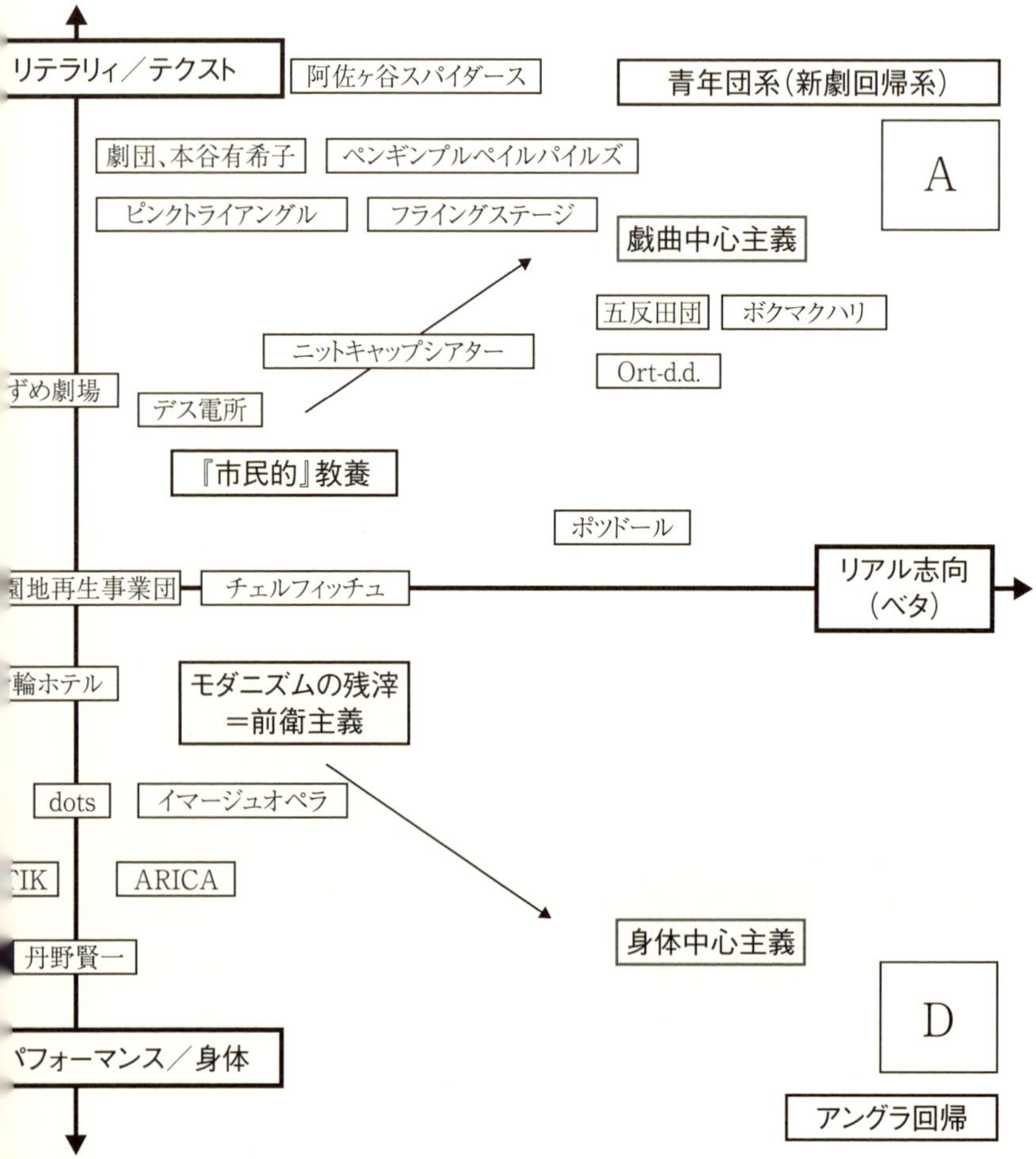
リテラリィ／テクスト
阿佐ヶ谷スパイダース
青年団系（新劇回帰系）
劇団、本谷有希子
ペンギンプルペイルパイルズ
A
ピンクトライアングル
フライングステージ
戯曲中心主義
五反田団
ボクマクハリ
ニットキャップシアター
Ort-d.d.
ずめ劇場
デス電所
『市民的』教養
ポツドール
園地再生事業団
チェルフィッチュ
リアル志向
（ベタ）
輪ホテル
モダニズムの残滓
＝前衛主義
dots
イマージュオペラ
IK
ARICA
丹野賢一
身体中心主義
D
フォーマンス／身体
アングラ回帰

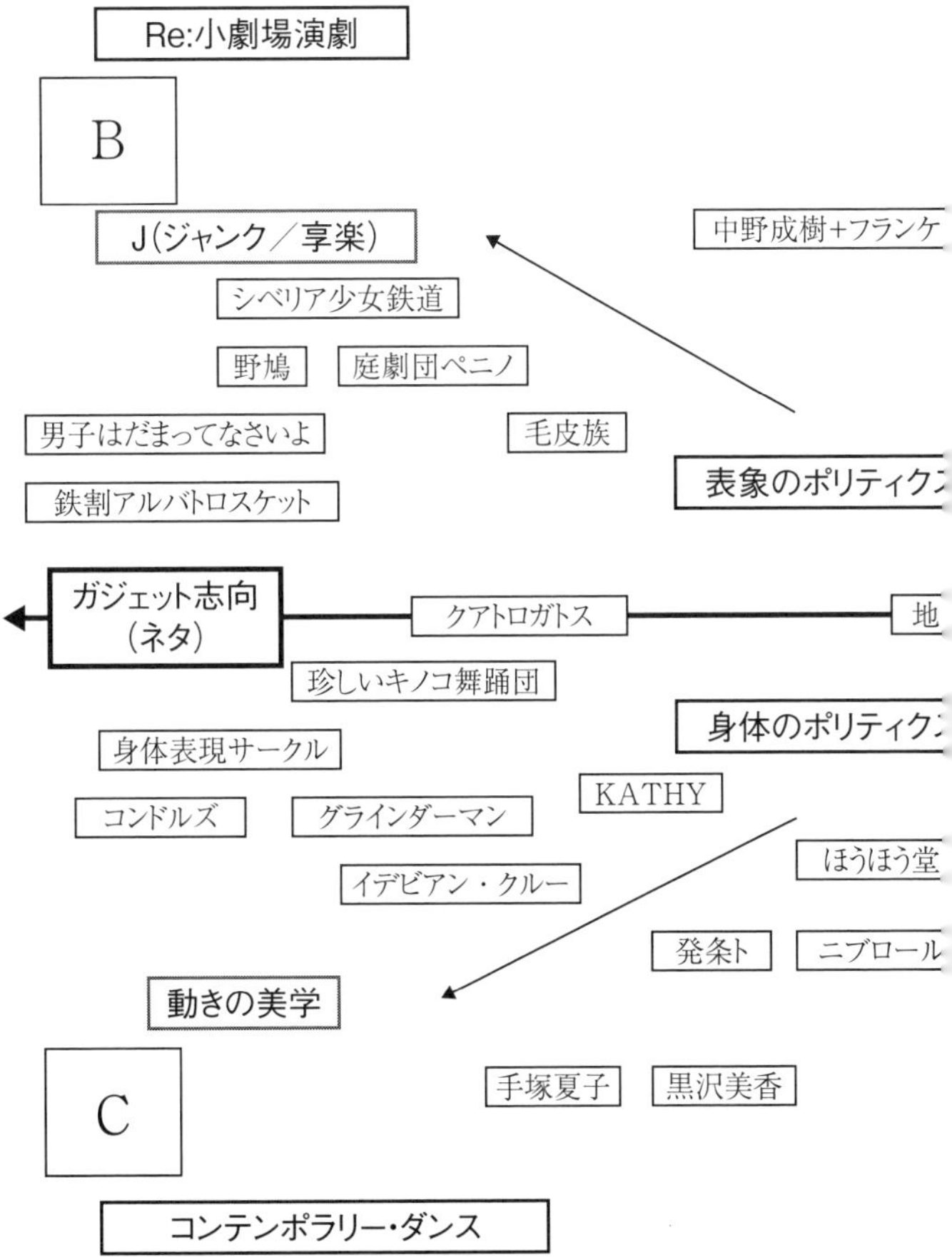
Re:小劇場演劇
B
J(ジャンク／享楽)
シベリア少女鉄道
野鳩
庭劇団ペニノ
男子はだまってなさいよ
毛皮族
鉄割アルバトロスケット
中野成樹+フランケ
表象のポリティクス
ガジェット志向
(ネタ)
クアトロガトス
地
珍しいキノコ舞踊団
身体表現サークル
身体のポリティクス
KATHY
コンドルズ
グラインダーマン
ほうほう堂
イデビアン・クルー
発条ト
ニブロール
動きの美学
手塚夏子
黒沢美香
C
コンテンポラリー・ダンス

このマップにおける右上を便宜上、A面、左上をB面、左下をC面、右下をD面とする。それぞれの面には、基本的にはわたしが選んだ小劇場演劇というカテゴリーに入ると考えられる四〇の劇団（ユニット）名、個人名、ダンスカンパニー名等が配置してある[7]。

右側のA面とD面の面は、いうまでもなく伝統的な意味での狭義の演劇（＝「正統な演劇」）の空間となる。すなわち、劇作家が書いた戯曲があり、そこに書かれた登場人物を俳優がその身体によって演じることが演劇だと考えれば、その実践はこのA面からD面までのどこかに位置することになる。「**リアル志向**」がキーワードになるのは、演劇ジャーナリズムのお定まりの評言として「リアルさ」や「リアリティのある／ない」があるからである。「リアル」や「リアリティ」は相対的な感覚だが、ここでは「**ベタ**」という概念をそこに貼り付けることによって、同時代の演劇実践における「**リアル志向**」という感覚を表している。A面を「**青年団系**（**新劇回帰系**）」と名付けたのは、平田オリザが主宰する青年団とその影響下に派生してきた諸実践だけではなく、九〇年代演劇の一つの特徴として、「ベタなリアル」がその主要な感覚としてあったとわたしが考えているからである。しかも、九〇年代演劇においては、その「リアル」＝「ベタ」のための演劇的装置が、近代劇的写実主義（＝「**戯曲中心主義**」）へと回帰したことも、わたしたちは念頭に置いておかなければならない――そのため、「（**新劇回帰系**）」と併記した。つまり、A面に位置する演劇諸実践においては、旧来的な新劇系演劇と小劇場演劇が、その規模や観客動員数にはグラデーションがあるにせよ、ほとんど区別がつかないということを意味している。したがって、A面を上方へゆくにしたがって「文学的演劇」へと近接し、その逆に、D面へと近づくと、上演の主体は不在の劇作家、再現されるものとしてのテクストから、俳優の身体へと徐々に移行し、それはたとえば、アングラ演劇が開拓したとされる言葉と俳優の身体のより生産的な関係へと――すなわち「身体の劇」（＝「**身体中心主義**」）へと――近接する。

A面では、平田オリザの「静かな劇」の影響圏にいると思われる五反田団（前田司郎）やボクマクハリ（岩崎裕司）のほかに、[8]演出家が主宰するという意味ではややニュアンスの異なるOrt-d.d（倉迫康史）のような劇団（ユニット）が存在感を示している一方、九〇年代演劇を主導した宮沢章夫、松尾スズキ、ケラリーノ・サンドロヴィッチの影響圏――さかのぼれば岩松了という名前に行き当たる――にある劇団、本谷有希子（本谷有希子）、ペンギンプルペイルパイルズ（倉持裕）などが入ってくる。さらにそこに、関西での活躍が目立つニットキャップシアター（ごまのはえ）やデス電所（竹内佑）も加えられるだろう。人気劇団の阿佐ヶ谷スパイダース（長塚圭史）を「青年団系（新劇回帰系）」とするのには抵抗もあろうが、同劇団は「静かな劇」の問題圏を横目で見ながら、九〇年代演劇的意匠や感覚を巧みに取り入れた〈総花性〉とでも呼べる親しみやすさで、一躍、メジャー化していったことはすでに周知の事実であろう。

ただし、ここに『「市民的」教養』というまた別の指標を設けていることに注意を喚起しておきたい。[9]それは一方で、既成の劇作家・演出家が、〈九・一一〉から「イラク攻撃」にいたる過程で、「正義の味方化」とでも呼べる「社会性」を発揮していることに言及するためだが、[10]他方、ピンクトライアングル（葉月薫）やフライングステージ（関根信一）のような、それぞれレズビアンとゲイというセクシュアル・アイデンティティを明確に打ち出しながら、ミクロポリティクスの地平において、小劇場演劇的表象装置を巧みに使いこなして〈楽しい啓蒙〉を実践する劇団が登場してきているからでもある。

A面における特異な存在はポツドール（三浦大輔）である。この劇団もリアル志向はかなり強く、二〇〇〇年前後には、セミ・ドキュメンタリー演劇と称して、「文字通りのリアル」――すなわち、「現実」と「虚構」の壁の突破に近接する――によって観客を挑発していた。さらに近年は、平田オリザばりの「静かな劇」――緻密に書かれた群像劇――にその可能性を見いだしつつあり、セックスという主題――セクシュアリティではなく――を半ば特権化しつつ、方法的には以前に実験したものを一つの上演にうまく配置することで、次第にその観客動員を増やしつつある。

## J演劇のマップを描く（2）――B面（Re:小劇場演劇系）について

B面は、A―Dラインの「正統な演劇」にたいして、ずれた位置にある演劇実践ということになるが、現時点では、この面に多様な個性がひしめいている。「Re:小劇場演劇系」と記したのは、アングラ以降の狭義の小劇場演劇（＝「アングラ小劇場」）にかかわる諸感覚や諸方法を「ネタ」として――すなわち、意匠として採用する／引用するという意味である。

「ガジェット」という英語には、以下のような意味がある（『リーダーズ英和辞典』より）――（一）ちょっとした装置〈機械、器具〉、からくり、仕掛け（特に正式の名称がわからない場合に用いる）。（装飾的な）付属物。（二）妙案、新案、工夫、ちょっとおもしろい（があまり役に立たない）もの。「ちょっとした」「からくり」「ちょっとおもしろいがあまり役に立たないもの」である。したがって、B面に位置する諸演劇実践は、わたしがこれまで〈J演劇〉と呼び習わしてきた「ジャンク」な演劇に分類されるべき真正な〈J演劇〉となり、それは一方で「J＝ジャパン」と密通する可能性を胚胎し、他方で「J＝享楽（jouissance）」という古典的な意味でのラディカルな実践になりうる感覚へと繋がってゆく。ここでのジャンクは、必ずしも蔑称でないことに注意しておきたい。「ジャンク＝ゴミ」というのは、「正統な演劇」というフィクションを想定したときに「ジャンク＝ゴミ」に見える、ということにすぎず、特に一九九五年の「転換期」以降、それは蔑称にならないはずである。実際、過去一〇年間にわたり、噴出してきたのはこのB面に位置する演劇実践であった。ここに位置する演劇もまた、上方へゆくにしたがって、戯曲の重要性が強まることになるが、それは「文学」へと「ベタ」に近接するというより、あくまでも「ネタ」としての「文学」へと近接すると言った方が正確であろう。

B面の演劇は、「正統な演劇」（＝「既成の演劇」）の視座からはゴミ（＝「演劇ではない」）のように見え、「外」からは、「新たな試み」という様相を呈する。六〇年代アングラ演劇も、野田秀樹等の初発の小劇場演劇も、当初はB面にあるとみなされていたものが、次第に市民権を得て、A―Dラインへと移動していったと考えることもできるだろう。近年の野田が身をもって〈パフォーム〉するように、[11] A―Dライン（＝「正統な演劇」）に「受け入れられる」と「J＝ジャンク」は「J＝ジャパン」へ変換されることになる。ただし、現在的にB面に位置する諸実践が、「正統な演劇」に受け入れられてA面へと移動する気配はなく、むしろ逆に、「転換期」以降の新たなサブカル的属領を形成しおわって、一定の収束に向かいつつあるというのがわたしの認識である。

ここには、そもそも演劇としての全体性／縫合性を前提としていない「コント集団」的とでも称すべき**鉄割アルバトロスケット（戌井昭人）**や**男子はだまってなさいよ（細川徹）**などが入ってくるが、ネオ・アングラという総称も与えられたアングラ演劇的意匠を〈盗用／濫用〉する**毛皮族（江本純子）**のほか、ここでは取り上げなかったがゴキブリコンビナート（Dr. エクアドル）などの存在が目を引く。だが、**シベリア少女鉄道（土屋亮一）**や**野鳩（水谷圭一）**、さらには**中野成樹＋フランケンズ**となると、〈ふつうの演劇〉を装っているだけに、その上演では演劇という形式そのものが機能不全を起こしているとしかいいようがなくなってくる。〈演劇という制度〉は「ネタ」でしかないのである。いかにもありそうな〈ふつうの演劇〉を延々と演じながら、それが後半の大どんでん返しの「ネタ」でしかないという力業で知られるシベリア少女鉄道に加え、一昔前の漫画的身ぶりを俳優の身ぶりとして徹底させつつ、やや屈折した内容の「青春物」を上演する野鳩。さらには翻訳劇を正面から取り上げるのではなく、〈誤意訳〉――翻訳劇の原理、すなわち翻訳は必然的に意訳であり、誤訳でもある――という問題を自覚的に引き受けつつ、「へたうま」演技でさらりと上演してしまう中野。あるいは、演劇なのか美術的インスタレーションなのかわからない〈上演〉でありながら、現代美術的〈スーパーフラット〉とは無縁の作品をここ最近は続けて発表してきている**庭劇団ペニノ（タニノクロウ）**。このどれもが、物語を語るという演劇の機能にまったく興味がないわけではないにしろ、上演空間を俳優たちの身体的ノイズで満たしてしまうところが興味深い。ノイズを整理して「正統な演劇」にしてしまうのではなく、ノイズをそのまま引き受けることで、結果的であれジャンクでありつづけ、「正統な演劇」との距離を明示化してしまう――「正統な演劇」を外部化して脱力させる――というその特性は、「**表象のポリティクス**」という命題を呼び寄せうるし、C面とも通じる局面を持っている〈ポツドールの初期作品にも、そのような傾向が強く見られた〉。つまり、B面では演劇表象そのものが問題化されてしまっているという点が重要である。これは強引な誤読である――実践側には当然、そのような意図はない――という指摘もありうるが、わたしは一九九五年以降の時代環境の変化に応答するかたちで、これらのジャンクな上演が出てきたと考えている。つまり、〈表象の透明性〉――それが登場人物の表象であれ、俳優の〈自己〉／内面の表象であれ、それとも、自明性としての、あるいは獲得されるものとしての〈身体の強度〉であれ――など信じられないばかりか、そのような美学的命題に興味すらない実践家たちが出てきたと考えられるのである。彼ら／彼女たちの多くがいわゆる団塊ジュニア世代に属することも、ここで指摘しておくべきかもしれない。繰り返しになるが、「既成の演劇」観からすれば、それらは、演劇の前提を受け入れないために「ジャンク＝ゴミ」にしかならないが、その一方では、ジャンクから享楽へ――つまり、単なる表層的快・不快ではなく、カオティック、ディープかつ危機的でもありうるような愉悦へ――至れるかどうかが、B面に位置する諸実践の課題だという考え方も成り立つ。だが、そうした実践が収束しつつあるというわたしの認識は、ジャンクにとどまっているのではないのか——それも多分に意志的に——ということから来ている。

## J演劇のマップを描く（3）——C面（コンテンポラリー・ダンス）について

C面は「**ガジェット志向**」で「**パフォーマンス／身体**」重視となるが、ちょうどJ演劇の隆盛とともに多くの実践が出てきたのは「コンテンポラリー・ダンス」と呼ばれるジャンルである。バレエやモダンダンスという日本でも確固とした歴史を持つ実践から明確に切れたところで、一九八〇年代終わりから出現しはじめ、九〇年代半ば以降、日本の舞台芸術の〈可能性の中心〉とみなされるようになったジャンルである。身体を上演のマテリアルとし、それぞれが独自の動きをその実践の中心に据えるという意味で、これらも「**ガジェット志向**」に、大きなくくりでは〈J演劇〉に分類してよいと思われる。「コンテンポラリー・ダンス」が一部で熱狂的に受け入れられているのは、身体そのものというより、あくまでもローカルなコンテクスト（個人的、社会環境的、日本の舞踊史的）をマトリクスにしつつ、事前に規定された動きやフォルムに身体を委ねるのではなく、自発的に、つまりは、〈踊ることの欲望〉へと／だけに身を委ねているからだと思われる。これもまた、バレエやモダンダンスという確固とした方法を持つ「正統な舞踊」からは、「ジャンク＝でたらめ」に見えるため、「**身体のポリティクス**」という命題を呼び寄せうることになる。一九九五年の「転換期」以降の社会環境にもっとも直接応答したのがこのC面の実践であるのは、歴史的規定性から簡単に離脱できない演劇という媒介《メディア》ではなく、身体という直接的に日常にかかわるマテリアルを上演の「**ネタ**」にするほかはないのが踊りというジャンルだったからだと考えられる。そこでは日常的身体の直接的提示が目指された――もっとも顕著なのは「傷ついたわたしを見て」というメタ・メッセージ（場合によっては、ベタなこともある）――と言ってもよいが、そこで「動き」という「ネタ」が必須となるのは、観客（＝視線）の存在が前提とされているからである。つまり、多分に「自分のために踊る」――「踊りたいから踊る」――とはいえ、観客に対して「動き」を開示してゆくことで、ある種のコミュニケーション――意味の交換や情動の交換では必ずしもない――の感覚が一連の「動き」によって体感されるという、身体と視線の交差――「**身体のポリティクス**」が稼働しうる関係――が目指されているということである。つまり、クラブ・カルチャーやレイヴといった踊りにかかわるサブカル領域に隣接しながらも、「コンテンポラリー・ダンス」は、観客という「他者」を前提するために、「芸術」というカテゴリーに近接してゆくのである。だから、ジャンクであっても、これらは「ジャンク＝ゴミ」ではなく、「ジャンク＝でたらめ」という「芸術」的カテゴリー――「**動きの美学**」――を形成しうることになる。

ここには、**珍しいキノコ舞踊団**（伊藤千枝）や**発条ト**（白井剛）、あるいは国内に留まらず、すでに国際的な活動を展開している**ニブロール**（矢内原美邦）、最近急速に注目されてきた**BATIK**（黒田育世）、ソロでは、ヴェテランといってよいが、けっして求心的になることなくスパイラル状に「動き」の探求作業を続けているように見える**黒沢美香**、あるいは若手では**手塚夏子**なども入ってくるだろう。また、「笑い」と「動き」という九〇年代的モティーフにおいて突出していたのは**コンドルズ**（近藤良平）と**イデビアン・クルー**（井手茂太）である。しっかりとしたテクニックを持ちながら、脱力的感性をその上演において発揮する両者だが、特にコンドルズは、周知のように「コンテンポラリー・ダンス」の枠を超え、すでにエンターテイメント集団としてメジャー化している。また、ここには、何とも形容しがたい奇天烈なダンス・パフォーマンスを展開する**身体表現サークル**（常楽泰）や新しい感覚の「動き」が注目されつつある**ほうほう堂**（新鋪美佳）などが加わりつつある。

美術系のパフォーマンスとの境界線に位置するのは、**グラインダーマンとKATHY**である。グラインダーマンは、シンガポールの演出家オン・ケンセンとのコラボレーション（二〇〇〇〜〇一）などを通じて着実な活動を展開してきた。一方KATHYは、ダンサー三名によるユニットで、しっかりしたダンスのテクニックを背景にしながらも、その存在や上演そのものをコンセプチュアルに仕立ててしまう点に、「**身体のポリティクス**」というより、A面の指標とした「**『市民的』教養**」的なものをかいま見ることができる。KATHYという不可視の存在からの指令を受けた三名の無名性のパフォーマーという集団的枠組み《フィクション》のなか、パフォーマンスをさまざまな境界面——アートギャラリーや美術展——で行うのだが、日本社会における〈ふつうの若い女性〉の政治的ポジショニング——誰が作品を作れと命じるのか、誰のために踊るのか——を、問いとして投げかけている点が、いかにも新鮮である。KATHYの上演《パフォーマンス》では、「クール・ジャパン」の中心にある「カワイイの美学」が転倒されるというよりも、脱力させられるのである。

## J演劇のマップを描く（4）——境界とD面（「身体の劇」）について

さて、最後のD面であるが、そこに行く前に、これまで触れていない境界線上に位置するいくつかの実践について、ここで書いておきたい。というのも、境界に位置してどこかの面に完全に収まりきらないものこそ、「おもしろい」という当たり前の事実があるからだ。「おもしろい」などという禁句を思わず使ってしまったが、つまり、上演自体の強度という意味でも、思考を喚起させられるという意味でも、もっとも興味深いという意味である。

マップのように四つの軸を立てた場合、その中心に**遊園地再生事業団（宮沢章夫）**が来るのは、ある意味で当然であろう。主宰の宮沢章夫は、周知のように、九〇年代演劇を主導した実践家であるが、いったんは確立したその方法に固執せず、時代環境の変化に敏感に、「正統な演劇」になることなく、実験を継続しているからである。ニブロールの矢内原美邦を振付に招いた最新作の『トーキョー／不在／ハムレット』（二〇〇四〜〇五）などが典型であるように、劇作家である宮沢は、演出家として俳優の身体性や動きに強い興味を惹かれ、この四つの面のすべてに目配せをしつつ、どの方向に進むかまだわからない実験的上演を続けている。**チェルフィッチュ（岡田利規）**は、「正統な演劇」では不可欠とされる戯曲の言葉と身体的身ぶりという要素を、ともにアップデートしながら「リアルでベタ」の境界で出会わせることに成功したという意味で、今もっとも注目されてしかるべき存在である。青年団系に属する**地点（三浦基）**は、堅固な構造を持つ外国戯曲を中心とした〈強い言葉〉に対し、台詞の連続性を切断したり、棒読みに近い読み方を俳優にさせることで、独自の〈身ぶりの演劇〉を展開しているが、今ひとつ、その身ぶりの根拠が曖昧であるため、「ガジェット志向」寄りに位置づけられる。**「うずめ劇場」（ペーター・ゲスナー）**は、旧東ドイツ出身のゲスナーの演出家としての引き出しの多さが身上である。選ばれた戯曲に対し、堅固な作家性というよりも、その戯曲にふさわしい演出によって上演を立ち上げるその実践は、戯曲によっては、俳優の演技が「リアル志向でベタ」に近づくときも、その逆に「ガジェット志向でネタ」に近づくときもある。同劇場が北九州を本拠にしているということも、「『市民的』教養」という指標にふさわしいあり方と言える。**指輪ホテル（羊屋白玉）**は、かなり長い活動歴を誇るが、この四つの軸状のどこに自らの活動を位置づけるのかかなり曖昧なまま、揺れ動きながら上演を続けている。宮沢的な意味での実験を継続しているようには見えないが、行き当たりばったり的であるとも一概には言えないのは、主宰の羊屋の少女という表象へのこだわりと、脱力という感覚をけっして捨てないという徹底ぶりによる。**dots（桑折現）**は久々に登場したマルチメディア系の集団で、未知数の部分がまだ多いが、少なくともパフォーマンス的感性では突出しており、そこからどの方向へ展開してゆくのかが問われているところである。**丹野賢一**は若手というわけではないが、ダンス的なものとパフォーマンス的なものを横断している存在として貴重である。

境界線上ではクアトロガトス（清水唯史）が特異な活動を行っている。一九九〇年代初頭の〈絶対演劇派〉結成以来、同集団は同時代の思想状況に敏感に反応しつつ、圧倒的にコンセプチュアルな上演を継続してきている。そのコンセプトの強靱さによって、この集団はこの二次元のマップから三次元へと離陸した中空に位置すべきことになるが、それはなにより、この時代において演劇表象にやれること／やるべきことはあるのか、という問いを自らに課しつづけているからである。〈一般演劇観客〉からは難解でしかないということになるが、むしろ清水は演劇観客の一般性をこそ問題化し、このマップ全体の上部に隣接するかたちで、〈日本における演劇〉という表象に向かって問いを喚起するような批評的上演を行っているのである。

さて、こうして見てくると、D面をしめるべき若手の存在があまりないことに否応なく気づかされるだろう。ここをしめるべき「身体の劇」については、一九九五年の「転換期」以降、もっとも苦闘を強いられている部分ということになる。もちろん、中堅以上では、劇団・解体社、OM-2をはじめ、ストアハウスカンパニー、DA・Mなどがいて、基本的には「リアル（ベタ）な身体の劇」という括りになるだろうが、そうしたレッテル貼りに抵抗するような多様な方法的探求が、それらの集団の上演では当然、継続されており、主宰者の年齢はともかく、パフォーマーには若手が数多く加わっている。また、舞踏出身の脇川海里が主宰するイマージュオペラのように、思想的強度と身体的愉悦を往還するような上演を試みはじめている若手演出家や、まったくちがう分野からの参入という感じが強いARICA（藤田康城）など、新しい動きが皆無というわけではない。それにしても、この領域に、今のところ若手があまり参入してこないのはなぜか。それにはさまざまな理由が考えられるが、個人的には、やはり社会環境の変化が大きいと考える。つまり、「リアル（ベタ）な身体」を見ることに何らかの意味を見いだす観客が減っているということである。それを観客の保守化という一言で片付けてもよいが、その一方で、日本には近代演劇が「芸術」として成立しなかったという歴史性も深くそこにかかわっていることを忘れてはなるまい。そのため、ここでは「モダニズムの残滓＝前衛主義」という指標を掲げている。すなわち、「啓蒙の終わり」や「普遍主義の終焉」という事態に「身体の劇」はどう向き合えばよいのかという問いである。演劇表象において身体を中心化する場合、既存の〈疎外論的身体〉以外の身体がありうるのかを問うことと言い換えてもよい。新劇を近代劇（＝戯曲中心主義）として可視化しつつ、それに対抗して身体を立てるというアングラ演劇の戦略は、少なくとも同時代的リアリティを獲得したことは周知の事実である。つまり、言ってみれば、新劇的身体を、芸能的身体を招来させることによって無化しつつ、自己の身体を「芸術」的身体として立てるという戦略である。しかし、そのような意味でのアングラ的「疎外された身体」――社会過程から疎外された身体が、非日常的関係に置かれることで、特権性を獲得する――は、期限付きだったとみなすのが正統な歴史観であり、そのことは、二〇〇五年の時点での「身体の問題」の在処は、「身体の劇」よりも、すでに触れた「コンテンポラリー・ダンス」の領域へと移動してしまったように見えていることともかかわっていよう。つまり、身体の特権性／強度から「動き」へと時代の興味は移動しているようなのである。

だが、多少逆説的に聞こえるかもしれないが、ゆえにこのD面こそが「可能性の領域」なのである。ただしその場合、ここの面にはりついている歴史性がいったんは忘却される必要がある。また、既存の意味での身体の強度が探求されるのではなく、すなわち「ベタでリアルな身体」ではなく、たとえば、「ネタ」や「ガジェット」としての身体が「ベタなリアル」へと裏返ってしまったような意味での「リアルな身体」の劇が必要とされるだろう。C面の「コンテンポラリー・ダンス」は、「ジャンク＝でたらめ」という「芸術」的カテゴリーを立ち上げることで国境を越えつつあり、村上隆はサブカルにモダニズム的美意識と「芸術」という枠組みを与えることで、「国際化」を果たした。

それと同じように、「正統な演劇」に含まれるD面に、共有可能な新しい演劇的身体の「芸術」的カテゴリーを立ち上げることができれば、B面に位置する〈J演劇〉は、サブカルから「芸術」へと「進駐」することが可能になるだろう。そして実際、チェルフィッチュの身体にはそのような方向性がたしかに強く出ている。しかしチェルフィッチュ的ポストヒューマンな身体が、そこら中の小劇場で氾濫するなどというのは、わたしの単なる夢想的仮説であって、事態はおそらくD面の指標としてあげた「アングラ回帰」という方向性をとる可能性が高い。そうなれば、一九六〇年代に始まる日本の現代演劇史はちょうど一巡したことになる。つまり、「正統な演劇」のラインとして、今のところ非対称であるA面とD面が、相互補完的対称性を獲得することで、「正統な演劇」がどこまでも延命することになるのである。そのとき、B—C面に位置する演劇は「演劇ではない」と誰も見向きもしなくなるほかはない。次に、まったく異なる方法と感覚を携えた「天才」が、「正統な演劇」の「外」で、時代を揺るがす時が来るまでは。[12]

（二〇〇五年七月）

［注1］このあたりの言説と演劇実践の関係については、『舞台芸術』誌（京都造形芸術大学舞台芸術研究センター）に、わたしが創刊号から一〇号まで継続して連載した時評を参照していただきたい。ここでは国内的な言説だけを挙げたが、一九九〇年代半ば以降の社会環境の決定的変化としては、「ネオリベラリズムによる統治形態の完成」という主として社会学の文脈にある問題系も重要だとわたしは考えている。よりグローバルには、柄谷行人が「革命と反復　序説」（柄谷 二〇〇五ａ）で、デイヴィッド・ハーヴェイに依拠して語るように、一九九〇年以降を「新帝国主義」の時代とみなすというのが妥当であるように思う。

［注2］スター・システムとは、公演の内容にかかわらず、スターを起用することで、観客動員を確実なものにするという興行形態である。ロングラン・システムが劇団四季をのぞいて定着していない日本の商業演劇では当然、スター・システムが重要

な興行形態となるが、公的助成を受けている公演であっても、特に中劇場以上では、スター・システムが規範になったとみなしてよいと思う。一方では、公的助成を受けているといっても、丸抱え的であることはまったくなく――つまり、観客がゼロでも公演が成立することは想定されていない――、チケット収入が重要な財源になっているという事情がある。他方、たとえば蜷川幸雄や野田秀樹等が〈旬なスター〉を使うことが多いのは、一概に観客動員のためだけとは言えず、その上演を見るかぎり、たしかに彼らが求めている美的・技術的水準をスター俳優が満たしている場合も多いのである。ただし、演劇における演技の評価基準と映画・テレビにおける演技の評価基準の差異が、それほどなくなっている――なくなっていないにしても、無効化されている――のではないか、等々の問いはそこから生じるだろう。

[注3] 公的助成金としては、独立行政法人　芸術文化振興会による一九九〇年創設の「芸術文化振興基金」と文化庁の「文化芸術創造プラン（新世紀アーツプラン）」（一九九六年創設の「アーツプラン21」を、二〇〇二年に改称）におけるさまざまな事業（芸術拠点形成事業、国際芸術交流支援事業等）が、億単位の助成金（助成対象は、演劇だけではない）を配分しているという意味で、最大の影響力をもつと思われる。その他、地方公共団体レヴェルのものを含めると、公的助成金の様態は多様多岐にわたっている。（二〇一六年追記：公的助成金の種別や額については、吉本（二〇〇八）を参照のこと）

[注4] 正式な展覧会名は「リトル・ボーイ――爆発する日本のサブカルチャー（Little Boy: The Arts of Japan's Exploding Subculture）」で、ニューヨークのジャパン・ソサエティで二〇〇五年四月八日～七月二四日まで開催された。その報告を、キュレイターの村上隆は展覧会開催中、『朝日新聞』に書いており（村上二〇〇五）、またカタログも入手可能である（Murakami 2005）。このカタログには、村上をはじめ、椹木野衣、松井みどり、アレクサンドラ・モンロー、トム・エクルズなどが多様な面々が論考を寄せており、また英語・日本語のバイリンガルである点、さらに年表、参考文献、過去資料等も充実していて、その資料的価値は極めて高い。

[注5] 「リトル・ボーイ」展を開催したニューヨークのジャパン・ソサエティは、かつては鈴木忠志のＳＣＯＴ（旧早稲田小劇場）や太田省吾の転形劇場、九〇年代後半には川村毅の第三エロチカ（現、Ｔファクトリー）などが公演したことで知られる

が、近年は継続的に日本の現代舞台芸術を紹介している。演劇については、一九九八年の燐光群（坂手洋二）を嚆矢として、青年団（平田オリザ）、新宿梁山泊（金守珍）、劇団・解体社（清水信臣）、ク・ナウカ（宮城聰）等が順次公演を果たし――また、この間、鈴木忠志の全米ツアーにおいても、ここで公演が行われた――、二〇〇五年には燐光群が『屋根裏』で再度、公演を行い、二〇〇六年には青年団が再度、公演を行った。一方ダンスについては、いくつかの選ばれたカンパニーが短い作品を上演するショーケースが年一回のペースで継続的に開かれ、そこからアメリカ・ツアーへと発展した例もある。しかし、いわゆる九〇年代演劇を主導したサブカル系の小劇場演劇がアメリカに紹介されたことはなく、その点については、事情は西欧においても似たり寄ったりで、サブカル的小劇場演劇は、西欧ではほとんど未知の存在である。（二〇一六年三月追記：その後、第Ⅱ部六章以降で論じるように、二〇〇七年の岡田利規（チェルフィッチュ）による大陸ヨーロッパのフェスティヴァル・サーキットにおける大ブレークという「想定外」――少なくともわたしにとって――の出来事以来、アメリカ合衆国もそうした流れに追随することになった（その間、コンテンポラリー・ダンスは、欧米のさらに先に、アジアとの連携を次第に強めていっている）。岡田利規のほか、本章でも取り上げているタニノクロウ（庭劇団ペニノ）や三浦大輔（ポツドール）に加え、快快《ファイファイ》など、ある特定の傾向性をもつ小劇場演劇が、大陸ヨーロッパのフェスティヴァルに欠かせない存在となり、本書「まえがき」で触れたような「移動性」がひとつのキーワードとなっている。もちろん、鈴木忠志を嚆矢として、蜷川幸雄や宮本亜門、坂手洋二（燐光群）に加えて平田オリザ（青年団）、宮城聰（ク・ナウカ、ＳＰＡＣ）、さらに近年では、野田秀樹等、あるいは、そうした（小劇場的）メインストリームとかかわらないところで活動を継続している劇団・解体社といった、海外での公演が常態化している個人や集団は存在する。これらについては、解体社をのぞけば、なぜ欧米で受容されているか説明が比較的簡単であるが（解体社については、第Ⅱ部六章および七章を参照）、チェルフィッチュ以降の受容は、相当位相が異なっている。「ある特定の傾向性」と書いたが、主としてハイコンテクスト〈Ｊ〉的と呼んでもよいし、自閉的といってもよい）であることを重要な特性とするゼロ年代小劇場演劇のうち、その参照項が、サブカルチャー関係だけではない作家・作品が、欧米で受容されているという意味である。同時にまた、そうした「可能性の中心」（とわたしがみなしている圏域）とは別に、公的助成金の整備により、アトランダムな接合によって、海外公演を増やしている個人・集団もかなりの数に上る。その反面、新国立劇場演劇を筆頭にするいわゆる新劇系劇団については、完全に国内的に充足している、あるいは、充足していることが財政的・市場的に可能になった、と思われる。これもまた、公的助成金の整備による恩恵が大きいと思われるが、この前者と後者のあいだには、あきらかな断絶（思想哲学的、方法論的、観客層的等々）があり、〈J的〉サブカルを主要な参照項とするハイコンテクストな小劇場演劇は、その断絶のさなかに埋もれそうになっている、という現時点でのマップ／図式がイメージできるとわたしは考えている。）

［注6］「アングラ小劇場」という人口に膾炙した言い方があるが、ここでの小劇場演劇とは、そのような意味では使っていないことをもう一度、ここで確認しておきたい。現在の演劇状況を考えたときに、それほど有効な括りではないというのがその理由である。したがって、後述するように、ここでいう小劇場演劇には、「コンテンポラリー・ダンス」というジャンルに入る実践も加わってくることになる。その一方で、美術系とみなされるパフォーマンスや、パフォーマンス・アート系の実践は、少数の例外を除いて、基本的には含めないことにしている。というのも、そこまでフォローする余裕がわたしにはないという単純な理由があるからだが、それだけでなく、そこまで含めると、まったく別の文脈を呼び込んでしまって、論が拡散するからでもある。

［注7］四〇という数に特に根拠があるわけではない。また、その選択に当たっては、基本的にはわたしがライヴで一度は見たことがあるということを基本条件としたが、このなかには、ヴィデオ映像のみのものや、少数ではあるが、未見のものも含まれることをここで記しておきたい。本章で言うところの小劇場演劇のすべてのサブジャンルにわたって、重要な劇団（ユニット）、個人、ダンスカンパニーのすべてを、わたしが見ている――フォローしている――などと豪語するつもりはないし、事実上、そのようなことは不可能である。したがって、ここでの選択に恣意性があることを認めるにやぶさかではない。ただし、「コンテンポラリー・ダンス」については、候補を挙げた上で、紹介欄の多くを担当していただいた武藤大祐氏に、また関西系については京都在住の森山直人氏、その他、執筆者の前田愛実氏や桜井圭介氏にも意見を伺った。また、セゾン文化財団の

プログラムディレクターの久野敦子氏には、本章を執筆するにあたり、さまざまな資料を提供していただいたのみならず、貴重なご意見をいただいた。以上の方々にこの場を借りて感謝しておきたい。とはいえ、最終的な選択についての判断と責任は、あくまでわたし個人に帰するものである。

［注8］以下、劇団（ユニット）、個人、ダンスカンパニーを紹介してゆくが、劇団（ユニット）、ダンスカンパニー名のあとには、通常ならば主宰者と呼ばれる実践家の名前を括弧内に付す。通常ならば、というのは、主宰というようなタイトルをオフィシャルには持っていない実践家がその中心にいる――中心ではなく、たとえば、作・演出をただ担当しているだけという位置づけもありうる――場合もあり、集団のあり方は多様化している。よって、括弧内はただ単に、その集団を代表するとみなされる実践家の名前であるということで、ご理解いただきたい。このうち、グラインダーマンとＫＡＴＨＹにその表記がないのは、固有名に集団を代表させるという形態をとっていないからである。

［注9］ここでいう「市民」が括弧付きであることに注意を喚起しておきたい。基本的には自明性としての市民――わたしたちは、みな、否応なく、生まれながらにして市民（＝国民）である――ではなく、近年の社会理論等で扱われる新しいカテゴリーとしての、国民と対立しうるものとしての「市民」という意味であり、そのために括弧を付している。したがって、「市民」は、渋谷望が言う、現実に複数化しているガヴァナンスとしての統治の主体（＝「混成的なアクター」）の仮の「名」である（渋谷二〇〇五）。

［注10］〈九・一一〉以降、「正統な演劇」――すなわち、すでに書いたように、「『社会性』をもち、『まじめ』に演劇に取り組むことが期待される『演劇人』」――はこぞってこの問題を扱ってきた。とはいえ、それは単に翻訳劇であったり、戦争一般の「悪」を扱うものだったりすることが多かったのも事実である。もちろんこのなかから、野田秀樹の『オイル』（二〇〇三）、佐藤信の『絶対飛行機』（二〇〇三）など、善悪二元論に還元できない重要な作品も生まれてきている。このラインにある演劇については、注1で言及した『舞台芸術』誌の時評で、頻繁に扱ったので、参照していただきたい。

［注11］野田秀樹は一九八〇年代の自分の仕事を「演劇のようなもの」とかつて語っており、それは自身の実践がＢ面に属する

という認識の表れだったと言える。だが、英国留学後のNODA MAPでの活動が、「演劇」そのものになった（=「正統な演劇」）のは明らかで、そのことは野田自身も自覚していると考えられる。主題的にも、天皇制やイラク攻撃等々の、国家的主題を扱うことが多くなってきており、〈J演劇〉の「J」が「J＝ジャパン」になった典型的な例であるとわたしはみなしている。野田秀樹と「J＝ジャパン」については、内野（二〇〇一b）を参照のこと。

［注12］本章執筆前後にわたしが行ったインタビューで、アメリカの演出家・理論家であるリチャード・シェクナーは、「美学的には、当分、新しいものは出てこないだろう」と語っている。「ポストモダニズムが、かつてのモダニズム同様、完全に制度になったということです。モダニズムは破壊や新しさというものを基軸に成立しました。ポストモダニズムは再利用と再編成によって成立します」（シェクナー 二〇〇五：二四）。この時代認識にわたしは基本的に同意する。しかしこれは、単なるシニシズムの表明ではなく、結局は、再利用と再編成のポリティクスが重要になるということを言っているとわたしは解釈している。「新しいものは何もない」からといって、「正統な演劇」の内部（A—D面）で、相互活性化する、といった保守の姿勢に居直るのではなく、B—C面がつねにアクチュアルでありうる（「ネタ」が「ベタ」と誤認されうる）ように「動く」こと。当面のわたしの批評的プロジェクトはこれである。

# 2

# 身体論から「身体」へ

珍しいキノコ舞踊団『フリル（ミニ）ワイルド』

## はじめに——身体論の困難をめぐって

「ヒステリー的身体の夢——身体論のゆくえ」のなかで石光泰夫は、西洋近代における身体論の変遷を理論的にたどりながら、次のように書きつけている。

> まずひとつたしかなのは、身体論の身体とは身体イメージのことであり、リアルタイムで生きられている身体のいわば「抜け殻」にすぎないということである。いかなる意味づけも欠いたままで、われわれによっていまここで生きられる身体はいつでも知という経験の埒外にあり、身体が知によって経験できるときには、身体は常に既に、五感によって感知されうる形姿へと表象され〔ママ〕了っている。身体が何らかのまとまりをもった統一体として現前してくることがあるとすれば、身体はそういうとき、例外なくイメージを介して、イメージの力によってのみ形成されているのである。ただし、その「まとまり」には、「テクストの身体」にくまなく置換・解消されるものと、それ自体のなかである種の論理が働いているにもかかわらず、その論理がメタファー（たとえば「グロテスクな身体」、「振動する身体」、「不思議な腸閉塞」）によってしかとりだせないものとがあって、前者は身体論の対象である身体を消滅させてしまう（「身体の病的な否認」）し、後者は知の営みとしての身体論をいいようもなく困難に、あるいはまったく不可能にしてしまう。（石光 二〇〇〇：二二一―三　傍点原著者）

このあと石光は、『ユダヤ人の身体』におけるサンダー・ギルマンの記述を身体イメージのディスクール分析の見事な例として詳細に紹介したあとで、近代以降のヒステリー的身体の「否認」という欲望が稼働しているかぎり、「芸術表象にはメタファー化した身体が咲き乱れているのにたいして、思惟する言語による身体論が途方もなく貧しい」

のは「必然」であるとする（同上：三二）。そして、「たったひとつの衝迫的な身体（たとえば、ピナ・バウシュの『ヴィクトール』の幕切れ）があれば、身体論などいっこうに不要だというのが思惟する言語の本音なのだから」と書くことになる（同上）。

ここでは、身体の／という経験について言語で思考する／分節することの困難が原理的にまた端的に表明されている。と同時に、「身体論という知の営み」という純粋に自律的な言語による分節行為にすべてを賭けようとしているわけでは必ずしもないわたしたち批評家に何ができるのか、という問題についても、少々パラドクシカルにではあるが、明快に語られているともいえるだろう。まず第一に確認されるべきことは、身体は表象としてしか五感によって感知されえないということ。そして、その場合、すべてはラカン的イマジネールのカテゴリーにあるものとして、わたしたちの前に現前するということ。そして、そのような「まとまり」として現前する身体は、テクスト（＝「テクストの身体」）であるかメタファー（＝「代補としての身体」）であるかのどちらかであり、「生きられているものとしての身体それ自体」ではありえない、ということである。最後の、「たった一つの衝迫的身体」を目の前にすると、「言語」は沈黙に陥らざるをえないという石光の結論については、ただしこの言明は「批評の放棄」ということではなく、身体論を言語による自律的な「知の営み」として構築することは断念せざるをえないという意味であることも、わたしたちは確認しておく必要があろう。というのも純粋な理論家ではない批評家は、まさにそうした「たった一つの衝迫的身体」を、その現場にいあわせなかった人たちに向かって、言語によって批評的に記述することを求められているからにほかならない。

わたしたちが批評家としてさらにここから一歩先に踏みだすとすれば、同時代の身体表象において、石光のいう「『テクストの身体』にくまなく置換・解消されるもの」としての身体イメージとは何かを、その一方で彼が「咲き乱れている」という「メタファー化した身体」がどのようなものかを、同時代の芸術表象において見定めておく必要があるだろう。

## 近代演劇的身体から事実性としての身体へ

同時代の演劇表象にかぎれば、たとえば平田オリザの「静かな劇」が象徴するように、支配的演劇の身体は「テクストの身体」にくまなく置換・解消されるものであり、それはすなわち「身体の消滅」であり、「身体の病的な否認」だとみなしておけると思う。すなわち、別のいい方をすれば、登場人物という言語構築物に所属するものとしての身体であり、それは登場人物の台詞（意味）や行為への「身体による注釈」（バフチン）を担うものである。つまり、「身体の病的な否認」についての演劇的メタファーが近代演劇という表象の一形式を形成したかぎりにおいて、わたしたちが日々目撃する演劇の身体は文字通りに近代演劇の身体である。そこからわたしたちは、たとえば石光が、フランシス・バーカーを引用しながら分析するように、「現実」における「テクストの身体」の極致が、「現代医学の解剖学的身体」や、「ブルジョワ的モラルによって鍛え上げられた規範的身体」であるとするなら、そういう身体イメージと同時代演劇の身体イメージを接続させて考えてみることも可能になるだろう。

近代演劇が、その一面において、「身体の病的な否認」をめぐる／についての表象の一形式であることは今さら確認する必要もないだろうが、その一方で、石光がバーカーを引用しながら提示する「『言説から排除されながらも、目に見えるように周縁にとどま』っている身体がいかに可視化するのかという問題」（同上：一四―五）に直面したのは、日本の現代演劇史においては、肉体や情念の復権を唱えたアングラ演劇であったことになっている。石光の論では、そこでバーカーの「振動する身体」やバフチンの「グロテスクな身体」が挙げられているのだが、「『姿形を喪失し』た内なる身体が、いかなる『テクスト性』（＝言語的分節）も欠いたままで（中略）外なる身体へ、しかも危険な『情念』まで再補塡された可視的身体へと反転する」（同上：一五）のを、鈴木忠志や唐十郎の身体にわたしたちはたしかに感知していたからである。その時代にはなるほど、芸術的メタファーとしての（でしかない、にせよ）「グロテスクな身体」が成立しえたのである。

　しかしある意味では、「身体の病的な否認」というきわめて近代西洋的な欲望が可能にする二つの種類の「身体イメージ」は、日本現代演劇の演劇史的事象として考察するなら、観客知覚のレヴェルでは少なくとも、つねにすでに相互補完的に共生してきたとも言えるのではないか。たとえば、新劇の身体の場合であっても、西洋人の身体の透明な表象を担うという理念のもとに構築されたその身体は、上演において現前しているのが「西洋人の身体の透明な表象を欲望する日本人の身体」であるかぎりにおいて、「身体の病的な否認」でもあったはずなのであり、そこでは、消滅させられるべきものとしての「日本人の身体」が、確実に目に見えるものとして、新劇的コンヴェンションの埒外にある、ある種の事実性として露呈していたことはまちがいない。アングラの演劇実践者は、そうした二重化した「テクストの身体」が表象空間を覆い尽くそうとしていた戦後日本の文化空間で、周縁にとどまっていた「日本人の身体」をいわばバフチン的「グロテスクな身体」として主体的に召喚・表象し、それはそのようなものとして、すなわち芸術的メタファーとして了解されたということになる。

　それ以降の演劇の身体は、雑駁に言ってしまえば、そういう「『姿形を喪失し』た内なる身体が、いかなる『テクスト性』（＝言語的分節）も欠いたままで外なる身体へ、しかも危険な『情念』まで再補塡された可視的身体へと反転する」のを抑圧するためだけに存在してきたと言ってよく、その典型的な存在が「静かな劇」の身体であるということになるだろう。すなわち、少数の例外を除けば、劇場に現前している同時代演劇の身体は、近代演劇という「身体の病的な否認」の形式によって支配されているのであり、戯曲作家が書いたテクストにおける登場人物のさまざまなレヴェルでの注釈を担うものとしての身体でしかない。もちろんそこでは注釈しそこなうという瞬間が必ずあるだろうし（たとえば初期青年団の痙攣する身体[補1]）、「テクストの身体」への置換・変換が中途で、あるいは瞬間的に挫折する（おそらくそれは、日常的に劇場で起きている）、という場合もあるだろう。ところが近代演劇の美学が身体の透明性、言語に徹底的に奉仕する（＝注釈する）身体を価値とするかぎりにおいて、そのような「損ない」（＝挫折）の経験は、美学的評価を低くするという批評的ないしは評価上の問題をもたらすだけになる。「演技の良し悪し」というかなり広範に共有される演劇批評のひとつの評価基準は、基本的にはこのこととかかわるからである。

　こうして支配的演劇（「静か」だろうがそうでなかろうが）の上演では、身体は言語のほぼ注釈物であるとしか言えない状況にわたしたちはあるが、そうなると、ある種の弁証法的要請とでも呼べるものによって、身体を注釈のためのツール以上のなにものかにしたてようとする動きが出てきていても不思議ではない。「生きられたものとしての身体」を「芸術的メタファー」としてとりだそうとする演劇表象があっても当然だということである。それは現在的に、支配的演劇の文字通り「周縁」において、登場人物という言語による統一体をたちあげないという意味では、とりあえず「グロテスクな身体」あるいは、「ジャンクな身体」と呼べるものが登場しつつあることと関係しているように思われる。しかしながら、J演劇のカテゴリーにおける「ネオ・アングラ」（日比野啓）と呼ばれる一群の集団による「生身の身体の暴走」（ゴキブリコンビナート、ポツドールなど）とでも呼べる事態は、アングラ演劇の美学化された、すなわち芸術的メタファーとしての「グロテスクな身体」とは似て非なるものではないか。というのも、これらの演劇実践における身体は、その提示の仕方においてはただの裸体でしかなく、性器を見せるという（その気になれば）誰にでもできる行為に典型であるように、「芸術」というカテゴリーからほど遠い芸術的メタファーならぬ「ただの身体」（何のメタファーですらない！）なのである。あるいは、指輪ホテルや毛皮族といった女性を中心とする劇団の場合、その身体は、近代演劇における「身体の病的な否認」などとはまったく関係のないきわめて特異な「グロテスクな身体」として現前している。というのは、ここでは明らかに、近代以降に特有の「内なる身体」（＝「リアルタイムに生きられた身体」）から「外なる身体」（＝表象としての身体）へという「内から外へ」の運動性そのものが喪失されているからである。この二つの劇団の演技といわれるものに共通するのは、たとえば台詞（＝言語）が構築する登場人物への注釈としての身体はそこにはなく、発語される言葉とそこにある身体がいいようもなく解離した状況にしかないということ、すなわち、劇場的構造によって、かすかに空間に存在しはじめる彼女たち自身の物理的身体、すなわち事実性としての身体でしかない、というようなかなり異様な事態である。

## 「うすい身体」のポリティクス

つまり、どうやら、前章でも論じたこうしたJ演劇の「可能性の中心」においては、石光がいう意味での「身体の病的な否認」、あるいは「ヒステリー的身体の否定」、「ヒステリーを病むことができる」「激しいエネルギーを帯びた欲望の抑圧や実現を多かれ少なかれ身体現象に翻訳して表現してしまうような舞台としての身体」（同上：三〇）が現前しているのではないらしいのである。そうではなくて、これもまた石光が言うように、「欲望の抑圧や実現のドラマは抑圧する言語との角逐においてしか演じられない」（同上）とするなら、これらの身体においては、欲望を抑圧するはずの言語が、つねにすでに喪失されているとしか思えない。これはいったいどうしたことなのか？

一方、たとえば、熊倉敬聡が記述するような珍しいキノコ舞踊団などの「うすい」身体というのがある。『フリル（ミニ）ワイルド』を覆い尽くすうすい身体の「祝祭」にたちあった彼は、「『二〇世紀』が、いや、『モダン』が完全に終わった」と言いつつ、次のように記している。

「うすい主体」＝身体たちは、しかし、魅せられつづけなくてはならない。自らの超平面を絶えず過剰にシミュラークルで覆い尽くさねばならない。入念な美白からひっきりなしのケイタイのメールへ、派遣のオフィス・ワークから流行りのカフェでのおしゃべりへ、（中略）でも、それはやはり「うすい」。よほどその技術に長けていないと、跳び損ねたり、薄氷を割ったりしてしまう。すると、その底には、あのブラックホールが――これまで必死に遠ざけていたはずの、あのブラックホールが、大きな口を開けて待ち構えている。過視的なシミュラークルで悪魔祓いしたはずの、「動物」が「暴力」が「無意識」が渦を巻き、私を飲み込もうとする。飲み込まれ始めたら最後、私の「うすい」主体＝身体はたやすく壊れてしまう。ヤバイ。何でもいいから手近なシミュラークルにしがみつき、何とか浮上するんだ。放すな。そして、また過視的超平面を渡りつづけるのだ。（熊倉 二〇〇二：一二四）

言葉を使わないダンスという「技術」によって、「うすい主体」＝身体は多様なシミュラークルをまといながら表面を滑走しつづけることが可能になる。そこには近代的な「言語との角逐における欲望の抑圧と実現というドラマ」が生起することはなく、したがって、「生きられたものとしての身体」は、いかなる「芸術的メタファー」としても可視的に成立することはありえない。同じように、「ネオ・アングラ」の身体は、シミュラークルとしての「グロテスクな身体」であって、だからこそ芸術的メタファーではなく、何をも担うこともなく、ただ物理的にそこにある。そうでしかありえないのである。あるいは、指輪ホテルなどの「女性」劇団の身体は、言語に抑圧された欲望など存在しないがごとく、どこまでも物理的でだらしなく、場合によっては「いたいけなさ」という芸術的メタファーではない美学的・政治的感覚を、非芸術的（＝反美学的）に伝播するのみである。

しかしながら、熊倉がいみじくも言うように、こうした身体をめぐる「技術」によって「生きられたものとしての身体」が不在化するわけではない。「欲望」、あるいは「動物」「無意識」はただ忘却されたのであり、徹底して抑圧されたわけではない。ヒステリー的身体は「病的に否認」されるのではなく、あっけらかんと忘却されるのである。あたかも、近代特有の言語による欲望の抑圧機構が機能不全に陥ったのちに、欲望の忘却という最後の賭けにでも出たかのように。「飲み込まれない」ためには、過視的超平面を渡りつづける必要があるが、熊倉もいうように、たとえ「飲み込まれそうになって」もわたしたちは、

> その「暗黒」の、「動物」の扱い方を習わなかった。家でも、学校でも、「動物」をただ檻に閉じ込めておくことしか習わなかった。その檻の作り方さえきちんと教わらなかった。だから時々、「動物」は突然脆い檻を壊し、「うすい」私を喰い破ろうとする（「キレる」）。あるいは、檻の中へと引きずり込もうとする（「ひきこもり」）。（同上）

つまり、言語によってであれ何であれ、欲望を抑圧する方法を学ばなかったわたしたちの身体は、そのままにしておくと、前方へ（＝「キレる」）、あるいは後方へ（＝「ひきこもり」）、暴走してしまうのである。身体を暴走させないために、珍しいキノコ舞踊団は踊り、ゴキブリコンビナートは裸体を晒し、指輪ホテルは舞台に立つ。ポツドールにいたっては、その『騎士《ナイト》クラブ』や数々のセミ・ドキュメント演劇がまさにそうであるように、身体の暴走をフィクション／演劇の枠組みでシミュレートすることを劇団活動の内実にしているくらいである。まるで暴走をくいとめる方法を、すなわち「暗黒」の、「動物」の扱い方を学ばなかった世代の若者の一人として、具体的上演で俳優・観客と

ともに「学ぼう！」と啓蒙活動に邁進するかのように。[補2]

わたしたちはたしかに、熊倉がいうように、「二〇世紀」いや「モダン」が終わったポストモダニティのただなかにいる。そしてここから、鴻英良の「機能不全の身体」から「錯乱する身体」へというテーマ（鴻 二〇〇二）まではもうすぐである。ただし、そこに行きつくために強調されなければならないのは、欲望、あるいは「暗黒」「闇」とその抑圧機構という、いわば精神分析的枠組みという普遍性のレヴェルで、つまり、単純に「心の問題」として、いま身体に起きていることを了解すべきではないということである。石光自身も「内なる身体」から「外なる身体」への運動の出現を一八世紀西欧近代と歴史的に規定しているように、わたしたちが直面しているのは、もしかしたら新たな歴史的切断面であり、その歴史的転換地点をわたしたちの身体は通過しているのではないか、と問うべきなのである。

## 「帝国」の身体へ？

ワールドカップ中継の画面を所狭しと駆け回る「虚構の身体」を眺めながら、単一の目的のために作られた非歴史的身体（＝機械）が胚胎する美しい脆さにため息をつきつつ、こうしてわたしは、同時代のわたしたちの身体はどの程度まで「虚構の身体」であるのか、グローバリゼーションという待ったなしの歴史過程は、身体というわたしたちの極めつけにローカルな場に何をどう、あるいはいかなる変容を刻印しつつあるのか、と考えずにはいられなかった。そのとき、『帝国』におけるネグリ／ハートのように、「帝国」が世界を覆い尽くしつつある現在、「身体はそれ自身、変容（transform）し、変異（mutate）し、新たなポストヒューマンな身体を創造する」（Hardt & Negri 2000: 215. 和訳は引用者）などとのんきにかまえて、ベンヤミン的「野蛮」の出現、あるいはダナ・ハラウェイ的「怪物」の登場、すなわちポストモダン、あるいはポスト・ポストモダンの身体へとわたしたちの身体が、何事もなかったかのように変態してゆくのを静かに見守って歓迎していればよいということになるだろうか？ ヒューマニズムは、あるいは近代は、それほど容易にわたしたちを「人間の身体」（＝「ヒステリー的身体」）から解放してくれるのだろうか？ ポール・ヴィリリオを敷衍しつつ、現実社会での「身体の暴走」の諸例を挙げながら鴻英良が語る「機能不全の身体から錯乱する身体へ」という見取り図もまた、「モダンからポストモダンへ」、あるいは、モダンの機能不全としてのポストモダンから、新たな歴史段階としてのポストモダン（＝ポスト・ポストモダン）へという不可逆な歴史的推移によって、予想もできなかった何らかの事態が身体にもたらされつつあることを主張してやまない。熊倉がいう「うすい身体」は、「動物」（＝「野蛮」）の忘却装置にほかならないが、わたしたちは芸術というフレームを与えられた近代的実践によって、このような「動物」（＝「野蛮」）を飼い慣らす術、「檻の作り方」を学ぶべきなのであろうか？ 芸術的メタファーに変換する技術さえ身につければ、身体の暴走は止まるのだろうか？ 熊倉はそのような方向で考えているように思える。

> 体育という「檻」、写生という「檻」で閉じ込めることなく、「動物」そのものをいかに「操る」かの ars（技術＝芸術）。生＝エロスをいかに生きるか、しかもいかに楽しく生きるかの ars erotica——それこそが、今の「東京で普通に生活する」私たちに最も欠落しているものではないか。（熊倉 二〇〇二：一二六）

あるいは、と、管理社会という名を与えられたネオリベラリズムの統治テクノロジーがある極限に到達しつつあるヴィリリオ的電脳社会を生きるわたしたちは自らに問わねばならない。「動物」（＝「野蛮」）を放置し、身体を暴走させることによってこそ、ネグリ／ハート的「帝国」への抵抗を可能にするマルチチュード（the multitude）の／な身体をわたしたちは手にすることができるのか？

（二〇〇二年二月）

補注（二〇一六年三月追記）

[補1] 初期青年団と書いたが、あらゆる演劇実践において、こうした〈瞬間〉はノイズ的につねに現前していると考えることもできる。「完成度」を目指す演劇は、こうしたノイズをできるだけ消去しようとするのであり、平田オリザの方法論がまだ十全に俳優間に徹底されていなかった時代には、確かに、そうしたノイズの現前が随所に見られたことは何度でも語っておきたい。時代が下るにつれ、平田の方法論がある種の徹底を見た結果、ポピュラーイメージとしての「新劇」に、要するに「ふつうの演劇」に平田の上演が似てしまう――「静かな劇」などというキャッチフレーズが不要になる――という事態も訪れるのだが、そのときの「新劇」は、「西洋人であることを欲望する日本語話者による翻訳劇」ではなく、新劇史的につねに並行的に存在してきた――周知のように、「創作劇」という奇妙なカテゴリーが、まだ新劇系の界隈では死語ではなく存在している――「日本語話者による日本語の台詞劇」である。アングラではなく、一九八〇年代以降の小劇場一般についてみれば、俳優の〈自己〉と登場人物の〈自己〉は、上演において、あえて不分明なままに放置されることが原理的にあり、そこが日本の現代演劇における身体問題を複雑にしている。

[補2] ここでも、「初期」という言葉を使うほかないが、初期ポツドール、そしてそれに続く三浦大輔作・演出による諸上演は、平田オリザとは異なる意味で、「ふつうの演劇」へと回帰していった。ある意味それは致し方ないことで、演劇的時間をリアルな時間とどこまでも二重化しようとする初期の（セミ）ドキュメンタリー演劇――そこではたとえば、俳優はほんとうに舞台上で小便をすることを求められ（『騎士《ナイト》クラブ』（二〇〇〇））、あるいは、公演期間のルールに従って、場合によっては、公演最終日に劇団をほんとうに辞めさせられる（『身体検査』（二〇〇二））といったような「現実」に影響が及ぶ試みがなされ

ていた――を、ずっと続けていくことは、まったく不可能ではないせよ、常識的に考えて無理である。とはいえ、その初期からの活動の経験があるからこそだと思われるが、三浦大輔の「ふつうの演劇」では、登場人物と俳優の不分明さが強く残り、また、その台詞及び演技術にも、ある種の生々しさを身上とするという三浦固有の作家性がある。

# 3

# 松尾スズキからチェルフィッチュへ

## ――〈九・一一〉以降の演劇の言葉

チェルフィッチュ『三月の5日間』

## 〈九・一一〉のあとで

〈九・一一〉が、単なるメディアの物語として消費され、〈Jという場所〉の文化諸実践、なかでも演劇というジャンルに何ももたらさなかったという了解がほぼできあがりつつあるように思う。批判的な視座から見てしまえば、なぜそうなのかという問いについては、わたしがJ演劇と呼ぶ実践からは「世界」が欠落しているからだという答えがすぐさま思いつく。しかしその一方で、「世界」を回復させることはそう容易ではないばかりか、そもそもそう簡単に「世界」とは何かなど定義できない、という事実も思い出しておく必要があろう。一九九〇年代後半以降の〈Jという場所〉におけるネオリベラルな統治システムの完成——一般的にいえば、管理と相互監視社会の徹底化——という事態を考えれば、外部としての「世界」を想像することは、ほとんど現実逃避の妄想みたいなもので、メディアと実感と実体験が共犯して構築する「直接的日常」からすれば、〈Jという場所〉の居住者の共同体的帰属意識などとっくに突き崩され、「敵」など見えないことの息苦しさと生きにくさのみが感じられるようになっている。その結果、自身の身体へのテロリズムである自殺やリストカットという行為を含め、あちらこちらでただただ暴力が発動されてしまう。〈九・一一〉という突発的出来事によって一挙の保守化が可能だった米国と比べ、じわじわと真綿で首を絞めるようなかたちでのセキュリティ意識の肥大化としての保守化が日々淡々と、しかし着実に進行してゆくばかりなのである。とすれば、ぶっちゃけた話、〈Jという場所〉に生きる個にしてみれば、「〈九・一一〉？　それどころじゃないっすよ！」となるのは致し方ないことではないのか。

もちろん、J演劇のメインストリームにおいては、そうした「直接的日常」とはかかわりなく、「戦争」だの「暴力」だのを主題化している身ぶりの、しかしその実どうでもいい物語が飽きることなく語られ、批評においてもまた、ジャーナリズムを中心に、「よかった、よくなかった」とか「誰それは天才だ」とかいう類の単なるおしゃべりが横行している。それもまた、一九九〇年代後半以降の公的助成金の突発的充実という事態を受けての、「勝ち組」の仲間内――通常は、業界と呼ばれる――でのたわいもない「演劇好き」同士のおしゃべりであり、「それどころじゃない」人々とはかかわりのない場所《サイト》での出来事ではあろう。しかしながら、〈Jという場所〉における演劇の歴史的規定性、すなわち演劇はもっともお手軽で金もかからず誰にでもできる〈表現〉活動だという特異性があり、メディアが一括して「社会の病」と呼んでしまうようなもの、すなわち、現時点において主題化すべき諸問題――そうしたメディア的命名のイデオロギーを含め――が、直接的かつ危機的に露呈している場所《サイト》であることを、わたしたちは見過ごすべきではない。しかも多様な形態をとる暴力が、基本的には身体に対して行使される可能性が高い以上、身体をその主要媒体《メディア》とする演劇において何が起きつつあるのかを見ることは、〈九・一一〉以降に新たに「世界」を創造／想像する上でクリティカルな意味をもちうるかもしれないのである。

## 松尾スズキと平田オリザの現在

その意味でも、九〇年代演劇を主導した松尾スズキが『業音』（二〇〇二）や『ニンゲン御破産』（二〇〇三）以降、寡黙になっていることは注目すべき事実であろう。[補1]松尾ワールドと一般にいわれるその劇世界では、周知のように、登場人物たちはいわば「欲望の自然状態」に置かれ、性欲と物欲と支配欲にまみれた彼／彼女らは唐突に暴力を発動しつつ、〈Jという場所〉のだめさ加減とでも呼べるものをあらわにしてゆく。その結果、「笑うほかはない」というぎりぎりの決意表明がなされ、観客もまた、「笑うほかはない悲惨」が眼前で語り《ナラティヴ》（＝物語）として開示されるさまを目撃することで、悲惨な現実へと立ち戻る（＝笑ってしまう）勇気を与えられる。つまり松尾は、一九九〇年代を通じて、自分の、あるいは自分が生きる世界の悲惨とだめさ加減を自覚せよ、という善意のメッセージを発しつづけていたわけだが、世界の悲惨とだめさ加減が幅広く認知された今、「勝ち組」にとってはそのような善意は大きなお世話であり、「負け組」にとってはいわずもがなのこと、となったのではないか。実際、松尾スズキという存在は今や芸能界とサブカル産業の必須アイテムであり、それは松尾的世界の悲惨が、以前よりも圧倒的に幅広い領野で消費の対象になりえているということでもある。つまり、松尾が先取り的に描きつづけた〈Jという場所〉の悲惨がもはや自明の前提である時代をわたしたちは生きつつあるのであり、それに対応するかのように、松尾は開示すべき語り《ナラティヴ》（＝物語）を失っていったように思われる。それはまた、小劇場演劇の歴史性に位置づけ可能な登場人物たちの「欲望の自然状態」に対応する松尾の過剰な言語態による「世界」の演劇的換喩化というプロジェクトの限界が露呈しつつあるということを意味するだろう。

一方、口語演劇革命と呼べるような劇言語の革新を九〇年代初頭にもたらした平田オリザの場合はどうか。〈九・一一〉後の最新作のひとつである『南島俘虜記』（二〇〇三）をみるかぎり、平田の口語演劇はいまだに健在であると思われる一方、日本が近未来の戦争で壊滅状態にあるという危機的状況に設定された本作品に出てくる人々については、彼が描き出す登場人物たちがある一定の階級的属性を帯びていることがどうにも気になってくる。要するにそれは、中産階級の市民階層ということだが、平田が言語的に表象する「日本民族」（平田自身の言葉による）なるものの構成員が中産階級でしかないことを批判することは容易ではないといえ、その劇世界では中産階級の退屈という――いかに危機的状況に陥ろうとも――ばかりが前景化されることには、かなりの違和感を抱かざるをえない。もちろん平田の歴史的功績は、口語演劇という新たな台詞術を——本当に新たかどうかは議論の余地があれ——〈Jという場所〉の演劇に導入したことにほかならず、小劇場演劇の最後尾に位置する松尾スズキの言語態が、〈九・一一〉以降の限界を露呈しているのに比べれば、まだその可能性が尽きたわけではない。事実、平田に続く、たとえば五反田団の前田司郎などは、より微細な視野から、中産階級という階級的均質性には必ずしも還元できない多様な言語態を駆使した口語演劇を生産しはじめている。つまり、口語で演劇の言葉を考えるというのは、限定的であるようでいて、実は幅広く応用可能なゆるやかな方法でもあることに若手の実践家が気づきはじめているのである。

もちろん、松尾的な小劇場演劇の末裔的言語態と、いわばそれに抵抗するかたちで登場した平田的な口語演劇の言語態は、一見、相反する階級意識や価値意識とかかわっているように見えるが、演技論的にいうなら、実はともに伝統主義的であることをここで指摘しておく必要があろう。つまり、台詞とそれを語る身体によって登場人物を表象するという演劇表象の透明性が、そこではとりあえず疑われていないということである。ただし、演劇表象自体の透明性がそのまま信じられているわけではなく、両者の上演においては、登場人物の形象は俳優自身の特性・属性と未分化である場合が多く、その意味ではどこまでもアングラ演劇伝来の俳優／登場人物の不透明性をひきずってはいる。しかし、俳優／登場人物がある全体性として現前することが前提とされていることはまちがいなく、そうした演技のイデオロギーにおいては、登場人物というアイデンティティが揺らぐことなどありえない。そして、そうした確信をパーフォマティヴに下支えするのが俳優の身体であり、その身体は周到な方法によって台詞内容を注釈するものとして上演のなかで機能させられる。つまりそこでは、台詞が開示する意味論的・物語論的語りの地平の換喩として、身体はつねにすでに位置づけられているのであり、その意味では伝統的な演劇における言葉と身体の関係がそのまま維持されているのである。[1]

## コンテンポラリー・ダンスの身体

松尾や平田が代表するような伝統的演技のイデオロギーに依拠する演劇表象においてより、〈九・一一〉以降の「直接的日常の悲惨」から立ちあがってくる身体を、むしろわたしたちは、いわゆるコンテンポラリー・ダンスの諸実践において目撃することになっているのはある意味で当然のことかもしれない。というのも、ダンスにおいては、台詞が開示する語り《ナラティヴ》(＝物語)の注釈として身体を機能させることはほぼ不可能であり、動きをめぐる共有されるヴォキャブラリーをもたない〈Jという場所〉のコンテンポラリー・ダンスにおいては、「直接的日常の悲惨」を含め、動きを構想するためのあらゆる種類のアーカイヴが参照されるほかはないからである。

珍しいキノコ舞踊団やニブロールから、最近注目されてきた山田うんや黒田育世にいたるまで、「直接的日常の悲惨」とかかわるようなかたちで、その身体をダンスという運動へと委ねているのは、桜井圭介のいう「コドモ身体」(桜井 二〇〇三)の女性たちがほとんどだという問題もまた、「直接的日常の悲惨」とのかねあいで興味深い事象ではあるが——そしてそのようなダンスの新しさを言い立てるのは男性の批評家が圧倒的に多いという事象も——、ここではジェンダーと身体という主題について論じることはしないでおく。[2] むしろ、言葉を奪われていることを前提として基本的には構想されるダンスの身体が、〈Jという場所〉特有の熊倉敬聡のいう「うすさ」(熊倉 二〇〇二)を保ちつつも、運動の愉悦性(＝「表面の滑走」!)から動きの暴力性へと、その力点をシフトしているように見えることの方がここでは重要であろう。

なかでもニブロールの振付家である矢内原美邦の仕事については、すでに「キレル身体」といったキャッチフレーズさえ与えられているように、同時代のアクチュアルな身体性との親近性がよく指摘される。『駐車禁止』（二〇〇一）や『コーヒー』（二〇〇二）などの作品を見るかぎり、矢内原の特徴は、極限的なまでに加速化された動きと唐突に途絶され変位させられる動きの絶妙な組み合わせによってその振付を構成するということだが、それを見る観客はある種の衝突感というか、「ぐしゃっ」とでもしか形容できない感触を受け取ることになる。J的ダンス美学の文脈でいえば、それは社会状況（＝「直接的日常の悲惨」）の反映というより、〈Jという場所〉固有のコンテンポラリー・ダンス美学の歴史的展開における同時代の論理的帰結ということになるだろうが、いわゆる社会状況をニブロールの動きが反映していると証明できないのと同様、反映していないと証明することもできない。したがって、J的美学主義の最後の閉域に囲い込まれたコンテンポラリー・ダンスの実践者たちが、たとえそのような社会的視線を自覚化する機会をよってたかって奪われているにしても、「直接的日常の悲惨」に直感的に応答してしまっていることは大いにありうることだ、と言っておくことくらいは許されるだろう。[3]というのも、登場人物のアイデンティティという根拠や台詞という依拠すべき物質をそもそも前提にできないダンスにあっては、直感と個的欲望にしたがって動きを取捨選択して作品を構成してゆくほかはないからである。少なくともわたしにとっては、ニブロールのダンサーたちの身体は、松尾スズキの世界に住まう「直接的日常の悲惨」を生きる登場人物たち――演じられるものとしての、ではなく――がダンスをすればそうなるだろうと思えるような身体の延長線上で理解可能なものであり、「直接的日常の悲惨」のなかで馴致された生身の身体が、動きという欲望の発露の回路を与えられて、暴力的に現象してしまう現場に見えているのである。いうまでもなく問題は、ニブロールをはじめとするダンスの身体のあらわれが、ダンスというジャンルを自己目的化して行われていることにほかならず、たとえばそれを使うという、対話的表現のレヴェルへといたることが想定できないことである。

表現という言葉を出したが、動きによって自己を表出するなどといった伝統的な表象の回路のことをいっているのではない。コンテンポラリー・ダンスの実践者たちにとっては、表出すべき自己など前提とされておらず、むしろ動くことにおいて、一時的にその身体を空間に登記するくらいしかできないことは自明化していると思われる。そうした営為自体、アイデンティティ（＝「動く身体としての自己」）の探り、という様相を呈することはまちがいないにしても、それはせいぜい同時代的な独白の形式にとどまるものであり、観客との対話が始まることはない。というか、観客の個々が自己の文脈において現前する身体を消費すればよいということにしかならないのではないか。

## チェルフィッチュにおける言葉と身体

ここまで見てきたように、一方では平田オリザが切り開いた口語演劇という応用可能な演劇の言葉があり、その一方で「直接的日常の悲惨」に応答するかのような暴力的身体がコンテンポラリー・ダンスの先端において露呈している。とするなら、この両者をつなぐ回路を見出し、〈九・一一〉以降の「世界」についてのコメンタリーを試みるような演劇が登場してもおかしくはないということにならないだろうか。たとえば語りの要素を取り入れながら小説の演劇化を試みるエレベーター企画の外輪能隆や近代の古典戯曲を言葉と身ぶりを切断しながら上演する小鳥クロックワークの西悟志など、言葉と身体の自明化した関係を問い直す動きが、若手演出家が主宰する劇団で少数ながら確実に登場しつつある。しかし、演劇史的には理解可能なこうした試みも、今、開示すべき語り《ナラティヴ》（＝物語）などないという点で一致しているように思われ、演劇内実験にとどまってしまっていることは明らかで、それ以上でも以下でもないという感が強い。その一方、一九九七年から活動を続けるチェルフィッチュの岡田利規は、ここで述べてきた演劇史的展開を十分踏まえた上で、平田オリザの口語演劇の延長線上で思考しながら、〈九・一一〉以降に固有な「直接的日常の悲惨」とかかわる上演を立ち上げようとしているという意味で、注目すべき存在になりつつある。

チェルフィッチュは、その名前からも知れるように、セルフィッシュ（＝自己中心的）と明晰に（＝大人として）発語できずに幼児語化してしまうという〈Jという場所〉の特性を集団名にしているきわめて特異な劇団である。その最新作、『三月の5日間』（二〇〇四）は、題名そのままの内容、すなわち二〇〇三年三月、つまりはイラク攻撃が開始された三月の五日間を再現するという内容である。物語は至極単純であり、あるライヴハウスで知り合った男女が、四泊五日間、渋谷のラヴホテルでひたすらセックスを続け、その後、おたがいの名前も聞かずに別れるというものので、そこに少数の知り合いが加わって物語は構成される。しかし、このありがちで今どきにロマンティックでさえある物語は、登場人物たちによって普通に演じられるわけではまったくない。そんなものは見るにたえないとでもいわんばかりに、上演にはきわめて複雑な語りの構造が与えられていて、複数の語り手による過去の想起と過去の再現的場面の組み合わせからなっているため、時間が平然と相前後したり、語りの内容が素知らぬ顔で反復されたりする。俳優のアイデンティティは最後まで一定せず、ある役を演じていたかと思うといつの間にか語り手になっていたり、また元に戻っていたりする。そもそも最初の長い語り部分によって物語内容は前もってかなりバラされてしまっている上、その事実——多分に退屈な——は一つだけであるのに、語りの複数性と雑種性とでも呼べるものによって、遅延に遅延を重ねつつ、上演はゆるゆると、またぎくしゃくしながら進行するのである。

主題論的にいえば、そもそもなぜ二〇〇三年三月に設定されているのか、ということからも明らかなように、ここでは〈Jという場所〉の「内」と「外」、すなわち「外」のイラク攻撃と「内」の「直接的日常の悲惨」が問題化されており、たとえば、物語の途中、登場人物はイラク攻撃反対デモにお客さん的に参加するし、執拗に「外」——ラヴホテルの「内」と「外」、「直接的日常」の「内」と「外」、〈Jという場所〉の「内」と「外」等々――が言及されることにもなる。しかし、ここで何より明示的なのは演劇という制度の批判であり――これも、演劇の「内」と「外」という物語レヴェルの主題性とかかわる――、すでに触れたような伝統的意味での登場人物の全体性という自明性への批判である。したがって、この上演ではほとんど意味もなく休憩時間が強制的に挿入されるばかりか、いわゆる普通の登場人物が普通に対話をするいかにも演劇が上演されるのは最後の数秒だけで、それもあっというまに幕切れになってしまう。もちろん、このような演劇を追放する身ぶり自体が特段目新しいわけでもなく、そのことに作・演出の岡田は十分自覚的であり、そのような演劇批判は、最後のこのあからさまな場面を除けば、ひどく慎ましやかに遂行されるだけである。

むしろ注目すべきは、この上演に通底する、変位を重ねる台詞の位相とそれを発語する俳優の身体と動きのあいだの齟齬感であろう。いわゆる劇場的発声はもちろんしないわけで、劇の幕開きから、俳優／登場人物はいかにも「話したいことがある！」という風情で、観客に向かって淡々と早口で、日常のおしゃべりに近い語りを開始する。長いがここで冒頭部分を引用しておく。なお「英次」と「下西」というのは登場人物名ではなく、俳優名である。

英次と下西並んでいる。

**英次**　それじゃ三月の五日間ってのをはじめようって思うんですけど第一日目は、まずこれは去年の三月の話っていう設定でこれからやってこうって思ってるんですけど、

**英次**　朝起きたらなんかミノべって男の話なんですけど、ホテルだったんですよ朝起きたらなんでホテルにいるんだ俺とか思って、しかも隣にいる女が誰だよこいつ知らねえっていうのがいて、なんか寝てるよとか思って、っていう、でもすぐ思い出したんだけど「あ、きのうの夜そういえば」っていう、

**英次**　「あそうだきのうの夜なんかすげえ酔っぱらってここ渋谷のラブホだ思い出した」ってすぐ思い出してきたんですね、

**英次**　それでほんとの第一日目はっていう話をこれからしようと思うんですけど、「あ、きのうの夜六本木にいたんだ」って、えっと、六本木で、まだ六本木ヒルズとかって去年の三月ってまだできる前の、だからこれは話で、ってところから始めようと思ってるんですけど、すごい今って六本木の駅って地面に地下鉄から降りて上がって、それで上がったら麻布の方に行こうとか思って坂下るほう行くじゃないですかそしたらちょうどヒルズ出来たあたりのへんって今はなんか歩道橋じゃないけどなんていうかあれ一回昇って降りてってしないとその先西麻布の交差点方面もう行けないようになっちゃったけど今はでも、まだ普通に一年前とかはただ普通にすごい真っ直ぐストレートに歩いて行けたじゃないですか、っていう頃の話に今からしようと思ってる話は、なるんですけど、そっちのほうになんかライブハウスみたいのがあってそこにライブを見に行ってっていうのから話のスタートは始めようと思ってるんですけど、それで、それがすごいいいライブだったんだけど、っていうこととかを話そうと、あとは、あとはとか言って、ライブのあとでそこで知り合った女のコがいてその日はだからなんかそのあとその女といきなりなんか即マンとか勢いでしかもナマでやっちゃったみたいな話とかも、これからしようと思ってるんですけど、その前にっていうかまずそのライブハウスに行ったのが、だから三月の五日間の一日目なんだけど、二人でその日は男男で見に行ったんですねライブをその、えっと、六本木に行こうってことになって、っていう男が二人いたんですねその男二人からのことから始めようとまずは話を（思うんですけど）。（岡田 二〇〇四）[補2]

こうして「話したいことがある！」ことが繰り返し宣言されたあと、単線的でありがちな今どきの「負け組」若者の「直接的日常の悲惨」の物語が多様な語りの手法を駆使しつつ十の場面にわたって展開されるわけだが、ただ突っ立ったまま日常的に台詞を語る俳優から、ダンス的な動きをひたすら行いながら台詞を語る俳優。さらには、スツールを小道具としつつ（なぜそれが小道具なのかという説明はもちろんない）、次第に衰弱してへたり込みながら台詞を語る俳優まで、言葉と身体が齟齬を来している場面が目立つことになっている。ただしそれは、語りと身ぶりをあえて別々に作ったという、たとえば宮城聰が実践しているような作家的意図によるものではなく、この齟齬自体が台詞を語る俳優自身の身体的リアリティなのだという動きの固有性が上演に刻印されていることが重要だろう。つまり、作家が書いた台詞という外部性を自己化しつつ、語りを身体で下支えしてやるのではなく、その正反対に、台詞を語るときに個々の俳優の身体に何が生起するのかをそのまま稽古のプロセスで保持していってこの上演は成立しているように思われるのである。

ここでもまた、ダンスのように動きによってではないにせよ、語ることと動くことによって俳優の存在を空間に一時的に登記するというアイデンティティ（＝「語りかつ動く身体としての自己」）の探りが遂行されていることはまちがいないが、演じる側の複数性が語りの主体性の揺らぎと個々の動きの固有性によって確保されるため、上演は単なる独白の形式には回収されない。上演空間を閉じる身ぶりによって観客のセキュリティ意識に訴えかけつつ「演劇鑑賞」を可能にするのとは正反対に、作・演出の岡田は観客を、まさに字義通り、知的にまた感覚的に挑発する。古典的なまでに挑発する。

ここで語ってきたような〈Jという場所〉の演劇史展開をふまえれば、当たり前のことが行われているにすぎないといえなくもない。しかし、当たり前のことが行われることがほとんどない「演劇史的不幸」のただ中にわたしたちが置かれていることを考えれば、チェルフィッチュの存在は貴重である。だがそれ以上に、このような上演が出てきたこと自体、〈九・一一〉以降的状況と錯綜するほかはない〈Jという場所〉の演劇が新たな段階に入りつつあることを、もしかしたら意味するかもしれないとわたしは考えているのである。

（二〇〇四年四月）

［注1］このあたりのことについてのさらに詳しい私見については、前章「身体論から『身体』へ」を参照。

［注2］〈Jという場所〉のコンテンポラリー・ダンスの実践と批評には、ジェンダーの問題が露呈していると思われるが、あまりに自明なためか、その問題についてのまとまった論考を目にしたことを少なくともわたしはない。もちろん、メインストリームの演劇実践にも同様のことがいえるわけだが、その点についてもあまりに自明だということになるだろうか。それにしても女性嫌悪《ミソジニー》の感覚がいわば上演の必須条件になるような作品が、特にメインストリームの演劇では相変わらず数多いことには驚かされるばかりである。

［注3］このあたりの議論は多少業界的すぎてわかりにくいことを承知で書いているが、簡単に私見をまとめれば以下のようになる。美学的洗練や強度が第一義的に問われるのは今ではコンテンポラリー・ダンスとジャンル区分される芸術実践とそれをめぐる批評だけになりつつあり、その一方演劇批評においては、伝統的というべきか見巧者的な物知り顔ファンの言説がなにより批評の中心にあり、そうした批評がメディア的権力を持っている場合が多いので、実践家もまた、そのような回路で演劇を構想するという悪循環に陥っているように見えるということである。

補注（二〇一六年三月追記）

［補1］『ニンゲン御破産』（二〇〇三）以降、『イケニエの人』（〇四）、『まとまったお金の唄』（〇六）、『ドブの輝き』（〇七）、『女教師は二度抱かれた』（〇八）、『サッちゃんの明日』（〇九）、『ウェルカム・ニッポン』と『生きちゃってどうすんだ』（一二）と、かつてほどではないにしても、作品は発表してきており、ここでの「寡黙になっている」はやや大げさな表現であったかとも思う。ただし、この一節は、たしかに主観的にすぎるとは思うが、執筆当時、そのようにわたしには感じられていたという意味だと了解していただきたい。

［補2］本章初出後、周知のように、『三月の5日間』は第四九回岸田國士戯曲賞を受賞し、テクストも出版された（岡田 二〇〇五）。出版時には、上演台本にあった俳優の固有名は取り除かれているが、そもそも固有名として上演時に構想されていたこ

とは、岡田の作劇・演出を考えるにあたってきわめて重要だと考え、ここではそのままの表記にとどめた。

# 4

# 近代劇は終わらない／始まらない

## ――亡霊・〈国民〉国家・身体

新国立劇場『喪服の似合うエレクトラ』

## 『火山灰地』と『喪服の似合うエレクトラ』の上演をめぐって

二〇〇五年、劇団民藝創立五五周年として久保栄の大作『火山灰地』が初演から六七年、前回上演から四四年ぶりに上演される。[1]一方、新国立劇場では、一九二七年初演のアメリカの劇作家ユージン・オニールの大作『喪服の似合うエレクトラ』が、実質的な日本初演として上演され、朝日舞台芸術賞のグランプリを受賞する。[2]ともに、いわゆる近代劇作家の代表作品が、柄谷行人が「近代文学の終わり」とあえて発語せざるをえない時代(柄谷 二〇〇五b)に相次いで上演されたのである。もちろん、この二つの舞台を「近代劇の上演」として同一視しているわけではない。かなりのテクストレジがほどこされたとはいえ、新劇的な意味でオーソドックスと考えられる演技と上演方法による『火山灰地』と、「今が旬」の俳優陣を揃え、「現代的」といえる速度感とヴィジュアル性を重視した『喪服の似合うエレクトラ』では、向いている方向が異なることは誰にでもわかる。つまりは、前者の上演が、民藝もその一翼を担う新劇の歴史の想起というプロジェクトとしてあるのに対し、後者は新国立劇場におけるスタンダードな「現代演劇」の構築というプロジェクトとしてあるということだ。それは、「古い」「新しい」という商品(=美学的価値)の問題ではなく、想定されている観客の階級の問題、すなわち、前者が戦後日本を作ったとされる主体としての「中産階級」(=〈国民〉)を前提するのに対し、後者はこれからの日本、つまり、ネオリベラルな主体としての「中産階級」(=〈市民〉)を前提にしているということでもあるだろう。新劇的中産階級とネオリベラルな中産階級、あるいは〈国民〉対〈市民〉という対立である。だが、この対立は対立としては現象しない。いや、客席内では現象していたというべきなのだろうが、上演的にはしないのである。というのも、ともに確固とした近代劇的上演であり、「古い」

「新しい」の差異以外――作品の主題的差異があるけれども――何ら差異がないと考えられるからである。すなわち、写実主義というイデオロギーに支えられた演劇ということである。一応、確認しておけば、ここでは言葉と身体が一致するのが当然とされ、演劇表象の透明性が疑われないという意味での写実主義のイデオロギーである。あるいはまた、個人の自律した内面というものが想定され、それが言葉という透明な媒介《メディウム》によって、ダイレクトに表出され観客に共有されるという意味での写実主義のイデオロギーである。

今さらながら、ということになるだろうか。もちろん、時代錯誤を自覚的に引き受けつつ「新劇史」なるものが仮構できるとするなら、かつてこのような「優れた」近代戯曲を書く作家が、日本にもアメリカにもいたのだ、というようなことで、これらの上演に何らかの演劇史的意義を見いだすことは可能であるかもしれない。それとも、「助成金バブル」が加速化した〈Jという場所〉の演劇のポストモダン状況、すなわち非歴史的多様性がもたらした規範の雑居状態を前提にすれば、この大作主義的傾向は「助成金バブル」の当然の帰結であり、要するに当たり前のことが起きているだけだとでも認定して、沈黙すれば事足りることなのかもしれない。しかしながら、アングラ小劇場演劇による長期にわたる対抗的実践による歴史形成におけるヘゲモニー掌握によって、「新劇」の実体が解体して久しい現在、なぜ、今、近代劇なのか、という問いくらいは発しておくべきではないか。それはまた、「近代文学の終わり」という柄谷的問題系とも接続してゆくはずの問いであろう。

### 近代劇の終わり――ヨーロッパの「田舎」としてのアメリカ

「近代劇の終わり」については、第Ⅱ部二章で触れたように、すでに一九七五年の時点で、カルチュラル・スタディーズの祖とされるレイモンド・ウィリアムズが言及している。ケンブリッジ大学のドラマ学教授への就任記念講演「ドラマ化した社会におけるドラマ」(R. Williams 1975) である。ここでのドラマを「近代劇的なもの」と訳して差し支えないと思われるが、この講演のなかでウィリアムズは、かつては特権的であった劇場体験というものが、近代劇の登場以降、二〇世紀を通じてのメディア的拡張の果てに、テレビ・映画のなかへと拡散していったことを素描し、ドラマ研究が直面する困難さを語っている。もちろん、特権性が失われたことを嘆いているのではない。つまり、ドラマ的なものが、わたしたちの生活にとって、あまりにも日常的に不可欠なものとなり、演劇だけではなく、テレビ・映画を通じてわたしたちの社会の多くの局面を相互貫入的に規定している、というのである。たしかにわたしたちは、ウィリアムズも指摘するように、人類史上かつてないほどの数のドラマをその一生の間に見ているだろう。とするなら、チェーホフ等の近代劇の創始者たちが提示した「わたしたちの生きる世界」のモデル——すなわち、壁に囲まれた部屋があり、たとえば、そこに誰かが入ってくることで社会関係が、あるいはそこに生きる人たちの存在論的諸相が「上演」される——が、もはやモデルではなく、わたしたちの生活そのものでしかなく、その点において、美学と社会学の結節点として近代劇を見るという批評的観点が危うくなったというのである。

> わたしはドラマの分析を通じて、社会のある側面を理解するための一つの道筋というだけでなく、わたしたちが社会として集合化するその仕方にかかわる基本的なさまざまなコンヴェンションを見通すための一つの道筋として、わたしには効果的だと思えるものを学びました。そしてそれは、ドラマの問題のいくつかを新しく重要なものとして、浮上させてくれもするのです。舞台とテクスト、そこで行為として(active)演じられる(enacted)社会の二つの方向を見ることにおいて、同時にドラマ的現実でもあり社会的現実でもある閉じられた部屋——舞台上には部屋があり、その第四の壁が上にあがるという新しい隠喩——の重要性を理解できると思ったのでした。(同上:311. 和訳は引用者)

「思ったのでした」とここでは過去形で書かれていることに注目したい。つまり、近代劇を「文化」として対象化する／研究するという立場が無効になりつつあるという認識をここでウィリアムズは示しており、その後彼は、近代劇研究を離れて文化研究／文化理論へと舵を切ってゆくことになる。ここでの「文化」とは、たとえばそこに、ウィリアムズのいう「感情の構造（structure of feeling）」という重要な概念が特権的に抽出可能な場所としての「近代劇」だったということになる。すなわち、ウィリアムズが自己の帰属すると考える地域、すなわちヨーロッパにおいては、「近代劇」は「文化」であったということである。

この講演に言及しながら、パフォーマンス研究のシャノン・ジャクソンは、「なぜ近代劇は文化になりそこなったのか――学問領域的盲点」という文章を二〇〇一年に書いている（Jackson 2001）。アメリカの話である。ヨーロッパの近代劇という歴史性にどう応対するかという問題につき、アメリカにおいて、近代劇がウィリアムズ的な意味での「文化」にはなりえなかったために、そこに典型的な二つの反応が出ていた、と彼女は論じるのである。つまり、演劇をヨーロッパ的な意味での「文化」――文学と同等の審級の――に育てなければならない、という立場と、アメリカにおける演劇というメディアの雑種性をこそ肯定する（＝ヨーロッパ的な意味での「文化」という概念を否定する）という必然的にナショナリスティックにならざるをえない立場である。ここでのジャクソン自身の立場は、カルチュラル・スタディーズとは一線を画すディシプリンとしてのパフォーマンス研究《スタディーズ》の最先端という位置であり、そのため、方法論の問題としてのテクスト中心主義批判のためにこの文章自体は書かれているのだが、そういう専門的な議論はさておいて、ここで興味深いことは、いってみれば、「ヨーロッパの田舎」としてのアメリカにおける近代劇という問題である。「文化」の中心としてのヨーロッパに対し、それを模倣し反復すべきだといおうが、その中心性を否定してアメリカの「独自性」をいおうが、ヨーロッパが中心だと認定してしまっているという意味における「田舎」である。ジャクソンが大きく取り上げるアメリカの批評家ロバート・ブルースティンの一九五〇年代の言説に明らかなように、アメリカの近代劇が「文学」ではないというヨーロッパ基準（＝「シェイクスピアのようには『文学』ではない」）の批判は、周知のように、明治期の演劇改良期以降、日本でも繰り返された議論であり、〈Jという場所〉の近代劇の歴史性と現在における「近代劇ブーム」らしきものもまた、「ヨーロッパの田舎」としての日本という問題と直結するのである。

## 「ヨーロッパの田舎」としての〈Jという場所〉

兵藤裕己の『演じられた近代――〈国民〉の身体とパフォーマンス』（二〇〇五）が描き出すのは、まさしく「ヨーロッパの田舎」としての日本における身体と演劇表象の問題である。本書では当然、ヨーロッパ的近代劇の旗色が悪い。日清戦争期に均質な〈国民〉的身体を作り出したのは、一方では上からの軍隊・体育教育であり、それを下支えしたのが演劇改良を経て新派にいたる「大衆演劇」的身体である。したがって本書では川上音二郎についてかなりのページが割かれる一方、こういう流れに対抗しようとした坪内逍遙や小山内薫については、エリート主義者として、つまりは苦闘を強いられる存在として、批判的に記述されるのである。

民衆を啓蒙・教化する「芸術」演劇というコンセプトは、容易に抑圧的なイデオロギーへと転化するだろう。大衆の前衛たる「知識人」によってその実現がはかられる理性主体の意識存在としての人間、あるいはインターナショナルなプロレタリアートといった普遍的な主体の理念は、リオタールが述べるように、思考と生の全体化という抑圧のシステムと表裏するだろう。小山内が主張する「民衆の為」の「シリアス・ドラマ」は、彼が自然主義に傾倒した時期の演劇観、その大衆蔑視ともいえる「芸術」的モダンのエリート主義の裏返しだったといえる。近代芸術固有の啓蒙のプロジェクトと、その背景となる普遍主義的な人間理解、そして理念やイデオロギーを表象する媒体としての身体イメージが、小山内薫の演劇メソッドをささえた「近代」だった。

（兵藤 二〇〇五：二六一）

このように書く兵藤の前提は、「社会の変動期や危機的状況に誕生する新たな演劇的パフォーマンスが、『われわれ』の共同性や自己同一性を秘儀的に表象する」（同上：一七）という文化人類学的ともパフォーマンス研究《スタディーズ》的ともいえる身体をめぐる知見であり、そうしたものとしての歌舞伎というジャンルも内包する「大衆演劇」的な不透明な身体表象が、近代的〈国民〉の誕生――「われわれ」日本人という身体感覚の成立――に大きく寄与したとするのである。この知見にしたがえば、「普遍性」や「透明な身体」を旨とする近代劇など、〈Jという場所〉において、持続的な力を持つ可能性などほとんどない、ということになるしかないのではないか。だから小山内薫は苦闘するのであり、一九三〇年代に一時的隆盛を見つつも、結局新劇的身体は、五〇年代の「新劇ブーム」を頂点として、すぐさまアングラ演劇的身体、すなわち、召喚／再編成されたものとしての不透明な「大衆」的身体に取って代わられた、というナラティヴがたちあげられることになる。[3] なぜなら、「新劇の演技・演出術によって隠蔽され、その『芸術』的モダンのエリート趣味がとり落としたものとは、ほかならぬ『われわれ』の身体だった」（同上：二八〇）からである。つまり、日清戦争期に成立した「大衆」（＝〈国民〉）としての「われわれ」の身体（感覚）である。

本書における兵藤の主張は、「われわれ」日本人の身体（感覚）についての近代化論、つまりそれが、近代化のプロセスで作られたもの――いうまでもなく、上から下からの双方向的に――にすぎない、という昨今では様々な分野でおなじみの議論と親和性が強いものである。いずれにせよ、そのような身体、つまりは〈国民〉的身体がつねにすでに「われわれ」に「外」から書き込まれるものとして、現在にいたるまで曲がりなりにも制度化されつづけていると考えるなら、新劇とは、まさにこうした近代化のプロセスでつねに対抗的な位置に置かれつづけたエリート主義的、つまりは例外的実践にほかならず、「文化」であったことなど一度もない、と結論してもそれほど問題はないことになるだろう。つまり、〈Jという場所〉における近代劇は、レイモンド・ウィリアムズがかつてそう考えたような意味では「文化」にはなりえなかったのであり、そうなる歴史的／政治的必然性もなかったのだ。その点において、アメリカと同様、日本もまた「ヨーロッパの田舎」でありつづけたのである。あるいはまた、〈Jという場所〉においては、近代文学のようには、近代劇は終わることができないということもできる。なぜなら、それはそもそも始まってはいないのだから。

とするなら、時ならぬ現在の「近代劇ブーム」らしきものは、ついに〈Jという場所〉において、近代劇が始まりつつある、という兆候なのだろうか。そんなはずはない、と誰しもが考えるだろう。なぜなら、わたしたちは、ウィリアムズが語っていたように、「ドラマ化した社会」に生きていることを知ってしまっているからにほかならない。つまり、テレビ・映画においてドラマというものに触れながら、というより、そのドラマとの交渉によって〈形成〉された人々が観客になるという前提の社会にいる、ということである。そのとき、その延長線上で、すなわちテレビ・映画のドラマを規定する写実主義イデオロギーにしたがって演劇を作ろうとするか、その正反対に、差異として、すなわち、写実主義イデオロギーから可視的に離脱して演劇を作ろうとするかという二者択一を迫られることになるだろう。今や、「啓蒙のプロジェクト」を断念した「近代劇的なもの」は、テレビ・映画のなかに氾濫しており、その氾濫を肯定するか否定するか、ということである。ここで、兵藤的「演じられた近代」ならぬ「演劇の近代」には、倒錯が起きている。一度も「文化」になりえなかった新劇的近代劇は、テレビ・映画においてはその「大衆」的（＝〈国民〉的）広がりによって「文化」になったのであり、そこを基点としつつ、演劇はその「ドラマ的なもの」を単に補完する趣味的実践として、新国立劇場演劇が象徴するように、今や「文化」として現象しようとしているのである。他方、「近代劇的なもの」から離脱して、たとえば不透明な身体に依拠する演劇は、つねにすでに、兵藤の言うイメージとしての〈国民〉的身体に回収されるほかないのか、という問いは、それでもまだ、ぎりぎりのところで残っているだろうか。

## 「不可能性の時代」の演劇的身体

ポストモダンなどと叫んでいた時代は遥か記憶の彼方にある。もう少し具体的かつ理論的にいうなら、一九九五年あたりに大きな断絶があり、東浩紀なら「動物化の時代」、大澤真幸なら「不可能性の時代」と呼ぶ時代が始まったとされる。大澤が『現実の向こう』（二〇〇五）で書いていたように、一九四五年から七〇年くらいまでを「理想の時代」、その後、九五年くらいまでを「虚構の時代」と呼ぶことにほぼ異論はない。そうした「時代区分」というか「時代精神」のようなものと、〈Jという場所〉における「近代劇的なるもの」とはどのような関係にあるのだろう。「理想の時代」に応対する演劇としての近代劇（＝新劇）という図式はかなり広く共有されているものだろうし、一方、「虚構の時代」のしめくくりにあたって、「最後のアングラ劇団」などと当時呼ばれることもあったオウム真理教によるテロが起きたことはもちろん偶然ではない。つまり、新劇の対抗的実践としてのアングラ・小劇場と呼ばれる多様な意味でのカッティングエッジをつねに期待された演劇実践は、この「虚構の時代」に即応していた、ということになる。とするなら、「不可能性の時代」の演劇、あるいは演劇的身体とは何か。

兵藤はこの点についていたって楽観的である。

いまだかつて存在しなかった身体の創出へ向けた不敵なくわだては、現代の「河原」芸人を標榜する人たちによって、いまもどこかの小劇場や稽古場でつづけられているにちがいない。私たちの存在の自明性を襲い揺るがすような魅惑的で危険に満ちたパフォーマンスは、身体の近代／反近代という、二〇世紀のパラダイムそのものを失効させる〈身体〉として創出されるにちがいないのである。（同上：二八三）

しかし大澤の時代区分からすると、一九九五年からすでに一〇年を経ているはずなのに、二〇〇五年の現在、そのような〈身体〉が創出されたという話など聞かないと思うのはわたしだけだろうか。むしろ、これまで見てきたように、「不可能性の時代」には、近代劇的身体とアングラ・小劇場演劇的身体、すなわち兵藤のいう「近代／反近代という二〇世紀のパラダイム」が、既視感とともに、ただただ回帰してきているだけなのではないか。しかも、近代劇が主要文化の可能性の中心に置き直され、反近代劇はつねに周縁に排除されるという安定した構造を随時更新しながら。もちろん、この構造が逆転したところで――そうなる可能性はほぼ皆無に等しいにせよ――パラダイムそのものは同じである。であるなら、わたしたちは、身体の透明性／不透明性という「二〇世紀のパラダイム」の内部でしか思考できないと断念すべきなのだろうか。たとえば、いささか還元的であることを承知で言うなら、二〇〇五年という現在時における「近代劇ブーム」らしきものとは、一方で『火山灰地』が劇場的に回顧／上演するようなエリート主義的（非？）〈国民〉という亡霊的主体と、『喪服の似合うエレクトラ』が劇場的に表象するような〈市民〉というネオリベラルな主体が、相互補完的に刻印されつづける場所《サイト》である、と。あるいはまた、ネオアングラとも呼ばれる〈身体の劇〉は、劇場的にアングラ・小劇場演劇が回顧／上演され、「大衆」としての〈国民〉的主体——よって、ネオリベラリズムの統治下にあっては、つねにすでに「疎外」された身体の不透明性として現れるよりほかはない——が、亡霊のように回帰しつづける場所《サイト》である、というふうに。いやしかし、こんなほとんど自明な結論——すなわち日本は「ヨーロッパの田舎」以外ではありえない——をここで書きたかったわけではない。

「予兆」がないわけではないのだ。ただしそれは、「不敵なくわだて」でも、「現代の『河原』芸人を標榜する人たち」の手によるものでもない。ましてや「わたしたちの存在の自明性を襲い揺るがす」ものでもなければ、「魅惑的で危険に満ちて」もいないはずだろう。そのように身体を特権化する——「直接性」や過剰／外部として——視線自体が近代的なのであって、「不可能性の時代」とは「二〇世紀のパラダイム」が機能不全に陥っている時代にほかならないはずなのである。「わたしたちの存在」はもはや自明ではなく、それを「襲い揺るが」したりすることはそもそも不可能なのではなかったか。

たとえば、岸田戯曲賞を受賞したという意味では、すでに重要な新しい劇作家と認定された感があるチェルフィッチュの岡田利規による『三月の5日間』（二〇〇四）。前章でも論じたように、この上演での写実主義イデオロギーは、奇妙なねじれとともに現象している。ベタな口語を語る俳優の身体は、ドラマ的な意味では台詞とは一致せず、ひたすらずれてゆくのである。ずらされるのではなく、勝手にずれてゆくのである。ここではもはや、身体の「透明性／不透明性」のパラダイムは機能しておらず、ドラマ的なものは戯曲の多様な語りの構造内に取り込まれてその特権性をつねにすでに奪われてさえいる。こうした上演の方法は、〈Jという場所〉の演劇であるかぎりにおいて、ドラマのあとに来る演劇、すなわちハンス＝ティース・レーマン的ポストドラマ演劇として、周縁に位置づけられるのは不可避である。だがわたしたちはここに、「不可能性の時代」の演劇の何らかの「予兆」をこそ、読みとるべきなのではないだろうか。

（二〇〇五年五月）

［注1］『火山灰地』（内山鶉演出）は、東京芸術劇場において、第一部が二〇〇五年一月二二日～三〇日、第二部が三月二〇日～二九日の期間で上演された。（故）大滝秀治のほか、樫山文枝、奈良岡朋子、日色ともゑ等、民藝を代表する俳優たちが舞台に参加した。

［注2］『喪服の似合うエレクトラ』（栗山民也演出）は、二〇〇四年一一月一六日～一二月五日新国立劇場で上演された。大竹しのぶ、堺雅人、吉田鋼太郎、津嘉山正種、三田和代等が出演した。

［注3］ここで兵藤は小山内薫の「理念」が昭和初期のプロレタリア演劇において結実したという書き方をしているが（兵藤 二〇〇五：二六八）、そこではなぜか身体の問題が問われていない。プロレタリア演劇こそ啓蒙の演劇（＝近代劇）だったとも読める書き方なのである。通常の新劇史においては、一九三〇年代というのは新劇のひとつの完成期であり、一方で岸田國士らの劇作派による近代劇の「完成」ないしは「成熟」という事態があり、他方、社会主義リアリズムを標榜するプロレタリア演劇の隆盛という事態が対置される。だが、これらの演劇実践において、戯曲中心主義があったことは認定できるとして、それが単純に「身体の透明化」と同一視できるかどうか、つまりは、日清戦争期に誕生する〈国民〉的身体がここでまったく不可視化されていたかどうかについては、議論の余地があるところだろう。

# 5

# 〈Jという場所〉で歴史を「undo」すること

## ――〈九・一一〉以降の宮沢章夫をめぐって

遊園地再生事業団『トーキョー・ボディ』,
『トーキョー／不在／ハムレット』

## 宮沢章夫の〈九・一一〉

本書第Ⅱ部の一章に再録した拙論「J演劇をマッピング／ザッピングする」において、わたしが作成した「若手小劇場マップ」の四つの軸の交差する点に遊園地再生事業団を置いた[1]。遊園地再生事業団が作家の宮沢章夫と制作の永井有子だけからなるユニットの名称であるからには、演劇作家（＝劇作家／演出家）としての宮沢章夫を交差地点、つまり「中心」に位置させたということである。それについてわたしはこう書いた。

マップのように四つの軸を立てた場合、その中心に遊園地再生事業団（宮沢章夫）が来るのは、ある意味で当然であろう。主宰の宮沢章夫は、周知のように、九〇年代演劇を主導した実践家であるが、いったんは確立したその方法に固執せず、時代環境の変化に敏感に、「正統な演劇」になることなく、実験を継続しているからである。

ここで断っておきたいのは、宮沢章夫を中心に据えるために、マップの構成する諸要素を逆算的に思考していったわけではまったくなく、単に結果的にそうなってしまったにすぎないということである。本章では宮沢のこの現在的位置の諸位相をさらに詳述するために、つまり、より厳密に言えば、〈九・一一〉以降の「可能性の中心」――「わたしが考える」という限定を付けておく――に宮沢章夫がいることが、どのような政治的な意味を持つのかを理論的に考察するために、比喩的な表現が許されるなら、二次元に過ぎなかったマップの中心から、その向こう側へと拡張する／掘り進む作業をしておきたい。もちろん、「可能性の中心」が示唆するような輝かしい演劇の未来（!?）などというものを宮沢章夫が提示しているわけではない。わたしの考えでは事態はその逆であり、彼は少なくとも現時点では、〈撤退戦〉をもっとも精力的かつ正しく闘う演劇作家であり、そのことこそが、わたしが宮沢をJ演劇マップの中心に位置づける本来的な理由になっているのである。

やはり重要な歴史的切断は〈九・一一〉ということになる。しかし宮沢の場合、〈九・一一〉以降といっても、それは「〈九・一一〉的なもの」というメタファーとして、それ以前から進行していた歴史過程（＝グローバリゼーション）の象徴を「以降」に明示的に見いだしうるということではなく、具体的な映像的出来事として直接的な意味を持ったことをここでわたしたちは思い出しておく必要があろう。

一九九〇年の『遊園地再生』ではじまった上演ユニットとしての遊園地再生事業団は、九二年の岸田戯曲賞受賞作の『ヒネミ』以降、『知覚の庭』（九五）、『14歳の国』（九八）など、宮沢の代表作と呼べるようなふつうに充実した作品を次々に上演していったが、九九年の『砂に沈む月』をもって一旦活動を休止している。そして、次の舞台作品が二〇〇二年の長期ワークショップから立ちあがってきた『トーキョー・ボディ』（〇二～〇三、以下、『ボディ』と表記[2]）となるわけだが、それは〈九・一一〉以降という時代の諸層と歴史的切断面を、否が応でも観客に意識させるようなきわめて「斬新な」、また別の見方をすれば単に「むちゃくちゃ」で「でたらめな」上演だったのである。

当時、宮沢はこう書いている。

> あの日、世界貿易センタービルはもろくも崩れたのだ。それがあたかも、それまで観念でとらえていた「からだ」、無根拠で、茫然とそこに立っていると考えていた「からだ」の脆弱さを象徴しているように私には見えた。では、強靱な「からだ」、あるいは、それを支える「劇の言葉」はいかにして可能かと考えても、むろん、過去の演劇に立ち戻ることではけっしてなく、「無根拠」はたしかにあったのだという自覚の上で、さらにまたべつの「からだ」を探そうとしたとき、まさに、作品を創作する過程で、様々な「からだ」の「いま」、いまここにある「からだ」を知る契機になったのは偶然ではないだろう。舞台上にあるの

はデフォルメされたいまの「からだ」かもしれないけれど、もっと生々しい、「いま」の「からだ」は、ごく身近な、そう、これを読むあなたの、そしてこれを書いている私自身の、ほんの少し流れた血の傷を持つ、まさにそこにある「からだ」にちがいない。（宮沢 二〇〇三a）

宮沢がこの一節の前に書いているように、またわたし自身もすでに触れたことがあるように（内野 二〇〇三：二三二―四五）、こういう認識に至ったのには「世界貿易センタービル」が「もろくも崩れた」という映像的かつ歴史的契機があっただけではなく、この上演のためのワークショップに集まってきた三六〇名という驚異的な数の人々と、その人々の「からだ」たちとの遭遇という具体的な経験が大きかったのである。「無根拠で、呆然とそこに立っている」「からだ」を宮沢はかつて「只構築」、すなわち「構築」でも「脱構築＝解体」でもないものとして概念化し、実際、それまでの作品での宮沢作品の「からだ」はそのようなものとして位置づけられ、おおむねそのように現象していたといえる。しかし、そのような「からだ」が「たしかにあったという自覚の上で」、さらにべつの「からだ」を探さなければならないと思い至ったというのである。それは「自傷する身体」とでも呼べる「まさにそこにある『からだ』」と名指されたわけだが、この時点での宮沢は、そうした「からだ」は舞台上では「デフォルメされた」と言っていることに注目しておきたい。つまり、彼は演劇という形式でこうした「生々しい」身体をどう扱ってよいのか考えあぐねている、いやむしろ、そういう身体の扱い方を探ることこそ――あるいはその可能性自体を思考することこそ――が、自身の、そして〈九・一一〉以降における現代演劇の課題だと結論しているとみなすことができるだろう。

もちろんここからは、「現実」の「生々しい」身体（＝「『いま』の『からだ』」）を表象しようと試みれば、その「生々しさ」が無害化／美学化されるだけだという自明な結論が導かれるだけだろう。「ごく身近な、そう、これを読むあなたの、そしてこれを書いている私自身の、ほんの少し流れた血の傷を持つ、まさにそこにある『からだ』」は、「まさにそこにある」だけの見るに堪えない（＝演劇としての／という交換価値を構成しない）「からだ」にちがいない。しかし、それでもその「からだ」を演劇で扱わなければならないと宮沢は考えるのである。

こうした宮沢のきわめて倫理的な思考回路からは、「演劇の不可能性」や「表象不可能性」という（西洋）近代的問題性など出てこないことに、わたしたちは注意すべきである。もちろん、そういういわば西洋（＝普遍）を前提にしてもよいが、西洋ではない〈Jという場所〉においては、それは根拠のある理論ではなく、無根拠な観念にしかならないことは明らかであり、わたしたちはその無根拠な観念を根拠に捏造した構築的上演（＝「芸術的」上演）――普通、それらは「前衛」というカテゴリーに〈Jという場所〉では分類されることになっている――をいやというほど観させられてきたのではなかったか。

西洋近代を想像的に文脈化することで、安易に無根拠を根拠に読みかえないこと。と同時に、「演劇の不可能性」や「表象の不可能性」という西洋的観念にたじろいで、自身のいう「過去の演劇」へと逃走してしまわないこと。そのために宮沢は、それまでの作家／演出家としての経験知や彼自身の教養とでも呼べる演劇史にとどまらない知的参照項のすべてを上演のリソースにすえ、『ボディ』の上演を構想していったのである。わたしたちはそのことを、この上演における引用という方法、より具体的にはテクスト・レヴェルにおける構成の意図的でかつ複雑きわまりない「でたらめ」さと、パフォーマンスのレヴェルにおける「ダンス的身体」――桜井圭介の「コドモ身体」と言ってしまってかまわない[3]――の引用的使用の両方向から確認することができる。

## 『トーキョー・ボディ』の〈しょぼさ〉について

『ボディ』では、旧東ドイツの劇作家ハイナー・ミュラーの『ハムレットマシーン』（一九七七）がもっとも重要な参照項とされている。このテクストはそこに一言もオリジナルな台詞などないのではないかといわれる引用の織物的様相を呈する極小のテクストだが、[4] 宮沢もまた、それにならって――極小を饒舌に反転させてはいるが――『ボディ』のテクストと上演において、さまざまな引用を行なってみせる。台詞や物語レヴェルでは、伝統芸能のテクスト（『心中天網島』）やシェイクスピア（『リア王（*King Lear*）』）といった古典テクストが、あるいは、「資本主義とは何か？」というような哲学的言説が、宮沢自身とも思える登場人物に配された自己言及的台詞を含む脈絡のない多様な文体の劇言語が、テクストのベースにある日常言語による対話劇的言語の間隙に散りばめられるのである。一方、パフォーマンスのレヴェルでは現代美術の作品（ギルバート・アンド・ジョージ）からアメリカの劇作家／演出家のジョン・ジェスランの「実況中継演劇」的手法[5]――舞台奥で客席ではなくカメラに向かって演じられる場面をスクリーンが映し出す――、さらに桜井圭介の「コドモ身体」による多様なパフォーマンス――基本的には無意味で「おバカな」身ぶり群――までが動員される。

プロットは一応、ある。この劇で唯一役名を与えられた「先生」が、行方不明になった三人の娘の一番下の鳥子（先生はリア王でもあり、鳥子はしたがってコーディリアにあたる）を探しに東京に出て、かつての教え子たちに出会うというものである（ちなみに「先生」はオイディプス同様、盲目である）。先生が鳥子と出会えたかどうか最後まで判然とせず、オイディプスはコロノスの神殿には至らないので、もちろん「死」も「救済」もない。ただし、こうしたナラティヴの展開はほとんど上演を行うための口実のようなもので、[6] 東京という都市空間の現在形を――それは〈Jという場所〉の現在形と言い換えることに何のためらいも必要ない――「劇の言葉」の断片的束の羅列によって台詞レヴェルと身体レヴェルと空間レヴェルで、しかも宮沢章夫という脳的〈存在〉――それを引用機械とあえて言ってもよい――を、必ずしも起点としてではなく、通過点／偏光器として描き出そうというのである。そして、この機械が――『ハムレットマシーン』の引用機械ミュラーとは正反対に、機能不全であること、そしてそのために、全体化へと向かう演劇美学に奉仕しない／しえないことが重要である。

　たとえば、『ハムレットマシーン』は「わたしはハムレットだった」という有名な台詞で開始される（ミュラー 一九九二：六）。この「わたしは〜だった」という構文を宮沢は、『ボディ』のなかで執拗に繰り返してみせている。宮沢のテクストは「私は警備員だった」という台詞で開始されるのだが、以降、「私は劇作家だった」「私は資本主義だった」「私は女だった」「私は男だった」「私は詩人だった」「私は〔レズ〕ビアンだった」「私は死体だった」「私はメッカだった」から「私はドミノピザだった」まで、あるいはそれは、「ここは東京だった」という言葉へも変奏されもする。ほとんどそれは、この劇の男と女とあとは数字で示される登場人物たちの常套句と化し、[7]「わたしはハムレットだった」という西洋近代の（悲惨な）歴史をすべて背負ったかのように書かれたミュラーの台詞は、陳腐なクリシエへと降格――脱力ではない――されてしまうのである。『リア王』も『心中天網島』も、あるいはジェスランの「実況中継演劇」の方法的引用も、それが引用される上演固有――物語的、あるいは空間造形的――の正当化のための「口実」がまったくないわけではないにしろ、[8] あるいは、さまざまな事象についてのコメンタリー――「資本主義とは何か?」等々――についても、[9] それ自体として意味を成していないとは言えないにしろ、そのどれもが降格感とでも呼ぶほかはない、あるいはもっとベタに言うと〈しょぼさ〉としか形容できない相対性の感覚を胚胎させられており、知的特権性や思想的強度といった、分節化可能性のもたらす勝利者感覚とでもいうべき高揚感などとは無縁だということが、つねにすでにまた静かに強調されているのである。

一方、この上演には小浜正寛（ボクデス）の他数名のパフォーマーも登場するが、それはほとんど無意味なコロスのように、物語の外部でダンス的とも呼べるさまざまな身ぶりを披露することになっている。小浜が桜井圭介の企画・制作する吾妻橋ダンスクロッシングの常連であることからもわかるように、ここに登場するのは桜井的「コドモ身体」を体現するパフォーマーたちであり、実際この上演では、彼／彼女らは登場人物を演じることもあるが、ワークショップ的演し物芸や無意味な身ぶり的ダンスを、いわば挿入句的に、あるいは単なるあだ花（＝コミックリリーフ）的に披露するだけである[10]。

こうしてわたしたちは、降格感、あるいは決定的〈しょぼさ〉を伴う相対性の散乱という事態にこの上演において立ち会うことになるのだが、それはまさしく東京ではなくトーキョー、あるいは日本ではなくJの機能不全の渦中にある〈現実〉そのものの〈しょぼさ〉であることに気づくほかはない。そしてその空間に、基本的には〈しょぼさ〉のエージェンシー――主体ではない――としての桜井的「コドモ身体」が配備されるということでもあるだろう。もちろん、いわゆる俳優たちの「からだ」（＝演劇的身体）も上演空間に適宜、置かれはする[11]。だが、どのひとつの「からだ」も、こうして散乱した演劇的諸要素を縫合することも、あるいはハイアラーキー化を達成して自らを特権化することもない。というか、そんなことはできないのである。いわば、どこまでいっても、散乱した「からだ」と散乱した「言葉」だけからなる上演。したがって、通常の意味では、この上演には「観るべきもの」など何もない。あるいは同じことだが、あまりにも「観るべきもの」があり、何を観てよいのかわからなくなるのである。

## 『トーキョー／不在／ハムレット』における歴史の配備

続く『トーキョー／ハムレット／不在』（二〇〇四～〇五、以下『不在』と表記）においては、ワークショップから立ち上げられてきた前作とは逆方向からの上演へのアプローチが試みられた。つまり、その端緒には『秋人の不在』（『文學界』〇四年八月号）[12]という自作の小説が置かれ、そこから一年かけて、リーディング公演（〇四年五月、神楽坂die pratze）、映像公演（七月）、実験公演（九月、横浜ＳＴスポット）、そして準備公演（一〇月、麻布die pratze）、そしてシアタートラムでの本公演（〇五年一月）へと、前作よりもさらに時間をかけて作業は進行していったのである。そのプロセスの具体的詳細については、すでに書いたことがあるのでそれを参照してほしいが（内野 二〇〇四、二〇〇五）、ここで問題にすべきなのは、小説で詳細に構築された物語世界と本公演として提出された上演である。

すでに引用したように、宮沢は「強靱な『からだ』、あるいは、それを支える『劇の言葉』はいかにして可能か」と問うていた。『ボディ』はその問いに到達するための、あるいはその問いそのものを内実とする上演だったとするなら、『不在』においては、その問いへの最初の応答が、まずは「劇の言葉」の側から、すなわち、小説と戯曲という言語構築物を出発点とし、そこから上演という媒体への移行が試みられたのである。

「劇の言葉」にとって重要だったのは、何より「歴史の配備」だと言っておくことができる。『ボディ』における『ハムレットマシーン』から、『不在』であからさまに参照される『ハムレット』のオリジナルへの歴史的遡及という、誰にでも明らかなプロット上の重なりのことだけを言っているわけではない。たしかにここでは、『ハムレット』の登場人物と基本的なプロットの流れ――先王ハムレットの暗殺、クローディアスとガートルートの結婚、亡霊の登場、ポローニアス殺害とオフィーリアの死、等々——は、舞台となる埼玉県北埼玉郡北川辺町における牟礼家のそれらへとほぼ忠実に転写されている。しかし何より〈Jという場所〉の現在を歴史的垂直性と空間的平行性——現在性を構成するいわゆる縦軸と横軸——とともに描き出すということが、この物語世界では目指されていることにわたしたちは注目しなければならない。そしてそれが可能になったのは、埼玉県北埼玉郡北川辺町という特異でもあり典型的でもある町との出会いだった。宮沢はこう言っている。

まず最初に、「北関東」という土地の発見があった。それはごく些細なきっかけで、ある機会があって読んだ戯曲の言葉の奇妙な響きに興味を持ち、それが北関東の言葉だと調べているうちにわかったからだ。そして地図を見る。埼玉、群馬、栃木、茨城がある一点で接しているのを見つけその場所に行こうと思ったのは、二〇〇四年の二月だ。埼玉県北埼玉郡北川辺町というどこにでもある、なんの変哲もない町だった。（中略）なんの変哲もないかに見える町に小説の取材のため、どれだけ足を運んだかわからない。目に映るのは、夏だったら、広大な水田に青々と繁る稲ばかり広がる風景で、人の姿を見ることも少なかった。ただいくつかのことが気になった。利根川と渡良瀬川に挟まれ三角州のような姿をした土地は、かつてひどい水害に見舞われていたと思われ、単純に考えればいまでこそ護岸工事が発達したが、そうでなかったかなり過去を遡れば、この悪条件の土地に人が住もうと思うことすら不思議で、だとしたら、川島恂二氏の『関東平野の隠れキリシタン』にある、北川辺町に関東で最初の隠れキリシタンがあらわれたという話も、そこにしか生きられなかった者として密かにキリシタンたちが身を隠すように生きていた苦し紛れの事情も納得できる。私は北川辺町を発見した。ある特別なものがそこにはあるが、それを一般化しどこにでもある、なんでもない町としてさらにとらえ直したとき、普遍性のある物語が生まれると思った。（宮沢 二〇〇五b）

このような「発見」によって小説として語られることになった宮沢の物語に、『ハムレット』のプロットが重なり合わされているとはいえ、一般的な意味での普遍性、つまり曖昧に定義された世界性のようなものを見出すことはむずかしい。しかし、『ハムレット』が前景化する〈復讐〉という普遍的かつ、少なくとも〈九・一一〉以降、よりアクチュアルに実感されるようになった主題のことを、もう少し言ってしまえば、〈九・一一〉が露呈した〈復讐〉を根源的媒介とするグローバルな〈戦争状態〉それ自体こそ、宮沢が「普遍性」と呼んだものだと考えるべきではないか。個別的な歴史性を抱えたローカルな共同体（＝〈土地〉）に焦点を合わせながら、それを「なんでもない町」へと言語化／抽象化することで、宮沢は〈復讐〉と〈戦争状態〉という普遍的主題を呼び出そうとしたのである。

こうして本作品では、個別的土地に堆積した垂直的歴史性が住民の生を決定しているとしか思えない北川辺町を舞台としつつも、その対照点にトーキョーとしての新宿――グローバル・シティとしての東京――を置くことで、歴史性を欠いたまま、わたしたちの眼前で偶発性としてめまぐるしく展開してしまう（かのような）〈Jという場所〉の「いま」の〈戦争状態〉としか呼びようのない同時代的諸層が構造的に分厚く記述されてゆく。「隠れキリシタン」というこの作品の重要なモティーフだけにとどまらない。北川辺町の閉鎖共同体を支配する重苦しい空気と土建屋のポリティクス――牟礼一族は文字通り地元の土建屋である――とでもいうべき、J的共同体の支配の論理、さらにまた、そうした田中角栄的とでも呼べる高度成長経済期からバブル経済以降へと向かう近代化から脱近代化（＝グローバル化と統治システムのネオリベ化）のモメントからノイズ的にはみだし、地元のコンビニ前にたむろし、時に新宿に遊んだりする若者たちにはじまり、平凡な日常生活に飽き足らず、無言電話に性的興奮を覚え、あるいは夫の弟との衝動的不倫に走る主婦にいたるまでの〈無名性の人々〉の「終わりなき日常」である。

ここでもまた、明らかに〈しょぼさ〉の感覚があらゆる局面にべったり貼り付いているし、登場人物もまた、「なんかしょぼいっすね」と発語せざるをえない（小説版では、宮沢 二〇〇四：一九一）[13]。ただし、〈しょぼさ〉がそのものとして肯定されているわけではなく、前作とは異なり、ここではそれは、〈Jという場所〉の不変の前提（ゆえに、歴史的規定性〉として、つねにすでに後景の位置にあるといったほうが正しいだろう。たしかにハムレットでもあり、また平成天皇と同じ音を持つことから、天皇制という別の決定的ともいえる歴史的問題系を呼び込まずにはいない不在のままの牟礼秋人は、オリジナルのハムレットとは異なり、主体的に行動を開始して復讐を遂げつつある〈らしい〉し、町会議員が集まっていた北川辺のスナック銀世界はたしかに爆破されたのだ。つまり、ハムレット＝秋人はたしかにテロリストになり、〈Jという場所〉の的確なメタファーとしての北川辺町は〈戦争状態〉に突入したのである。もちろん、秋人は不在のままゆえに、〈しょぼい〉人々はテロリストになった彼の行動の結果だけをただ見せつけられるだけで、テロリストの暴力的身体を、そしてそのような身体が増殖する〈戦争状態〉を、ただおそるおそる想像し、かつ事後的に確認することしかできはしない。

小説において着々とこのように構築される物語世界が、その質感と構築性をともなったまま上演へ持ち込まれたわけではない。まず小説から戯曲への移行の段階で、ノイズ的としか呼びようのない物語世界とは異質な場面や登場人物や台詞が戯曲ではかなり付け加えられていた。たとえば、小説中では単に作中人物の一人がその公演ポスターの前で通り過ぎるだけの（同上：一三四）トム・ストッパードのよく知られた『ローゼンクランツとギルデンスターンは死んだ（Rosencrantz and Guildenstern Are Dead）』に呼応するように、ローゼンクランツとギルデンスターンは戯曲においては新宿の風俗店の店員というマヌケな書き換えをこうむって、そのままの名前で登場することになったのがその典型である。その一方で、たとえば、前作からの継続性を担保するかのように、同時に〈ハムレット／ハムレットマシーン〉に〈隠れキリシタン〉という歴史性を付加するような次のような一連の台詞も導入されている。

声2　私はハムレットではなかった。

声3　私はハムレットでもなかった。
声4　私はハムレットですらなかった。
声5　私はハムレットだとどこか遠い記憶の中にあった。
詩人　私はハムレットだった。渡良瀬川の川べりにたち、ああだこうだとぶつぶつ口にしていた、北関東の荒涼とした廃墟を背にして。
声4　あんめいぞうすまれや。
声5　私はハムレットだった。
詩人　あんめいぞうすまれや。
声2　私はハムレットではなかった。

（宮沢 二〇〇五c：六）

すなわち、小説ではありえない上演へのこうした声の介入も、戯曲レヴェルですでに考えられていたということである。あるいは、本公演にいたるプロセスで試された実況中継演劇のさらなる工夫から、「からだ」と台詞をめぐるワークショップのエチュード的場面までのさまざまな要素が、本公演にも創作プロセスの残響として、物語世界へのノイズ的（＝無意味だがうるさい）介入として保持されたままになった。さらに、そうした上演の身ぶり的側面をとりあえずの縫合を施しておくために、ぎくしゃくとした暴力的身ぶりで知られる——桜井圭介の「コドモ身体」の重要な具体例と考えられる——ニブロールの矢内原美邦が振付として本公演に参加することにもなったのである。

こうして提示された本公演は、これまで見てきたように、確固とした物語世界を一定の根拠、あるいは〈底〉として、創作プロセスで実際に試された言語的、身ぶり的、映像的諸要素が配置された上で、矢内原による身ぶりのパフォーマンスが組み込まれた上演となった。通常の思考回路であれば、このように〈底〉として物語世界があるということは、ふつうの上演を目指せばよい、つまりは、現在、支配的に受け入れられている演技術をもった俳優のふつうの演技によって上演すればよい、という話になる。もちろん、そんなことをしたくないから、宮沢はこの作品を作っている。いわゆる「名優」とか、「すごい俳優」とかいわれる人たちと「いい演劇」を作ることに彼の興味はなく、実際『不在』の長い創作プロセスにずっと付き合ってきたのは、支配的価値（＝制度）から明らかに逸脱するノイズ的位置にいる「からだ」の俳優たちが多かったのである。『不在』のプレスリリースで宮沢はこう書いている。

「無名」と呼ばれている若い俳優たちがいて、表現欲をもてあまし、そのエネルギーをどう形のあるものにしていいか考えあぐねているのは、数多くのワークショップをやっているうちに気づくことが多かった。その時間を貸してもらうことで、また異なる方法は生まれないだろうか。それを試みるためにこそ、一年に近い時間を使ってさまざまなアプローチを試みたいと思った。それは幾月かごとに試演されるプレビュー公演になり、あるいは長い期間を使ったトレーニングの積み重ねだ。時間を積み重ねることでまた異なる表現そのものが生まれることを期待している。（中略）「時間」の積み重ねが作品そのものになる。（宮沢 二〇〇五ａ）

ここでは「『時間』の積み重ねが作品そのものになる」という一節よりも、冒頭の「『無名』と呼ばれている若い俳優たちがいて」以下の一節の方が本論の主旨にとっては重要であろう。この点では『ボディ』と同じ発想だといえるが、『ボディ』が、すでに書いたように、リテラルに「散乱した『からだ』の散乱した『言葉』の劇」だったとすれば、『不在』は、その〈底〉に堅固な物語世界が設定され、かつ時間がかけられたために編集の度合いが高かったことも手伝い、〈戦争状態〉にある〈Ｊという場所〉の上演的記述という相貌をもつ、ある種の上演空間的統覚が維持されたままの、「散乱した『からだ』による構築的物語世界の劇」になったと言っておくができると思う。

ではそれは、宮沢が望んだような「異なる表現そのもの」だったのだろうか？　あらゆる上演は、他の上演とは「異なる」という意味でならもちろんそうであろう。だが、そう簡単に「異なる表現」が、たとえ一年という時間をかけたにしても、この「徹底化したポストモダン」以降の時代に出てくるはずもない。すべてが細分化しているなか、「表現」もまた例外ではありえず、理論的に考えても、そもそも、「異なる」ことなど不可能なのではないか、とさえ言えるのだ。「異なる」とはしかし、一体何とどう異なるというのか？　異なると、いったい誰が何を根拠にして認定するのか？

「異なる」とか「新しい」とかいう言葉は誰でも口にするものだから、ここで宮沢の言葉をあえて批判する必要はない。むしろわたしたちは、上の一節から読み取れる「無名性」の「からだ」をいかに上演に組織するかが課題だという宮沢の認識に注目しておくべきだろう。というのは、「無名性」の「からだ」が上演に組織されたとされる時代がかつてあり、そうした「無名性」の「からだ」の上演における集団性現前が、たとえば日本でいえばいわゆるアングラ演劇のように、演劇史において一定の価値を持たされていることをわたしたちは知っているからである。しかし、「過去の演劇に戻ることなく」そのような「無名性」の「からだ」を組織化した上演など可能なのか？

## 『トーキョー／不在／ハムレット』以降——演劇史を「ｕｎｄｏ」すること

『不在』以降の宮沢の二つのプロジェクトは、ともに似たような出自をもっている。いわゆる「古典」といわれる演劇／テクストにどう現在的応答ができるか、というものである。ひとつは世田谷パブリックシアターから委嘱された現代能楽シリーズで、二〇〇六年二月にリーディング公演、一一月に本公演が行われた『鵺／ＮＵＥ』（宮沢 二〇〇六a）である。もうひとつは、わたしが宮沢に提案したプロジェクトだが、新歴史主義批評の創始者として知られるアメリカのスティーヴン・グリーンブラット（ハーヴァード大学）の提案によるシェイクスピアの「失われた戯曲」をめぐる「カルデーニオ・プロジェクト」における『モータサイクル・ドン・キホーテ』（宮沢 二〇〇六b）である。

前者は、少なくともリーディングの段階では、能の『鵺』の構造を借りた宮沢の演劇論的演劇だというふうに見て取れた。その中心に、アングラ演劇の「からだ」と「劇の言葉」の関係を歴史的に検証するという重要なモティーフが位置していたからである。つまりこの戯曲では、今や国際的になったかつてのアングラの「演出家」が空港のトランジット・ラウンジで時間をつぶしているあいだ、アングラ演劇の亡霊とでも呼べる伝説的俳優（「黒づくめの男」）――実は、ちょうどそのとき、日本でひっそりと息を引き取っていた――と再会し、劇中劇として清水邦夫の戯曲がアングラ演劇的スタイルと「からだ」で演じられたりするのである。『鵺／ＮＵＥ』は、道具立て的には、あるいは扱われる主題的には『ボディ』、『不在』の延長線上にある。しかし、戯曲レヴェルで読むかぎり（上演台本による劇中劇構造はかなり微妙であり、ほとんどクリシェ化したかつて熱かったアングラ演劇という事後的に構築されたかもしれないイメージへの、ノスタルジックなオマージュにすぎなくなってしまうのか――いくら括弧に入れたとしても――、それともそこにとどまらない〈九・一一〉以降の宮沢作品の集大成的作品になるのかは、実際の上演を見ないと判断できないと思われたのである。ただし、本公演に参加予定俳優の名前を見るかぎり――若松武史、上杉祥三、中川安奈に加えて下総源太朗のほか、「宮沢組」とでも呼べる俳優陣（上村聡、鈴木将一朗、田中夢）が加わっている――ただ単にさまざまな演劇的「からだ」が登場するだけではなく、歴史的具体性としてのアングラ演劇がカッコで括られた上で浮上させられ、かつ検証の視線にさらされる可能性はあると言っておきたい。

一方後者は、シェイクスピアの同時代人であるセルヴァンテスの『ドン・キホーテ』に登場するカルデーニオという騎士の物語を元にして、シェイクスピアとフレッチャーが共作で書いたにもかかわらず、その後、失われてしまった幻の戯曲を、同時代にどう再生することができるのか、というプロジェクトだった。こちらはセルヴァンテスの原作をはじめ、シェイクスピアの全作品が参照項としてあるばかりでなく、グリーンブラットがアメリカの劇作家チャールズ・ミー・ジュニアと共同で書いた新作戯曲も、参照先として宮沢に与えられていた。

このプロジェクトのために宮沢は、『モータサイクル・ドン・キホーテ』というテクストを書くことになった。川崎市鶴見区にあるバイク店が舞台である。そこに住む「無名性」の人々の「無名性」の「からだ」を一方に置きつつ——バイク屋のオヤジ（小田豊）、元俳優（新劇である）の妻（高橋礼恵、文学座所属）と「コドモ身体」の高校生の娘（田中夢）、それに怪しげな店員（下総源太朗）、近所に住むフリーター（鈴木将一朗）、妻の元恋人の新劇俳優（岩崎正寛）、さらには遂に最後まで登場しない引きこもり青年——、シェイクスピア的台詞が展開する劇中劇場面やチェーホフを引用する場面を、宮沢は物語世界の内部に自然な形で挿入し、バイク屋の主人と元新劇俳優の妻のメロドラマ劇とでも呼べる、これまでとは相当異質な印象を与える上演を行った。俳優陣を見れば一目瞭然であるように、新劇、アングラ・小劇場、そしてそれ以降、と呼ぶほかはないさまざまな「からだ」が、まるで「世代別『からだ』カタログ」のように、素知らぬ顔でこの上演には配備されている。なかでもここでの宮沢の関心は、新劇という形式そのものにあったというべきだろう[14]。つまり、シェイクスピアとチェーホフを「神」として発展してきた日本の新劇と、その奇妙に独自な演技術を可能にする新劇的「からだ」というものが、ここでは明らかにカッコに括られた上で浮上させられ、かつ検証の視線にさらされたのである。

## 「ｕｎｄｏ」から「運動」へ

アングラ演劇的無名性の集団的強度にベタに回帰することもできず、「無根拠に耐える」と再び宣言してかつての「只構築」を採用することもできない（＝「過去の演劇には戻れない」）、だからといって、〈Jという場所〉の〈戦争状態〉に即応する「異なる演劇のからだ」がそう簡単に作れるわけでもない。さて、どうしよう？〈九・一一〉以降、宮沢はこのように考え、「さて、どうしよう？」という問いを抱いたまま、『ボディ』から『不在』、さらには二〇〇六年の二つのプロジェクトに取り組んできたと言えるだろう。そしてその問いが、〈Jという場所〉の〈いま〉をリテラルに上演することをあくまでもその創作の中心としながらも、さまざまな歴史の検証へと宮沢を向かわせたことは実に興味深い。

いや、こう書くと彼が歴史性に逃げ込もうとしていると誤解されると困るので、言い換えておこう。というのも、私見では、少なくともこれまでの上演では、宮沢にとっての「歴史」はまさにそれを「ｕｎｄｏ」するために導入されるといった方がふさわしいからである。何しろ〈Jという場所〉の演劇の場合、歴史は無媒介に〈歴史性〉（＝イメージとしての歴史）として現在へと回帰してきてしまう。いや、〈歴史性〉として回帰してくるならまだマシなほうで、〈普遍性〉として――演劇原理主義として――居直りかつ居座る傾向が強いのだ。そう考えたからこそ宮沢は、さまざまな歴史――戯曲史、演劇史、土地固有の歴史等々――を、その具体性において、いちいちその物語空間や上演空間に明示的に（再）配備することで相対化する（＝「ｕｎｄｏする」）という壮大なプロジェクト（＝「負けいくさ」）を開始したのではないか。たしかにそれは、撤退戦にしかならないことが最初から運命づけられているかもしれない。しかしだからこそ、それはまったく正しい闘う態度であるばかりか、輝かしい撤退戦になることはまちがいないと、わたしたちは言うべきなのである。なぜなら、「ｕｎｄｏ」を日本語化して読めば、「運動」になるからである、とかいうと、宮沢に一笑に付されてしまうだろうか……。

※本章を執筆するにあたり、遊園地再生事業団の永井有子氏（補注――現在は退団）から、『トーキョー・ボディ』、『トーキョー／不在／ハムレット』、『モータサイクル・ドン・キホーテ』、『鵺／ＮＵＥ』の上演台本をはじめ、さまざまな資料の提供を受けた。永井氏に感謝の意を表しておきたい。このうち、『トーキョー／不在／ハムレット』と『鵺／ＮＵＥ』についてはそれぞれすでに出版されているが、本章では上演台本を参照していることをここでお断りしておく。

（二〇〇六年一一月）

［注1］本書第Ⅱ部一章を参照。

［注2］『トーキョー・ボディ』のためのワークショップは二〇〇二年一〇月に開始され、その後一二月のザ・スズナリにおけるリーディング公演を経て、〇三年一月にシアター・トラムで上演された。

［注3］桜井圭介の「コドモ身体」という概念については、『舞台芸術』第四号「『コドモ身体』ということ――コンテンポラリー・ダンスにみる歴史と記憶（？）」（桜井 二〇〇三：二九―四二）以降、同誌第五号から第九号まで連載された時評、及び第一〇号におけるわたしとの対談と桜井による「ポストスクリプト」などを参照のこと。「コドモ身体」は一種の作業仮説的タームであり、かなり複雑な理論的内実を伴うが、その言葉自体、桜井が評価すべきと考えるダンスの身体のイメージをよく捉えていると思われる。

［注4］ミュラー一九九二。この戯曲集に『ハムレットマシーン』が収められているが、全体の長さはわずか一四頁である。

［注5］ジョン・ジェスラン（一九五一〜）はミシガン生まれの劇作家、映画作家、実験演劇演出家。CBS（一九七六〜七九）でメディア・アナリストとして、またディスク・キャヴェットショー（一九八〇〜八二）で仕事をしている間、日常生活へのテレビの影響に注意を引かれる。最初の演劇作品『虚ろな月のチャン』（一九八二〜）は、マンハッタンのピラミッド・クラブで毎週上演された三〇分のエピソードからなる連続物でベッシー賞受賞。一九八六年、『ディープ・スリープ』でオービー賞受賞。その他、『ホワイト・ウォーター』（一九八六）、『シャターハンド・マッサクル（*Shatterhand Massacre*）』（一九八五）、『上陸地点（*Point of Debarkation*）』（一九九三）、『スライト・リターン』（一九九四）、『スノウ』（二〇〇〇）等。近年はメディアと現実の関係を問う作品が多く、観客がライヴの俳優の演技にまったく触れることなく、実況中継されるパフォーマンスのみを見るといったコンセプチュアルな作品を発表している。ドイツを中心とした海外での公演や教授歴も多いが、日本とも縁が深く、一九九九年、東京大学客員教授に続き、二〇〇二〜〇三年、宮沢が当時勤務していた京都造形芸術大学教授をつとめた（第Ⅰ部五章及び七章も参照のこと）。

［注6］もちろん単なる「口実」ではない側面もあり、このナラティヴは宮沢自身の「べつの『からだ』」の探りプロジェクトと重なりもする。したがって、「先生」にもまた、「私は劇作家だった」と自称する「男2」同様、宮沢自身の影が認められる。盲目になったがゆえに、「先生」は「からだ」の存在を確かめようと、対話の相手に手を触れようとし、それが唯一の「からだ」とのコミュニケーションであるように、戯曲テクストでは書かれている。

［注7］上演台本では、「先生」以外は、「男1」、「男2」……、「女1」、「女2」……という役名になっている。

［注8］物語的なエコーをこれらの引用に求めることは容易にできようが、その一方、空間造形的にも、たとえば新宿の風俗店の場面は、本舞台としきられた舞台奥におけるアクションの実況中継という体裁を取り、そのために独特の距離感と多少逆説的な近親感やカメラが動くことによる不安定感——実際には遠くにいるのに、人々の顔がクローズアップで映し出されてしまうときの奇妙な感覚——をすくい取っていた。

［注9］たとえば次のような二度繰り返される「男5」の台詞。「私は資本主義だった。資本主義は強固なシステムだ。いや主義なんてものはどこにもなかった、主義と呼べるようなものはどこにもなく、市場経済における必然として出現した貨幣と商品の流通のシステムを資本主義と呼びはしたが、それは人の生きる根元的で強固なシステム、平たく言えばよくできた『仕組み』となって世界に蔓延しただけのこと。現象をただそう呼んだだけだった。マルクスは言った。『商品の第一変態または売り。商品体から金体への商品価値の飛び移りは、私が別のところで言ったように商品の命がけの飛躍である』。命がけの飛躍。私は飛躍する。なぜなら私は、資本主義だったのだから」（宮沢 二〇〇三b：一九―二〇、二三）。

［注10］本作品では、パフォーマンス組というか、台詞を語る俳優組とは別のグループが設定されていた。上演台本では「P1」、「P2」……というように表記されている。彼女たち／彼らは劇のアクションにかかわることもあるが、たとえば、次のようなパフォーマンスも行った。「パフォーマンス『ボーリング模写』（P3、4、6と男5）音楽とともにボーリング場の映像が映され、パフォーマーたちは映像の中の人の動きを模写する」（同上：一九）。「基本的には無意味で『おバカ』」と書いたが、もちろんこの「ボーリング模写」のように、現実にある（あってしまう）「からだ」が先行し、パフォーマンスはそれを「模写」するしかないという「からだ」と演劇表象をめぐる思考がそこに組み込まれてもいる。

［注11］俳優組のなかでは、たとえば「先生」を演じた小田豊は、いうまでもなくアングラ出身の「名優」のカテゴリーに入る俳優である。ただし、「先生」を盲目に設定することで、通常とは異なる「演劇のからだ」を思考／試行することが小田にもまた求められたと考えられる。

［注12］『秋人の不在』は『文學界』二〇〇四年八月号に掲載後、タイトルを『不在』に変えて、文藝春秋社より〇五年一月に単行本として出版された。

［注13］小説版の頁数は単行本による。また、この「なんかしょぼいっすね」という台詞は、上演台本では最終場面の第一〇場（「ローソンの前」）の冒頭で「幸森」が発する台詞だが、本公演ではこの第十場がプロローグ的に最初にも上演され、全体が円環構造をなすことになり、〈しょぼさ〉という感覚が上演と密接にかかわることがより具体的に示された。

［注14］新劇の演技術はリアリズムだと一般に言われることが多いが、誰でも経験的に知っているように、そのカテゴライゼーションには大きな問題がある。チェーホフとシェイクスピアを同じように「リアル」に、あるいは「自然に」演じられる単一の演技術などそもそも想定不能であろう。また、「西洋人のようにみせる」という過剰がそもそも新劇の起源から組み込まれている上、戦後新劇の展開のなかで、地方の巨大なホール（いわゆる多目的ホール）での公演がデフォルトとなったために、「大声で叫ぶ大げさな演技」が新劇的演技であるというパブリック・イメージが醸成されたのである。それをリアリズムと呼ぶのはあまりの倒錯であろう。

# 6

# 一〇年代の上演系芸術

## ——ヨーロッパの「田舎」をやめることについて

チェルフィッチュ『ホットペッパー，クーラー，そしてお別れの挨拶』

ゼロ年代の終わりの二〇〇九年下半期から一〇年代一年目の二〇一〇年夏にかけて、日本の上演系芸術を考えるためのいくつかの徴候的な出来事があった。まずは、そこから本章を始めたい。

## 徴候・その一

壁崩壊二〇周年を迎えようとしていたドイツ・ベルリンのアジア太平洋週間の一環として二〇〇九年一〇月中旬、「トーキョー――シブヤ――新 世 代《ニュージェネレーション》」というイヴェントが行われた。三つの劇場空間をもつＨＡＵ（ヘッベル・アム・ウーファー劇場）が会場で、同劇場の芸術監督であるマティアス・リリエンタールと国際交流基金ケルン事務所の山口真樹子の共同キュレーションによって、プログラム内容は決定された。基本的には日本演劇特集だが、坂本龍一のコンサートがプレ・イヴェント的に開かれ、チェルフィッチュ、庭劇団ペニノ、快 快《ファイファイ》の三劇団が参加、そこにゴーストのコンサート、美術家集団 Chim↑Pom のヴィデオ・インスタレーション（『Super Rat』）、さらに批評家の佐々木敦による八〇年代後半以降の音楽文化についての講演、松本哉による「素人の乱」の活動紹介も同時に行われた[1]。

ゼロ年代特有のある種の不穏さを基調音とする、実に的確なテーマ設定とセレクションだったといえようか。何しろ単に舞台作品だけでなく、それらと思想的感性的に密接にかかわる現代美術や音楽、さらにはオルタナティヴな市民運動の形態の紹介という組み立てだったからである。

そもそもこうしたイヴェントが可能になったのは、二〇〇六年五月にベルギー・ブリュッセルのクンステン・フェスティヴァル・デザールという演劇祭でのチェルフィッチュの『三月の5日間』上演があったからである。日本の現代演劇にとって、文字通りのブレイクスルーとなったこの上演以降、チェルフィッチュは海外からの招聘を多数受け、さらに、欧米の主要な劇場やフェスティヴァルのディレクターが二〇〇七年以降、東京芸術見本市等に殺到するようになり、上記のベルリンにおけるイヴェントへの複数劇団の招聘をはじめ、一〇年に入っても、快快《ファイファイ》や庭劇団ペニノ、さらにはポツドールといったいわゆる若手小劇場の海外公演が続くことになった。[2]

この事態については、助成金バブルのおかげだ（海外公演の場合、渡航費は上演する側が負担するのが慣例である）という資金面からの説明もありうるし、[3]あるいは、海外におけるマンガ・アニメを始めとする日本のサブカルブームに乗っかっているだけだという説明も可能だろう。それでも、チェルフィッチュを筆頭とする日本の若手小劇場演劇に欧米の劇場やフェスティヴァルが何を見いだしたのかという問いは残る。というのも、若手小劇場演劇が上演されているのが、たとえばヨーロッパ大陸では高級芸術《ハイアート》の文脈においてだからにほかならない（アメリカ合衆国では外国文化紹介＝国際交流的文脈に乗ることが多いようだ[4]）。もちろんこれについても、大陸ヨーロッパの上演系芸術には、もはや新しいものなど何もないのだから、必死で「新しさ」を探している、といった還元的な見解も出てくることだろう。ただ少なくとも、仏独中心とは言え、大陸ヨーロッパにこれほどまとまって日本の現代演劇が紹介されたことは、歴史的にも希有な事態だということくらいは認定しておくべきだろう。

## 徴候・その二

一〇年代開始早々の二〇一〇年二月に発表された第五四回岸田戯曲賞は、劇団ままごとを主宰する柴幸男の『わが星』に決まった。そもそも昨年度末に発表された最終候補作に本作が含まれていた時点で、わたしはかなりの違和感をもった。なぜなら、タイトルからも推察されるように、本作はアメリカの劇作家ソーントン・ワイルダーの『わが町（*Our Town*）』（一九三八）の翻案だからである。[5] 柴幸男は演出家だとわたしが思っていたということもある。たしかに三鷹市芸術文化センターで〇九年一〇月行われたその上演は、無媒介のというか、いっさいの躊躇やアイロニーなしの絶対的肯定性をその特性とし、軽やかな身体の運動を前景化する〈身ぶりの劇〉的要素を強く示しており、いい意味でも悪い意味でも興味深いものだった。一九八〇年代小劇場的「明るい虚無」とは対極にある、この底が抜けたような絶対的「明るさ」はいったい何かと思わずにはいられなかったのである。

ただ、戯曲賞となると話は別である。戯曲賞は戯曲テクストに対して与えられるのではないのか。選評を読むかぎり、上演テクストには細かい舞台上の音楽や動きの指定があったようだが、それにしても、である。選考委員のひとり鴻上尚史はいみじくもこう言っている。

> 柴幸男さんの『わが星』は、僕にはどうも、ソーントン・ワイルダーの『わが町』の感動をかなりの部分、借りているのではないかと感じて、乗り切れませんでした。
> 僕自身、『わが町』が大好きだというのが、一番の原因だと思います。とても大きなものととても小さなものを同時に扱うと、そこに「詩」が生まれます。刹那と永遠を一度に手の上に乗せようとすれば、そこに切なさが立ち上がります。『わが星』の感動は、『わが町』の感動ではないのかと僕はずっと思っていました。（鴻上 二〇一〇）。

あらゆるテクストはインターテクスチュアルなのだとか、オリジナルなどもはやないとか、原理的には言えるにしても、少なくとも他の文学賞では有効なはずのオリジナル作品という評価基準はどうなってしまったのか。[6] ワイルダー戯曲の版権が切れているからもうよい、ということなのか。「本歌取り」（選考委員のひとり永井愛の言葉）なんだか

ら、オリジナルなのか。ただ、賞のＨＰをよく読むと、

> 本賞は、演劇界に新たなる新風を吹き込む新人劇作家の奨励と育成を目的に、一九五五年に新劇戯曲賞として設置され、一九六一年には「新劇」岸田戯曲賞、一九七九年に岸田國士戯曲賞と改称され今日に至る。
> 新人劇作家の登竜門とされることから、「演劇界の芥川賞」とも称される。
> 選考対象は、原則として一年間に雑誌発表または単行本にて活字化された作品とする。ただし、画期的な上演成果を示したものに限って、選考委員等の推薦を受ければ、生原稿・台本の形であっても、例外的に選考の対象とすることがある。（http://www.hakusuisha.co.jp/kishida/index.php、最終アクセス日二〇一六年三月二八日）

とたしかにある。[7] とするなら、そもそも岸田戯曲賞は、翻案だろうが翻訳戯曲だろうがよいのだ、と広く解釈することもできるし、今回は実際そうしたということなのだろう。それどころか、この文言には、日本語で書かれたという指定もなければ日本で上演されたという制限もないのだから、たとえば英国で出版されたドイツ語で書かれた戯曲に賞を与えても、原理的にはよいことになる。そんなことはあり得ないと賞の主催者は想定しているのだろうが、〈世間の常識〉からすると、岸田賞をめぐる〈業界の論理〉はいかにもわかりにくくはないか。たがが外れているのではないか。いや、たがが外れたというよりも底が抜けたといった方がよいかもしれない。そしてこの底の抜け方は、演出家としての柴幸男がその上演で見せる絶対的肯定性という底の抜け方とどこか似ていると思うのはわたしだけだろうか。

## 徴候・その三

一九九〇年代後半以降、日本の現代演劇では突出してその名を海外で知られるようになった劇団・解体社が、このところ例年行っているアトリエ・パフォーマンスの連作シリーズが今年（二〇一〇年）も上演中で、八月の作品は『永劫回帰と、』（清水信臣構成・演出、八月五〜七日、東京・Free Space CANVAS）と題されていた。タイトルはいうまでもなくニーチェの言葉から来ているが、上演は通常とは異なり、アトリエ上にある受付用の狭い空間での、〇八年に起きたいわゆる土浦八人殺傷事件の金川真大被告の公判記録の引用から始まった。基本的には、きわめて論理的に自己の行為を分析的に語りつつ「死刑にしてほしい」と主張する内容である。なかでも「あなたたちの作っている正義と、自分の正義とは違うということです」[8]という言葉は印象的で、そうしたやりとりを俳優の杉浦千鶴子が携帯電話から聞こえる金川の言葉にライヴで応答する部分と、二台の携帯電話同士で応答しあう部分からなる（この法と正義という主題がこのパフォーマンス全体の基調音を今回は構成し、上演本体ではギリシャ悲劇のアンティゴネーの言葉も使われた）。その後、いつものアトリエに導かれた観客は、熊本賢治郎、日野昼子や青田玲子といったおなじみの俳優と若手俳優に加え、ジョナサン・ジルズ・ガーナーやレベッカ・ウッドフォード＝スミスの二名の海外からの参加を加えた「人体の陳列劇」とでも呼べる上演に立ち会うことになる。ただし、近年の清水信臣の演出家としての特徴であるのだが、それぞれの「劇」は比較的緩い構成になっており、ありがちな危機感をたたえた人体の劇《ドラマ》にはならず、そこでは、すでに人間（＝近代的）主体ではないが生きつづけるほかはない人体が時おり発する言葉や人体そのものの自律的／単独的身ぶりが、上演空間に反復的かつ執拗に登記されてゆくだけである。そのプロセスで、ジェンダーや天皇制、暴力やコミュニケーションの不可能性といった法と正義にかかわる大文字の同時代的主題群が、批評的眼差しにさらされ、そこからさまざまな問い――観念的あるいは具体的――が観客の脳裏に去来し、かつまた観客の身体もある種の同期的揺らぎとでも呼べるものを上演の身体から感受することになる。

もちろん、この徹底して現場的に考え抜かれているのみならず、十分な理論的背景と同時代への分析的眼差しを胚胎する至極まっとうなパフォーマンスは、少数の観客を対象とし、ポストモダン都市東京の片隅でひっそりと行われるだけである。グローバリティの〈例外状態〉への果敢な応答であり、文字通りインターカルチュラルでもあるこのまっとうなパフォーマンスは、いつまでたっても日本の現代演劇業界では例外どころか不在に近いものとされることが、事前に決定されてしまっている。

一方、今年（二〇一〇年）五月に開かれたブリュッセルのクンステン・フェスティヴァル・デザールに参加した作品に、ドイツの演出家クリストフ・シュリンゲンジーフによる『ヴィア・イントレランツァⅡ（*Via Intolleranza II*）』[9]というのがあった。題名の『イントレランツァ（不寛容）』は、イタリアの作曲家ルイジ・ノーノが一九六〇年のヴェネチア・ビエンナーレのために作曲したオペラである。シュリンゲンジーフはこのオペラを題材に、彼が中心となってアフリカのブルキナファソに作ったユートピア的芸術村（「オペラ村」と呼ばれる）でのさまざまな活動を介在させつつ[10]、ヨーロッパとアフリカというグローバルな領野での南北問題／ポストコロニアル問題における「不寛容／寛容」「差別／平等」という理念についての具体的な問いを喚起させる。ヨーロッパ的寛容は、たとえヨーロッパ内では未だに（＝オペラが書かれた六〇年代同様）アクチュアリティがある主題であるにしても、果たしてアフリカの現実にとって、同じようなアクチュアリティを持ちうるのか？　こうしたアクチュアルな主題を芸術の諸ジャンルは、それがオペラであれアフリカのダンスや歌唱であれ、どのように扱うことができるのか。

ただしここでは、シュリンゲンジーフ自身が舞台に立って、作品の成立経緯を説明したりダンスを披露したりという悪ノリが何とも印象的であった。さらに、それとは対照的なオペラ歌手による歌唱とそれと入れ子細工的に使われるブルキナファソのダンスや歌唱が同じ空間で繰り広げられることで、あるいはまた、シュリンゲンジーフ御一行のアフリカ旅行についてのベタな記録映像がスクリーンに流れたりもすることで、本作はクラッシーでノイジー、知的かつ身体的な悪ノリ・過剰・パフォーマンスとなる。まさに『イントレランツァ』を「経由＝ヴィア」した「Ⅱ」、すなわち続篇（＝同時代版）と呼ぶのにふさわしい画期的な上演であり、それはいうなれば、シュリンゲンジーフというアーティストの肥大化した自我とそのまま直面することの快楽とでもいえるものを観客に与えることになったのである。

このように解体社の清水とシュリンゲンジーフは、ほぼ同じ水準のグローバルな思想的芸術論的枠組みで上演を構想しつつ、それぞれのローカリティから抽出された同時代的／グローバル化の果ての諸主題をパフォーマティヴに提示しようと試みる。ただし、シュリンゲンジーフの極限まで肥大化した自我に比べると、清水の自我はどこまでも共有性へと開かれているという留保は必要だろう。たとえそうであっても、この二人の同時代を代表する演出家が、舞台芸術を構想する手つきはひどく似ているのである。

ここでいかにも徴候的なことは、シュリンゲンジーフ作品が参加した今年（二〇一〇年）のクンステン・フェスティヴァル・デザールで上演された日本の作品は、昨年秋、ベルリンで初演されたチェルフィッチュの『ホットペッパー、クーラー、そしてお別れの挨拶』（二〇〇九）だったことである。チェルフィッチュでは困る、やはり解体社だろう、などと言っているのではない。というのも、ヨーロッパのフェスティヴァル文化が希求するのはあくまでも〈差異の上演〉であり、同じくらいの強い問題意識や批評意識に支えられつつも、ヨーロッパでは考えられない〈だらだら感〉

を美学的カテゴリー、すなわち上演系芸術のコミュニケーションのための回路として難なく成立させてしまう岡田利規の異才的〈差異〉に応答するのは当然だと考えるべきだからである。すなわち、解体社の清水はどこで上演を行っても、つねにすでに越境してしまっており、あえてヨーロッパが〈差異〉として招聘する必要を感じさせない一方、閉鎖的文化空間（＝〈Jという場所〉）の中での実験と思考を重ねた岡田の方法論は、ヨーロッパのフェスティヴァル文化という制度がなければ、越境しえないということなのである。

## ヨーロッパの「田舎」をやめるために――二一世紀の「弦楽四重奏」であることに耐える

この三つの徴候的事例から、上演系芸術のこれからの十年について、わたしたちは何を導き出せるだろうか。誰でも即座に思いつくのは、要するに日本では上演系芸術はこれまでも制度ではなかったし、これからも制度ではありえないという歴史認識というか単なる事実である。たとえば、今や日本を代表する思想誌と見なされているらしい『思想地図』第四号の想像力特集（東・北田 二〇〇九）を一読すればよい。すると、この号の主題である想像力と深くかかわるはずの演劇やダンスについて、本誌ではほぼいっさい言及がないことに誰もが気づくほかはない。ここに集結して「想像力」を論じる〈文化系男子〉にとって、日本の上演系芸術など、さしたる問題ではないことは明らかなのである。したがって日本の上演系芸術においては、国内的経済状況（＝助成金バブル）と欧米の芸術状況のみが、その駆動装置となる可能性をいつでももち、そのために予想不能な変異や埒外でのアトランダムな接合が起きる可能性はつねにあるが、上演系芸術内的ロジックによる発展や展開はありえないことになる。しかもどうやら、岸田戯曲賞の事例が徴候的であるように、国内的にはすっかり底が抜けてしまったようである。

こうしてわたしは、パフォーマンス研究のリチャード・シェクナーがかつて、「二一世紀に演劇は弦楽四重奏になる」と語ったことを思い出すことになった。（少なくともヨーロッパでは）過去、社会的影響力をもった上演系芸術（＝演劇）は、二〇世紀以降急速にその力を失い、映画やテレビ、さらにネットといった諸メディアにその地位を譲っていった結果、小空間で少人数で特定の嗜好／志向の人々のためのメディアになって落ち着く、というのである（シェクナー 二〇〇五：一二一―三四）。

ここでわたしたちが問うべきなのは、そもそもかろうじて「弦楽四重奏」程度だったこの国の演劇が、一〇年代にどうなってしまうのか、ということではない。というのも、どうにもならないというのが自明の結論で、そのことは『思想地図』的言説における演劇、あるいは演劇的なものの圧倒的不在からも明らかだろう。ただし、近年その数を増やしているかに見える「演劇の自己中心主義者」（＝「芝居好き」）たちから見ると、あまり明らかではないらしいので、ここで少々迂回しておく。

なぜ明らかでないのか。それには二つの理由が考えられる。ひとつはすでに触れた助成金バブルという一九九〇年代初頭から続く問題。もうひとつは、ネット環境の急速な変化による小さな共同体の可視性の増大という比較的新しいとみなせる事態である。

後者のほうが話は簡単で、フェイスブックやツイッターといったネット上のコミュニケーション・ツールの発展普及により、たとえば東京の各所でおこなわれている小さな上演系芸術関係のイヴェントについて、ほぼリアルタイムでその内容が伝わり、そこから賛否を含む議論が起き……というプロセスが加速化し、少しでもその気になれば、「なんだか東京では日々、いろいろなことが起きているのだなあ」という感慨が具体的かつ実体的に訪れるようになった、ということである。ただし、元々あって把捉不能だったものがネット・テクノロジーの恩恵で把捉可能になっただけなのか、そうではないのかは決定しにくいのは事実にしても、あるいは、こうした数多くの小イヴェントから、業界的メインストリームへのオルタナティヴといったイメージを抽象することはかなり無理をすれば可能であるにしても、これまで個別的、趣味的私的領域にとどまっていたものが、一気に社会性や歴史性を——内容的あるいは形式的に——獲得したなどというのは、単なる誤解だとわたしは断言しておきたい。

一方、助成金バブルのほうだが、一九九〇年代初頭から始まったこの税金の奪い合い状況は、二〇〇一年に文化芸術振興基本法が成立し、いま現在、劇場法が議論されていることからも明らかなように、ますます過酷な様相を呈してきている。とはいえ、形式上の公共劇場からはじまって、助成金がなければ成立しない助成金演劇と、助成金演劇になることを目指す助成金演劇未満の小劇場演劇まで、経済という下部構造に完全に支配されたジャンル分岐が起きただけで、制度論としてはともかく、演劇の周辺で、公共や公共性が思想的・理念的に議論されたという話は聞かないし、誰も気にしていないとしか思えない（＝「仕分け」されて当然である）。新自由主義の原理に忠実にしたがったホリプロのようなれっきとした商業資本による公共劇場の私物化《プライヴァティゼーション》が徴候的であるように、あるいは趣味的実践の殿堂として、多少の新しさの装いをひけらかしつつも、基本的には単に保守反動（＝縮小再生産）の「ふつうの演劇」上演のために多大な税金を浪費する新国立劇場演劇が特徴的であるように、（定義的＝形式的）公共劇場と商業劇場で行われている演劇に何ら区別はなく——ついでに言えば、入場料にもたいした違いはなく——、〈Jという場所〉の演劇は、資本主義と民主主義の両者がともに要求する観客動員だけが指標、という一元的価値によって、ニッポンという斜陽国家のウリとしてのエンターテイメント産業を構成する一要素を目指す、という方向へと着実に進んでいる。

こうして演劇は、二重の意味での私的実践として——個人の趣味的実践でもあり、また、場合によって商業資本が支配権を持つ公共を偽装する私的実践でもある――社会的地位というか、社会における端っこのほうの位置を何とか確保することにはなった。こうした事態を可能にしたのが、助成金バブルである。逆から言えば、助成金バブルがこういう事態を招いたのである。したがって、劇場法の内容がどうなるかは関係者の生活にかかわる問題であっても、上演系芸術にかかわる問題ではない[11]。必要なのは何より、そもそも「弦楽四重奏」でしかなかった上演系芸術が、底が抜けた結果、「弦楽四重奏」ですらなくなるのではないか、というクリティカルな現状認識である。

ここで確認すべきなのは、シェクナーのいう「弦楽四重奏」は、趣味的実践という意味ではないということである。解体社の清水信臣やチェルフィッチュの岡田利規のこれまでの作業が典型であるように、シェクナーのいう「弦楽四重奏」とは、ライヴで対面していることを絶対的な条件としつつ、同時代にかかわる批評的思考に基づいた身体と言葉によるパフォーマンスを構想するということである。それは必然、マスメディア社会においては、〈限られた少人数のための〉という限定をもたらすが、それに耐えなければならないとシェクナーは言うのである。そうした「弦楽四重奏」的上演が、歴史の偶発性によって、〈差異の上演〉としてヨーロッパのフェスティヴァル文化に受容されることもあるだろうし、されないこともあるだろう。しかし、受容されたとはしゃぐ必要もないし、されないと落胆する必要もない。ヨーロッパの「田舎」であることなど気にすることなく、かといってそこに開き直ることもなく、抜けてしまったドメスティックな底を再構築するために何をすればよいか考えること。このようにして、わたしたちは二一世紀の「弦楽四重奏」としての上演系芸術を構想し、その自明の限界に素直に耐える決意を今こそしなければならないのである。

（二〇一〇年九月）

[注1] この部分の記述については、拙稿「ゼロ年代の終わりに――ベルリンのチェルフィッチュ」（内野 二〇一〇a）と重複する部分があることをお断りしておく。

[注2] チェルフィッチュの大陸ヨーロッパにおける受容については、第Ⅱ部一章を参照のこと。同じ問題をわたしは、注1で取り上げた拙稿でも論じている。後に本章で論じるように、岡田利規＋チェルフィッチュが時ならぬ日本演劇のヨーロッパ・フェスティヴァル文化による熱狂的な受容を先導したのは事実であるが、その後に続く、快快《ファイファイ》や庭劇団ペニノ、あるいはポツドールについては、必ずしも同じ受容の文脈で論じられるとはわたし個人は考えていない。ひとつには、受容する側の個別的事情――思想的、財政的、芸術にかかわるアイデンティティ的――が複雑に関係していることもあるが、わたしがチェルフィッチュを〈Jという場所〉における上演系芸術内では特権的かつ例外的存在であるとみなしており、「チェルフィッチュ以降」よりも、「チェルフィッチュ以前」こそが重要だと考えていることがその理由である。すなわち、岡田利規＋チェルフィッチュはひとつの演劇史的到達点を示すという立場を取る。

[注3]「助成金バブル」については後述するが、ここではその具体的な実証研究として、吉本光宏「再考、文化政策――拡大する役割と求められるパラダイムシフト　支援・保護される芸術文化からアートを起点としたイノベーションへ」（吉本 二〇〇八）を挙げておく。この論文に随所に掲載されているグラフを見れば、いかに一九九〇年代以降、上演系芸術への助成金の額が膨張してきたか――「失われた十年」というレッテルとは裏腹に――が理解できるはずである。

[注4] アメリカ合衆国もまたヨーロッパの「田舎」だったが、一部を除いて、そのような自覚性は第二次世界大戦後に次第に失われていったと考えられる。なにより広大な国土を誇るために、「アメリカの演劇」などという一枚岩的カテゴリーは実は存在せず、ヨーロッパとはまったく異なる芸術文化のシステムを作り上げてきたのである。公的助成金システムもきわめて多様であり、そのことはフレデリック・マルテル『超大国アメリカの文化力――仏文化外交官による全米踏査レポート』（マルテル 二〇〇九）という大著に詳しい。しかしながら、外国の芸術文化の受容については、印刷文化や映像メディアをのぞき、「国際交流」や「他者理解」などといったアナクロなコンセプトが、今でもかなりの場合有効であるように見受けられる。上

演系芸術については、商業演劇を除けば、主としてシーズン制が中心にあり、ニューヨーク市を除けば、いわゆる大陸ヨーロッパ的な意味での、大小あらゆる種類を誇り、また大陸内の複雑な人的ネットワークを構成するような公共劇場文化やフェスティヴァル文化はいまだ存在していないし、これからも存在する可能性は少ないと考えてよいと思われる。

［注5］ワイルダーのこの作品は、大恐慌後、世界戦争が迫りつつあるという状況下、アメリカ社会もまた騒然としていた一九三八年に初演されたことが重要である。舞台装置を一切用いず、舞台監督という役柄の登場人物が、物語の外からメタ的に劇の物語を語るという前衛的な手法を用いながらも、その中身はその当時すでに神話化し始めていた「スモールタウン・アメリカ」の平凡な日常を描くという形式と内容の決定的な矛盾がその特性である。若いカップルのたわいもない結婚までのプロセスが描かれる第一〜二幕までと、舞台になった街の住人が埋葬されている墓地の死者たちの視点から描かれる第三幕の対比も特徴的といえる（つまり、まるっきり「セカイ系」である）。歴史に直面することを拒否する逃避主義の最たる例であるこの戯曲では、その絶対的肯定性、アメリカの「スモールタウン的なもの」（＝閉鎖的共同体）を根拠なく肯定する身ぶりが印象的で（人によっては、この後引用する鴻上尚史のように「感動的」と言うだろうが）、この「セカイ系」的世界観に柴幸男が応答したと考えるのが良識的なのではないだろうか。『わが町』の近年の翻案ないしは改作と呼べる作品としては、「裏わが町」とでも形容すべき「スモールタウン」の犯罪性を徹底的に告発するラース・フォン・トリヤー監督の『ドッグヴィル（*Dogville*）』（二〇〇三）がある。ここでは、映画でありながら、舞台装置を一切廃したワイルダー作品を彷彿とさせる設定で映画は展開し、〈九・一一〉で露呈したアメリカの「わが町」的なものへの痛烈な批判が試みられる。『わが星』とは実に対照的である。

［注6］永井愛は次のように書き、受賞にやや慎重な姿勢を見せている。「『わが星』（柴幸男）は、地球と宇宙に流れた時間と、地上の人間に流れた時間を相対化するという、壮大な遠近法で見せる。それは、ワイルダーの『わが町』の本歌取りとして、充分な詩情を獲得しているのだが、人物の会話は平板で物足りない。これが意識的なことなのか、このような描き方しかできないのかという疑問は最後まで私を迷わせた。この作品は最も高い評価を集めたが、受賞作とするかどうかの議論が長引いた

のは、ここに起因していたと思う。だが、この立体構造は捨てがたく、設計士としての柴さんが勝利を収めた。舞台を見てみたいと思わせる作品だった」（永井 二〇一〇）。

［注7］本来的には、賞の規定というものがあるはずで、その規定はここでは参照していない。しかしながらＨＰで公開している情報はある程度その規定を踏まえているだろうという前提での記述である。

［注8］杉浦千鶴子によれば、この場面で彼女が今回使った言葉はウェッブ版産経ニュースに二〇〇九年六月三日に掲載された本事件の公判記録（「土浦八人殺傷事件　公判全詳報」、http://sankei.jp.msn.com/affairs/trial/090603/trl0906031704026-n4.htm、最終アクセス日二〇一〇年八月八日、現在は閉鎖）を基本資料とし、その他の追加資料を加えてテクストを構成したという。上演は、杉浦がこのテクストを使ったパフォーマンスのプレゼンテーションを参加者に対して行い、それを元に、演出・構成の清水信臣が最終的な上演の形態を決定したという（杉浦千鶴子との個人的やりとりによる）。

［注9］クリストフ・シュリンゲンジーフ（一九六〇〜）は映画作家として出発したが、ベルリンの日本演劇特集を企画したマティアス・リリエンタールの招きで、一九九三年、ベルリン・フォルクスビューネで舞台作品を初めて演出した（当時、リリエンタールはフォルクスビューネに所属していた）。その後、二〇〇四年にはバイロイト音楽祭で『パルジファル（*Parsifal*）』を演出するなどメインストリームでの活動も展開するが、インスタレーションからトークショー、長期間にわたるイヴェントまで、メディアを横断しつつ、オーストリアを含むドイツ語圏のアクチュアルな政治的・歴史的問題を徹底して過激な作品として上演し、一気にその名声を確立した。大陸ヨーロッパでのその名声に比べ（というか、だからこそ）日本での上演はまだ実現していない。現在進行中のプロジェクトとしては、バイロイト音楽祭における『トリスタンとイゾルデ（*Tristan und Isolde*）』がある。同オペラは、ハイナー・ミュラー、クリストフ・マールターラーとドイツ語圏の再先鋭の演出家がこのところ演出をしてきており、シュリンゲンジーフ演出が起こすであろう騒動が今から期待されている。（二〇一六年三月追記：本章を発表した直後に、シュリンゲンジーフは急逝した。詳細は次章で述べる。）

［注10］シュリンゲンジーフのＨＰによれば、このオペラ村はレムドゥーゴ（Remdoogo）と呼ばれ、二〇一〇年一月にその建設

が始まったという。このオペラ村は「ブルキナファソの首都ワガドゥグーに近い一四ヘクタールの土地に作られ、学校、映画や音楽の教室、リハーサル室、ホテル、舞台、ホール、カフェ、レストラン、オフィス、工房、住居、サッカー場、農場、診療所からなる」とある（和訳は引用者、http://www.schlingensief.com/index_eng.html、最終アクセス日二〇一〇年八月八日）。（二〇一六年三月追記：本サイトについては、二〇一六年三月二八日現在、以下のリンクがあり、内容はそちらにまとめられている。http://www.operndorf-afrika.com/）。

［注11］公共劇場が数多く建てられた一九九〇年代以降、公共／公共性についての真摯な議論は起きなかったというのがわたしの認識だが、それに対し、劇場法については騒然としているといってよいほど議論が沸騰している。「生活の問題」なのだから当然だが、議論の全体像を把握するためには、荻野達也が運営するfringeというサイトがきわめて精緻に議論の流れを追っていて資料的に参考になる（http://fringe.jp/topics/headlines/20100411.htmlのほか、いくつかのエントリーがある。最終アクセス日二〇一六年三月二八日）。（二〇一六年三月追記：荻野のサイトにおける劇場法の経緯に関する情報は、その後二〇一一年九月二五日まで、計四回にわたってまとめられている。現在は閉鎖。）

# 7

# 続・一〇年代の上演系芸術

## ――「ドメスティックな抜けてしまった底」を修復するために

解体社『最終生活IV』「カダフィ・ダンス」

## 「三・一一」のあとに

本章は、前章「二〇一〇年代の上演芸術――ヨーロッパの「田舎」をやめることについて」の続篇である。前章は二〇一〇年九月に書かれたが、この続篇はそれから二年後の二〇一三年一月に書いた文章である。いわゆる「三・一一」(震災と原発事故の両方を含む)から二年近くが経過し、日本語圏で行われている上演系芸術に、(人によっては)大きな切断と考えられる事件を経て、なんらかの変化の兆候が見られるからこその「続」なのではなく、基本的に前章で書いたわたしの現状認識に変わりがない、という意味における「続」である。とはいえ、わたし自身、「三・一一」以降、いわば〈意志的放心状態〉にあったので[1]、それ以降、いろいろなことが起きていることにようやく今になって気づきつつあり、前章で〈底抜け〉の徴候として取り上げた事態から、今や〈底抜け〉の事例がそこらじゅうに出現してきていることを、まずは認めておかなければならないだろう。と同時に、〈底〉の修復を目指す良識的なアーティストはたしかに存在し、〈底抜け〉が明らかになる度合いにもまして、そうした存在が目立ってきていることもまた事実であり、それこそが二〇一二年末における「希望」なのだ、と多少の無理を承知で、言っておきたいと思う。

## 〈底抜け〉のままか?――『トロイアの女たち』の上演をめぐって

一見、あまりにベタに〈底抜け〉な事例なので、騒ぎ立てることもないと思っていたが、上演に先立ち、批評家の岩城京子がブログサイトまで立ち上げて真摯に問題提起をしている上、まもなく行われる舞台であるため、やはり取り上げるべきだと判断した。[2] その公演とは、蜷川幸雄演出による『トロイアの女たち』である。東京での公演については、ＨＰにこうある。

主催：東京芸術劇場（公益財団法人東京都歴史文化財団）、東京都／東京文化発信プロジェクト室（公益財団法人東京都歴史文化財団）、共催：テルアビブ市立カメリ・シアター、助成：文化庁（平成24年度文化庁国際芸術交流支援事業）、イスラエル外務省、提携：公益財団法人埼玉県芸術文化振興財団、特別協力：独立行政法人国際交流基金、協力：イスラエル大使館、在イスラエル日本大使館（東京芸術劇場「トロイアの女たち」、http://www.geigeki.jp/performance/theater008/、最終アクセス日、二〇一六年三月二八日。なお、本ＨＰには明示してないが、これは日本・イスラエル国交樹立六〇周年記念事業であり、駐日イスラエル大使館のＨＰには記念事業として挙がっていたが、現在は削除されている（http://embassies.gov.il/tokyo/NewsAndEvents/calendar-of-events/Pages/Event.aspx）。また、東京公演後、テルアビブでも公演が行われた）。

本誌（『ユリイカ』）の読者で、この企画に何の問題もないと考える人はさすがにいないとは思うが、一応一言付言しておくと、イスラエルに対しては国際的なレヴェルでの文化芸術関係を含むボイコット運動が二〇〇五年から稼働している（ＢＤＳ「ボイコット、資本引き上げ、制裁」）。[3] 単純化を恐れずにいうなら、この運動の一環として、芸術文化がイスラエル国家の国際関係政策における大きな柱となっているため、文化芸術領域でのイスラエルの国際的地位や可視性をターゲットにしたボイコット運動を展開せよ、というのである。そして実際、批判もあるものの、それなりの成果をあげてきているようだ。ということはつまり、イスラエル政府の協力を得て作品を制作・上演すること自体が、このボイコット運動の対象となるということになる。もちろん、思想表明としての作品を提示することを拒否するボイコットという行為は、アーティストにとっては敗北であるといった立場はありうるし、[4] 事実、二〇一二年五一六月にかけて行われた『シンベリン（Cymbeline）』（シェイクスピア）のロンドン公演の際のインタビューにおいて、蜷川はそのように応答しているし（Zushi 2012）、日本語ではそれ以前に、一月一二日の制作発表直後、『朝日新聞』のインタビュー記事でも、はっきりとそう言っている（石合二〇一二）。

しかし、『トロイアの女たち』[5]とほぼ同じ時期にテルアビブのカメリ・シアターでの上演のために招聘されていたピーター・ブルックは、いったん招聘を受諾したにもかかわらず、九月の段階で招聘を断ったため、契約違反ということで訴訟騒ぎになりつつあり、物議を醸しているという事実がある。ブルックが問題視したのは、イスラエルで公演するかどうかではなく、招聘しているのがカメリだということである。そして、その拒否の理由のひとつに、テルアビブ大学の哲学科教授のアナット・マタールからの要請があったという。公共劇場であるカメリがイスラエル国家から助成を受けているからなどという単純な理由ではない。問題は、カメリが、イスラエルの「不当な」占領地域にあるアリエルという入植地内都市に二〇一〇年にオープンしたアートセンターにおいて、平然と公演を行っていることなのである（より中立的な言い方をすると、アリエルのある地域はその帰属をめぐって国際的な紛争の対象となっているが、イスラエル国家自体はそのような紛争はないと主張している、ということになる）。イスラエル国内でも当然論争があり、二〇一〇年八月には、アリエルを含む占領地域のアートセンターでのいかなる活動も拒否すると、一五〇名ものイスラエルの文化人・芸術家（うち演劇関係者は六〇名とある）が宣言を行っている（cf. Levinson 2010）。ところが、イスラエルの英字新聞によれば（Handelzalts 2012）、カメリ自体については、その俳優のひとりがアリエルでの上演を拒否したことがかつてあったが、それ以外は、予定通りすべての公演をこなしてきたという。つまり、イスラエルの占領と入植を事実上認めてしまっているカメリが主催する事業には到底参加できないと、ブルックは判断したのである。ブルックが元々、必ずしも反イスラエルではないことも重要だろう。彼自身そもそもユダヤ系であるばかりか、二〇〇五年にはイスラエルからダン・ダヴィッド賞なる重要な賞（賞金は百万アメリカドル）を受賞していたりもするからである。そして今回報道されているように、これまでは蜷川同様、ブルックはボイコットは芸術家の敗北であると言い続けてきたとも伝えられている。上記の哲学科教授は、ブルックへの手紙で以下のように書いたという。

文化的学術的ボイコットというのは、それ相応の熟慮を必要とする行為であり、盲目的に行われるべきものではありません。（中略）しかし、カメリの問題は、占領された地域におけるパレスチナ人への抑圧をサポートするという決断を下してしまったことなのです。（No signature 2012　和訳は引用者、以下同様。）

これに対してブルックは以下のカメリ・シアター宛の手紙に署名をしたという。

カメリ・シアターが（西岸地区）のアリエルで上演を行うことで、植民地化の野蛮な行為をサポートすることを受け入れたという事実は、わたしたちがあなた方の劇場に行くことが野蛮な行為をサポートしているように見えるということを、わたしたちに気づかせたのです。そのため、わたしたちはあなた方の劇場で上演するようにというあなた方からの招聘をお断りせざるを得なくなりました。その決定はまったくわたしたちの側の問題であり、あなた方には何らかかわりのない、わたしたちの自由意志によるものです。（Rashty 2012）

本章執筆中、現在進行形のきな臭い話をあえて取り上げたのは、『トロイアの女たち』の制作発表段階で、当然のように公開質問状等がパレスチナを支援する人たちから出されたようだが[6]、演劇界から、ほとんど何も聞こえてこなかったからである。もちろんわたしが当時まだ〈意志的放心状態〉にあったから認知できなかっただけかもしれないが、上演が近づいて岩城京子が問題提起するまで（岩城 二〇一二a）、論争が起きた形跡もなければ、何のリアクションもなかった。演劇界に身を置いていれば別に驚くようなことではないのだが、一歩その外に出れば、村上春樹のエルサレム賞受賞（二〇〇九）の一件のことを考えても、あるいはまた、最近のイスラエルの攻撃を考えても、驚くべき事態なのではないだろうか。国際感覚の欠如とかそんな話ではない。蜷川自身も、制作発表時には、村上春樹のエルサレム賞受賞の一件もあるのだから、きっと論争になるという、ある意味きわめて健全な期待を表明していただけに、拍子抜けしている可能性さえある。もちろん、蜷川はあらゆる批判に「作品の力」で答えるなどと言っているが（石合 二〇一二）、いうまでもなく、ここまで問題視してきたのは上演のコンテクストであり、危機的状況が続く（というよりも、より過酷になりつつある）パレスチナ問題に関するアーティストからの、複雑なコンテクストを理解した上での応答のありようである。どんなに「作品に力」があろうが、歴史性に裏打ちされ、今や広くグローバルに共有される危機的状況が一挙に解消されることなどありえないのは自明である。だからといって、「『他者をどうやって容認できるのか』という命題に引き戻すところから始めざるを得ない」（同上）のか。

演劇は、人間同士がコミュニケーションしなければ成り立たない。異質の言語が飛び交う中で、必死に相手の言うことを聞こうとする。鋭敏な感覚で、言葉の裏側にある内的な言語に到達することが求められる。それが我々が日常怠っている根源的なものを求める力になっていく。そのことが唯一の希望です。いい俳優は言語を超えていくんです。（同上）

と、一見まともな正論を言われても、それがどう「他者を容認する」ことにつながるのか、よくわからない——みんなで演劇をすれば／見れば、パレスチナ問題は解決するとでもいうのか、あるいは百歩譲ったとしても、「言語を超え」る「いい俳優」を見たら「他者を容認」するようになるのか？（演劇史をちょっと概観しただけでも、ふつうはまったくこの逆であることが了解されよう。）この具体性やコンテクストに欠ける演劇原理主義的な上演意図を考えても、あるいはまた、これまでアップされた岩城のインタビュー記事の内容を加味してみても、[7] 上演する側の〈政治〉意識は〈底が抜けている〉としかいいようがないのではないか。

ただし、ひとつだけ留保しておくなら、以下のようなことがある。蜷川は件の『朝日新聞』のインタビューで、故エドワード・サイードやダニエル・バレンボイムの活動に啓発されたと発言しており、かつてガザ地区での公演を計画して断念した経緯を語り、パレスチナ問題に「演出家として何らかの形でコミットしなければならない」と言い切っている。コミットするという言を信じるのであれば、今回の上演だけでコミットしたことなどにならないのは当然であり（バレンボイムは言うまでもなく、その生涯をかけている）、今後の蜷川のパレスチナ問題へのコミットメントを、わたしたちはしっかりとフォローしていくべきだと考えている。しかし、そのためにもまず、ブルックが今回のカメリの招聘を断った論理に対する反論を、蜷川をはじめとする『トロイアの女たち』の関係者は「作品の力」以外のかたちで公表する必要があるのではないだろうか（わたしは寡聞にして本章執筆時までに公表したとは聞いていないが、上演時に何らかの形で公表される可能性も当然ある）。そうでなければ、〈底抜け〉の格好の事例なのではないか、とするわたしの疑義がなくなることはない。[補注]

## 修復へ――清水信臣と岡田利規

前章でも取り上げた劇団・解体社は、あいかわらず〈底〉を支えつづけている。[8] しかも、主宰・清水信臣の演劇思想的強靱さが確認されたのは、「三・一一」があったからにほかならない。そして、その確認の機会は、二〇一一年一一月に行われたポストヒューマン・シアターと題されたポーランドのテアトル・シネマと解体社のコラボレーション・プロジェクトにおいて訪れることになった。この作品は、実質的には二つの異なる上演から構成されていた(『ホテル・デュ(Hotel Du)』(ズブゲニェフ・シュムスキ原案・演出)と『最終生活Ⅳ』(清水信臣構成・演出)[9])。

重要なことは、このまったく異なる文脈にあると誰もが想定できる二つの集団と上演が、違和感なく続けて見られたという単純な事実である。ここでは明らかに演劇的上演を立ち上げるための共通の原理が働いており、したがって、同じ地平で二つの作品を経験し、かつ考えることがどの観客にも可能だったのである。その原理を俳優の身体とその扱い方と上演の倫理、言い換えれば、俳優の身体の存在性に基盤を置きつつも(=ポストヒューマンという身体性)、そこに開き直ることなく、作家的思考とそのヴィジョンを構成する〈装置〉/〈概念〉として、その身体とそれができることを考えるということである。さらに、鴻英良風にいえば、「現実に応答する」ためだけに、これらの上演は構想・実行されるという倫理意識までもが、両者に前提されていたのである。

解体社の清水信臣の作業を知るものであれば誰でも、「震災」や「原発事故」で明らかになったとされた事柄の多くを、より構造的にかつ原理的に清水がすでにして思考し、上演へと翻訳しつづけてきたことを理解している。とするなら、今回の『最終生活Ⅳ』で清水はあえてまったく異なる主題に取り組むか、「それ見たことか」とはしゃぐかのどちらかになることが想像できた。ところが、そのどちらでもなかったのである。つまり、その方法論やヴィジョンはこれまでと比して何の変更はなく、ただ淡々とこれまでの延長線上に『最終生活Ⅳ』は位置づけられていたのである。

もちろん、「現実に応答」しているのだから、選ばれた素材は、より「震災後」「原発事故後」的色彩が強い。その端的な例は、杉浦千鶴子が携帯電話を使った会話という方法で語ってゆくNHK「東海村臨界事故」取材班による

『朽ちていった命――被爆治療83日間の記録』〈NHK「東海村臨界事故」取材班二〇〇六〉への参照である。しかし同じ「現実への応答」でも、この上演でもっとも衝撃的だったのは、どうやら「カダフィ・ダンス」と呼ばれていたらしい熱狂的ダンスの場面である。ここでは、ネットで広く共有されている動画『カダフィの真実を知って欲しい　リビア　新世界秩序　NATO』からの引用が字幕で表示され、リビアで権力を掌握した当時のカダフィのユートピア主義的思想を観客は知ることになる。そして、その前では、パフォーマー全員が熱狂的に、無秩序なしかし反復的でもあるダンスを延々と踊りつづける。彼／彼女らは、「アラブの春」を言祝ぐ民衆か。それとも、かつて、ユートピアの到来を信じたリビアの人々なのか？　あるいは、また、「震災後」や「原発事故」に〈踊らされる〉わたしたち自身か。こうしてわたしたちは、「震災後」や「原発事故」に文字通り〈踊らされる〉あいだに、「世界（＝現実）」に起きていることをすっかり忘却していたことを想起させられるばかりか、この二つの「世界（＝現実）」がけっして二つではないことを思い知るのである。

さて、前章で清水のヨーロッパにおけるカウンターパートとして取り上げたドイツの演出家クリストフ・シュリンゲンジーフは、二〇一〇年八月二一日に四九歳で亡くなってしまった。これから〈Jという場所〉とも具体的な関係を構築しようとしていたときだけに、惜しまれる死だとしかいいようがない。一方、〈Jという場所〉内での清水のカウンターパートとしてその名前を出しておいた岡田利規は、進化形モードのままである。「三・一一」は、岡田の私生活には大きな影響を与えたが[10]、震災後に発表された『現在地』や『女優の魂』等においては、〈演劇＝上演の言語の再構築〉という震災前からのというか、岡田の作家としての根源にある問題性の探究がより深化したかたちで継続され、他方、海外での新作発表を行うなど、あいかわらずの活躍ぶりである。〈底〉を支えるというよりも、後続世代のアーティストへのその影響力の大きさから考えても、すでに〈底〉の修復を始めていると言ってもよいほどである。

その岡田の最新作は、一二月初旬、山口情報芸術センターで上演された初音ミク主演（？）のボーカロイドオペラ『The End』だった。渋谷慶一郎が音楽／演出を、リブレット／演出を岡田が、という布陣に加え、映像／キャラクターデザイン／演出として、映像作家のYKBX（a.k.a. Masaki Yokobe）、舞台美術に建築集団OMAニューヨーク代表である建築家の重松象平、サウンドプログラムはevala、ボーカロイド・プログラミングにはピノキオP、さらに、筒井真佐人がプログラマーで参加した。オーケストラ伴奏はもちろんなく、渋谷自身のみ舞台に登場するが、基本的には、立体的に構成された舞台全面を使った2Dと3Dを組み合わせたヴァーチャルな映像とサウンドのみによるオペラである。

正直に告白しておくと、わたしはこうした音楽／映像文化に詳しくないので、正確な、または実質的な批評はできない。ただ、「四面を覆うマルチ画面映像と照明、マルチチャンネル音響を駆使した」（山口情報芸術センター二〇一二）とプレスリリースにあるように、圧倒的であるだけでなく細部にわたる過剰なまでの精密さをほこる一大スペクタクルだったことは、わたしにも感受可能であった。そして、ここまで最新のコンピュータ技術を集積した結果、時間芸術に要求される微妙なタイミングその他のことを考えても、この作品は、職人技などという生やさしいものではなく、ほとんど説明不能な執念すら感じられるような〈総合芸術〉的パフォーマンスだったこともまた間違いない。

音楽が主役ということからして、ヴァーグナーの〈総合芸術〉の例に漏れず、また、初音ミクという版権のある〈キャラクター〉を使うことで、リブレット／テクストが果たしうる役割は、当然、さまざまな制限に曝される。そうした自明の制限の中で、岡田は、そのリブレットにおいて、シンプルに「ヴァーチャルな存在は死ぬことができるか」という哲学的な、あるいはニューメディア論的な問いを発することになった。もちろんそれが単なる形而上的問いにとどまらないためには、舞台上に投影される3Dの〈存在〉が、劇場的身体性を孕むことが前提である。あたかもそこに初音ミクが「いる」、あるいはミクの身体が「ある」かのように観客に知覚されるとき、その問いは観客の脳裏を駆けめぐり、ヴァーチャルな存在が「生きる」「死ぬ」、「ある」「なくなる」とはいったいどういうことなのか、あるいは、岡田が書いた言葉を語る／歌う「知覚／錯覚された身体」はどのような「身ぶり」をみせるのか、といったきわめて演劇論的問いへと接続されていくだろう（いうまでもなく、生身の俳優の上演を見る観客が、その俳優が死ぬことができるのか、とか、本当にそこにいるのか、といった問いを発することはふつうあり得ない）[11]。

この上演では、残念ながら、音と光の洪水による視覚と聴覚の情報過多状態があまりに長くつづき、少なくともわたしは、反省的思考をもつことができなかった。しかしながら、こうした情報過多状態にありながらも、岡田がどこまでも地に足を着けて、「身体と言葉」という演劇原理的な問題を考えつづけようとしていることだけは伝わってきた。それは、ルイ・ヴィトンまでが衣装デザイン提供で参画することにしたような、いってみればオタク的想像力の極地（いい意味で言っている）ともいえる一大スペクタクルにとっては、邪魔になるだけの思考だったかもしれないが、わたしにとっては、〈底抜け〉の修復への可能性を感じることができる重要な機会になったのである。こうして、すでにアメリカで初演され一三年二月に日本での上演が予定されている『Ｚｅｒｏ Ｃｏｓｔ Ｈｏｕｓｅ』、ベルギーのクンステン・フェスティヴァル・デザール等からの委嘱によって五月に上演が予定されている新作（『地面と床』）と、これからの岡田の活動から、これまで以上に、「目が離せない」とわたしは考えるようになったのである。

〈放心状態〉から我に返ってみたら、「目が離せない」上演がほとんどなくなっていることに、実はしばらく愕然としていたのだが、こうしてみると、前章でも触れた「弦楽四重奏」（リチャード・シェクナー）としての上演系芸術の〈抜けた底〉については、少しずつではあるが、修復の兆しがあるのではないか。「三・一一」を経験したのだから当たり前だということなのかもしれないが、カタストロフィが、予定調和の「商売道具」や「正義の味方化」や「自己憐憫の上演」の方便にされることなく、それ以前から深い思考をみせていたアーティスト――ここで触れられなかったアーティストが少数ながら他にも当然いる[12]――に一気にその思考を深化／展開させる機会を与えたと考えるのは、あまりに早計な結論、あるいは、穿った見方だろうか。その問いに説得力を持って答えるためには、わたしには、もうしばらくの時間が必要であるようだ。

（二〇一三年一月）

［注1］あまり語るべきことでもないが、「三・一一」以降、わたしは当分のあいだ「動かない」ことを意志的に選択したつもりである。その間の経緯については以下を参照のこと。「『動かない』ことは可能か？――解体社とともに思考する」（内野 二〇一二a）。

［注2］正確には『トロイアの女たち』のフェイスブックのページ内である（フェイスブック『トロイアの女たち』）。一二月九日現在、岩城自身の問題提起（岩城 二〇一二a）と、東京芸術劇場の高萩宏（岩城 二〇一二b）及びカメリ・シアターのヴァルダ・フィッシュへのインタビューが掲載されている。

［注3］さらに関連するサイトであるが、「イスラエルの学術と文化の交流ボイコットに関するパレスチナ・キャンペーン（PACBI）」のサイトでは、具体的にどのようなものがボイコット運動の対象とみなされるかが挙げられている。「1．イスラエルの公的機関によって委嘱された文化生産物。2．イスラエルの公的機関からの助成を受けてはいるが、委嘱されたのではない（政治的縛りはない）文化生産物。3．イスラエルの公的機関によって部分的にないしは全体的に後援されたイベント。4．イスラエルの公的機関によって助成も後援もされていない文化生産物は対象としない。5．虚偽のシンメトリー、あるいは

「均衡」を推進するようなイベントないしはプロジェクト」とある（PACBI 2009）。このうち、4については、それ以降に続く説明の内容を盛り込んだ（引用者注記）。

［注4］今回のガザ地区攻撃を受けて、国際的な知識人・芸術家がイスラエルへの武器禁輸を求める声明を出している（BDS 2012）。署名賛同者には、ジュディス・バトラーやアリス・ウォーカー、スラヴォイ・ジジェクといったおなじみの名前が見える。ボイコットではなく、武器禁輸というのは、実効性の問題さえクリアされれば、立場的にはより広がりを持ちうる主張であろう。

［注5］ピーター・ブルック（一九二五〜）は英国の演出家で、フランス在住。詳細は省くが、「世界的な演出家」などという呼称がどこまで実体的なのか議論の余地はあろうが、蜷川幸雄同様、「世界的な演出家」として紹介されることが多い。したがって、少なくとも「世界的な演出家」として認知されているような圏域では、ブルックも蜷川も、さまざまなレヴェルでの影響力が大きいと考えて差し支えないと思われる。後述するように、ブルックの今回の公演拒否について蜷川が何らかの応答をすべきだとわたしが考えるのは、この点にもよっている。

［注6］国際美術家集団「Artists Against Occupation」からの二〇一二年一月二〇日付け公開書簡（署名はmizyaとある）が日本語で「パレスチナ情報センター」（パレスチナ情報センター 二〇一二）のサイトに掲載されている。

［注7］東京芸術劇場のプロデューサー高萩宏は、岩城のインタビューに対して、今回の上演がカメリ・シアターと東京芸術劇場との共同制作になった経緯は、かなり偶然ないしは成り行きの産物であったかのような答え方をし、「イスラエルという国の中に、アラブ人が二〇％近くいて、そのパーセンテージが増える傾向にあるということも驚きだった」（岩城 二〇一二b）と素直といえば素直な「驚き」（「それはナイーヴだと言われたらそのとおりなんだけども、あまりにもその地域の紛争についても、イスラエルの演劇シーンについても知らなかった。イスラエルについて何も知らなかった」（同上））を語っている。

［注8］この間、解体社に訪れた転機は、活動拠点であるFree Space CANVASを閉館したことである（二〇一一年三月）。カンバスの前には、やはり活動拠点としていた本郷ＤＯＫから離れることを余儀なくされたことがあった。ともに経済的理由によ

るが、その後、解体社は、ここで取り上げたポーランドとの共同制作作品の上演をポーランドで行っている。劇団として拠点を持つことがひどく困難になってきている現在（だからこそ、アーティスト・イン・レジデンスという代替的な形態が花盛りである）、拠点での活動が作品の形式や思想性と不可分であった集団としての解体社が、今後、どのような上演を展開していくのか、多少の危惧をもって、見守りたいと思う。

［注9］この上演についての記述は、拙稿「演劇」（内野二〇一二b）と重複する部分があることをお断りしておく。

［注10］原発事故後、岡田の家族は熊本に移住したと聞いている。まもなく日本でも上演される英語による新作『Ｚｅｒｏ Ｃｏｓｔ Ｈｏｕｓｅ』では、タイトルからもわかるように坂口恭平の『〇円ハウス』や『ゼロから始める都市型狩猟生活』に加えて、「市民的不服従」で知られるアメリカのヘンリー・デイヴィッド・ソローの『森の生活（*Walden: or, Life in the Woods*）』をあわせ、「都市生活者としての岡田本人に起こった、東日本大震災後の自身の生活観の変化、思考の変遷が自伝的に描かれ」（http://chelfitsch.net/next_performance/、現在は削除）ているということである。なお本作は、Pig Iron Theater Company（銑鉄劇団とでも訳すべきか）によってフィラデルフィアで二〇一二年九月にすでに初演されている。

［注11］たとえ、ボーカロイド（本作では初音ミクを入れて計〈三体〉登場する）の動き自体が、生身の俳優のモーション・キャプチャーによってデジタル化されたデータを使用して構成されたものであったとしても、それがチェルフィッチュの生身の俳優の動きとどう違って見えるのか、というのは興味深い問題であったが、今回はその問題を十分に確認できるまでには至らなかった。

［注12］「三・一一」後に「目が離せなくなった」アーティストのひとりにPort Bの高山明がいる。本来は高山の作業も本章で論じる予定だったが、紙幅の都合で別の機会に譲らざるをえなくなった。しかし、長年、ツアーパフォーマンスという形式を使って、その政治社会文化的可能性を探究してきた高山だけに、「三・一一」後のフェスティヴァル・トーキョーにおける福島を含む各地を移動する形式の『Referendum 国民投票プロジェクト』（二〇一一）と新橋を舞台にしてエルフリーデ・イェリネクのテクストを使った『光のないⅡ』（二〇一二）の二作品については、そんな呼び方に意味があるとすればだが、高山の

代表作になったと言ってよいとわたしは考えている。

補注（二〇一六年三月追記）

※本書を出版するにあたり、『トロイアの女たち』についてのイスラエル公演関連の記事に目を通したが、蜷川あるいは上演する側の「論理」に寄り添う記事ばかりで、ブルックのボイコット問題に触れるどころか、特に問題点を指摘するようなものはなかった（ただし、すべてに目を通したわけではない）。朝日新聞は、二〇一三年一月一五日付けでテルアビブ公演の記事を掲載しているが、そこでは、賛否両論があったといいながら（「蜷川演劇、3言語でイスラエル公演、分かれた賛否、『風穴開いたかな』」）、要するに作品の出来不出来（三カ国語で上演することの演劇的効果）についての賛否両論のことにすぎず、「そのため、バレンボイムらが引き起こしたような政治的な注目は集めていない」と書かれてしまっている。さらっと書いているが、これはつまり、「歴史的意味はない」と断言されてしまっているということである（もっとざっくり言ってしまうと、「どうでもよい」と思われたということか）――ただし、記者がそう書く判断の根拠は今のところ不明である。なお、「風穴開いたかな」は、記事に引用された蜷川自身の言葉で、イスラエルの俳優（ユダヤ系もアラブ系も）は古典劇を演じる機会に恵まれていないと聞いていたが、演じる機会を与えることができたので、そこだけには「風穴が開いた」という意味らしい（はっきり言って、意味がよくわからないが）。これ以降、二〇一四年夏、過酷なガザ攻撃がイスラエルによって敢行されたが、かなりの時間を経て、休戦状態に入った。周知のように、このような短期間の徹底攻撃と休戦というプロセスをイスラエルは繰り返し行っている。一方、『トロイアの女たち』以降も蜷川は、相変わらず精力的な量産体制をしいて舞台を発表しているが、パレスチナ問題に継続して「コミット」しているという話は、寡聞にして聞かない。やはり〈底抜け〉だというわたしの考えは今のところ、撤回するわけにはいかないと考える。

# 第Ⅲ部　グローバリゼーションにまみれて

1

# 「グローバリゼーションは身体に悪い」

## ——トランスナショナルな埒外《オープン・スペース》で共振するポストヒューマンな身体について

ミクニヤナイハラプロジェクト Vol. 3『青ノ鳥』

二〇〇七年九月末、マンハッタンにあるニューヨーク市立大学大学院センターで、日本の現代演劇をめぐるあるイヴェントが開かれた。同大学内にあるマーティン・E・シーガル演劇センター主催による「プレリュード07――ニューヨーク市における現代演劇の最先端」という演劇フェスティヴァルでの「スポットライト・ジャパン」という催し物である。「プレリュード」そのものは始まってまだ日は浅いとはいえ恒例になっている行事で、二〇〇七年がその第五回目にあたる。その名前からも、また、フェスティヴァルが開かれる時期的なことからも理解されるように、毎年一〇月の演劇シーズン開幕を前に、当該シーズンにニューヨークで上演予定の作品を選定し、実際の上演へ向かう進行状況を含め、部分的上演、戯曲テクストのリーディング、さらにパネルディスカッション等を通して、プレビューを行うという趣旨である。日本関係については、別個の企画として立ち上がったものが、今回、この「プレリュード」に参加することになった。

上演予定の作品とはいっても、ブロードウェイを筆頭にさまざまな演劇が行われているニューヨークであるから、当然、主催者の思想といえるものが、プログラムの選定にかかわってくる。このフェスティヴァルの責任者は、マーティン・E・シーガル演劇センターのプログラム・ディレクターでもあるフランク・ヘンチェカーである。ヘンチェカーはドイツ出身で、ギーセン大学で演劇学の博士号を取得している。その経歴からは研究者を想像しがちだが、彼はこれまでアカデミズムと現場をつなぐような仕事を数多くこなしてきたことで知られている。ニューヨーク市立大学の大学院センターは基本的にはアカデミックな組織であるが、上演可能な劇場を含む演劇センターをもっていることから、そのプログラムの企画・運営をヘンチェカーは任されたのである。そして彼は、年間を通して、この時代にふさわしい、また彼自身の知見と人的ネットワークを最大限に活用した国際的プログラムを作ってきた。また「プレリュード」に関していうなら、ニューヨーク市内の各劇場やギャラリー的な上演スペースと連携しながら情報収集をし、彼が考えるところの「カッティングエッジ」なもの——アヴァンギャルドとか実験的という言葉ではなく、カッティングエッジ、直訳すれば「先鋭的な」——を中心にキュレーションを行ってきたのである[1]。

今回の日本の現代演劇をめぐる企画も、ヘンチェカーのそうしたプログラミングの趣旨にのっとったもので、非西洋圏における現代演劇紹介事業の一環である。二〇〇六年度はアルゼンチン、そして今回は日本ということになった。この企画の特徴は、単に現代演劇をリーディングというかたちで紹介するだけではなく、ニューヨークを中心とした劇場・劇団やアーティストと連携を取り、本格的な上演を視野に入れてのリーディング（その多くは全体ではなく、抜粋の形態で行われる）を行い、上演に至らない場合でも、少なくとも英訳された戯曲を出版することである。日本を主題にするにあたり、ヘンチェカーはわたしにキュレーションの依頼をしてきたため、センター全体のプログラミングの趣旨にかんがみ、わたしが重要だと思う劇作家とその作品を選定した。宮沢章夫『ニュータウン入口』、松田正隆『アウトダフェ』、岡田利規『エンジョイ』、矢内原美邦『青ノ鳥』の四作品である。宮沢についてはスケジュールの都合で、リーディングは一一月に単独のイヴェントとして行われることになったが、残りの三作品は、フェスティヴァル期間中の九月二九日にリーディング上演が行われることになった。松田作品は指輪ホテル等との共同作業で日本でも知られているジョシュ・フォックスとインターナショナルWOW、岡田作品は坂手洋二の『屋根裏』をオフ・ブロードウェイ公演したことで知られるザ・プレイ・カンパニーが扱うことになったが、わたしが長々とこのイヴェントについて語っているのは、矢内原作品を上演したダニエル・セイファーとウィットネス・リロケーション（文字通り訳せば、「証人の再配置」とでもなろうか）があったからである。

他三作品と比べても、そもそも日本の現代演劇を代表する戯曲として『青ノ鳥』を選ぶということ自体、〈常識的〉にいってほとんど理解を得られないような選択だった思う。そうはいってもこの戯曲は、岸田戯曲賞の最終候補に残ることになるのだが、選定の時点では、〈でたらめ〉なテクスト、矢内原が主宰するダンス集団のニブロールの身体や身ぶりがあって、かろうじて成立するかもしれない〈でたらめ〉な言葉群だと思われていたし[2]、わたしもだからこそ選んだという意識だった。こうした、いわば了解不能性の権化のようなテクストを、演出のセイファーは、リーディングといってもほとんど台詞を覚えさせた状態で、三〇分を超えるダンス・シアター的な作品として上演したのである。この舞台が演劇としてなにか新しいものを提示したとか、予想外の美学的強度を見せたとか、ということではない。それよりむしろ、矢内原が書き付けた〈でたらめ〉な台詞群が、セイファーの演出というより振り付けによって、きっちりとまたノイジーに身体化されて、数多くのニューヨーク在住の若い俳優／ダンサーたちから、客席に向かって発せられたという事実そのものに、わたしは文字通り目を見開き、たじろぐことになったのである。松田の詩的言語を強いる身体と痙攣する身体で語らせようとしたジョシュ・フォックス。あるいは、岡田作品が、どのような俳優の演技態を前提として書かれているのか、事前に送られてきて参照した日本での公演映像からだけでは了解不能だと判断して、ほとんど演出なしで文字通りのリーディング（＝朗読）を行ったザ・プレイ・カンパニー。この両者の対処法が想定内であったとするなら、セイファーのやり方は予想外、想定外以外のなにものでもなかった。

想定外だったからすばらしいという話では必ずしもない。あるいはまた、ダンス・シアター的なものがアメリカにも入ってきていることを迂闊にもわたしは知らなかったことを反省したということでもない。その時わたしは、自身の上演的感性や上演理解のための思考回路といったものが無効ではないか、そこまでいかないにしても、感性や思考回路を真剣に再検討する必要があるのではないかという、ある意味決定的な問いに直面させられたために、たじろぐほかなかったのである。そしてわたしの脳裏には、リチャード・シェクナーにインタビューをしたときの彼の次のような言葉が浮かんできていた。

一九六〇年代以降のパフォーマンスの流れのなかで、公共的な自己表現はそれ自体としてはよいことなのだという考えが、今の若い人たちのなかにすでにすり込まれている感じがします。それが、ネット時代になって、さまざまな小さなオープン・スペースへと拡散していった。掲示板やブログのような場所ですね。つまり、そこではある種の自由が保障されているけれども、その自由というのは、大きな問題はすべて人が決めてしまっているが、小さな問題はまだ自分で決められる自由、ということじゃないでしょうか？　イラク攻撃をするかどうかはすでに決められてしまっている。国家予算がどうなるかも決められている。どういう職業がありうるか、それも決められている。そこが中世的なのです。こういう「すでに決められてしまっている」という環境のなかで、その間に小さなしかし無数のオープン・スペースがあり、そこで若い人たちは共振している。自由を欲望するから共振する。しかし、大きな問題はすでに決められているということを必ずしも自覚していないということです。（シェクナー 二〇〇五：二九）

「無数のオープン・スペース」で「自由を欲望するから共振する」「若い人たち」である。セイファーによる『青ノ鳥』上演を見ていてわたしが感じたのは、この「自由を欲望する」「若い人たち」のヴァーチャルではないリアルな（＝身体を媒介にした）「共振」だったのではないか。矢内原がこれまでニブロールの活動を通して、「若い人たち」との共同作業を通じて獲得したパフォーマンス的知とでも呼べるものを基盤として文字化されたテクストが、現実的には相互に何も共有していないといってよいニューヨークに住む「若い人たち」の感性や身体と共振してしまったのではないか。そうわたしには思えたのである。そしてそれは、インターカルチュラルな、つまり間文化主義的とも異文化接触的とも訳されるような、すでに国際的な上演系芸術市場を席巻しているような類の現象ではなく、トランスナショナルな事態、すなわち、「ナショナルなもの」を動かしがたい基底／前提としつつも、そこを超えでてしまうようなものでもあった。

そしてそのこと自体が、グローバリティというわたしたちが共有せざるをえない、必ずしも観念だけではない現実的影響をもつ力の諸関係のなせる業だというような言い方を可能にするだろう。その場合、問題は経済ではなくメディアである。あるいは、経済が規定する社会関係ではなくメディアこそが、わたしたちの感性一般、あるいは認知的な意味での知覚の方法の近親性を形成しているとしても、何ら不思議ではない、ということである。そしてその延長線上には、身体という問題系が再び浮上してくるだろう。実はそのことをわたしは、「グローバリゼーションは身体に悪い」というキャッチフレーズでかなり前に表現したことがある。そしてそのフレーズが、ニブロールの舞台から導かれたものであるのはけっして偶然ではないのである。ニブロールの『コーヒー』を評して、わたしはたしかにこう書いていた。

過剰な視覚・聴覚情報洪水の中に「なけなしの」身体を置くニブロールの上演もまた、必然的に「自閉」しており、そこにはいかなる歴史意識も批評意識（反省的意識）も見いだすこともできない。だが、日常における身体と身体―関係の徹底した観察に基づいて構成されたと思われる数々の舞台上の身体―関係は、その瞬間瞬間に出現する必ずしも具体的ではない暴力性の「感覚」によって、累積することのない瞬時の不快ないしはノイズ感とでも呼べる不可思議な快感（それは本当に「快」なのだろうか？）を媒介としつつ、「グローバリゼーションは身体に悪い」という「意味」をわたしに手渡していた。（内野 二〇〇二：八）

「身体に悪いグローバリゼーション」と口にしてみたときに、わたしたちが注目すべきなのは、ほとんどクリシェと化している「規律から管理へ」という統治システムの変化であるとか、「剝き出しの生へ」であるとかといった存在論的異変のことだけではなく、シェクナーも指摘している「ネット時代になって」という誰にでも明らかな事実である。ところがネットについては、少なくとも今のところ、上演系芸術の諸実践は、それ自身についての言説の質的量的変化という派生的問題も含め、敵対しているとして定式化するのが常識のようになっている。あるいは、そうした俗的言説を離れてこれまでの理論的展開を見わたしてみても、上演系芸術のライヴ性（＝直接性）に敵対する現象としてのあらゆる事象のメディア性（＝字義通りの媒介性）という問題の立て方が基本になっていて、そこから二項対立的論争やそれ以降の「それを超える」という定番の展開へと連なっているだけなのである。[3] しかしわたしは、ここに至り、ネット的な身体というものを、パフォーマンス的な意味生成／交換の場についても、想定しておく必要があるのではないか、ネットが、わたしたちに決定的な変容をもたらしていることを認めるべきではないかと考えるようになったのである。とするなら、シェクナーが「共振する」と言うとき、それは単にネット空間における言説レヴェルでの共振だけではなく、感性レヴェルでの、そしてその容器としての身体レヴェルでの共振のことを言おうとしているのではないかとも思えてくるのである。そうしたありようを示している身体、現実空間にある／あってしまう身体とヴァーチャル（＝ネット空間へと）に拡散する身体、つまりは、身体（化）と脱身体（化）の振幅でつねに動き続けているような身体を、何の論証も抜きであることを承知で、ここでわたしはひとまず「ポストヒューマンの身体」と名指しておきたい。というのも、そう名指すことによって、少なくとも二〇世紀が終わったことを、ようやくわたしたちは肯定できるようになるはずだからである。

　上記舞台評の引用では、「いかなる歴史意識も批評意識（反省的意識）も見いだすこともできない」とわたしは批判的に書いていた。これは当然、シェクナーの「大きな問題はすでに決められているということを必ずしも自覚していない」という言葉と響き合うものである。しかし、ポストヒューマンと発語した途端、歴史意識や批評意識、あるいはシェクナーのいう自覚性というものとの明らかな切断——切断といったような能動性とは縁遠いとするなら、身体の存在論にまつわる決定的なパラダイムシフトと言い換えてもよい——がもたらされるはずである。「自由を欲望する」から「オープン・スペース」で「共振」する身体は、直接的なコミュニケーションの可能性を前提として構想されるヒューマン（＝人間）ではもはやないので、その限りにおいて概念化されてきた歴史や批評からも——ということは、美学からも——、当然のように切断／疎外されるのである。そして、そのことをわたしたちは、シェクナーもそうしているように、肯定するほかはない。つまり、それは前提なのであって、否定や批判の対象、つまりそのオルタナティヴなありようが想定可能な、そこから距離をとれる対象ではけっしてなく、遅かれ早かれその関係の絶対性にとらわれていることを認めざるをえないような、あるいはたとえコンピュータは使いませんとかうそぶいてみたところでなんの役にも立たないような、時間的には不可逆の、そして分節／記述することだけが要請されるような、単なる現実である。

ここからは、つまり、「反省する主体から欲望する主体へ」というラカンのテーゼ、あるいはまた、そのテーゼをふまえて〈廃業〉という一種の思考実験へと入っていった元演出家の海上宏美等をはじめとする「廃業調査会」の人々の活動との連なりさえも想定可能になるだろう。[4]〈廃業〉の思考は、その身ぶりにおいて、近代的制度——方法ではない——としての歴史や批評や美学といった概念や実践の形態の無効化宣言でもあるという意味において、きわめて重要な思考である。というのも、わたしの理解する限り、〈廃業〉のアジェンダのうちでも最重要なものは、「とっくに終わっている近代をちゃんと終わらせましょう」ということだと考えられるからである。その作業は、「近代をちゃんとやりましょう」というのがメインストリームから周縁部にいたるまでの当座の目標のようになっている日本の文化実践の圏域——上演系芸術だけではないだろう——においては必要不可欠なものだと思われはするが、ここで扱っているようなトランスナショナルな「オープン・スペース」ではもはやそのような作業は必要ないのではないか。

ブログのような、あるいは掲示板やSNS（ソーシャル・ネットワーキング・サービス）のようなトランスナショナルな「オープン・スペース」――以下、本章の趣旨にしたがって、埒外《オープン・スペース》と記すことにしたい――としてのパフォーマンスの現場性の理論化は可能か、ということ。もちろん、ネット空間とパフォーマンス空間はちがうと言い立てることは誰にでもできるし、すでに触れたように、実際にされてもいる。たとえば、ネットが基本的には〈個〉を行為主体にしているのに対し、パフォーマンスのそれは〈集団〉である。あるいはまた、ネット的コミュニケーションが明らかに〈媒介的〉であるのに対し、パフォーマンス的コミュニケーションは〈直接的〉である、等々である。しかし、ネット生活を送っているわたしたちの多くのことを考えると、そこで醸成されるわたしたちの「日常」的感性や身体意識、あるいは価値意識までもが、パフォーマンス空間出来のための諸基盤になるほかはない――意識的であれ無意識的であれ――ことを単に認めるだけでなく、むしろそこからしか何事も始まってい（か）ないと考える必要があるのではないか。つまり、パフォーマンス空間において、ネットにおけるヴァーチャルなコミュニケーションの諸形態が、どのように身体化／可視化されているのか、ということだけに視線を注ぐこと。パフォーマンスを媒介にしてのグローバリティ批判などという巨視的なプロジェクトが可能であるにしても、まずはそこから始めるしかないのである。

こうした〈埒外《オープン・スペース》におけるポストヒューマンな身体の共振〉という問題系を思考するわたしたちは、これまで本書で何度も論じてきた岡田利規とチェルフィッチュの欧米での受容という問題にゆきつくことになるだろう。岡田の方法はこれまで、「演劇ではない」とか「ダンスである」とかいった具合の、既定の、つまりは近代芸術ジャンルのフレーム内でのみ評価されてきた嫌いがある。実際わたし自身もチェルフィッチュについて、日本の社会文化政治関係的ローカリティへの深い沈潜、あるいはそこへの自閉の身ぶりにおいて、ある種の逆説的先鋭性を獲得しているといった「ナショナルなもの」という近代的制度にのみ依拠した考え方にかなり傾いていた。しかし、すでに触れたように、チェルフィッチュは二〇〇七年、その『三月の5日間』がベルギー・ブリュッセルにおけるクンステン・フェスティヴァル・デザールに招聘され、単に好評だったというにとどまらず、それ以降、五〇以上ものオファーが欧米からあったということで、少なくともわたしにとっては、まったくのと言ってよいほどの予想外の事態になっている。そしてこのことをどう考えればよいのか、わたしにはよくわからなかったのである。というのも、伝統芸能のイメージの反復という意味での「伝統」——そこには、単に能・狂言・歌舞伎といったジャンル以外に、舞踏とその延長線上にあるダンスの諸実践や、かつての蜷川幸雄演出作品等も入るだろう——か、美術家の村上隆が体現するような「ポップ」——ハイアート（＝ヨーロッパ的）とポップカルチャー（＝アメリカ的）と伝統（＝アジア的）の境界侵犯的実践としてのネオ・ポップとしか呼びようのないものとして——か、という同時代における欧米の日本の文化実践受容を可能にする中心的モードからすると、チェルフィッチュはどう見てもどちらにも当てはまらないからである。[5]

おりしも二〇〇八年三月に東京芸術見本市と連携して開かれたコンテンポラリー・パフォーミングアーツ・ネットワーク国際会議の冒頭、当該フェスティヴァルの芸術監督であるクリストフ・スラフマイルダーと岡田利規とのシンポジウムにモデレーターとして参加する機会があり[6]、直截的に上記の疑問をスラフマイルダーにぶつけてみた。記録が残っているわけではないので、あくまでもわたしの記憶に頼ってという留保はつけるが、彼は、チェルフィッチュの欧米における熱狂的受容につき、「今起きていることを、そのパフォーマンスにおいて、正確に分節化しているからだ」と理解できるような発言をしたのである。その熱狂的受容が伝統や（ネオ）ポップに市場が飽きたという意味での東洋（＝日本）趣味から完全に自由とはいえないものの、少なくとも彼は、東洋（＝日本）趣味ではないかたちで、すなわち、同一平面上にある文化実践の先端的なかたちとして、チェルフィッチュが受容されていると考えている。こうしてわたしは、『青ノ鳥』のニューヨーク上演で見いだされた〈埒外《オープン・スペース》におけるポストヒューマンな身体の共振〉という問題系を導入する以外、チェルフィッチュの欧米における受容という事態を把捉できないと思うようになったのである。

誰しもがそこから逃れることができないネット社会とほぼ同義であるグローバリティという〈現実〉は、「身体に悪い」という共通了解が、こうしてある地理的広がりの中で醸成されつつあり、そのことを岡田利規は、「日本」という「ナショナルなもの」の圏域にある具体的日常に取材しつつも語りの戦略を可視的に駆使する戯曲テクストと、厳密に理論的・方法的な自覚性をともなって立ちあげられた身ぶりのパフォーマンスによって、「正確に分節化」して（しまって）いるのである。したがって、ここでは深入りはしないが、『三月の5日間』につづく『フリータイム』が、タイトルが示す以上に、「自由を欲望する」——当該作品では、ファミレスという〈Jという場所〉の「ナショナルなもの」の圏域にある空間で——ことの、テクストのレヴェルとパフォーマンスのレヴェルの両方におけるパフォーマティヴな記述という様相を呈することになったのは、ある種の必然であったとも言えるだろう。

〈埒外《オープン・スペース》におけるポストヒューマンな身体の共振〉としてのトランスナショナルなパフォーマンス空間はこのように、作品中に表象されるというよりも、作品が上演される多様化する環境を背景にしつつ、実践者間のトランスアクションとして、あるいは、上演と観客のトランスアクションとして、出現しつつある。もちろん、わたし自身が経験したたかだか二つの事例だけで、それがグローバルな広がりや影響力を持つことになるだろうと予言などすることはできないし、むしろ偶発的な出来事だと考えた方がよいのだろう。ただ肝要なのは、そうした〈偶発的な共振〉が起きてしまう時代にわたしたちが生きていることに気づくことであって、〈偶発的な共振〉を組織化／制度化することなどできないし、また、たとえできたとしてもするべきはない。だからこそその埒外《オープン・スペース》である。シェクナーが言うように、「大きな問題はすべて人が決めてしまっている」にしても、「小さな問題はまだ自分で決められる自由」があることを自覚することによって、可能になる（かもしれない）埒外《オープン・スペース》である。

事実、ここで取り上げたニューヨーク市立大学の企画がその典型であるように、演劇を含むアメリカ合衆国の文化実践者たちは、〈九・一一〉以降、当然のように〈外の声〉に耳を傾けようと必死である。それは国境の〈外〉——たとえば「日本」というような「ナショナルなもの」——かもしれないし、国境内の〈外〉——たとえば、アンダークラスやマイノリティという階級的意味において——かもしれない。そこから立ちあがるパフォーマンスが、映像メディアや活字メディアですでに知っていることのテクスト的表現や身体的表現にすぎないにしても、つまりは、現実から必ず遅れるほかはないにしても、そこに身体が介在してしまうということが重要である。〈外〉とのかかわりあいのなかで、身体が介在することが重要である。というのも、「ナショナルなもの」だけに絡めとられた身体表現一般が必然的に要請する（一時的な）「共感の共同体」と明らかに対立するようなトランスナショナルな〈偶発的な共振〉が起きる可能性が、そこにこそ胚胎されるからである。それがネット空間ですでに起きている〈共振〉とどう違うのかあるいは違わないのか、それとも、「大きな問題はすべて人が決めてしまっている」ことを当事者が自覚したところで何らかの差異が持たされうるのかどうか、といったような理論的・政治的思考がこれから必要になるにしても、わたしは少なくとも、そういう〈偶発的な共振〉が起きる可能性のある埒外《オープン・スペース》に身を置きたいと思っているし、そういう埒外《オープン・スペース》を抑圧しようとする諸力に抵抗してゆくことだけが、わたしの役割だと自認しているのである。

（二〇〇八年五月）

［注1］「プレリュード・フェスティヴァル」は、「ニューヨーク市に拠点を置く劇団やアーティストによって創造された新作であり、かつ非伝統的な作品を祝福するためのミニ・フェスティヴァルとシンポジウム」であると、そのＨＰに記載されている（和訳は引用者。http://web.gc.cuny.edu/mestc/programs/fall07/prelude07.html、最終アクセス日は二〇〇八年三月二〇日、現在は閉鎖）。ちなみに、〇七年度のフェスティヴァルでは、「スポットライト・ジャパン」をのぞいて、一九に及ぶ短縮版のパフォーマンスとリーディング、さらにオープン・リハーサルが行われ、同時にニューヨークの演劇が直面する制度的あるいは理論的諸問題を議論するパネルも三つ用意されていた。パネルのテーマは「ダウンタウンvsアップタウン」、「劇作家vsテクスト」、「ダウンタウンと人種」といったものだった。

［注2］『青ノ鳥』は、ミクニヤナイハラプロジェクトVol. 3として、二〇〇六年にプレ公演が行われ、二〇〇七年九月二一―二四日、すなわち、ニューヨークにおける上演の直前、吉祥寺シアターで初演された。正確にはニブロールの作品とはいえないわけだが、ニブロール自体が、パフォーマーに関してはプロジェクトごとに集められることになっており、ここにおける記述に特に問題はないと考える。また、「でたらめ」という語であるが、上演系芸術が制度として教育から文化実践の中枢に組み込まれていない〈Jという場所〉において、語義矛盾を承知の上で、〈でたらめ〉が方法としてあるという考えをわたしはとっている。たとえば、土方巽の舞踏とコドモ身体のコンテンポラリー・ダンスをつなぐ方法的理念は、ナショナリズムと複雑に絡みあう〈でたらめ〉という方法である、というふうに。こうした思考については、結局、日本の文化圏では上演系芸術は制度ではないというループ状の言説へと導かれるだけかもしれないとは思いつつ、戦後日本の上演系芸術史を継続的な理論的フレームで記述することくらいならできるだろうとわたしは考えている。

［注3］日本でそうした問題が学会等で活発に議論されているわけではないが、日本語で読める最近の文献としては、ミュンヘン大学のクリストファ・バームによる「舞台を代替する――演劇とニューメディア」（山下純照訳）がある。タイトルが示すように、ここでは演劇といわゆるニューメディアの関係の分析が試みられている。最初にメディア論側からといえる先行研究

が批判の俎上に載せられ、演劇のライヴ性を「メディア化」という概念のもとに無効化するような言説を乗り越えるために、エリカ＝フィッシャー・リヒテの「演劇性」をめぐる議論が援用される。さらに具体的な例証として二つの上演、すなわちオランダにおけるプルーストの『失われた時を求めて（*A la recherche du temps perdu*）』の上演プロジェクト（二〇〇三―〇五、演出・ギ・カシェル）と、二〇〇八年に来日公演を果たしたリミニ・プロトコルによる『コール・カッタ（Call Cutta）』（二〇〇五）が取り上げられ、結論部では、演劇を他のメディアとの差異において「防御する」のではなく、「基礎的な資質が間メディア的な、つまり他メディアとのやりとりに開かれた媒體として、演劇を定義しなければならない」（バーム 二〇〇七：一七七）と書かれることになる。特に反論すべき主張でもないが、逆から言えば、今さらともいえる結論である。演劇が先にある／あってしまう（と幻想される）ヨーロッパならでは議論であり、わたしは、演劇よりも先にある／あってしまう〈現実〉としてのネット空間をいかにパフォーマンス空間との関係において問題化できるかが重要であると本稿では主張しているつもりである。

［注4］〈廃業〉の思考については、わたしもその編集委員を務めている批評誌『クアトロガトス』創刊号（二〇〇六年）、および第二号（二〇〇七年）を参照のこと。同批評誌のＨＰは http://www.cuatro-gatos.com/critique/index.html である（最終アクセス日は二〇〇八年三月二〇日、現在は閉鎖）。

［注5］劇団・解体社もまた、近年の活動を見ればわかるように、ヨーロッパを中心に熱狂的に受容されている集団である。ただし、解体社がその熱狂とは裏腹に、チェルフィッチュとは異なり、日本の業界ではまったく受容されていないという事実がある。この事実はしかし、日本の業界がだめだとか保守的だとか批判して了解されるべきことではない。もちろんそういう言い方をすればその通りなのだが、それだけではなく、清水信臣の思考がそうしたナショナルな境界を遥かに超えてグローバルな広がりのなかにつねにすでに解き放たれてあるからで、その意味で、普遍主義（＝モダニズム）と反グローバリズムのいわば危うくかつ魅惑的な境界領域で――今やそこでしか、あらゆる上演が構想され実践されることが不可能なような――その上演は成立しているとわたしたちは考えるべきなのだろうと思う。（二〇一六年三月追記：本書　第Ⅱ部六章及び七章も参照の

こと。)

[注6] 当該シンポジウムは二〇〇八年三月三日、東京・恵比寿ザ・ガーデンルームで、「同時代の舞台芸術」というタイトルで開催された。当初は基調講演という枠組みでのKVS、ロイヤル・フレミッシュ・ブリュッセル芸術監督のヤン・ゴーセンスを迎えてのセッションの予定であったが、ゴーセンスが急病のため、スラフマイルダーと岡田を迎えてのシンポジウムに切り替えられたことを、ここで付記しておきたい。(二〇一六年三月追記:本シンポジウムは、英語と日本語を適宜まぜて行われた。その後、このシンポジウムの内容はネット上で日本語で公開された。そこでは、スラフマイルダーの発言は以下のようになっている。「岡田さんの作品は日本語を分節するあるやり方に基づいていますし、これは観客が日本語を解さない場合伝わらない要素です。だから何が失われ、何がそれでも――つまり観客が日本語を解さないことで特定の質や細部が失われたとしても――伝わるのか見定める必要がありました。しかし私は、岡田さんの作品は身体と話し言葉の間の一種の緊張関係や矛盾というものを表現しているのだと考えています。それは個人と社会、自分がやるべきことと他人にやらされていること、自分がやりたいことと自分が現にやっていること、自分がやりたいことと自分が現にやっていること、といったものの間の矛盾でもあります」(「IETM@TPAM record」6. http://www.tpam.or.jp/pdf/ietmreport_j.pdf 最終アクセス日、二〇一六年三月二八日)

# 2

# ヴァーチャルに行く
## ——クリティカル・アート・アンサンブルのポリティクス

クリティカル・アート・アンサンブル
バイオテック・プロジェクト「放し飼い穀物」

## 愛国法の「暴力」とCAE

二〇〇四年五月一一日、日本ではほとんど報道されなかったが、ある重大な事件が起きた。クリティカル・アート・アンサンブル（以下、CAEと表記）のメンバーの一人であり、ニューヨーク大学バッファロー校で教鞭を執るスティーヴ・カーツ宅に警察官が大勢押しかけ、周囲は騒然となったのである。

それからしばらく時間をおいて、たとえば、『ワシントンポスト紙』は六月二日付けで以下のような記事を掲載した。

ニューヨーク州立大学バッファロー校の美術教授であるスティーヴ・カーツは、去る五月一一日の朝、二〇年来の妻ホープ・カーツが呼吸をしていないことを発見した。彼は即座に救急車を呼んだ。警察と救急医療担当者がその電話に応答したが、彼らがカーツの家で発見したものにより、徹底した調査が行われることになった――そこにはガラス容器やバクテリアで実験した痕跡があり、奇妙な機材や実験道具が揃っていたのである。

ＦＢＩは調査を継続中で、連邦大陪審は陪審員をすでに選んでいる。ダ・コスタ以下の証人もすでに召喚された。（Duke 2004, 和訳は引用者、以下同様）

大学教員／美術家が逮捕される。しかも、生物化学兵器製造の容疑でというニュースはすぐさま全米をかけめぐり、ほぼ同時に、こうしたパラノイアックなＦＢＩや大陪審の行動に対抗して、ＣＡＥ基金なる組織も立ち上がり、ウェッブサイトで支援活動を開始した。こうしてカーツ逮捕をめぐる一連の出来事は、ちょうど一九九〇年の「ＮＥＡの四人」をめぐるいわゆる文化戦争（本書第Ｉ部五章を参照）を彷彿とさせるような事態を迎えている。それは様々な展開をみせながら二〇〇七年に至り、この事件に取材したドキュメンタリー映画『奇妙な文化（*Strange Culture*）』まで製作されて各地の映画祭で上演されることになった[補1]（Leeson 2007）。

本章は、二〇〇一年の愛国法成立以降のよく知られたアメリカ国内における〈パラノイア合戦〉とでもいえる状況下、そうしたアリーナからは通常は免責されているはずの〈アート業界〉を襲った特権的事例として――実際そのような事例であるとおおむね認定できるにしても――ＣＡＥを取り上げようというのではない。たしかに、〈九・一一〉とイラク攻撃以降、体制側の寛容度が目に見えて落ちていった二〇〇四年という時期の事例ではあるが、ここでは当時のブッシュ政権を批判する目的も、あるいはその傘下で迷走しているとしか思えないＦＢＩ等の動きを嘲笑しようというのでもなく、この事件が明らかにするようなあからさまかつ半ば滑稽でもある検閲的事態とでも呼べるポスト〈九・一一〉的悲喜劇的事態に直面したＣＡＥという集団について、そもそもどのような集団でどのような活動を行っているのかについて、メンバーの一人であるカーツの逮捕拘束という事態にいたるＣＡＥの足取りを追いかけながら、イントロダクトリーな議論をしておくことを主眼としたい。というのも、ＣＡＥのような介入主義的芸術を旨とするメディア・アクティヴィズム的集団の場合、その作品――という概念をすでにＣＡＥは採用していない、ということはさておき――を分析すればよいということにはならないからである。実際、その活動の歴史的・理論的背景、さらにＣＡＥの具体的な各プロジェクトにおける、その目的や手段からはじまって、彼／彼女らの表現／活動レヴェル――出版、ＣＤ－ＲＯＭ作成、インスタレーション、パフォーマンス、字義通りの実験、講演――におけるメディア使用や場所性の問題等々は、きわめて複雑な様相を呈している。ＣＡＥの活動は、まるでそれについて言語化することを当初から拒否するような、レベッカ・シュナイダーがディック・ヒギンズの言葉を敷衍してＣＡＥの活動の有り様を評するのに使用した「間メディア性（intermediality）」、あるいは「ノマド的メディア性（nomadmediality）」（Schneider 2000）の活動にほかならないのである。

## CAEとは何か

やや先走った感もあるので、CAEについてさらに具体的な紹介をここでしておきたい。CAEは、TDR誌に掲載された二〇〇〇年までの年譜によれば、一九八六年当時まだフロリダ州立大学の学生だったスティーヴ・カーツとスティーヴ・バーンズが、ロウテックなヴィデオ作品の製作に参加したメンバー全員を示す名称としてCAEという名称を使ったのがその始まりである（CAE 2000a: 132）。CAEは複数の自称「戦術的メディア実践家（tactical media practitioner）」――「戦術的メディア」という表現は、CAEによれば、一九九三年にオランダで行われたイヴェントに端を発する世界規模で起きている運動に冠せられた名前である――からなる集団で、二〇〇〇年時点では五名の名前が挙がっているが、すでに触れたようにホープ・カーツが二〇〇四年に亡くなっているため、その後は四名で活動している。つねにCAEという集団名を使うからといって、CAEが別に無名性を誇っているわけではない。メンバーの固有名は明らかだが、同時に、グループとして活動するときにはCAEという集団名をつねに名乗るというスタンスで活動しており、同誌に掲載されたCAEへのインタビューによる自己定義では以下のようになる。

CAEは五人の戦術的メディアアーティストからなる集団で、アート、テクノロジー、批評理論と政治アクティヴィズムの交差する地点を探求するために存在しています。グループのアーティストはそれぞれが専門的な才能を持っています。スキルの面で

> いえば、パフォーマンス、書物の装丁、グラフィック・デザイン、コンピュータ・アート、映画／ヴィデオ、テクスト・アート、写真、クリティカル・ライティングとなります。CAEは一般的にこれらのスキルを戦術的なやり方で使用します。わたしたちは主題《トピック》を選び、それを特定の文脈に置き（したがって特定のオーディエンスにアプローチする）、そのうえで、選ばれた文脈との関係で意味があるような作品を作ろうと試みるのです。わたしたちはどのような文化状況にもアプローチしようとしますし、作品はメディア・スペシフィックではないので（わたしたちは主題《トピック》と文脈にふさわしいメディアを使います）、かなり広範にわたる空間と関係を持っています。ギャラリーや美術館、ラジオ、テレビ、フェスティヴァル、バーやクラブ、ネット、ストリートで作業をした経験があります——お呼びがかかればどこへでも行くんです。わたしたちの実践はさまざまで領域横断的ですが、一つだけ動かしがたい点があります。それはつまり、西洋文化の権威主義的諸基盤を明らかにし、挑戦する作品を作るということです。（McKenzie 2000: 136　和訳は引用者）

ほぼ自明であろうと思われるが、この自己定義で注意しておくべきことは、まず、その活動の目的が「西洋文化の権威主義的諸基盤を明らかにして、挑戦する作品を作る」ことだと明言している点である。そのために、複数のメディアを専門とする彼／彼女らは、特定の主題にかかわるプロジェクトをたちあげ、特定の観客を想定し、それを文脈としつつ、プロジェクトを展開してゆくことになる。それだけであれば、通常のアート・アクティヴィストにすぎないと思われるかもしれないが、さらにCAE自身がいうように、その活動／生産においては、「メディア・スペシフィックではな」く、「主題《トピック》と文脈にふさわしいメディアを使い」、そこに挙げられているような多様な空間、つまりはギャラリー・美術館から、ラジオ、テレビ、フェスティヴァルやバーにクラブ、さらにネットやストリートにいたるまで、おおよそ想定可能なありとあらゆる空間において「お呼びがかかれば」相互的な関係を持つべく、そこで何らかの活動を展開する、その「何でもあり性」とでも形容するほかはない融通無碍さが、際だっているといえるのではないだろうか。

## CAEのプロジェクト

「西洋文化の権威主義的諸基盤を明らかにして、挑戦する作品を作る」と口にするのは簡単だが、では具体的にその際にCAEがアプローチする主題《トピック》とはどういうもので、実際にどのようにアプローチするのか？　二〇〇七年現在におけるCAEのHP——いうまでもなく、HPがCAEにとって、非拠点としてのプロジェクト拠点とアーカイヴという二つの重要な役割を担っている——には、まずプロジェクトの大きなカテゴリーとしてブック・プロジェクト、バイオテック・プロジェクト、タクティカル・プロジェクトの三つが掲げられている。[補2] この三つは相互関連しながら行われているが、ここではCAEの関心を知る上で手っ取り早いので、そのブック・プロジェクトにどのようなものがあるかをまずは羅列しておこう——CAE自身は本という形態はあまりに速度が遅すぎるとして、CAEの活動の認知には資するけれども、メディア的有効性は少ない、としている。二〇〇七年現在で、CAEは六冊の書物を出版し、このHPにもアップされて自由にダウンロードできるようになっており——CAEは知的所有権にも反対し剽窃を奨励しているので——知的所有権こそ、旧来的なアナログ・モデルのイデオロギーであると、CAEはいう——基本的には出版物はコピーフリーだが、オートノメディアという出版社との提携で、アマゾンコム等での紙媒体での購入も可能である——が、そのタイトルは、『電子的暴動（*The Electric Disturbance*）』（一九九四）、『電子的な市民の不服従とその他の不人気な考え（*Electric Civil Disobedience & Other Unpopular Ideas*）』（一九九六）、『肉体機械——サイボーグ、デザイナ・ベイビー、優生学的意識（*Flesh Machine: Cyborgs, Designer Babies & New Eugenic Conscious-*

*ness*)』（一九九八）、『デジタルの抵抗——戦術的メディアの探求（*Digital Resistence: Explorations in Tactical Media*）』（二〇〇一）、『分子レヴェルの侵略（*Molecular Invasion*）』（二〇〇二）、『行進する疫病（*Marching Plague*）』（二〇〇六）などとなっており、そのタイトルを見ただけで、CAEが何を主題化して何を成そうとしているのか一目瞭然ということになるかもしれない。と同時に、「電子的暴動」、「電子的な市民の不服従」、「肉体機械」、「デジタルの抵抗」、「分子レヴェルの侵略」、「行進する疫病」と並ぶと、CAEの関心が一方で電子的ないしはデジタル的ないしヴァーチャルなものにあり、他方にフィジカルないしはマテリアルなものがあること。また、その両者をつなぐ同時代的に重要な主題《トピック》として生命科学／遺伝子工学の問題圏があることも見えてくるだろう。

たとえばCAEは、ブック・プロジェクトの最初の出版物である『電子的暴動』の冒頭で、すでに次のように宣言していた。

> 文化的政治的抵抗のルールは劇的に変化してしまった。コンピュータとヴィデオの急速な発展によってもたらされたテクノロジーの革命が、二〇年前にはほとんど想像することもできなかったような第一世界における権力関係の新しい地図を描きだしているのである。人々はデータへと還元され、監視はグローバルなスケールで行われ、人々の精神はスクリーンのリアリティにがんじがらめになり、不在において繁栄する独裁的権力が出現した。新しい地図はヴァーチャルな地図であり、政治的文化的抵抗の中心部分はこの電子空間において存在を主張しなければならない。（CAE 1994: 3　和訳は引用者、以下同様）

「不在において繁栄する独裁的権力」という表現からも明らかなように、「電子化する権力」とでも呼べる問題系にすでにこの時点で関心を寄せており、したがって、いかなる「政治的文化的抵抗」も、電子空間においてその存在を主張しなければならない」としていたのである。権力がデジタル化したから、わたしたちもデジタル化しなければならない、というわけだ。さらに、この思考ラインに沿って、次の『電子的な市民の不服従とその他の不人気な考え』においては、アメリカ的と呼ぶべき市民的抵抗という伝統の歴史的文脈に自らを位置づけつつ、実際の抵抗／介入の可能性について論じてもいる。その基本戦略についてはすでに述べたが、別の角度からさらに捉え直すために、レベッカ・シュナイダーによる簡便な解説をここで引用しておく。

> ノマド的権力にどうCAEスタイルで闘うのか？　場所からの逸脱と間メディア性、あるいは、ノマド的メディア性とでも呼べるものによってである。揺れ動きつづけ、もはや単純に雑種的ではない戦術的メディア性である。ノマド的資本がけっして現前することなく、そこにはなく、身体化された抵抗が不可能であるならば、どうやってそれにチャレンジすればよいのか？　不在にどうやって対抗、ないしは抵抗すればよいのか？　不在によってである。ノマド的になることによってである。姿を消したかのように見せることによってである。名前を失うことによってである。あるいは、そうで「ある」と自ら主張するものでは「ない」姿によって、あるいは、そうで「ある」ように見えるものでは「ない」と自ら主張することによって。たとえばCAEはバイオコムという偽会社を設定し、それをウェブ上に展開している。芸術？　それとも資本？（Schneider 2000: 123　和訳は引用者）

CAEとシュナイダーによれば、ノマド化する権力について対抗／介入するためには、「間メディア性」、あるいは「ノマド的メディア性」といった概念でイメージされるような動き、つまり諸メディアのあいだを縫う、しかも方向性を定めずに必要性に応じてノマド的に縫うことが必要だということになる。CAEにとっての「直接的政治行動」とは、シュナイダーが同じエッセイの中で言うように、伝統的なストリートでのデモや集会ではなく、ヴァーチャルなレヴェルでの行為となるほかはない。ただしここでのヴァーチャルとは、ネット上での、たとえば2ちゃんねる的なゲリラ活動だけを意味するわけではなく、つねにすでに「それ自体」として、召喚され、名指され、実体化されることを免れている存在の形式、あるいは現象の形式――ＣＡＥが「汎資本主義」と呼ぶ資本の存在／現象形式と同様に――のことである。

さて、一九九八年のブック・プロジェクト『肉体機械』以降、ＣＡＥの主題は生命科学をめぐるもの、しかも遺伝子組み換え食物や生物化学兵器といった、より具体的なわたしたちの日常にかかわりをもつテーマに明確にシフトしていった（具体的な契機についてはMcKenzie 2000を参照）。それが既出のバイオテック・プロジェクトとなるのだが、これまでのところ、「肉体機械」以降、「生殖アナクロニズム協会（The Society for Reproductive Anachronisms）」（一九九九―二〇〇〇）、「新しいイヴのカルト（Cult of the New Eve）」（一九九九―二〇〇〇）、「ジェン・テーラ（Gen Terra）」（二〇〇一―〇三）、「論争的生物学（Contestational Biology）」（二〇〇二―〇四）、「放し飼い穀物（Free Range Grain）」（二〇〇三―〇四）、「行進する疫病」（二〇〇五―〇七）とカーツの逮捕拘束事件以降はややペースが落ちているが、毎年のように、バイオテクノロジーをめぐる諸プロジェクトをヨーロッパと北米各地で展開している。

ＴＤＲ誌の既出のシュナイダーのエッセイで詳細に取り上げられている「肉体機械」の場合、そのインスタレーション／パフォーマンスでは、ベタな生殖医療に関するレクチャーと寸劇的スケッチから始まり、実際に参加者のＤＮＡのサンプルを採取してのスクリーニング・テストを行い、生殖医療に「ふさわしいＤＮＡとは客観的か」という問いを生じさせようと試みられる――というのも、シュナイダーが書いているように、「ふさわしいＤＮＡ」の持ち主は、現実にいわゆる遺伝子産業ですでに使用されているスクリーニング・テストを使うと、「異性愛者らしく見える白人のホワイトカラーで、たいていは男」（同上 122）になる傾向が強くある――のである。さらに、新たな優生学の登場――というか、実際にはあからさまには登場していないから厄介であるのだが――とＣＡＥが呼ぶ事態に警告を発するために、冷凍されたほんものの人工受精卵のライヴの画像が映し出され、一日あたり六〇ドルの資金が集まらなければ、冷凍装置の電源を切らなければならないと参加者を挑発したにもかかわらず、毎回その額に達することはなく、参加者の前で冷凍装置のスイッチが切られたという（同上　123）――それは当然、倫理的な論争を巻き起こした。

引き続き人間にかかわる遺伝子やDNAの問題を、バイオテクノロジー産業やネオ優生学イデオロギーとの関係において考察する二つのプロジェクト――「生殖アナクロニズム協会」、「新しいイヴのカルト」――を展開した後、人のDNAを使ったトランスジェニック（遺伝子形質転換）技術で遺伝子組み換えバクテリアを実際に作り出してもらう「経験」を核とする「ジェン・テーラ」、遺伝子組み換え食物の組み換えプロセスを逆にたどるという実験を参加者に行ってもらう「論争的生物学」以降、CAEは遺伝子組み換え食物を主題《トピック》にすることになった。

つづく「放し飼い穀物」は、最初ドイツのフランクフルトで行われたプロジェクトである。「放し飼い穀物」は、CAEのHPによれば、「ヨーロッパの観客のためにデザインされたライヴでパーフォマティヴでコンセプチュアルなアート・プロジェクト」であり、「グローバル経済のなかでの商品と国境の関係を検討する」ことを第一の目的とし、バイオテクノロジーの「脱神秘化のプロセスを加速化させること」を第二の目的としていた（CAE「放し飼い穀物」）。CAEは作物のDNA組成を精密に検査するための多数の専門的機器を会場に持ち込み――そのために、メンバーはそれらの機器を使えるように、専門家から訓練を受けていた――、観客はたとえば、いわゆるオーガニックと称されている食物を持参し、それを検査してもらうのである。その結果、遺伝子組み換えという表示がなくとも、ヨーロッパで日々食されている作物の多くに、別の作物のDNAが混入していたりする場合があることが明らかになる。つまり、近年のヨーロッパは、人の流入についての国境が閉鎖に近い状態におかれているにもかかわらず、作物レヴエル――アメリカからの輸入が多い――では、いとも簡単に国境が侵犯されている可能性を示唆しようとしたのである。

そして、このプロジェクトはすぐにアメリカのボストン現代美術館における企画展『介入主義者たち──社会の圏域における芸術』に招聘されたが、その準備を進めていたときに、本章の最初で述べたスティーヴ・カーツの逮捕拘束の事件は起き、ＤＮＡ検査のための機器をＦＢＩにすべて没収されたのである。（この時点での最新のプロジェクトは、「行進する疫病」と呼ばれ、生物化学兵器をめぐる英米におけるパラノイアを半ばちゃかすような興味深いプロジェクトであるが、紙幅の都合で割愛する。タクティカル・プロジェクトについても同様）。

## ＣＡＥのポリティクス──結論にかえて

これまでの紹介で明らかなように、ＣＡＥのポリティクスでわたしたちが注目すべきことは、その介入主義的思想と方法論が、一九六〇年代以降の歴史──理論的、芸術史的、運動史的、思想史的──を十分にふまえたうえで、戦術として鋳なおされ、採用されているという点である。ストリート・アクションの、アイデンティティ・ポリティクスのマトリクスとして現象する共同体や共同性の、あるいはまた、芸術諸ジャンルのジャンルとしての、それぞれの同時代における価値と有効性を疑いつつも、それらが有効である場面はあるだろうとして、それ自体を捨て去ることはしないこと。マテリアルな、さらにはヴァーチャルな公共圏が、ほぼ全面的に汎資本主義に私有化／私物化されたことを認めつつ、そのこと自体に抗議／抵抗するのではなく、私秘性（the private）の最後の器《ヴィークル》でありうるはずの身体までが、バイオテクノロジーの分子レヴェルへの介入によって、汎資本主義のマシーンと化そうとしている──それをＣＡＥは「肉体機械」と呼ぶ──という認識のもと──ＣＡＥは、二〇世紀を席巻した戦争機械と視覚機械に、次第にこの肉体機械が加わって、汎資本主義エージェンシーを定義／固定化する、としている──、そのマシーン化のプロセスに介入すること。あるいはまた、当事者性／代理表象という問題系における、演劇やパフォーマンス――ひいては芸術一般――にまつわるアメリカ的偏見を逆手に取りつつ、そのペタゴージーにおける有効性を十全に生かすこと。

CAEが次第に、遺伝子工学／生命科学という日常生活に直接かかわりをもっているのに、わたしたちからは「籔の中」的、あるいは侵入不能の専門領域であるとされる自然科学の領域へとその関心を差し向けていったのは、当然であっただろう。さらにいうなら、このバイオテクノロジーへのCAEの関心のシフトは、すでに触れた抵抗の形式についての再考をCAEに迫ることにもなったようである。その点について、シュナイダーは以下のように書いている。

バイオテック産業の大部分が、伝統的あるいは電子的の両方の市民の不服従にたいして免疫をもっていると主張するCAEは、「論争的生物学」と呼ばれるオルタナティヴな抵抗の形式を具体的にわたしたちに示してくれる。そこでは、バイオテック産業自身が生み出した法律違反ぎりぎりのファジーな圏域で機能するような戦術がときとして必要になることもあるが、CAEが提唱する論争的生物学の大部分においては、日常生活での経験とバイオテクノロジーの社会的、経済的、政治的側面についての十全な情報に基づく批評的思考を組み合わせた参加型で教育的なパフォーマンスが含まれている。(Schneider and Mckenzie 2004: 7 和訳は引用者)

一方でネットにおいて企業やカルト集団の疑似組織を立ち上げ(バイオテック、新しいイヴのカルト、ジェン・テーラ)、その仮構されたヴァーチャルとしか呼びようがない空間のうちで言説やイメージやパフォーマンスを生産し、同時に、その思考の軌跡をブック・プロジェクトというかたちで、よりアカデミックなディスクールに近い言語態によって翻訳する／書き残す。他方、ペダゴジーということだけに明示的に照準を定めつつ、「論争的生物学」なる枠組みにおいて観客参加型パフォーマンスやギャラリーでの展示といった伝統的な方法をそこへと包摂するプロジェクトを実践することで、ＣＡＥはバイオテクノロジーの多様な側面を、場合によっては参加者とともに、実感として思考しようとするのである。

ＣＡＥは、たとえば「遺伝子組み換え」についての文化的抵抗のあり方について、以下のような具体的な行動プランまでその『分子レヴェルの侵略』のなかで提案している。

遺伝子組み換え生産と文化的抵抗——
七段階の計画
一　遺伝子組み換え生産と生産物を脱神話化すること
二　人々の恐怖を取り去ること
三　批判的思考を進めること
四　エデン的ユートピアのレトリックを批判し攻撃すること
五　科学の殿堂の扉を開くこと
六　専門化の文化的境界を溶解すること
七　アマチュア主義への敬意の念を作り出すこと

（CAE 2002: 59　和訳は引用者）

こうしてみると、パフォーマンス／アクションやアート・オブジェクトや組織の偽物性／仮構性（専門性という神話の破壊、アマチュア主義の称揚……）と書物の「ほんもの性」と直接的経験の実感性が、ＣＡＥの活動にとって重要な核を形成していることが理解されるだろう。と同時に、リチャード・シェクナーがその「五つの前衛、それとも前衛は存在しないのか?」というエッセイ（Schechner 2005）で語るような制度としての芸術の終焉と運動としてのアヴァンギャルドの収束という歴史的文脈にＣＡＥを置いてみれば、それでもなお、形式（＝フレーム）としての／技術としての芸術はいかに政治に資することができるか、という問いにこだわりつづけ、しかもきわめて自覚的、歴史的、戦略的かつ実践的にそうである点にＣＡＥの特異性があることが見えてくるはずである。

（二〇〇七年一〇月）

※本章はアメリカ学会第四一回年次大会、芸術・文化部会シンポジウム「私秘性の芸術表現――セクシュアリティと公共性」（立教大学、二〇〇七年六月一〇日）において筆者が口頭発表した内容に加筆修正し、『舞台芸術』第一二号（京都造形芸術大学舞台芸術研究センター）に訳出した「組み換え演劇とデジタルな抵抗」（小田透との共訳、一二一〜四〇頁）の解題として発表した文章に加筆したものである。

補注（二〇一六年三月追記）

［補1］その後、二〇〇八年にカーツへの〈嫌疑〉はすべて晴れることになった。また、『奇妙な文化』は二〇〇七年サンダンス映画祭で初上映された。

［補2］二〇一四年八月二六日現在、ＣＡＥのＨＰ（http://www.critical-art.net/TacticalMedia.html）では、七つの活動のテゴリーがあがっている。「バイオテック」、「戦術的メディア」、「エコ」、「インスタレーション」、「ヴィデオ」、「理論」、そして「論

文、パンフレット、アーティストブック」である。また、近年のCAEの作品で注目されたのは二〇一二年のドクメンタ（ドイツ・カッセル）における『公共的悲惨のメッセージ――グローバルな経済格差についての一時的なモニュメント（*A Public Misery Message: A Temporary Monument to Global Economic Inequality*）』と呼ばれるパフォーマンスである。これは、アメリカ合衆国における貧富の差を、一センチが百ドルに相当する目盛り入りのクレーン状のオブジェによって、収入の統計にしたがい、「高さ」で表現するというコンセプト。結局、あまりに高くなってしまい、アメリカの最富裕層（よく知られるように、全人口の一パーセント程度）は二二五メートルの高さに位置することになり、そこに到達するために、ヘリコプターが必要になった。観客はヘリコプターに乗り、統計に基づいたアメリカの経済格差を、ヘリコプターの飛行高度の差異によって「体感する」というものだった（cf. Corbett 2012）。

3

# ジュディス・バトラーへ／から

## ――アメリカ合衆国における演劇研究の「不幸」をめぐって

シェクナー『パフォーマンス・スタディーズ』

## バトラーとパフォーマンス研究

『ジェンダートラブル（*Gender Trouble: Feminism and the Subversion of Identity*)』（一九九〇）で広く知られるようになる二年前の一九八八年、ジュディス・バトラーは『シアタージャーナル　原題)』というアメリカ合衆国の演劇研究のための学術誌に「パフォーマティヴ・アクトとジェンダーの構成——現象学とフェミニズム理論（Performative Act and Gender Constitution: An Essay on Phenomenology and Feminist Criticism)」という論文を発表した(Butler 1988)。これは後に、スー＝エレン・ケースという演劇系の研究者／実践家／アクティヴィストが編集した『フェミニズムをパフォームする——フェミニスト批評理論と演劇（*Performing Feminisms: Feminist Critical Theory and Theatre*)』(Case 1990: 270-82) という論文集に収録され、さらに『からだに（ついて）書くこと——身体化する／現実化する女性的なるものとフェミニスト理論』(*Writing on the Body: Female Emboclimcnt and Feminist Theory*) (Conboy 1997: 401-7) という論文集にも再録されている。日本でこの論文は、九五年一〇月に吉川純子の訳で、演劇批評誌『シアターアーツ』第三号（晩成書房）に、初出の八八年版が訳出されてもいる。当時、同誌の編集委員を務めていたわたしからすると、バトラー紹介としてはかなり早い時期のものだったのではないかと記憶しているが、この論文がその後一気に進むバトラーのジェンダーをめぐる多様な理論的展開のエッセンス的なものを示しているということ以上に、演劇研究の分野、より正確にいえば、パフォーマンス研究《スタディーズ》（以下、PS）と呼ばれる研究領域《ディシプリン》における「パフォーマティヴィティ」という概念をめぐる基本文献に今でもなっていることにここでは注目しておきたい[1]。ただし、この論文でバトラーは、まだパフォーマティヴィティという語それ自体を使ってはおらず、題名にあるように

「パフォーマティヴ・アクト」という表現を使っていて、サラ・サリーの『ジュディス・バトラー』によれば、「パフォーマティヴィティ」という概念が初めて登場するのは『ジェンダートラブル』においてである（サリー 二〇〇五：一一四）。

当該論文でバトラーは、きわめて還元的にいってしまえば、「ジェンダーは行為に先立ってある本質などではなく、パフォーマティヴな行為によって構成される」（現象学！）と定義したわけだが、ここで注目しておくべきことは、演劇研究の学術誌であることを考慮してか、一方で、ヴィクター・ターナーやリチャード・シェクナーといったPS系の言説を参照しつつ、他方で演劇的パフォーマンス――演劇としてフレーム化されたパフォーマンス――とジェンダー・パフォーマンスの約束事上の差異――その「現実」的効果について――を指摘して、彼女自身の論を展開していることである。つまり、演劇のパフォーマンスは約束事（＝「これは芝居である」）が可視化されているから「安全」であり、「現実」のパフォーマンス（たとえば、ジェンダー・パフォーマンス）はそうではないという、〈虚構としての演劇〉を「現実」におけるジェンダー・パフォーマンスと差異化（差別化？）する議論を展開している。ただその一方で、実はその区分は単に約束事上のものでしかない曖昧なものだともいっていて、原理的（＝理論的）には同じだと見なせるとも解釈できる内容にもなっているのである。少なくともいえることは、この段階でのバトラーは、タイトルにあるような現象学とフェミニズム理論を媒介させてジェンダー（現象）を記述するための思考モデルを演劇的思考から導き出された「演劇／演技モデル」に求め、J・L・オースティンの言語行為論等に言及することなく、ジェンダー（現象）を理論化する際にそのモデルが使えるというスタンスを、『ジェンダートラブル』以前の段階で明確に示していた、ということである（『シアターアーツ』誌がこの論文を掲載したのは、「演技・身体の現在」という特集においてであった）。

一方のPSは、一九八〇年代にニューヨーク大学のリチャード・シェクナーを中心にして始まった「パフォーマンス」という語を鍵概念にする学際的な研究領域《ディシプリン》のことを指す。日本ではパフォーマンス学という奇妙な亜種が一部で広がったことで知られるが、[2]その後、ノースウエスタン大学のドワイト・コンカーグッドを中心とするオーラル・コミュニケーション学系のPSとほぼ並行するかたちで展開しながら現在に至っている。PSは、既存の演劇研究（＝戯曲研究、演劇史研究）の限界を見極めつつ、シェクナー自身もそこにかかわったいわゆる一九六〇年代〈演劇革命〉と七〇年代以降のパフォーマンス・アートのジャンル的認知という歴史的パラダイムシフトを引き受けるかたちで、幅広い社会文化事象を扱う方向へと舵を切り始め、批評研究の対象と方法の両者の拡張と革新をもたらしたと一般に認知されている学問研究分野である。

いうまでもなくPSの展開には、〈八〇年代的〉とでも呼べる当時の歴史文化社会環境がかかわっている。すなわち、AIDS危機が頂点を迎え、一方、レーガノミクスによるネオリベラルな社会関係が支配的になりつつあった当時、アート一般がラディカルに政治化して「現実」にコミットする方向を強く見せていたことを考えると、旧来的な意味での〈虚構としての演劇〉（＝非―現実）を内在的に／美学主義的に分析対象にする研究領域《ディシプリン》などに何の意味があるのか、という問いが生じていたということである。事実、戦後モダニズム美術から展開していった〈行為としての美術〉は、特にフェミニストたちにとっては、一九七〇年代の「驚くべき十年」（モアイラ・ロス）を経過して、フェミニスト・パフォーマンスというジャンルとして認知されるようにもなっていた。演劇研究をめぐるアカデミズムの周囲にそうした騒然としたとしか形容できない空気が充満していたことは、一九八六年から翌年にかけて、ニューヨーク大学大学院のPS科に留学していたわたしにも身近に感じられていたことをここで付言しておいてもよい。

こうしてPSは、『TDR』誌や『女性とパフォーマンス』誌といった学術誌を中心に、[3]一九八〇年代後半にはそれなりの研究成果をすでにおさめはじめていたわけだが、バトラー論文も、その意味ではPSという〈知〉の再編プロジェクトの一環として少なくとも当時は読まれる可能性があったと考えられる。そのことは、当該論文で参照されるターナーやシェクナーといった固有名とのバトラーの関係意識の表明において明らかだろうし、そもそもジェンダーをパフォーマンスとして——あるいは、その関連性において——捉えるというバトラーがその後精密化していく考え方自体が、少なくともその初期的発想においてPSと親和性をもっていることからもみてとれるのである。

本章では、当該論文におけるバトラーの議論の影響関係を実証しようというのではなく、また、議論の内在的当否を取りあげようというのでもなく、この八八年論文が一つの境界面となって「パフォーマティヴィティ」という概念を中心とする「演劇・演技モデル」と呼べる、主としてアイデンティティ構築をめぐる諸理論と、そこから展開したバトラーの思想的現在が、シェクナー的PSの展開とパラレルでありながら、あるいは同じ政治的問題設定をしていながら、むしろ「してやられた」と一部の演劇研究者からみなされたこと。それをまた演劇研究側に「奪還」しようとする近年における知的運動が存在することなどに言及しつつ、理論と実践という今ではほとんど突破された（はずの）二元論的対立と、そのどちらにも属さない「鬼っ子」としての〈虚構としての演劇《パフォーマンス》〉のアメリカ合衆国における歴史的位置性という主題、さらに、それを研究《ディシプリン》対象とすることをそのアイデンティティとするほかはない演劇研究という研究領域の「不幸」について、以下見てゆくことにしたい。

## パフォーマンス研究におけるパフォーマティヴィティ理解

ニューヨーク大学のPS科が立ち上がって二十年以上が経過し、一定の研究成果をみたとして、二〇〇二年にシェクナーが出版したＰＳの教科書『ＰＳ――ひとつのイントロダクション（*Performance Studies: An Introduction*）』（二〇〇二初版、〇六第二版、一三第三版）という書物がある。その第一章「ＰＳとは何か」でシェクナーはこう書いている。

ＰＳについては誰一人として、ここまでがＰＳの領域だと断言することはできない。というのは、ＰＳは、文化的知に終わりがないように、新しい種類のパフォーミングに出会うこと、あるいは発明することをどん欲に求めるからである。（中略）ＰＳが芸術であったなら、それはアヴァンギャルドであるといえる。研究領域《ディシプリン》としてのＰＳは、アヴァンギャルドなもの、周縁的なもの、型破りなもの、少数派的なもの、秩序転覆的なもの、ねじれたもの、クイアなもの、「有色」人種的なもの、過去に植民地であったものと寄り添う。ＰＳの研究プロジェクトは、厳密に秩序だった、あるいはすでに定着してしまった思考、組織、人々のハイアラーキーに、しばしば影響を与えようと、あるいはそれに明確に抵抗しようとするものである。したがって、ＰＳが、その研究という行為を単一のものに還元してしまうこと、あるいはそうしようと望むことなど、ほとんど想像することはできない。（Schechner 2013: 3-4. 和訳は引用者）

いわばリベラリスト＝ヒューマニズム的〈知〉の範疇の拡張後、あるいは延長線上に見えてくるかもしれない壮大なブラックホールとでも呼べるような相貌を、シェクナーはここでＰＳというフィールドに与えようとしているといえようか。その欲望自体、植民地主義的〈知〉の領有への欲望といえなくもないが、そして「リベラルである」「攪乱的である」ことがどれほど実体的にそうであるか、あるいは理論的にそうでありうるかという問いも当然生じるのだが、基本的には、〈リベラルな立場性〉が前提されているならば、そしてパフォーマンスが鍵概念としてそこに措定されているならば、「ナンデモアリ」とここでシェクナーは言っているに等しいと考えられてよいだろう。だからこそ、PSとは、個人の「芸風」、つまりはその知的方法的強度とその研究成果をアウトプットするための生産回路の多様性――エッセイ、学術論文からパフォーマンス生産、アクティヴィストとしての活動まで[4]――が問われる研究領域《ディシプリン》であることも理解されるはずである。

したがって当然のように本書では、「パフォーマティヴィティ」という概念に、「儀礼」「パフォーミング」などと並んで、一章があてられることになる。「はっきりと押さえるのがむずかしい用語」というセクションから始まるその記述においては、「オースティンのパフォーマティヴ」、「サールのスピーチ・アクト」、「リアリティTVとその先」、「ポストモダニズム」、「シミュレーション」、「ポスト構造主義／脱構築」、「ジェンダーの構築」、「人種の構築」、「パフォーマンス・アートの間、前、後」という小見出しの元に、さまざまな理論や実践が紹介されるという体裁になっている。そして、「ジェンダーの構築」というセクションでバトラーが中心的に論じられ紹介されるのだが、初版から第三版を通じ、バトラーについては、上記の八八年論文がこの教科書の特徴である「ボックス」――本書では、重要な基本文献の引用は本文記述とは別にボックス内に示されるという体裁になっている――で二箇所が引用されるのである（同上 151, 153）。

ここでのシェクナーの記述そのものは教科書という文脈を意識した常識的な紹介に沿っているものだが、同セクションの最後には、すでに触れたバトラー論文における「現実」のパフォーマンスと〈虚構としての演劇《パフォーマンス》〉の重要な区分を彼女がしているという指摘がある。

> 彼女〔バトラー〕はまた、演劇で支配的コードに対抗してパフォームすることとストリートでそうすることの非常に重要な違いを指摘している。舞台上では舞台外よりも、より多くのことが許容されるのである。嘲笑やそれ以上の攻撃からドラァグ・クイ

> ーンを守るような演劇のコンヴェンションは舞台外には存在しない。たとえクローゼットにいたままであっても、いってみれば「静かにゲイである」としても、凝視や言葉による、あるいは殺人にいたるようなさまざまな攻撃から身を守ることができることを意味しないのである。非正統的なジェンダー・パフォーマティヴは家父長制に敵対するだけでなく、外見《アピアランス》と現実《リアリティ》という長く続いた西洋の哲学的区分にも挑戦する。もし自身が「本当にどうであるのか」を身にまとい、あるいはある程度まで なら変えてしまえるとするなら、安定したアイデンティティの存在は、または内在する永久に続く魂はどうなってしまうのか、というわけである。（同上　153-4）

比較的中立的な論調でここに書かれていることからわたしたちは、〈虚構としての演劇《パフォーマンス》〉に特にこだわる必要はないとするシェクナーは、「多くのことが許容される」「舞台上」では、どんどん過激（＝価値転倒的、攪乱的）なことをやればよいと考えていることが想像できるし——実際、彼自身は演劇活動を継続している[5]——、一方、「舞台外」での「非正統的なジェンダー・パフォーマティヴ」の狭義の政治的有効性というより、バトラー理論の西洋哲学史における歴史的重要性にも十分気づいていると思われる。こうしてわたしたちは、シェクナー的ＰＳの現在的ブラックホールの一部にバトラー（のジェンダー・パフォーマティヴをめぐる初期言説）が位置づけられていることを——属領化の欲望などという大人げない批判をする必要を特に感じることなく——確認することができるのである。

## ジル・ドランとパフォーマティヴの諸理論

一方、ＰＳから意識的にずれるかたちで自らを演劇研究（Theatre Studies）という研究領域《ディシプリン》に位置づけるジル・

ドランは、その『学びのためのさまざまな地理——理論と実践、アクティヴィズムとパフォーマンス（*Geographies of Learning: Theory and Practice, Activism and Performance*）』における「学びのためのさまざまな地理——演劇研究、パフォーマンス、『パフォーマティヴ』」という章を次のように始めている。

> パフォーマティヴの諸理論——フェミニズム、ゲイ・レズビアン・スタディーズ、パフォーマンス研究《スタディーズ》、カルチュラル・スタディーズ——は、演劇研究の諸概念を創造的に借り受け、自らが移動する地理内の境界画定的文化の諸コンヴェンションとの交渉において社会的主体が自身をパフォームすることを示しながら、主体が構築されるという性質を持つことを主張してきた。しかし、パフォーマティヴィティがアカデミックな想像力を捉えるほどには、あるいは、パフォーマンスが政治的領域《フィールド》を捉えるほどには、社会的アイデンティティ構築への介入主義的作用が起きることが歴史的に同定可能な場所《サイト》としての演劇的パフォーマンスについては、そこから諸用語を借り受けた研究領域《ディシプリン》や方法やポリティクスにおいて横断的に思考されることがないのである。
> （Dolan 2001: 65　和訳は引用者、以下同様）

そして、パフォーマティヴィティという概念が、アイデンティティにかかわる理論、なかでもクイア理論に「徹底して導入され」、重要な役割を果たしているとした上で、そこから演劇研究が何を得られるのかを考えるべきだと主張する（しかも興味深いことに、ドランもまた、バトラーの八八年論文をここでは主として参照している）。

> パフォーマティヴが増殖してゆく先の一つとして、演劇研究が再訪され、また認知される——襲撃されて放置されるのではなく——のを見たいというわたしの欲望は、たしかに美学的なものを特権化し、理論／実践（精神／身体ですらいまだ）の分裂を遍在化させるヒューマニスト・イデオロギーによって妨害されている。しかし、パフォーマティヴィティの諸概念を借り戻すことにより、演劇科の分断された両陣営が、その分裂を超越的な芸術的一貫性によって癒すためではなく、知的文化的にコミットし

た、人の心を動かす、身体化された重要な仕事をするための補完的言語を採用するための道筋を見いだすことができるかもしれないのである。（同上　65-6　傍点は引用者）

この一節を演劇研究という伝統的研究領域《ディシプリン》を活性化するためのドランの保守反動への誘いなどと考えてはならない。それは単に、進歩的アクティヴィストとしても彼女が知られているからといったような「事情」によるだけではなく、アメリカにおける〈虚構としての演劇《パフォーマンス》〉の社会文化的位置性という問題、ドランに即してより具体的に言えば、アメリカの大学における演劇科という研究教育組織の立ち位置の問題と深くかかわっているからである。

ここでは「演劇科の分断された両陣営」という一節に注目しておきたい。ドランのいう両陣営とは、旧来的な演劇科をそのまま保守しようとする陣営と、一方では急速に発展深化したフェミニズムを含む批評理論的／哲学的／アクティヴィズム的思考に応じた、あるいは応じようとした陣営である。旧来的な演劇科とは、二〇世紀初頭から続く実学中心の職業訓練の場所としての演劇科であり、そこでは職業劇作家や職業俳優、あるいは職業演出家を輩出することが教育の主目的になっており、理論や演劇史は「演劇人のための教養」程度に考えられてきた。ここからは、シェクナーが一九八〇年に演劇学科をＰＳ科に改組したというのは、一種の革命的事態であったことが理解されるだろう。しかし、その動きが全米の演劇科に広がることは当然なく――だからこそ、二〇〇二年の時点でもＰＳはアヴァンギャルドでありうる――、つねに周縁的な位置に排除される研究領域《ディシプリン》だったのである。たしかに発足以来二十年以上を経て、ＰＳを自己が帰属する研究領域《ディシプリン》と見なす教員の数は増大しているし、ＰＳｉという国際学会が設立されてもいる[6]。それでも、より現実に即して考えれば気づくほかはないように、つまり全米に千五百以上あるといわれる演劇科の数[7]とそこにかかわる学生や教員の数を考えてみれば想像できるように、そう簡単に演劇研究がＰＳに移行したなどとはいえるわけもないし、事実そうではないのである。

　ドランの議論は、そういった動かしがたい現実を踏まえた上での〈指針の提示〉という方向で成されている。上述した〈八〇年代的事態〉を受け、彼女が「演劇研究者の何人かは、喜んで自身の領域を捨て去った」（同上 67）と書くほかはないように、新しい動きに応答しようとした「陣営」については、むしろ演劇という研究／実践の場《サイト》を離脱するという動きが加速化されるばかりで、伝統的な演劇科のあり方がそのまま保守されたと考えているのである。だからこそ、より影響力のある——何しろ千五百以上もあるのだ——演劇研究の場《サイト》において、たとえばバトラー的「パフォーマティヴィティの思考」の有効性を「実験」してみること。「知的文化的にコミットした、人の心を動かす、身体化された重要な仕事」ができるかどうかを試みること。こうしてドランは、〈虚構としての演劇《パフォーマンス》〉の虚構性、つまりはシェクナーの言葉を借りれば、「より多くのことが許容される」ことを利用しつつ、大学における研究教育活動をアクティヴィズム的実践そのものとして、あるいはそれと連携すべきペダゴーギアルな実践として、展開すべきだと語るのである。

　このようにドランのアクティヴィスト的マインドセットを基盤とするペダゴーギアルで実践的な思考は、一方で、シェクナー的PSが「ナンデモアリ」として投げ出す諸課題に応答しつつ、[8] 他方で、「演劇／演技モデル」を哲学的な思考へと接続・展開させていったバトラー的諸課題を再度、演劇研究というアカデミックかつ実践的であり、また影響力／政治的効果が期待できる場へと「借り戻そう」とするのである。したがって、具体的な場《サイト》を想定しての闘い方の「啓蒙（＝学び）」がドランの議論の根幹にあり、だからこそ、「学びのためのさまざまな地理へのロードマップ」という「啓蒙（＝学び）」へといたる道筋では、本書の各章の最後で箇条書きで提示されもするのである。[9]

## シャノン・ジャクソンによるバトラー理解

もちろんこうしたドランの「良識的善意」とでも呼べる〈虚構としての演劇《パフォーマンス》〉の再利用のための提言への理論的懐疑も当然ある。たとえば、ここでわたしが試みている以上に精密な演劇研究とPSとの研究領域的関連性の歴史的マッピングを試みているシャノン・ジャクソンは、『パフォーマンスを装う／職業とする（*Professing Performance: Theatre in the Academy from Philology to Performativity*）』（Jackson 2004）で、バトラーを参照にしつつ、より理論的な側面から、前記ドランもかかわるパフォーマティヴィティをめぐる論争についての包括的な記述と分析を行っている。ジャクソンによれば『ジェンダートラブル』出版後、バトラーは、

> ジェンダーのパフォーマンスが自律的なものであると、あるいはジェンダー・パフォーマンスの変更がパフォーマーの意図やその政治化した意志によって起きうると読者が誤って想定することを恐れた。「議論を呼ぶようなクイア（実践）」（『問題＝物質となる身体』、一九九三年に所収）において彼女は、パフォーマティヴィティを「パフォーマーに先立ち、制御し、超える諸規範の反復」であると特定する必要を感じ、パフォーマンスを「意志」や「選択」の領域として性格づけたのである。そしてこの概念的差異の明確化の結論において、「パフォーマティヴィティのパフォーマンスへの還元化は誤りである」と**不幸にも**（infelicitously）主張したのである。（同上　189　傍点は原著者、**太字**は引用者）

ジャクソン自身が「不幸にも」と書いているように、それがドランを含む〈虚構としての演劇《パフォーマンス》〉側に足場を置く研究者／実践家／アクティヴィストには、彼女たちの足場を根拠なく奪うような理論に思えたと、そしてそうした反

演劇的思考（＝無意識の演劇嫌悪）自体が、アメリカにおける演劇研究が歴史的に長いあいだ対面してこなければならなかった「偏見」の延長線上にある思考であるように捉えられたのだと、ジャクソンは分析するのである。ドランのそれに対する「対案」はすでに見たとおりだが、ジャクソンもその「対案」を「不幸にも」の一環として丁重に紹介している。

一方、周知のようにバトラーは、ジャクソンが引き続き書くように、『触発する言葉（*Excitable Speech: Politics of the Performative*）』（一九九七）のなかで、「パフォーマンスの支持者にとっては、より『還元的』ではないように聞こえる」（同上 190）定式化を行っている（「芸術的再演は触発された言葉を使うが、それだけでなく、それを見せつけ、それを指し示し、それがある種の効果を生産するために利用される言語の恣意的で現実的な例であることを明らかにする」（Butler 1997: 99 和訳は引用者、傍点は原著者））。しかしこれはブレヒトの異化効果のことではないかと、ここでジャクソンは鋭く指摘する。たしかにこうした定式化から、エリン・ダイアモンドやウィリアム・ウォーゼン、あるいはホセ・ムニョスのような〈虚構としての演劇《パフォーマンス》〉側に足場を置く研究者／実践家／アクティヴィストたちは、「バトラー的再意味化の内部にブレヒト的異化効果を収容することで、演劇とパフォーマティヴィティを和解させた」（Jackson 2004: 190-1）のである。ただし、これで「めでたしめでたし」とならないのは、ジャクソンに言わせれば「こうした動きはきわめて生産的であり、わたしは特に異を唱えるつもりはない」けれども、「こうした方向性で意図性という問題がつねに解決するという確信がわたしにはもてない」（同上 191）からである。というのも、「異化効果のパラダイムは、見せつけ、指し示し、明らかにする主体の自意識——すなわち、『プログラム』をもつ主体——を、それでも前提にするかもしれない」（同上）からである。「主体は事前に存在するのか」というバトラーを巻き込んだ問いをめぐる論争を想起させつつ、ジャクソンはこう指摘して、自身が〈虚構としての演劇《パフォーマンス》〉とパフォーマティヴィティのあいだで問題化する必要を感じる「人種」のパフォーマティヴィティという主題を考えるためには、「このモデルをさらに洗練させなければならない」（同上）と結論づけている。

## 反演劇という伝統

それにしても、なぜ反演劇なのか。わたしたちは、パフォーマティヴィティ理論で必ず参照されるJ・L・オースティンの言語行為論の基本中の基本文献『言語と行為（*How to Do Things with Words*）』（一九六二）まで戻ってしまう必要すら感じてしまうのである。

> ある種の遂行的発言は、たとえば、舞台の上で役者によって語られたり、詩の中で用いられたり、独り言の中で述べられたりしたときに、独特の仕方で実質のないものとなったり、あるいは、無効なものとなったりするというような種類のことがらである。このことはおよそ発言といえるもののすべてについて同様な意味で妥当する。すなわち、発言はそれぞれの特殊な状況においては大きくその相貌を変化させるのである。そのような状況において言語は、独特な仕方で——すなわち、それとわかるような仕方で——、まじめにではなく、しかし正常の用法に寄生する仕方で使用されている。この種の仕方は言語褪化（*etiolation* of the language）の理論というべきものの範囲の中で扱われるべき種類のものであろう。われわれは、これらのすべてを一応考察の対象から除外する。われわれのいわゆる遂行的発言とは、それが適切なものであれ、不適切なものであれ、すべて通常の状況で行なわれたものであると理解することにしたい。（Austin 1962: 22 [38] 訳及び傍点は邦訳による）

パフォーマティヴィティという概念の来歴を語る概説的文章では、定番のようにこのオースティンの一節が参照され、続いてデリダが引用性や反復という契機によってオースティンの言語行為論を脱構築し、こうした発話行為が「寄生的」でもなんでもなく、むしろ言語の重要な機能だと話は進み、場合によっては、そしてバトラーは……と、だいたい展開することになっている。つまり、パフォーマティヴィティの理論のひとつの起源に、すでに反演劇という伝統的偏見が埋め込まれていたことをわたしたちは発見することになるのだが、そのこと自体はシェクナーやジャクソンももちろん指摘しており、にもかかわらず、デリダが脱構築したはずのその「偏見」が、なぜかパフォーマティヴィティの理論の背後に——より具体的には何を分析対象とするかという選択の際に忍び込んでいるとさえ——考えられるのである。もちろん、事はパフォーマティヴィティというシェクナーがいうところの「はっきりと押さえるのがむずかしい用語」とその展開をめぐるある意味では狭い世界の話ですむわけではない。

　たとえばドランは、「演劇の悪名高い反知性主義はアカデミアと大衆メディアの両者で永存させられており、それがフィールド〔演劇研究〕のステータスを苦しめている」(Dolan 2001: 69) としており、演劇は高級芸術《ハイアート》かポピュラーエンターテイメントかの両極にだけ結びつけられるというアメリカ固有の歴史性に言及し、それが批評理論の多様な展開によって近年変化しつつあるという「楽観的な読み」(同上 70) から彼女のプロジェクトを提唱するという議論の道筋を辿っている。ここでわたしたちは、アメリカにおけるピューリタン以来の長い反演劇の歴史、あるいは西洋における新プラトン主義的反演劇イデオロギーとでも呼べるものを思い出すべきだろうか。あるいは、より近年の歴史でいうなら、現代美術の反演劇主義やパフォーマンス・アートのそれを思い出すべきだろうか。[10] いずれにせよ、長い期間にわたる〈虚構としての演劇《パフォーマンス》〉に対する「偏見」がアメリカの文化的風土のなかにたしかに埋め込まれている。

　それはそれでけっこうではないか、そんなことは放置しておいてよい、という言い方はもちろん十分可能である。

わたしたちに求められているのは、哲学（＝言語《エクリチュール》）と「現実」の連携であり、〈虚構としての演劇《パフォーマンス》〉などという媒介《メディア》は必要ないという意見があったとすれば、それはそれで至極もっともである。演劇という代理／表象行為にまつわる権力の問題、当事者性の問題、階級性の問題――パフォーマンス・アートはそれを理論的・実践的に突破しようと試みてきているとはいえ――はそう簡単には解決しないからである。

しかし、すでに書いたようにアメリカには演劇科が千五百もある。少なくともこの数字が何を意味するのかについて、改めてここで思考しておくことは――これは実証困難な一種の思考／試行実験であることを先に認めてしまうが――ドランの「苛立ち」を、バトラーから離れて、生産的に理解し直すためにも必要だと思われるのである。

## アメリカにおける演劇伝統の内破のために

近年、ハリウッド映画がバトラーを含む哲学的言説で「ネタ」として取り上げられることはそれほど珍しいことではない。それはおそらく、「みんなが見ている」、あるいは「みんなが見ようと思えば見られる」――「みんな」とは誰かという問いはつねにありうるにしても――という前提があるからだろうが、アメリカ演劇が「ネタ」で取り上げられることなどほぼ皆無である。もちろんそれは、「みんなは見ていない」し「みんなが見ようとしても見られない」からだが、たしかに、ブロードウェイ演劇の年間観客数は一千万人を突破してはいても、ハリウッド映画の観客動員に比べれば、「影響力」（＝誰が見ているか）の点ではもちろん比べものにならない。しかし、そういう常識的な「影響力」の考え方にどれほど妥当性があるのか。

アメリカ演劇は経済資本性に立脚するブロードウェイ演劇的商業演劇と文化資本性に立脚する非営利のリージョナ

ル・シアターを二つを頂点とし、そこに膨大な量の大学演劇、さらにコミュニティベースのアマチュア演劇、高校演劇といったふうに、さらに美術実践と横断的に存在するパフォーマンス・アートまでを含めれば、たとえば日本とは比べものにならないほどの、きわめて広大な裾野を形成している。ただし、この構造が完成したのは実は最近のことで、商業演劇しかなかったアメリカに「芸術性」をアンチテーゼとして掲げるリージョナル・シアターが登場し、またたくまに全米の各都市へと「リージョナル・シアター運動」として広がっていったのは一九六〇年代のことである。二〇年代ヨーロッパのアヴァンギャルドと美術のモダニズムと呼応するかたちで起こったニューヨークのアーティスト・コミュニティにおける〈演劇革命〉と軌を一にして、その〈上演の思想〉と通底するものを響かせつつ、アメリカ演劇の〈民主化〉が、リージョナル・シアターをその重要な核として、以降徐々に果たされていったというのが、これまでいろいろなところで書いてきたわたしの見解である。[11] 別の言い方をすれば、〈アメリカ演劇的なもの〉においては、以前の「見る演劇」が「参加する演劇」へと著しくシフトしていったということである。つまり、特権的な芸術（としての演劇）という概念は順当に脱構築され、演劇は「見るもの（＝観客）である」の領域から「やる（＝参加）する（可能性がある）もの」の領域へと移動していったのである。したがって「正統な」アメリカ演劇において、今や特権的な劇作家／演劇作家はそう簡単には登場しないし――そもそもそういう存在が求められていない――、だからこそ、リージョナル・シアターの活動など、諸外国からも、あるいはハイセオリーに足場を置く国内の研究者／実践家／アクティヴィストからもまったく注目されない――せいぜい、「敵」として十把一絡げに、つまりは極度に抽象化されて、前景化されることがある程度なのである。

　こうした歴史的展開のなか、千五百もある演劇科で学んだ学生たちは卒業後、どこで何をしているのか。ブロードウェイやハリウッドに「進出」できることなど例外的だということは誰にもわかるが、そうでない場合は、全米各地に遍在する非営利のリージョナル・シアターに職を求めるか、多くのコミュニティに存在するアマチュア劇団に身を投じるか、初等中等教育での教育に携わるか、あるいは大学院進学後大学に戻るか、といった選択肢がそこにある。またこれも重要なファクターだが、たとえ演劇映画TV関係の仕事に就けなくても、長期間の劇場観客になるという潜在的可能性も想定されているだろう。つまり、ソーントン・ワイルダーの古典的『わが町』(一九三八)のような思想的には微温的かつ保守的だが、形式的には斬新な「国民的」とされる戯曲――ほとんどアメリカ合衆国の二〇世紀の文化的アイデンティティではないか――を知らないアメリカ「国民」は数少ないし、もしかしたらほとんどの「国民」がどこかの段階で上演に参加したことさえある可能性がきわめて高いといった状態をわたしたちは想像できなければならないのである。

こうして〈アメリカ演劇的なもの〉が着実に撒種される構造が確固として存在しているわけだが、その中心は、ワイルダーの例でも理解できるように、もちろん白人異性愛主義イデオロギーや(今や瀕死とされる)ヒューマニスト＝リベラリズムの伝統に親和的なものである。わたしの見るところ、〈アメリカ演劇的なもの〉は、こうして一九五〇年代あたりから重要な(保守)イデオロギー装置として着実に始動し、「リージョナル演劇運動」によってその機能を強化され、多少の紆余曲折を経ながらも、現在まで温存されている。

こうして、すでに紹介したドランが提唱するプロジェクトが、そうした構造の「内破の勧め」なのだということが理解されるだろう。しかも「状況は変化してきている」という彼女の現状認識による「楽観的な読み」としてそれが提唱されていることが重要である。実際彼女は、その後発表された『パフォーマンスにおけるユートピア――劇場／演劇に希望を見出す(*Utopia in Performance: Finding Hope at the Theater*)』(二〇〇五)では、〈九・一一〉を受けて、その冒頭でこう書くのである。

『パフォーマンスにおけるユートピア』は、ライヴのパフォーマンスが、身体化した情熱的な人々が集って、その場で消えてしまうような、よりよい世界についてのさまざまな暗示を描写したり捉えたりすることができる、意味が作られたり想像力が稼働したりする経験を共有するための場所を提供すると主張する。『パフォーマンスにおけるユートピア』は、劇場／演劇において、新しいラディカルなヒューマニズムによって再活性化された希望に満ちた異なる未来に対し、わたしたちのエネルギーを再び投企することができるような道筋を見いだそうと試みる。本書は多様なパフォーマンスをめぐって、観客が互いに、そしてまたより広大で包容力のあるパブリックの意識とつながっていると感じることができる瞬間をもたらすような可能性について考えてゆく。そして、そのパブリックな圏域においては、社会的言説が、人間の可能性に克服しがたい障害を与えるのではなく、何が可能であるのかを分節化するのである。（Dolan 2005: 2　和訳は引用者）

これを「偽りの希望」と弾劾するのはたやすいかもしれない。しかし、ドランはいうまでもなくバトラーも十分理解しているだろうように、わたしたちは今のところインドのアクティヴィストであるアルダハティ・ロイの『パワー・ポリティクス（*Power Politics*）』（二〇〇一）における次のような発言に賛同するほかはないのである。

いま世界で起きていることは、人間の理解に収めるにはほとんどあまりに巨大すぎる。しかし、それは何ともいいようがないほど恐ろしいことではないか。その大きさの範疇を計測しようと沈思黙考し、それを定義しようと試み、そのすべてと同時に闘おうとすることは不可能なのだ。闘う唯一の方法は、それぞれ特定のやり方で特定の闘いに身を投じることだけである。（Roy 2001: 86　和訳は引用者）

そして、その「特定の闘い」の場所《サイト》として〈虚構としての演劇《パフォーマンス》〉がドランのように設定されていたとしても、わたしたちにそれを批判する根拠は今のところないはずでもある。

（二〇〇六年一〇月）

［注1］ＰＳの中心人物であるシェクナーとこのバトラー論文との関係は後述する。それ以外でもたとえば、ラウトレッジの「批評概念」シリーズの「パフォーマンス」（全四巻）では四巻目の「アイデンティティをパフォームする」という項目のもとにこの論文は収録され（Auslander 2003: 97-110）、同じラウトレッジの二〇〇四年出版の『パフォーマンス研究リーダー』（Bial 2004: 154-166）にも引き続き本論文は収められている。

［注2］「パフォーマンス学」は佐藤綾子によって提唱され、一九九二年には国際パフォーマンス学会（後述するＰＳｉとは関係がない）が設立されている。佐藤版「パフォーマンス学」は制度的規範をいかに効果的に受け入れ／再演するかを考えるという意味で、一般のＰＳ的イデオロギーとは反対方向をめざす「学」であるが、パフォーマティヴィティの概念を考えてみれば、それを積極的かつ意識的に制度的「承認」のために「利用」しようと考える人々がいても、何ら不思議ではない。佐藤の「パフォーマンス学」については、高橋雄一郎『身体化される知』の「日本におけるパフォーマンス研究」（高橋 二〇〇四：五五―九）を参照。なお高橋の著書は日本語で書かれた最初のパフォーマンス研究の単行本であり、パフォーマンス研究の歴史的展開についても詳しい。

［注3］『ＴＤＲ』誌は一九五五年に *Tulane Drama Review* として創刊された演劇学の学術誌である（テュレイン大学はニューオリンズにある）。その後、ニューヨーク大学に出版の拠点を移し、一九八六年以降は、リチャード・シェクナーがその編集主幹を務める季刊誌となった。正式名称は *The Drama Review: a journal of performance studies* である。一方の「女性とパフォーマンス」誌は、一九八三年、ニューヨーク大学の大学院生を中心に創刊された年二回発行の雑誌で、正式名称は *Women and Performance: a journal of feminist theory* である。

［注4］もともと演劇科の教員は自身もアーティストである可能性が高かったわけだが、ＰＳの場合、学科立ち上げ当初は、既

存の演劇科との差異化を意識して、文字によるアウトプットを重要視していた。「身体化した知」（高橋雄一郎）を標榜していても、アカデミックな訓練性をことさら強調して、学期末レポートや論文を書かせていたのである。その後の歴史的展開の中で、たとえばパフォーマンスを期末レポートの代替えにするような文字によらないアウトプットを部分的に認める方向があり、一方では「書くこと」自体についても、「パフォーマンス・ライティング」と呼ばれるような「書くこと」の実験を許容する方法論的試行を勧める方向性なども出てきている。

［注5］シェクナーはいわゆる六〇年代演劇革命を担ったパフォーマンス・グループを主宰していた（一九六八―八〇）。その後、九三年にイースト・コースト・アーティストを設立して、演劇活動を継続している。シェクナーについては、そのインタビュー記事「パフォーマンス研究の起源と未来――リチャード・シェクナーに聞く」を参照のこと（シェクナー 二〇〇五）。

［注6］PS·i（Performance Studies international）は、一九九七年に設立された。現在はアメリカ合衆国とそれ以外の地域での交互の開催を基本的に繰り返す年一回の世界大会を開催している。「アメリカ発」という「負のイメージ」を当初から背負っていたPSだが、同学会の設立後、最初の十年間で、かなりの相対化のモメントが進んだように思う。二〇〇四年にはシンガポールにおいて、アジア地域で初めての世界大会が開かれた。

［注7］『ケンブリッジ版アメリカ演劇史』の第三巻におけるアーノルド・アロンソンの記述による。「一九九〇年代までに、千五百以上の正規の演劇学部が存在し、二千五百をこえる単科大学や総合大学が演劇関係の授業を提供し、上演を行っている」（Aronson 2000b: 107）。

［注8］ドランはニューヨーク大学のPS科の最初期の博士号取得者である。そのあたりの彼女の経験とPSで得たこと、その後、教員になって考えたこと（についての理論的解析／描写）については、本書の "Performance Studies, Cultural Studies" (Dolan 2001: 73-6）を参照のこと。

［注9］本章の最後の収められたロードマップは十のステップからなる。「各研究領域《ディシプリン》固有の歴史性や明示的な方法論を消すことなく、各研究領域《ディシプリン》を再活性化し、拡張するために学際性を使いなさい。学生と研究者に研究領域《ディシプリン》の境界を越えることを奨励し

なさい。ただし、そこから借り受けてくるフィールド内の諸条件や論争には敬意を払いなさい」から始まり、最後には「アカデミックな仕事とアクティヴィズムと芸術性において、愛を価値あるものとして実践しなさい。感情や動きを導くために愛を使いなさい。人々の研究に、そのアートに、その信念に、心を動かされることをよしとし、自らもそれらによって、人々の心を動かすことを目的にしなさい」とある（同上 90-1 和訳は引用者）。

［注10］拙著『メロドラマからパフォーマンスへ——二〇世紀アメリカ演劇論』（内野 二〇〇一a）、特に第五部「メディア、身体、アクティヴィズム——パフォーマンス・アートとは何か?」を参照。

［注11］たとえば、本書第I部一章を参照。

# 4

# 科学／ガリレイ／革命

## ――ブレヒト『ガリレイの生涯』をめぐって

ブレヒト『ガリレイの生涯』

## 『ガリレイの生涯』の成立

ドイツの劇作家ベルトルト・ブレヒト（一八九八―一九五六）が、その代表作である『ガリレイの生涯（*Leben des Galilei*）』の構想を得たのは、ノーマン・ロースラーによれば、一九三三年である（Roessler 2008: xxiii.）[1]。その年はちょうど、ガリレイが一六三三年に第二回異端審問審査で有罪判決を得てから三百年目の節目にあたっており、またナチスのドイツ支配を決定的にしたとされるドイツ国会議事堂放火事件が起こった年でもある。事実、放火事件の翌日、ブレヒトは手術のために入院していた病院を脱走してベルリンを逃れ、プラハ、ウィーン、チューリッヒを経由してデンマークに向かった。

実際にブレヒトが『ガリレイの生涯』執筆に取りかかるのは一九三八年初頭で、同年一一月に初稿が完成。マルガレーテ・シュテッフィンの協力を得た最終稿を三九年二月に脱稿している。一般にデンマーク版と呼ばれるこの版に基づき、『ガリレイの生涯』は四三年、ブレヒト自身は関与しないかたちで、スイス・チューリッヒで初演された。そして本作は、ここから複雑な道筋を辿って進化／深化してゆくことになる。というのも、ブレヒトは一九四一年から四七年までアメリカ合衆国のカリフォルニア州サンタモニカで亡命生活を送ることになるが、この間の四四年、英国の俳優チャールズ・ロートンとの共同作業により、最初から英語で書かれた本作の第二版が作られることになったからである。ドイツ語をあまり解さなかったロートンと英語が苦手であったブレヒトによるこの作業にはかなり時間がかかったが、結局、四七年七月、カリフォルニア州ビバリーヒルズのコロネット劇場で初演、さらにニューヨークのマキシン・エリオット劇場で一二月七日に幕を開けた。ただし、ニューヨーク初演時にブレヒトは、アメリカ議会の非米活動委員会の査問を受けた一〇月七日直後、アメリカを離れてしまっていた[2]。

ヨーロッパに戻ったブレヒトは、東西の緊張が高まるなか、今度はこの英語版をドイツ語に訳したテクストを元にして、デンマーク版との統合も視野に入れつつ、ドイツ語による改訂版制作に取りかかる。エリザベト・ハウプトマンやルート・ベルラウ、さらにはベルリナー・アンサンブルのベノ・ベッソンといった人々の協力を得て、完成に至った改訂版は五五年に出版、同年、ケルンで初演された。東ではなく西ドイツのケルンである。これがベルリン版と呼ばれるもので、その後、ベルリナー・アンサンブルによる東ベルリンでの上演を準備中に、ブレヒトは健康を害することになり、不帰の人となった。東ベルリンでの上演は、ブレヒトの演出意図を生かすかたちで、エーリヒ・エンゲルの演出で、一九五七年に行われている。

このように『ガリレイの生涯』は、ナチス・ドイツ時代から第二次世界大戦、さらには戦後ドイツの東西分断と核の恐怖と冷戦構造の確立という世界史的な地殻変動と、苦難の亡命生活を余儀なくされた作者自身の激動の人生が複雑に絡み合うなか、そうした諸現実とも寄り添いつつ進化/深化を余儀なくされたテクストであり、なかでもアメリカによる広島・長崎への原爆投下という事件が、大きな影を落としている。そのことは、後述するように『ガリレイの生涯』の各版の構成そのものに影響しているばかりか、一九五六年に没するブレヒトが、その死の直前、アインシュタインを主人公にした作品を構想していたことからも明らかであろう。あるいは、テクストの読み方によっては、本作は一九五三年のスターリンの死と深くかかわるとさえ考えられている。すなわち、戦後、改めて本作をドイツ語で上演しようとブレヒトがなぜ考えたのか、という問いである。たとえば一九八〇年に書かれてペンギン・クラシックス版に「序」として収められた文章で編者たちは(ラルフ・マンハイムとジョン・ウィレット)、東欧の観客たちにとって、この作品における「カトリック教会は共産党、一行たりとも変えてはならないとされるアリストテレスはマルクス主義／レーニン主義、没した『反動的』教皇はヨーゼフ・スターリン、異端審問はＫＧＢ」（Willet and Manheim 1980: xli. 和訳は引用者）だと、ブレヒトの意図にもしかしたら反するかたちで、即座に理解してしまったはずだ、としている。もちろん、同じく彼らが指摘するように、ブレヒト自身がスターリン批判を念頭に置いていたとは考えにくいにせよ、本作は科学的理性と教会権力、共同体と個人の倫理といった大文字の問題系に、時事的な地平においても否が応でも触れてしまう問題作であり、ブレヒトは文字通り死ぬまで改訂を続けたのである。

## 『ガリレイの生涯』概要（ベルリン版による）

『ガリレイの生涯』は全部で一五場からなる。一六〇九年のイタリア・パドヴァから始まるこの作品は、歴史的に重要な日付の出来事を劇化しつつ、付加的な場面を介在させながら、文字通り「ガリレイの生涯」を追いかける構成になっている。それぞれの場面の冒頭に掲げられたタイトルを並べていけば、全体の概要がすぐ理解されるようになっているので、以下列挙しておく。[3] 一．パドヴァの数学教師ガリレオ・ガリレイは、コペルクニクスの宇宙体系の新学説を立証しようとする。二．ガリレイは、ヴェネツィア共和国に、新発明を贈呈する。三．一六一〇年一月一〇日。望遠鏡の助けでガリレイは天空にコペルニクスの宇宙体系を証明するような現象を発見する。彼の友人から、彼の研究の結果起こるかもしれない危険を警告されて、ガリレイは人間の理性に対してもつ信仰を確認する。四．ガリレイはヴェネツィア共和国をフィレンツェの宮廷ととりかえた。望遠鏡による彼の発見は、当地の学界では頑なな不信に出遭った。五．ペストにも屈せず、ガリレイは彼の研究を続ける。六．一六一六年、教皇庁の学問研究所ローマ学院は、ガリレイの発見を確認する。七．しかし異端審問所はコペルニクスの理論を禁書目録に載せる（一六一六年三月五日)。八．ある対話。九．八年の沈黙の後、その人自身も科学者である新しい教皇が即位したことに勇気づけられたガリレイは、禁じられた分野の研究を再開する。太陽黒点のテーマである。一〇．次の十年の間に、ガリレイの学説は民衆のなかに拡がってゆく。瓦版屋や大道歌手が、いたるところでこの新しい理論をとりあげて題材にする。一六三二年の謝肉祭の時期には、イタリアの多くの都市が、職人組合《ギルド》の謝肉祭行列の趣好に天文学を扱う。一一．一六三三年、異端審問書《ママ》は、世界的に有名なこの研究者をローマに召喚する。一二．教皇。一三．ガリレオ・ガリレイは、一六三三年六月二二日、宗教裁判所で彼の地動説を撤回する。一四．一六三三年―一六四二年、ガリレオ・ガリレイはフィレンツェ近郊の別荘に住み、死ぬまで宗教裁判所の囚人であった。『新科学対話《ディスコルシ》』。一五．一六三七年。ガリレイの著書『新科学対話《ディスコルシ》』がイタリアの国境を越える（すべて岩淵達治の新訳版による）。

版による異同については、ペンギン・クラシックス版に詳しいのでここでは立ち入らない。[4] ただし、決定的ともいえる上演における変更として、すでに触れたように、アメリカによる原爆投下という事態を受け、ブレヒトが死の直前まで上演に関与していたベルリンにおける舞台では、一五場が完全にカットされて一四場で終わることになった（岩淵 一九九八：四一九）。一五場とはすなわち、ガリレイが地動説を撤回しながらも、実はその説を捨てたわけではなく、それが『新科学対話《ディスコルシ》』の一部として文章化された上に、国外に持ち出されることで、ガリレイの科学革命が世界化する契機になったことを示す場面である。岩淵達治によれば、「一五場を上演するとやはりガリレイの戦術を肯定するように受けとめられるという懸念があるので、この処置がとられたのだと思われる」（同上）とのことだが、出版されたベルリン版においても、上演ではカットされた一五場の冒頭に、明らかに原爆投下を意識した以下の記述がある。

みなさんよ、この結末をよく考えてくれ、
知識は国境を越えて亡命した。
知識に飢えているわれわれ、
彼も私も含めたわれわれは取り残された。
君たちは科学の光を慎重に管理し
それを利用し、決して悪用するな。
いつの日かそれが火の玉となって降り注ぎ、
われわれを抹殺することのないように、
そうだ、根こそぎにしないように。（同上：二三七）

また、ベルリンの上演ではそこで幕が下りることになった一四場において、デンマーク版とは異なり、アメリカ版でもベルリン版でも、ガリレイが自説の撤回についてより強い調子で自己批判を展開することにもなっていた。一四場の終わり近く、アンドレアに自説を撤回したからこそ科学に貢献できたと言われるガリレイは、素直に「肉体的な苦痛が怖かったから」だけで、権力を欺く「計画なんかなかった」と答え、さらに、

**ガリレイ**　（略）じゃ、同学の士、裏切りの友である君もこの汚い溝《どぶ》にはまりたまえ、大歓迎するぜ。君は魚を食うかい？　うちは魚を売るぜ。臭いのは魚じゃなくて、売り手の私だよ。いま大売り出し中だ。君は買い手のお客だ。この本、このありがたい商品を見ると、さからい難い買い気をそそられるだろう！　口のなかに生唾《なまつば》が湧いてきて、呪いの言葉なんて呑みこまれてしまう。極めつきの娼婦である男殺しの淫獣、猩々色をしたあのバビロン女が股を開くと、なにもかも一変するんだ。怪しげな取

引をしながら清らかな顔をし、実は死を恐れているわれら科学者の同盟に祝福あれだ！（同上：三三三）

ときわめて自嘲的に語るのである。

いずれにせよ、『ガリレイの生涯』は、地動説をめぐるカトリック教会との対立という誰にもわかりやすい問題を基軸にして展開すると、ひとまずまとめておくことができるだろう。そして、概要からも明らかなように、教会権力は認めなかったものの、ラテン語ではなく俗語で書かれたガリレイの学説は民衆のあいだに浸透してゆき、ついにガリレイの実質的幽閉という事態を招くことになったが、それでも科学的「真実」は国外に逃れて、最終的に革命をもたらしたのだ、という筋書きである。しかし、いったんは「転向」して自説を撤回しはしたものの（＝「ガリレイの戦術」）、国外に自説を最終的に伝えて可能になった科学における革命的事態が、ナチス・ドイツ時代と原爆投下以降では、その意味が大きく変わらざるをえない。原稿を国外に持ち出す弟子のアンドレアは亡命中のブレヒト自身の姿でもあったろうが、科学／科学的理性を主題にしたために、原爆投下後はそれを素直に理性の最終的勝利として肯定することができなくなったのである。

## 『ガリレイの生涯』をふつうに読む

「誰にもわかりやすい」問題と書いたが、戯曲そのものは実に盛りだくさんで一筋縄ではいかない厚みを持っており、劇作法上の技巧を凝らした構成になっている。まず目に引くのは登場人物の多さだが、登場人物一覧には五十に及ぶ役名が挙がっている。長期にわたる歴史的時間を扱っているので当然だともいえるが、ただし最初から最後まで登場しつづけるのは、ガリレイのほか、弟子のアンドレア・サルティ、その母でガリレイの家政婦のサルティのおかみさん、ガリレイの娘ヴィルジーニアといったところで、数多くの群衆が舞台を埋め尽くすのは、第一〇場の謝肉祭の場面である。また、舞台となる場所も多種多彩で、「パドヴァのガリレイの書斎」（第一、第三場）、「ヴェネツィアの港に近い大造兵廠」（第二場）、「フィレンツェのガリレイの家」（第四場、第九場）、その前（第五場）、「ローマのローマ学院の大広間」（第六場）、「ローマのベラルミン枢機卿の邸宅」（第七場）、「ローマのフィレンツェ公使邸」（第八場）、「市の広場」（第一〇場）、「フィレンツェのメディチ家の宮殿の控えの間と階段」（第一一場）、「ヴァチカン内の小房」（第一二場）、「ローマ在駐のフィレンツェ公使の邸内」（第一三場）、「机、革椅子、地球儀などのおいてある大きな部屋」（フィレンツェ近郊のガリレイの蟄居先である。第一四場）、そして「イタリアの小さな国境の町」（第一五場）となっている。こうして『ガリレイの生涯』は、長い歴史的時間と多彩な地理的空間を扱いながら、他のブレヒト劇同様、散文による対話、詩の引用、あるいはソング、はたまた舞踊といった要素を巧みに織り込みつつ、各場面を構成してゆくことになる。

ブレヒトの劇的構成力が典型的に現れており、また諸主題の提示という重要な意味を担うので、ここでは幕開きの第一場について詳しく見てゆくことにしたい。まずはこの場が、きわめて楽観的な調子で開始されるのが印象的である。アンドレアがガリレイに朝食を持ってくる場面だが、そこからすぐさま、ガリレイはアンドレアを相手に地動説を簡明な言葉で、長々と説明し始める。

**ガリレイ**　（前略）二千年もの間、人類は、太陽はじめすべての天空の星が地球のまわりをまわっていると信じていた。法王も枢機卿も、王侯も学者も船長も商人も、魚屋のおかみさんも学校の子供も、みんな、この透明な天球のまんなかに動かずに鎮座していると信じてたんだ。でも、いまやわれわれはそこをとび出していくんだよ、アンドレア。大航海に旅立つんだ。なぜって古い時代はおしまいになり、新時代が来ているからだ。もう百年も前から、人類はどうやら何かを期待しているみたいだぞ。(同上：二〇七)

そしてガリレイはアンドレアに促す。

**ガリレイ**　詩人は何と歌っているね？「おお、朝あけのとき！……」
**アンドレア**　「おお朝あけのとき、物事の開発《はじめ》のときよ！
おお風の息吹よ、
新しき岸より吹きつける風よ！」(同上：二〇九)

時代的・歴史的要請(「百年も前から……」)についての、散文的かつ演説的な熱い口調での語りとその直後に来る新時代に期待する喜びを弟子とともに素直にうたい上げる詩句が、まずはこの場面の明るいトーンを決定している。その後ガリレイはアンドレアに、部屋にあるランプや家具、あるいは朝食のためのリンゴ等を使いながら、具体的に彼の仮説を説明してみせる――ここで明らかになるように、アンドレアはわたしたち観客でもある。そこにルドヴィーコという「富裕な家柄の青年」が登場する。彼はガリレイに弟子入りを申し出に来たのだが、その話のなかで、オランダでいま評判だという望遠鏡の話をすることになる。望遠鏡がガリレイの地動説の証明に大きな意味を持ったことを知る観客であれば、ここから彼が望遠鏡を彼なりに改良して行った天体観測によって、コペルニクスの仮説を証明することになるだろうと予測することにもなろう。事実、望遠鏡を共和国政府のお偉方に献上する第二場に続く第三場で、「望遠鏡の助けでガリレイは天空にコペルニクスの宇宙体系を証明するような現象を発見する」(同上：二一七)

のである。ガリレイはアンドレアに望遠鏡制作のためのレンズを買いに行かせる。

そこに、大学の事務局長がやってくる。ガリレイが要求していた千スクーディの昇給願いを却下するためである。ふたりのあいだで学問の自由をめぐっての議論が展開する。事務局長にとっては、十分な学問の自由が与えられている（「監視するものも弾圧するものもいません」（同上：二二〇））のだから、今の給与で満足せよ、ということになるが、一方のガリレイは、自由な時間が足りないと不満を言う。事務局長は、金銭的な価値に変換されうるような発明や発見をもっとすればよいのだ、とガリレオがかつて作った比例コンパスがいかに実用に役立っているかを例に出して説得しようとする。こうしてガリレイは、「わたしが不満であることに対してこそもっと支払ってくれるはずです」（同上：二二一）と言いつつも、結局、昇給をあきらめることになる。

そこにアンドレアがレンズを買って帰ってくる。半スクード足りなかったために、上着をかたに置いてきたのである。ガリレイは、これでコペルニクスの仮説が証明できると確信しつつ、同時に望遠鏡が商売になるとも考える。第一場はその直後、ガリレイによる「これで五〇〇スクーディはまちがいないぞ」（同上：二二三）という台詞で終わる。

朝食の場面であることにまずは注意しておきたい。どのような戯曲であれ、あらゆる瑣末な要素も劇作家が仕組んだものだと考えるのが当然だが、『ガリレイの生涯』では、食べ物がひとつの重要なモティーフになっている。ここでは朝食用のリンゴを自説の説明に使うなど——旧約聖書のアダムとイヴの逸話にも触れつつ——、食事をかろうじて続けながらも、ガリレオの注意は圧倒的に研究のほうに向かっている。この場に続くいくつかの場面でも、何度かガリレイが食道楽でワイン好きだという言及があり、彼のそうした嗜好が、自説の撤回と絡んでいることが示唆されることになる。たとえば、第八場でガリレイは、「もし私が沈黙するとしたら、それは疑いもなく全く下等な理由からだ。いい生活を送り、迫害をされないため、エトセトラさ」（同上：二八一）とうそぶき、続く九場でも「私は肉体に楽しみを与えることを尊重する。楽しんでおいて自分は弱いとか何とか言うような臆病者には我慢できない。私は言いたいんだ、享楽とは立派な業績《しごと》のひとつだとね」（同上：二九三）とも言っている。新教皇（ウルバン八世）には、「彼は感覚で物を考える。古いワインと新しい思想に対しては、決していやとは言えない人間です」（同上：三一五）と評され、また自説を撤回したことを知ったアンドレアからは、「酒飲みの通人！　美食家先生！　あんたの大好きな肉体だけは救えたな！」（同上：三二一）とののしられもするのである。アンドレアに『新科学対話《ディスコルシ》』の原稿を託す一四場でも、その幕開きで、夕食をすませたばかりなのに、ヴィルジーニアから旅の者が届けたというガチョウを見せられると、「ちょっとこいつを試食してもいいな」と肉体の衰えとは逆に旺盛な食欲を見せ、さらに「麝香草《タイム》とリンゴをそえてくれよ」（同上：三二三）とまで注文する。その後に、すでに触れたアンドレアとのやりとりがあり、感動した彼がガリレイに手をさしのべてもその手を取らず、「わたしはこれから食事だ」と言い放ちつつ、「私は相変わらず食道楽でね」（同上：三三六）と答えるのである。第一場とは異なり、晩年のガリレイにとっては、科学よりも食事なのである。

また、望遠鏡制作のためのレンズを買うのに半スクード不足していたなどという瑣末なディテイルにまでブレヒトがこだわっていることからも明らかなように、第一場では金銭の問題も焦点化されている。ただしこの場では、そしてこの劇を通じてみても、ガリレイにとっての金銭は、自分の好きな研究を続けるために必要なものといった意味合いしか持たされていないことが重要だろう。科学的な研究の実用性についての興味が彼にはないことになっているからである。たとえ彼の発見が、さまざまに応用されて金銭的な価値を持ってしまっているにしても、である——事務局長は、この点を何度も強調していた。もちろん、ガリレイ的「いい生活」に金銭が欠かせないことはいうまでもないが、そしてそのことをガリレイ自身、よくわかってはいるが、そのことと真理の探究としての科学は必ずしも同じではないのである。たとえば、第一一場だけに登場する鋳物工ヴァンニとの対話の直後、ガリレイ自身、そのことを率直に認めている。アムステルダムやロンドンでは金融市場が開かれ、職業学校もあるのに、「金を儲ける自由もない」（同上：三〇八）イタリアを批判し、ガリレイの研究が職人的自由に直結すると言うヴァンニが退場したあと、ガリレイはヴィルジーニアにこう語るのである。

**ガリレイ**　この国では何か不平のある連中は誰でも彼でも、私を音頭とりに使おうとする。とくに私にはなんの役にもたたない場でそういうことが多い。私は宇宙の体系についての本を書いた。それをどう使うか使わないかは私には関係のないことだ。（同上：三〇九）

『ガリレイの生涯』において、科学と実用の問題はこのように、ガリレイ的生活にかかわる日常的な文脈として巧みに配置されているが、資本主義が主題として前景化しているとは必ずしもいえないことがここからも理解されるだろう。科学と実用の問題はむしろ、特にアメリカ版以降においてその傾向が強まるように、科学者の社会的責任、あるいは道義的責任といったような〈原爆以降〉とかかわる問題として扱われる傾向が強いのである。

言い換えれば、資本主義について、ブレヒトの描くガリレイは政治的に無意識なのである。というのも、同じ第一場において、「新しい時代」の象徴として彼が取り上げるのが、既に引用した台詞にもあったように、〈大航海〉というトロープであるからだ。ここでの船出はガリレイが言祝ぐ新しい時代の単なる比喩ではない。「すべてのものが動き出しているんだからな」と言う彼は、こう続けるのである。

**ガリレイ**　（略）そのきっかけが船だったってことを考えると嬉しくなるよ、有史以来船は岸辺に沿ってのろのろ走るだけだった。

ところが突然船は沿岸を離れて走り出したのだ。すべての大洋を越えてな。

われわれの住むこの大陸にも、新大陸がまだ幾つもあるという噂が流れるようになった。そしてわれわれの船がそういう新大陸めざして船出してからというもの、むこうの明るい新大陸では、怖がられていた大海原が実はちっぽけな池だったという話がどんどん人びとの間に拡がっている。（同上：二〇七―八）

このように本作の冒頭から、ガリレイは植民地主義、ないしは奴隷制や戦争へと直結してゆく資本主義の拡張の論理を肯定してしまっている。もちろんそれが無意識であることが重要である。なぜなら、「大航海」がそのほとんどの場合、単なる暴力的植民地主義に直結したというのは後代から見た歴史にすぎず、ガリレイのように、当初は教会権力からの解放を意味する新しい時代の幕開けだと信じられていたとしても何ら不思議ではないからである。

こうしてわたしたちは、現代にも通じる科学者のイメージをブレヒトのガリレイに、最終的には見いだすことになる。下世話な言い方が許されるなら、同時代のどこの大学にもいるだろう真理の探究と称して、自分の好きな研究に邁進する趣味の人、である。実験の場としての研究室は、外界（＝社会）と完全に切り離された特権的な空間であり、大学という社会空間どころか、そこにまで貫通しているはずの政治空間ともいっさい関係がない、というわけである。もちろん、ベルリン版における劇の終盤、ガリレイがこの問題を自覚していたことをわたしたち観客が知ることになるのが重要である。肉体的苦痛に耐えきれず、自説を撤回した自分には、科学者という呼称はふさわしくないと、彼は自嘲的に語るのである。いやしかし、とわたしたちはここで立ち止まって考える必要がある。彼が自説を撤回せず、「地球は動く」という「真理」のために死んでいたら、科学は植民地主義や戦争や支配のための実用にならないですんでいたのだろうか。答えはノーであるのはいうまでもない。しかし、それでも、あるいはだからこそ、自説を撤回すべきではなかったとブレヒトはわたしたちに言おうとしているのか。

たしかに、岩淵達治がその解題で的確に述べるように、「冷戦構造がなくなった現在でも、体制順応というような個人の問題も含めると、この作品はいまなお現代の我々に訴えかけるものを失っていない」（同上：四一九）。いやむしろ、遺伝子をめぐる諸技術が、原爆や水爆などとは異なり、いかにも密やかなかたちでわたしたちの身体を奪いつつある現在、体制順応といった個人的な問題はいうまでもなく、科学と実用をめぐるより大きな問題に、再び人文学まで含めた多様な角度からの検討を加えてゆく必要があり、その際、本作もひとつの参照項になりうることはまちがいないのである。

## 『ガリレイの生涯』をいま英語圏から、読む――フレドリック・ジェイムソンの場合

以上展開してきたようないくぶん素朴すぎるかもしれない「ふつうの読み」をおおむね無化しかねない「複雑な読み」、とはいえ、基本的には『ガリレイの生涯』のテクストが多様な問いに開かれているという読みを展開するのは、『ブレヒトとその方法（*Brecht and Method*）』（一九九八）のフレドリック・ジェイムソンである。[5] この卓抜な同時代のブレヒト論においてジェイムソンは、『ガリレイの生涯』を第一三章「アレゴリー」でとりあげて論じている。「なぜいま、ガリレイか?」という「歴史的表象の無根拠性」の問題から、アレゴリーとしての『ガリレイの生涯』論を始めるジェイムソンは、「この疑問にブレヒトは即座に答えを出」している、とする。それはすなわち、「この戯曲は科学者とその責任についての疑問を提起するものだ」（ジェイムソン 二〇〇五：二四〇　和訳は邦訳による。以下同様）。

ガリレオ自身へと立ち戻るとしても、それはオッペンハイマーと彼の原子爆弾のためであり、そうしてこの戯曲はいつのまにか

反核運動のアレゴリーとなるのだ。（略）しかしこれは、より広汎なアレゴリー的増殖の始まりでしかない——もしオッペンハイマーの原爆製造の黙認が、ガリレオの教会権力に対する自己放棄および帰順を示唆するなら、ほかにたくさんの同時代の類似事例もまた見つかるにちがいない。（同上）

こうして際限なく増殖を始めるブレヒト＝ジェイムソン的なアレゴリーの意味作用のメカニズムは、

〈同一性〉と〈差異〉に中立的に作用して、それらを〈対立〉へ、そしてついには〈矛盾〉へと押しすすめることが期待される。このメカニズムは、ガリレオが（略）正当化されるかどうかを、わたしたちが決断する必要がないのはなぜかということを説明してくれる——必要があるのは、問題点に気づき、それについて討論することだけなのだから（同上）

そこからジェイムソンは、すでに本論で言及しておいた第一場の劇的特性に触れながら、次のように考えることになる。

この戯曲が豊富なエネルギーとあふれんばかりの歓喜をもってあきらかにするのは、ガリレオの根本的な自己放棄の本質とは、ほかならぬ〈新たなるもの《ノヴム》〉に対する罪にある、ということだ。新たなものとは、いまだ新しい科学そのものになってはおらず、実験的方法や、〈理性〉と実験の新たな使用法、ベーコンと組織的懐疑・探求といった形式での「物理学」でもなく、そうではなくむしろ、より広汎ななにかである——それ自身、重要なことに、革命《レヴォリューション》を文字通り巨大な車輪の回転として、時の奔流のただ中の回転として、そして新時代の夜明けであるところの、すべての事物の変化の過程として比喩表現することによって伝えられているなにかだ。（同上：二四二）

こうして『ガリレイの生涯』におけるアレゴリー的連想は、一九二〇年代以降のソヴィエト（レーニン主義からスターリン主義へ）や、西洋における冷戦の開始、はたまた一九三〇年代（北米等における）西洋の左翼運動の活発化と戦後のその組織的壊滅といったジェイムソンの言う「革命的な〈ノヴム〉としての〈新たなもの〉」という、「練り上げられてきた第一のレヴェル」の二次的アレゴリーへと拡散的に展開してゆくことが可能になる。

さらに注目すべきことに、ジェイムソンは、この連想の展開に基づき、次のように論を展開する。

> 政治革命そのもの、そして「科学」の一形態としてのマルクス主義から、文化革命そして多数の新たな文化形式の開花へ、という展開は、その過程のつぎの展開を示唆しており、それを明示しなければならないだろう。もし政治的・社会的革命がこの〈新たなもの《ノヴム》〉のアレゴリー構造のひとつのレヴェルならば、美学的なものがもうひとつのレヴェルだということになり、そこでガリレオの革新はいわゆるモダニズムとの類似関係で読まれるべきなのだ。（略）ガリレオの科学的＝美学的革新は、ここで暗にブレヒト美学そのものに結びつけられるのだ。（同上：二四四）

これまで見てきたように、『ガリレイの生涯』は劇作法上の多彩な技法を駆使したスペクタクル劇であった。それをジェイムソンは、「『偉大なる戯曲』のスペクタクル志向の豊かさ」（同上）と呼ぶが、ここでわたしたちは、

> もともとの教育劇の、ありのままの純粋性から、スペクタクル的な『ガリレイ』のよりご馳走主義的な快楽への進展は、それ自身への一種の注釈を、そしてそれ自身のスタイルと妥協に対する狡猾な自己言及性を、示している。（同上：二四五）

と考えることが可能になる。つまり、演劇的方法としては撤退／反動化（＝「ご馳走主義的な快楽」）と思える方向をなぜブレヒトがあえて採用したかという問いについて、すでに触れたように、「問題を開いたままに、係争中のまま

にとどめ」（同上）るためだというのである。矛盾を矛盾のままで提出することで、誰が正しい／何が正しいとあらかじめ判定を下すことなく、ジェイムソンの言葉を借りれば、「アレゴリー的枠組みそのものによって促進・奨励された、観客に判断を委ね、より『自然』な第一人称の判決＝判断へと方向転換させていこうとする」「繰り返されてきた」試みである[6]（同上）。つまり、ここで観客の問題が出てくる。あるいは出てきてしまうと言うべきだろうか。

ジェイムソン自身は、ブレヒトの観客に対するスタンスが揺れていると考えている。「司法的な審級」、すなわち上意下達方式の啓蒙的メッセージの発信法と、「教育的なそれ」、すなわち観客が自ら学ぶようなメッセージの発信法の対立である。そしてこの点についてジェイムソンは、以下のように結論づける。

> 『ガリレイの生涯』はこのジレンマと対立を大変な骨を折ってなんとか舵取りしており、その最終的な解決を時間と変化そのもののうちに、書物の未来へむけた航海うちに（ママ）、みいだすのである――それは、他なる海、他なる世界の、ユートピアの岸辺で開けられるべき瓶の中のメッセージなのだ。（同上：二四五―六）

このようにジェイムソンは、いささか強引なやり方で、『ガリレイの生涯』の一五場における『新科学対話《ディスコルシ》』の国境越えを、堅固さとしなやかさをあわせ持つアレゴリー構造が可能にするブレヒトの演劇論的未来へのメッセージとして読み解いてみせる。と同時に、そうした演劇論的未来などいっこうに到来しないことを知ってしまっているわたしたちには、ブレヒトのテクストを複雑な歴史的構造体として読み解くジェイムソンとは異なる新たな視点も必要だと感じられもするのである。

## 『ガリレイの生涯』をいま英語圏から、読む——スー＝エレン・ケースの場合

そうした視点を提供してくれるスー＝エレン・ケースの『ガリレイの生涯』論は、その近著『科学と仮想現実をパフォームする（*Performing Science and the Virtual*）』（二〇〇七）の第四幕（通常の言い方であれば第四章）のなかに収められている。本書の多岐にわたる内容を一言でまとめるのには無理があるが、本論にとって重要な主題は、ルネッサンス以降のヨーロッパ的伝統において、演劇ないしは上演系芸術は、ベーコン／ガリレイ以降の「新しい」科学の展開と手に手を取るようなかたちで、その表象の戦略をくみ上げてきた、ということになろうか。ケースの意図は、ヨーロッパ近代の成立にまで立ち戻ることで、そこで重要な役割を果たした上演系芸術と科学という二つのトロープを同時に記述対象と分析の枠組みにしつつ、科学も上演系芸術もヴァーチャルな領域へと徹底的に囲い込まれているポストモダンの現代へといたることである、とでもまとめておけるだろう。錬金術とルネッサンス演劇の分析から始まる本書を読み進めてゆくと、自発的で統御不能な公共的パフォーマンスとしてはじまった現実の一部としてのルネッサンス的「演劇的なもの」が、次第に劇場建築空間内の舞台という現実とは切り離された仮想現実空間へと幽閉され、資本主義の発展とともにチケット代や版権、あるいはスター俳優といった交換価値を生み出しつつ、体制に私有化／属領化されてゆくさまは、「新しい」科学における実験室という仮想現実空間における実証科学の実践の歴史的展開と比して、単にこの二つのトロープが類似しているなどという生やさしいものではなく、同一形式の異なる表現型にすぎないようにすら見えてくるのである。

本書の第四幕は「アヴァター」と題されており、伝統的には神の化身、同時代的には仮想現実における代理存在を

指すアヴァターをめぐる諸問題が取り上げられる。第一節の「二〇世紀のファウストたち」では、SFとロケット科学と宗教的神秘主義の二〇世紀的な交差と結託の事例としてのサイエンストロジーや、SF的形象に魅了されたカルト集団ヘヴンズゲイトに引き続いて、マーク・レイヴェンヒルのダーウィンを主人公にした『ファウストが死んだ(*Faust Is Dead*)』(一九九七)が取り上げられている。その後に続く第二節の「科学者を舞台にのせる」の最初に来るのが、「肉体的物理学——ガリレイ」と題された『ガリレイの生涯』論である。

ケースが注目するのは、ブレヒトの望遠鏡の扱いである。エルマー・ライスの『計算機(*The Adding Machine*)』(一九二三)などとは異なり、ここでの望遠鏡は単にガリレイの道徳的責任と科学的責任のジレンマを導き出す触媒としてしか導入されてはおらず、いかなる劇的な意味をも担っていないと彼女は考える。科学の道具としての望遠鏡は、「科学者の性格とその唯物論的状況を焦点化するだけ」(Case 2007: 173　和訳は引用者、以下同様)なのである。というのも、「科学的道具/手段の自律性などというものは、あるいは、結局のところ言説と研究はともに、ブレヒトにとって、単なるブルジョワによる操作の諸機能にすぎないのである」(同上)。

〔ブレヒトの〕社会主義批評は、教育的/科学的諸構造が切り離すものを再び結合させる。すなわち、物理学の研究とその倫理の研究である。ブレヒトは〔ガリレイの〕評伝をその結合を劇化するために配備したのである。ブレヒトが「純粋」研究の「ブルジョワ」的実践と呼ぶものにおいては、研究が及ぼす社会的効果は、研究のプロセスから切り離されたものになる。ガリレイは教会や国家といった制度同士を結託させるサポート、あるいは検閲の諸イデオロギーを明らかにすることで、科学研究がこうした制度にサポートされているばかりか、そうした制度が設定する目標によってその内実を定義されていることを、具体的に示すのである。(同上、〔　〕内は引用者による補足)

さらに、上記のような唯物論的批評性を本作において稼働させるために、ブレヒトはガリレイを肉体性の際立つ存在にした、とケースは言う。ただ単に、食道楽のガリレイの体型の話をしているのではない。すでに触れたように第一場の幕開きでガリレイは、朝食を取ることになっているが、ここで彼は牛乳配達への支払いを心配し、また裸の上半身を洗いかつ朝食をとりながら、アンドレアに星の動きについて説明するのである。このように第一場を設定したのは、ケースによれば以下のような理由による。

この場面のポイントは、科学的知の社会的、唯物論的文脈を設定することではなく、知ることの諸形式を、より「ブルジョワ」的な表象においては孤立させられてしまう社会的・経済的諸領域を横切って位置づけることである。円や直線の性質は、代金を払ったり払わなかったりするという実践と直接関係し、太陽系のシステムの新たな定式化を行う最中にも、身体を洗ったり、食事をしたりという行為が伴っている。上半身をタオルで拭きながら、ガリレイはプトレマイオスの宇宙体系が権力構造にとらわれて身動きできなくなった者たちにこそふさわしいと説明するのである。彼の天文学は肉体的必要と満足と社会的なものの礼賛にその基盤を置いている。彼の研究と発見の組織化の運動は、社会性の構築の運動と平行関係にあるのだ。(同上：174)

このようにケースは、本作におけるブレヒトによるガリレイの批評的形象化を評価している。つまり、肉体と思考が分断されたエンティティではなく、つねに同時に稼働している——あるいは、稼働可能である——ものとして表象されていることを評価するのである。

さらにケースはこう論を進めている。

ブレヒトにとって、社会主義的アジェンダに不可欠なのは、研究がどう機能するか、あるいはどう応用されるかではなく、知の構造である。純粋研究には、その応用固有の知ることの構造がかかわっている。これらの構造を知覚し、より大きな問題を提起することで、思考が鍛えられる。応用は、その元となる研究を組織化する諸原理に従った方向しか取ることはできない。認識論的構造は唯物論的経験からは抽象化され得ないのである。(同上)

こうして本作は、ケースによれば、

啓蒙主義と科学的社会主義の伝統の内部にある解放のための道具として、実証的理性という方法を提供する。(中略)そしてブレヒトの劇作法は、劇構造そのものが歴史的な環境における変化をもたらすものとして、実証的理性を採用するのである。(同上)

つまり、ガリレイの時代において、実証的理性は本来的に肯定すべき力であったという前提のもとに本作は構造化されており、時代を下れば、原爆を投下させたのもまた、少なくともその発端においては実証的理性にほかならなかったということが、本作では矛盾として出てきてしまうことにもなる。矛盾がよくないというのではない、まさしく矛盾こそがブレヒトならではの問いを発生させるからである。

さらにケースもまた、第一五場の幕切れをジェイムソン同様に取り上げることになる。ただし、ケースは未来に向けてとは言っていない。本書全体の問題設定にしたがって、ケースが評価するのは、ブレヒトが劇場の外にある世界にも参加している観客を考慮して、この場面を作ったということである。「彼〔ブレヒト〕はこの劇を劇場の外にあるものから分断されたものとして観客に見てもらいたくはなかった」のである(同上 : 176)。

本論の結論としてケースは、不定形の未来ではなく、二〇世紀半ば以降、いつあるいはどこであっても、ブレヒト的問いに対して、その時その時の科学的〈現実〉との関係において、観客が応答可能になるような劇形式を、ここでブレヒトは作り出した、とするのである。そして、そのような上演に立ち会った観客は、「同時代における科学的理性と研究の実践と社会的なものの内部におけるその位置を批評的に再考する緊急の可能性を見いだすかもしれない」（同上）のである。

ただし、とクイア理論の論客でもあるケースは、最後に付け加えることを忘れてはいない。たしかにこの劇は、「科学的理性の定義やあるいは社会的なものと科学的なものの関係は決着済みだとするあらゆる説明を流動化させる」が、同時にまた「科学や科学者における男性中心主義的側面が基準化され安定化されもする」（同上）と言うのである。本作における、ガリレイの男性中心主義的形象化とは絶望的なまでに対照的なヴィルジーニアの表象をめぐっての指摘である。

> 科学者が、弁証法的唯物論の枠組み内でどれほど科学的理性を実践してみせたとしても、結局「彼」は、またしても家父長に似てしまうのである。科学的思考を劇化するというプロセスの内部で、変化しつつある社会秩序におけるジェンダーとセクシュアル・ポリティクスは見失われてしまう。科学的理性の諸条件が何であれ、それらは男性によってのみ実践可能なものになるのである。（同上　177）

たしかにブレヒトのガリレイには、セクシュアリティが完全に欠落している。肉体的存在であり、また食道楽であると何度も言及されることで、ガリレイの快楽主義的側面が強調されるために、逆にそのことが目についてしまうのである。娘のヴィルジーニアもまた、そもそもなぜ登場するのかよくわからないほどの存在感／身体性のない人物である。だからいまはもはや通用しない、とケースが示唆するような結論になるだろうか？　いや、そうではないだろう。というのも、たとえテクストのレヴェルではそうであっても、ブレヒト自身も上演においてはさまざまな工夫や改良を原戯曲に加えていったように、わたしたちもまた、そうした問題を織り込んだ上での上演を構想／妄想する自由があるからだ。『ガリレイの生涯』をいま、上演するには何が必要か。そのことさえ、わたしたちは問えばよいのである。

## 結論にかえて

ここまでブレヒトの『ガリレイの生涯』につき、かなり丸腰の読み（＝「ふつうの読み」）からはじめて、より高度なジェイムソンとケースによる読解を簡単に紹介してきた。どれがいいとか悪いとかいう問題ではない。「ふつうの読み」には突っ込みどころ満載かもしれないが、ジェイムソンとケースの緻密な読みは、そのロジックの内部においては安定しており、わたしごときがとやかく言うべき内容ではないだろう。ただし、そのふたりを導入するにあたって、「英語圏から」と掲げたように、英語圏において本作がいまだに持っているらしい影響力には興味深いものがある。アメリカにおいて英語で書かれた版が、本作にとってもっとも重要だということもあろう。それだけではない。二〇〇五年に出版されたドゥーガル・マクニールの『「ガリレイの生涯」の複数の生涯――ブレヒト、演劇、翻訳の政治的無意識』（McNeill 2005）が明らかにするように、本作の英語版ということでは、ロートンとの共作だけではなく、ハワード・ブレントン（一九四二―）やデイヴィッド・ヘア（一九四七―）といった英国を代表する劇作家による翻訳と上演が近年行われている。また、アメリカにおいても『エンジェルズ・イン・アメリカ』のトニー・クシュナー（一九五六―）による翻訳上演が二〇〇八年に行われている。こうした上演が英語圏において、あるいはそれよりも広い領野において何を意味するのか／意味しうるのかについては、稿を改めて論じなければならないだろう。ただ、科学技術のみならず、演劇を含む芸術一般をめぐる状況が世界的に混乱を極めている時代だけに、ブレヒトを、なかでも彼の『ガリレイの生涯』を再考するというプロジェクトには妥当性があるのだと思われる。そしてその再考が、ジェイムソンやケースのような言説レヴェルだけでなく、実際の翻訳と上演によって、同時的に遂行されるべきなのは当然であるのだろう。

（二〇〇九年九月）

［注1］本注以下、本作の成立をめぐる記述は、ペンギン・クラシックス版の Roessler によるイントロダクトリーな記述に加えて、同書に再録された一九八〇年初出の編者（John Willett と Ralph Manheim）による "Introduction"、さらには岩淵達治の新訳版（『ブレヒト戯曲全集　4』、未來社、一九九八年）における巻末の「第四巻作品解題」を参照している。

［注2］本作のアメリカ版をめぐる経緯については、その実際の上演の様子がどうであったかも含め、Bahr（2007）に詳しいので参照されたい。とりわけ第四章の "The Dialectic of Modern Science: Brecht's *Galileo*" には、ガリレイに扮したロートンの写真やロサンジェルズ初演の場となったコロネット劇場の外観の写真なども収められていて、貴重である。

［注3］以下、『ガリレイの生涯』からの引用は注1にあげた岩淵達治の新訳版により、必要に応じて（　）内に頁数のみを記す。また、本論における役名については、すべて岩淵訳に従った。

［注4］以下を参照のこと。"Notes and Variants." *Life of Galileo*, 113-93. なお本ペンギン・クラシックス版には、アメリカ版がそのままのかたちで再録されている。

［注5］Jameson（1998）. その第一三章「アレゴリー」には以下のすぐれた邦訳があり、例外的な場合を除いて引用はその訳に拠り、頁数もその訳のものを文末に（　）内に示す。フレドリック・ジェイムソン「ブレヒトと方法」連載5、大橋洋一・河野真太郎訳。なお連載翻訳のため、大橋・河野訳では「アレゴリー」は第一〇章とされている。

［注6］この箇所については、訳抜けがあると思われるので、引用者が原文に沿って、訳に多少手を加えさせていただいた。

# 5

# 村上春樹を上演（perform=embody）するために

## ――〈いま、ここ〉のマテリアリティの複雑化ということ

エレベーター・リペア・サービス『ギャッツ』

## 小説の演劇化――翻案する

村上春樹の小説を演劇化する――これを翻案というおなじみの方法で考えれば、それほど困難ではないように思える。つまり、地の文の外的（＝物理的）描写に当たる部分は舞台装置や照明効果等で表現し、会話の部分はそのまま残し、登場人物の思いや心理については、できるだけ俳優にがんばってもらうか、そもそもどうしようもないので放置するといった道筋での演劇化である。「小説にできること」と「演劇にできること」を自明の前提とするならば、そうなるほかはない。こうして翻案としての上演は、原作としての小説と単に異なるものになるばかりか、以下になることが事前に決定しているようである。原作＞翻案である――だから翻案は、少なくとも原理的には、無数に生産可能で、原作のたとえば〈キモ〉を手軽に／気軽に啓蒙するための上演ということもありうる。

さらに、小説の演劇への翻案には、語りの問題が大きな影を落とす。演劇はその形式からして、一人称であれ三人称であれ小説の語りとそもそも相性が悪い。なかでもいわゆる近代演劇においては、映画のようにヴォイスオーバーの語りを入れることが長らくそのコンヴェンションになかったし、今もあるとはとうていいえないので、基本的には登場人物が物語的現実内で発語する可能性がある台詞だけで内容を組み立てなければならない。二〇世紀に入って映画とともに展開せざるをえなかった近代演劇は、映画のメディア的特性（視覚性、速度性……）との差異を意識化したかたちで、台詞だけという〈制限〉にいわば開き直って、台詞術というものを技巧的に発展させてきたという歴史でもあるのだ。その〈制限〉については、俳優の身体性を前景化して打開しようという試みが散発的に起きていることは周知のことだが、それでも、小説の語りをそのまま再現することはそもそもできないという限定条件（＝「演劇にできること」）に変わりはない。

こうして、小説の映画化がたいてい〈スカ〉になる一方で、小説の演劇化は〈スカ〉以下になることが事前に決定されているようでもある。もちろん、異なるメディアだから〈スカ〉でも仕方ない、という言い方は十分成立するし、現に同時代の文化芸術市場はそのような前提で機能しているように見える。そのためだろうか、村上春樹の小説を原作とする日本演劇の作品はかなり稀少である。単なる噂だが、村上自身が自作の演劇化を認めないという話を聞くこともあるが、その真偽はともかく、方法に自覚的である小説であればあるほど、〈スカ〉以下の演劇になることがあまりに明らかなので――方法を無視して物語だけ取り出しても、さしたる意味はない――、村上の小説を演劇にしようなどと普通は誰も思わないようなのだ。それは、誰もフォークナーの小説を演劇にしようと思わないのと同じである。

ただし、海外では村上作品の演劇化の試みが散見される。調査しつくしたわけではないが、これまでの舞台化の試みのいくつかを見てみると、その多くが翻案という〈定番〉からさほど距離のあるものではないようである。[1] 一方、日本ということでは、世田谷パブリックシアターが英国のテアトル・ド・コンプリシテと共同制作したサイモン・マクバーニー演出による『エレファント・バニッシュ（*The Elephant Vanishes*）』（二〇〇三）が、村上小説の演劇化という困難さへの果敢な試みとして一般的に高く評価されている。[2] というのも、ここではテアトル・ド・コンプリシテという集団を率いての新たな集団的演劇（＝舞台）言語の創造で知られるマクバーニーの手腕とでも呼べるものが明確に示されたからである。

この舞台では、題名にあるように、村上の三つの短篇（「象の消滅」、「パン屋再襲撃」、「眠り」）がほぼそのまま、つまりたとえば地の文は地の文として、大きな省略なく再現されてゆく。つまり、これらの短編が一人称の語り――

的翻訳といってもよいような事態が起きていたと認定できるだろう。

の語りの声が混在しても違和感はない、というわけだ。たしかにここでは、村上作品の翻案から一歩踏み出し、劇場

を通じてしか発語しないことになっていたのである。マイクを通じて語るので、俳優の物語中における発語と物語外

「象の消滅」と「パン屋再襲撃」は「僕」、「眠り」は「私」——であることがこの上演では活かされ、俳優はマイク

ただ結果的に見れば、ジョン・バージャーの『ルーシー・キャブロルの三つの生(*The Three Lives of Lucie Cabrol*)』やブルーノ・シュルツの『大鰐通り(*The Street of Crocodiles*)』などの小説の舞台化で知られるマクバーニーならではの、登場人物のみならず小説世界のさまざまな事物や事象まで俳優の身体だけで表現(=再現)しつつ、その世界自体への批評的視座を確保するという「小説の批評的演劇化」と呼べる試みとはかなり異なるものだった。映像を多用するかなりフラットな上演になったことは認めておかなければならないのである。ここでは、村上作品における「僕」や「私」の語りとして滑らかに生産される言葉、つまり村上の小説世界を前方へと駆動する〈疾走する自意識〉とでも呼べるものは、マイクを通した俳優の声とそれを補完する多彩な映像表現によって、多方面から美しく、そして見事に視覚化されてゆく(だけだった)のである。身体表現を最大限に駆使するこれまでのマクバーニー演出とは異なり、この舞台では〈映像=視覚〉表現が——俳優の身ぶりを含め——中心化される。なぜそうなったのかについての答えはさまざまだろうが、村上の小説言語そのものが、そうした演出的選択肢をもたらしたという説明がとりわけ説得力を持つだろう。というのも、このあと同じ世田谷パブリックシアターとコンプリシテの共同制作でマクバーニーが演出した谷崎潤一郎の『春琴』(二〇〇八)において、人形ぶりといった極めつきの身体表現を含む、身体表現中心の演出に戻ることになったからである。

言い換えれば、マクバーニー的な視覚言語——なかでも映像表現——を操作する才能と技術を持っていれば、村上

作品の演劇化は、それなりに可能だということになる。とするなら、日本の演出家が村上作品を演劇化しないのは、その多くが、視覚言語を演劇の重要な表現手段として考えていないことと関係するかもしれないと思いいたることになる。たしかに日本演劇では、マルチメディア演劇と呼べるものはこれまでのところ存在せず、ローテクを誇る類の、イエジェイ・グロトフスキとはかなり異なる意味での「貧しい演劇」が主流を占めてきたのである。[3]

## 「小説にできること」vs「演劇にできること」

村上作品の一人称の語りに対するひとつの解をマクバーニーが提出したとして、語りが全知の語り手による場合はどうなるのか？　あるいは、『アフターダーク』のように、「私たち」という複数形の語りの場合、演劇的解はあるのか？

ここからもう少し原理的に小説の演劇化という問題を考えておきたい。すでに「小説にできること」と「演劇にできること」の自明性という問題を出しておいた。ここでさらにその問題を展開しておくならば、まずわたしたちは、小説が、文字言語だけで成立する自律的でかつ作家の制御可能性が最大値に近い想像世界であることを思い出すことになる。さらに小説は、独自のジャンルとして成立するために黙読共同体の存在が必須だった近代特有のジャンルであることも理解しなければならない——小説というジャンルが黙読共同体を立ち上げたといっても同じである。黙読という行為は——少なくとも理論的には——日常的空間や関係性において、いつでもどこでも実践可能である。このいつでもどこでもという〈利便性〉に、印刷技術や市場と流通、あるいは識字率といった要素も加わり、〈小説（＝文学）〉が、一枚岩的というよりかなり錯綜する格好とはいえ、帝国主義的ナショナリズムの生成とその延命に大きくかかわることになったことはいうまでもない。

他方演劇は、劇場空間を必要とする。人々は劇場に行かなければならないし、そこで観客というアイデンティティを一時的に獲得し／付与されなければならない。たとえ劇作家が文字言語で書いた戯曲が事前にあっても、具体的な上演というものは、俳優の身体とそれが語る言葉、さらにモビリティが相対的に低いと見なせる舞台装置や照明・音響効果と行った補助手段に全面的に依拠するほかはない。近代演劇でつねに問題となってきたように、そこでは作家が上演を統御する可能性は最小値に近く、場合によっては、俳優どころか演出家などという媒介者が作家性を発揮したりもして、作家のオリジナルな意図は多重に解釈され直されたあげくにしか上演が成立しないのである。にもかかわらず、あるいはだからこそ、稀少価値としての上演の特権性――その場で消滅する（＝ライヴ性）、市民であれ国民であれ、その共同体のメンバー全員が見ることは絶対できない――が演劇というジャンルにはつねに貼り付いてあり、支配階層の、あるいは場合によっては〈国民〉のフィジカルな交流の場としての機能を劇場は時として持たされることにもなったのである。

　こうして小説は近代の支配的文化ジャンルとなり、演劇は、いくらかの時代的、地理的例外を除いて、着実に周縁へと押しやられていった。そしてこの事態については、ジャンル的自明性をそのものとして受け入れるならば、〈自然の成り行き〉だとしかいいようがなく、小説とは異なる意味で演劇よりもモビリティの高い映画というメディアが一九世紀末に登場して瞬く間に世界を席巻したために、演劇の周縁性は加速度的に増大していったと見なせるだろう。要するに、演劇は近代の時代精神、あるいはざっくりいって、大衆社会（＝大量生産）にそぐわないジャンルなのだが、それはひとえに、演劇の時間的、空間的モビリティの低さのためである（繰り返しになるが、だからこその特権性が一定周期ごとに、異なるローカリティでそれ相応な声高さで主張されることになる）。

さらにそこに、すでに触れた、小説特有の語り（手）の問題が加わる。誰でもすぐ理解できるように、ジャンルとしてのリアリズム演劇では一人称の語りは不可能である。ただし、近代演劇史の展開がリアリズム演劇の一九世紀後半の確立とほぼ同時に始まる反リアリズム演劇とのせめぎ合い、ないしは弁証法的関係性で理解できることからも明らかなように、本来は何人称の語りであっても、演劇の形式に融通無碍に取り込むことは可能だったはずである。にもかかわらず、反リアリズムを標榜する演出家を含めた作家たちが演劇の形式を思考するさいに、そこに語りというボキャブラリーが選択肢になかったようなのだ（例外はつねにある）。語りはあくまでも演劇と対立するジャンルとしての近代小説の方法であり、近代小説が成立するはるか以前から語りなどなくても成立してきた（はずの）演劇にとって、後発の小説なるジャンルがその主要な表現方法として採用した〈語りの言葉〉などに依拠せず、いかに劇（＝上演）世界を立ち上げるか――それがリアリズム的第四の壁内部のものであれ、そうした制約から解放された詩的言語による劇世界であれ、あるいは、身体表現による無言の〈語り〉によって出現することが期待される〈身体的〉劇世界であれ――ということだけが原理的・方法的問いとしてあったということになるだろう。

## 錯綜する演劇的語りの人称――岡田利規の冒険

近代、近代と連呼してきたのには理由がある。というのも、近代を補完するものとしてのポスト近代ではなく、近代との明らかな断絶が徴候的にそこかしこで見られる／感得される時代に入りつつある、いや、入って久しいのではないか、とわたしが考えているからである。なかでも、近代に見捨てられたはずの演劇というジャンルについての近年の日本語圏の現代演劇における動向は、そう考えないと理解できないように思われる。本章の文脈で言い直すと、もはや小説対演劇などというジャンル的対立に意味はなく、したがって「小説にできること」と「演劇にできること」の自明性に何の根拠もないと考える実践家が、数少ないながらも登場してきているのである。そして、この語りの問題にとりわけ強い関心を寄せているのが、現代日本を代表する劇作家／演出家である岡田利規であることに、わたしたちは注目しておく必要がある。

ポスト近代の断絶については、さまざまなことが言えるだろうが、こと演劇実践にとって重要なのは、ニューメディア的断絶だとわたしは考えている。つまり、多様な現実的事象の脱物質化（dematerialization）、あるいはいわゆるヴァーチャル化が、インターネットを中心とするニューメディアの日常化／遍在化によって、極限まで進んだと認識／体感されているという歴史的事態である。それは周知のように、すでに触れた演劇の特権性という近代において何度も繰り返されてきた〈思い込み〉に改めて力を与え、身体中心主義と呼ぶべき演劇実践を（再）登場させることになった。たとえば、社会的・政治的にほぼ無抵抗なかっこうで諸事象の脱物質化が進行した日本語圏において、世紀転換期前後ににわかに登場してくるコンテンポラリー・ダンスと呼ばれる諸実践の多くは、おそらくそうした〈思い込み〉の新たな意匠によるノスタルジアの表現（＝エンボディメント）であると捉えられるだろう。一方、言葉を相手にしなければならない狭義の演劇実践の場合、演劇の特権性を自明視するかどうかが分かれ目になる。つまり、演劇のライヴ性、上演の〈いま、ここ〉を自明視するかぎりにおいて、そこには脱物質化の果てに見いだされる新たな展開を眼差すことは、実践家にとっても観客にとっても不可能になるからである。

具体的な名前で言うなら、平田オリザの「静かな劇」は、上演の〈いま、ここ〉を劇作家の事前に書かれた言葉だけで完全にコントロールしようとするという意味で、すぐれて近代演劇的である。他方、平田オリザを出発点とするとされる岡田利規の場合、上演の〈いま、ここ〉は、そこからどれだけのノイズ——言語的、身体的、あるいは視覚的ノイズ——を発生させることができるかを思考／試行すべき可能性の場所である。平田にとっての上演は、自身の書いた戯曲の単一的かつ交換可能なエンボディメントにすぎないのに対し、岡田にとっての上演は、自身の書いた戯曲がどれだけ多彩に、あるいはどれだけ知覚不能、追尾不能になるほどのエンボディメントの瞬間の集積（＝一回性的経験の堆積）に変容するかが問題なのである。それは登場人物が単一の主体として日常的と了解される言葉をふつうに（＝リニア）に話す平田戯曲と、その最初期の『三月の5日間』（二〇〇四）にはじまって『わたしたちは無傷な別人である』（二〇一〇、以下『わたしたち……』と表記）まで続く、上演の語りの人称を自覚的に錯綜させる岡田の方法論的展開を見れば明らかだろう。なかでも、『わたしたち……』において岡田は、三人称の語りという近代小説に自明的に特権化された方法を採用し——採用するくらい誰でもできるというなら、この作品の主題の〈いま、ここ〉におけるエンボディメント（＝身体化＋言語化＋視覚化）にふさわしい周到さをもって——、エンボディメントの思想としての岡田独自の演劇的語りの技法をはっきりと進化／深化させることに成功したのである。

『わたしたち……』では、「です、ます」調を維持した小説的三人称の語りが中心的な上演の語りの戦略となり、そこに独白や対話が付加的に補完するという、いってみれば「小説にできること」と「演劇にできること」が逆転しているような様相を呈することになっていた。たとえば、抽象的な舞台装置の中で開始される、登場人物名が記されていない冒頭部の語りはこう始まる。

あるところに、男のひとがいます。
その男のひとは、幸せなひとでした。
ある土曜日、その男のひとが、立っています、道端に。

その男のひとは、幸せなひとでした。

でも、それはなぜなのでしょうか？　その男のひとのことを幸せと言ってしまえるのは？

……とりあえず、わたしが話をするのは、ここまでです。

次は、わたしとは別のひとが、今のとは別になるやりかたで、話をします。


男がいます。

その男は、幸せな人間でした。

ある土曜日、それは八月の最後の土曜日でした、男が、立っています、道端に。

海に面している道の、道端にです。

缶ビールを片手にです。

だから幸せなのでしょうか？


（岡田 二〇一〇）

もちろん、これらは具体的な俳優の身体を前提とした語りであり、また声として発語されるかぎりにおいて、小説の三人称の語りと同じではない。たしかに、定義的にはそういうほかはない。それでもわたしたちは、こうした語りが上演の〈いま、ここ〉にきわめて自然な形で導入されてしまったことに、そしてその結果として、上演の〈いま、ここ〉のマテリアリティの複雑化が予想外に進んだことに、ある種の驚きを覚えずにはいられなかったのである。

小説の演劇化——翻訳する

論が脇道にそれた感があるが、必ずしもそうではない。ヴァーチャルな時代における〈いま、ここ〉の再物質化、あるいは上演のマテリアリティの複雑化というプロジェクトは、小説の活字言語というマテリアリティの自明性を脅かさずにはいないからである。

たとえば、ニューヨークを拠点とする集団であるエレベーター・リペア・サービス（以下、ERSと表記）は、まさにこうした小説のジャンル的自明性を前提としつつ転倒し、同時に「演劇にできること」の自明性を疑ってみせつつも平然と使うといったような、過激という形容詞では包摂できない具体的かつコンセプチュアルな上演で知られる。そして、この集団の名声を確立したと言っていいのが、村上春樹とも深い因縁があるF・スコット・フィッツジェラルドの『グレート・ギャツビー（*The Great Gatsby*）』のテクストを字義通りに使用した『ギャッツ（*Gatz*）』（二〇〇六）という作品である。

上演時間が六時間半に及ぶこの舞台では、『グレート・ギャツビー』が最初の一行から最後の行までいっさいの省略なしで読まれることになる。ただし、朗読会をやるというのではない。舞台は、もしかしたら現代なのかもしれないが、おそらく二〇年ほど前に典型的だったような、コンピュータがたった一台しか設置されていない——しかも、上演のあいだ、しょっちゅう故障するらしく、修理のために持って行かれたり、戻ってきたりする——古びたいわば普通のオフィスである。そこには大小さまざまな棚が所狭しと並んでもいて、まるで記憶のアーカイヴでもあるかのように、雑多なサイズの段ボール箱に、何だかよくわからないものが処分されないまま詰めこまれている。「普通のオフィス」なので、営業担当とおぼしきスーツ姿の男性ビジネスパーソン二名のほか、女性事務員（経理担当のようだ）、女性秘書をはじめ、裏方的な仕事をするオーバーオール姿の男性従業員もいる。舞台奥は社長室のようで、時おり社長（男性である）もオフィスに顔を出す。

こうした設定のなか、営業担当のひとりが『グレート・ギャツビー』のペーパーバック版を自分のデスク上の小箱のなかで偶然見つけ、それを手に取って思わず声を出して読みはじめてしまうと、どうにもとまらなくなる。興味深いことに、この上演のために付加された台詞はただのひとつもなく、黙劇場面はそれ相応にあるものの、実際に語られる言葉はすべて小説からのものである。そして、この朗読の声／という行為は、次第に周囲を巻き込んでいき、もうひとりの営業担当がギャツビーの台詞を口にすることになると——周知のように、ギャツビーの登場までにはかなり時間がある——翌日の出勤時には、ギャツビーばりの派手な背広を着込んで出社してきてしまう、といった具合で、もはや原作とは呼べない小説の会話部分は、ペーパーバックを最後まで手にしたままの営業担当に読み上げられることもあるが、ある時点以降は、オフィスの職員が「その気になって」(!?) 演じてしまうことになる。すべてをここで取り上げられないが、六時間半という長丁場を観客に飽きさせないだけの小説の語りと舞台上の身ぶりや同時並行で進行する物語——日常的なオフィスの、多分に退屈な物語——の多様で意表を突くようなかかわりあいが、この上演の内実を構成するのである。

ここで何が起きているといえるのか。一九九一年に設立されたERSの作品を詳細に分析したサラ・ジェーン・ベイルズによれば、それは「翻訳」と呼ぶべき事態だということになる。ウィリアム・バロウズへのインタビューやスタンリー・キューブリックの映画を素材とするERSによる他作品と『ギャッツ』をまとめて取り上げつつ、彼女はこう分析してみせる。

この集団が舞台のために制作する作品として、このそれぞれ〔の作品〕は、舞台化によって形式とジャンルを横断する試み——たとえば、小説から劇（場）的場面、インタビューや映像からそれを素材とする上演——における発見のプロセスと諸問題との遭遇を、オリジナルな形式を維持しつつ、明らかにしてゆく。したがってここにあるのは、翻案ではなく翻訳のプロセスである。厳密な形式的奇想（conceit）に徹底的にコミットする——ここでは、文学や非戯曲テクストを、一人称の発語へと転移せずに舞台上に持ち込む場合に生じる失敗の感覚や困難さ——ことから生じる諸結果が捉えられ、探究されるのである。舞台化のプロセスが生み出すこうした特定の形式的諸問題や諸効果は、演劇を作るプロセスそのものによって物語が探査されるための方法の中心を形成し、また、素材を演劇として展開させるための方法を条件付けもするのである。（Bailes 2011: 150–1　和訳・傍点は引用者、〔　〕は引用者の補足）[4]

パラフレーズしておこう。『ギャッツ』では、『グレート・ギャツビー』の物語を舞台で語るという作品の概要が設定される。そこではまず、「演劇にできること」が自明性として前提され、その自明性の設定のなかに、「小説を声を出して読む」という自明ではないと通常理解される行為が持ち込まれる。同時にそれは、『グレート・ギャツビー』を黙ってひとりで読むという「小説にできること」の自明性を逸脱し、「声を出して読む」どころか「演劇作品のなかで読む」という「形式的奇想（conceit）」でもある。そして、「小説の物語を、『一人称の発語へと転移せずに』、そのまま演劇で語ることはできるのか」というこの作品の問いにしたがって、演劇側の設定や演出が決められていく。このプロセスには、（意図的）失敗や困難さ——たとえば、ギャツビーにはとうてい見えないしがない営業担当がギャツビーの台詞を語る、あるいは小説中の語り手ニックの一人称の美しい語りを、横で女性事務員がウザそうに聞いている／見ている（「とっとと仕事しろ！」）、といった瞬間——がつきまとうが、これこそがまさしく小説の演劇化のプロセスそのものの舞台化であり、それを翻訳と呼ぶべきだということになる。

こうしてERSは、上演の〈いま、ここ〉のマテリアリティの複雑化という現在進行形のプロジェクトに対し、「小説にできること」と「演劇にできること」を二律背反的対立項と捉えることなく、「形式的奇想（conceit）」という新たな発想で大きな寄与をなしつつあると考えられる。わたしたちは、村上春樹の小説を演劇化するためのもうひとつの解、すなわちベイルズがいう意味での翻訳という解を、ここに見いだすことになる。

もちろんフィッツジェラルドは村上春樹ではないし、村上春樹の小説を演劇化しなければならない理由は、「商売になる」といったベタなもの以外、どこにもない。それでも、「日本語で三人称の小説を書く」ことの同時代的困難さへと近年向かったとされる村上春樹の語りの形式へのこだわりに、演劇がきっちり応接しようとするならば、すなわち、村上春樹を上演（perform=embody）しようとするならば、岡田利規的な演劇の〈いま、ここ〉への理知的注視とERS的な厳密な形式的思考が最低限、必要とされるはずである。何しろ、〈スカ〉の翻案を見るくらいなら、原作を読めばいいのである。

（二〇一〇年一月）

［注1］ざっと調べただけだが、ドイツでは二〇〇四年にベルリン在住の演出家の渡辺和子による『アンダーグラウンド』を原作とした上演作品があり（http://www.in-transit.de/2004/content/en/productions/prod_watanabe.html　最終アクセス日二〇一六年三月二九日）、二〇〇八年にはアーヘン劇場で『アフターダーク』がモニカ・ギンタースドルファー演出により演劇化されている（http://www.theateraachen.de/?page=detal_event&id_event_cluster=346539&type=archiv　最終アクセス日二〇一六年三月二九日）。またフランス語圏ではスイスで〇九年『海辺のカフカ』の上演があった（サンドーズ・ロベール演出、http://www.loutil.ch/speclacle/kafka-sur-le-rivage/　最終アクセス日二〇一六年三月二九日）。村上春樹人気が喧伝されるアメリカ合衆国では、シカゴのステッペン・ウルフ劇団が『地震のあとで』というタイトルで、「蜂蜜パイ」と「かえるくん、東京を救

う」(二〇〇七年)を、また二〇〇九年には『海辺のカフカ』を、ともにフランク・ガラティの翻案・演出で上演している。少し変わったところでは、日本のアーティストもかかわっている『ねじまき鳥クロニクル』の演劇版(スティーヴン・エアハート演出、http://www.windupbc.com/ 最終アクセス日二〇一六年三月二九日)が日本を含む各地で試演され、その後、本公演をニューヨークで迎えた。以上の演劇作品の映像資料を見たわけではないので確かなことは言えないものの、劇評等から推察するに、これらはどれも翻案の域を出ないもののように思われる。つまり、小説中のさまざまなイメージを――『アンダーグラウンド』は小説ではないが――具体的に視覚化して見せ、物語を原作の会話部分を適宜取り出して語る、という常套手段である。あるいは、村上春樹作品を原作としつつも、基本的にはそれとは関係のない演出家のヴィジョンへと変換してしまうという意味での翻案である。

[注2] 世田谷パブリックシアターとテアトル・ド・コンプリシテとの共同制作。二〇〇三年日本初演後、ロンドン、パリ、ニューヨーク等、世界各地で公演を行い、好評を博した。日本の公共劇場発の作品としては、画期的なものだったといえよう。

[注3] ここではおおざっぱな整理だが、「身体」対「言葉」というような相互排除的対立軸を中心に組織化された演劇実践を念頭に置いている。グロトフスキの「貧しい演劇」は、「豊かな演劇」――受容する階級の属性と実際の制作コスト等の両者に言及する――であるはずの近代演劇の「貧しさ」への対抗タームとしてあえて「貧しい」と言ったわけだが、さまざまな反近代の理念や運動がそうであったように、対抗するものがなくなったとたん、すべては字義通りになってしまった。つまり、字義通りの「貧しい演劇」――金がない、技術がない、思想がない、何もない――である。日本のアングラ演劇から小劇場演劇へという一九七〇年代以降の歴史は、そのような推移として歴史化できるはずである。

[注4] 本書では、そのタイトル *Performance Theatre and the Poetics of Failure* にあるように「失敗の詩学」という切り口で、ERSを含む三つのパフォーマンス集団が取り上げられている。このうち、フォースド・エンターテイメント(Forced Entertainment)はすでに何度か日本を訪れているが、アメリカに本拠を置くERSとゴート・アイランド(Goat Island)はまだ来日を果たしていない。

6

# エクスティンクションの文化から創造としての介入へ

——〈現実としての未来〉を構想するために

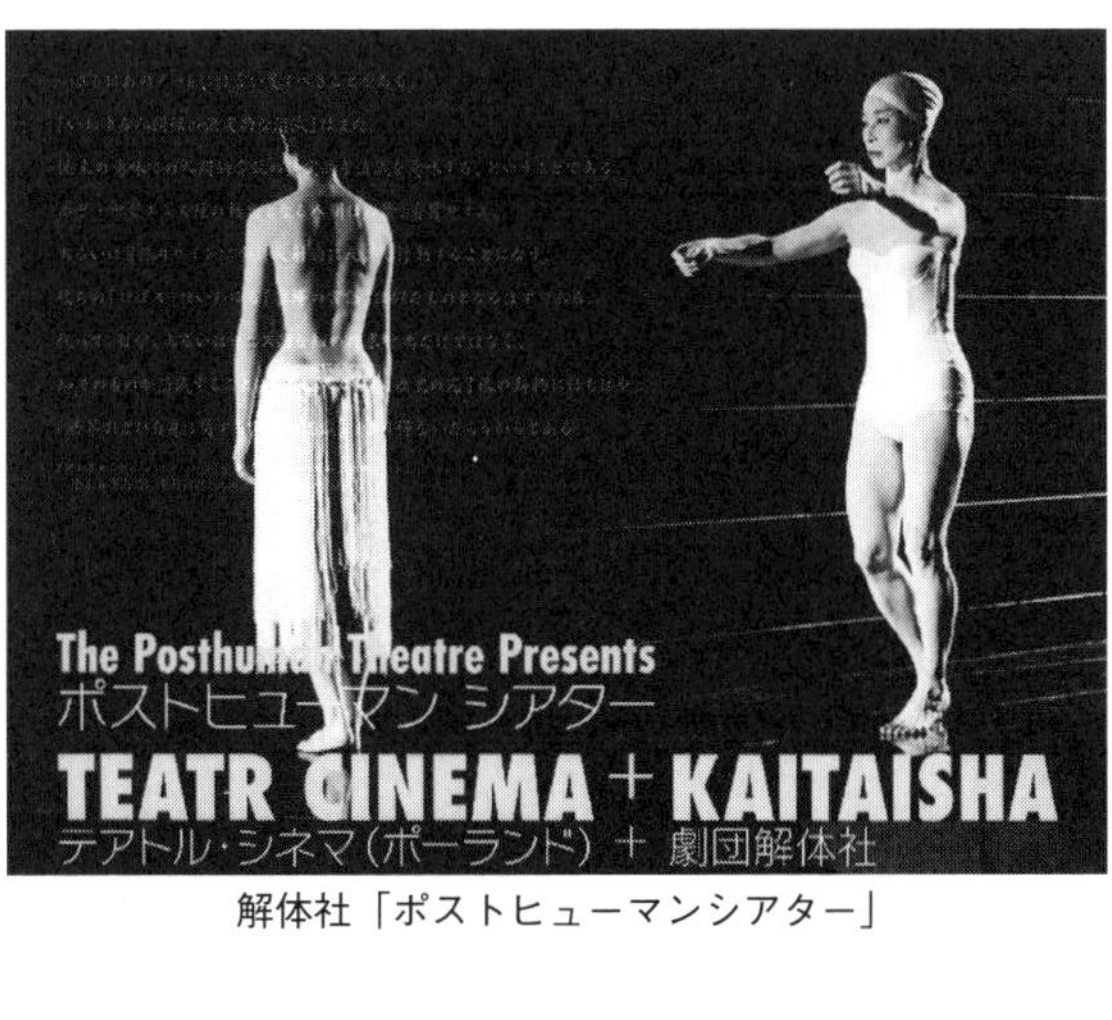


解体社「ポストヒューマンシアター」

われわれはまず、人間の形態――人間の欲望とそのあらゆる外的表現――が根源的に変化しているので、その形態を再イメージ化すべきことを理解しなければならない。また、五百年続いた人間中心主義は終わりを迎えつつあるかもしれず、ほかに呼びようがないのでポスト・ヒューマニズムとするしかないものへと、それ自身が変貌しつつあることを理解しなければならない。

イーハブ・ハッサン（Hassan 1977: 843　和訳は引用者）

どうすれば動物はあなたの顔を見つめることができるのでしょうか。それが私たちの考えたいと思うことのひとつになるでしょう。

ジャック・デリダ（Derrida 2002: 377　和訳は引用者）

## 「エクスティンクション」という語をめぐって

「エクスティンクション（extinction）」――根絶やし？　絶滅？　死滅？　どの訳語を採用するにせよ、その基本的意味は、あるひとまとまりの何かがすっかりなくなること、完全にまた痕跡を残さず存在しなくなることである。そしてこの主題が現在的に指し示すのは、端的にいえば絶滅危惧種と民族浄化／虐殺という、通俗的には／一般的には、相互に関連しようがないと見なされがちな、エクスティンクションの一歩手前に見いだしうる（かもしれない）同時代的に緊急の主題をどのように一緒に考えることができるのかという、思考のフレームの問題であるとわたしは考える。さらにいえば、その思考に芸術はかかわれるのか、かかわるべきなのか、といった問いも当然そこに付随してくるだろう。別の言い方をするなら、それは〈歴史＝過去としての現実〉と〈現実としての未来〉という相互に複雑に、時に同期的にあるいは相互排除的に干渉／関係しあうふたつのトロープを、芸術は、別個のフレームではなく同じフレームで思考することはできないか、という問いだと言い換えられる。同時進行である可能性はあるものの、すでに遂行されてしまったものとしての民族浄化／虐殺という〈歴史＝過去としての現実〉と、人類という種を含め、絶滅へ道を歩んでいると想定されている生物全体の、あるいは地球という惑星の〈現実としての未来〉である。

もちろん、この二項の後者は、どうにもうさん臭いものとしてしか、少なくとも日本語圏では表象されていないエコロジーという言説的／イメージ的フレームと通貨《カレンシー》をすぐさま呼び込むために、わたしたちの多くはその時点で思考停止に陥りやすい。他方、民族浄化／虐殺は、どこまでも「人間的」主題であるので、政治学から歴史学、あるいは精神分析を含む哲学思想の主要テーマのひとつで長らくあり続け、特に「戦争の世紀」と呼ばれる二〇世紀には、この「人間的」主題についての多様な言説や理論が書かれることになったことは周知の通りであろう。いくらでも思考の種を提供してくれる「宝の箱」である。

たとえば――「戦争の世紀」の二〇世紀が終わってみたら、戦争という「例外状態」が常態化していることに、わたしたちは気づきつつある。至近の例では中央アジア・キルギスタンにおけるムスリム系住民の虐殺事件が記憶に新しい。「文明化」（＝「近代化」）したはずのわたしたちなのに、ボスニアでもコソヴォでも、あるいはまたルワンダでも――あるいはもっと小規模ではあるが、〈九・一一〉やオウム真理教事件もあった――大量虐殺事件を起こしてしまった。そこからさかのぼっていけば、ナチスによるユダヤ人大量虐殺があり、広島・長崎におけるアメリカ合衆国の原爆投下による大量虐殺があった。さらに、建国以来とさえいえるイスラエルによるパレスチナへの暴力の行使は、近年、一定期間ごとに繰り返されることにさえなっている。あるいはまた、アメリカ合衆国における組織的かつ長期間にわたるアフリカ系住民の虐殺――現在では、それは政治経済システムをフル稼働させて、システマティックに遂行されるので、そのようには認知されないけれども――があった。

そして実際、周囲を見渡してみるまでもなく、芸術の諸ジャンルは、そうしたすでに起きてしまった事象を、物語化／再現し、解釈し、あるいは再構成することで、わたしたちにさまざまな思考を喚起してきた。とりわけ共同体と深い関係を持つ演劇（＝劇場）は、古代ギリシャ以来、多くの切断を経験しつつも、基本的には死者と対話する場であるという性格を失ってきていない。多分にエンターテイメント化して逃避主義の巣窟と化した――その代表は日本の現代演劇と呼ばれるものだが――演劇（＝劇場）をのぞけばという留保は必要かもしれないが、幸運なことに、グローバル資本主義体制は、〈差異の生産〉の費用対効果がきわめて劣悪な産業としての演劇（＝劇場）にそれほど興味を持っていないので、死者との対話の場としての演劇（＝劇場）は、かろうじてではあれ、まだその伝統的な性格をすっかり失うまでに至ってはいない。

　では、にもかかわらず、なぜ何も変わらないように見えるのか、という根源的な問いが生じる。なぜ、虐殺は繰り返されるのか？　芸術、なかでも演劇（＝劇場）は事後的実践でしかなく、〈歴史＝過去としての現実〉に応答するだけで、〈現実としての未来〉への介入的行為性を持つことはできないのか。事後的反省になんら実践的／介入的意味はないのか。あるいはまた、たとえば、大量虐殺という事象そのものは現象レヴェルでは同じでも、その理由はそれぞれが独自のものなので、事後的反省は必ずしも未来的実践へとつながらないということなのか。ホロコーストとルワンダ／キルギスタンの虐殺は似て非なる事象なのか。

　こうした根源的な問いのすべてに即座に答えることはできないにしても、少なくとも、こうした問いへと向かう現在的思考にとって大前提となるべきなのは、「人間」は啓蒙の近代を終えて、何か新しい段階に入りつつある、あるいは、もうすでに入ってしまった、という認識である。ただし、この「新しい段階」をどのようなフレームにおいて記述するかはいまだ確定しているわけではないように思える。「ポストモダニズム」や「ポストモダン」といった語が長らく跋扈していることは事実であるにしても、その場合の「ポスト（＝後）」には、「モダン／モダニティ」からの離脱や乖離が含意されているにもかかわらず、むしろ後者に引っ張られるかたちでの思考のフレームが設定される場合がいまだに多いように考えられるのである。「ポスト」と「モダン」のあいだの切断線を前提とすること。つまり、「モダン」とは何ら関係のない「ポストモダン」あるいは「ポストモダン状態」を考察すること。今現在、わたしたちに課せられているのは、まさにそのことを可能にする思考のフレームを設定することであるにちがいない。

　にもかかわらず、たとえば、よく知られているように、日本の代表的人文学的言説は、その「新しい段階」について、わたしたち「人間」が「動物化」したと主張する。[1]「動物」こそがポストモダニティの主体の存在様式であり、もはやわたしたちは「人間」ではない、というのである。しかし、この場合の「動物」は多分に「人間以下」という意味合いで使われており、つまり、単なる比喩である――だから意味がないわけではなく、理論的にはきわめて有効である――ことは自明であろう。「動物」は、近代的「人間」にとって（絶対的）他者であるものとして召還されるというよりも、「動物」と名指すことで、同時に近代的「人間」が存在した（はずだ）とされてしまうだけである。ここでの動物はあくまでも人間中心主義的動物（より正確には、後述するように人類中心主義的動物）であり、すなわち擬人化された動物でしかない。ペットの犬こそ、あるいはアフリカの草原を疾走するライオン（あるいは、エピグラフに挙げたデリダの猫）こそ、ポストモダニティの主体だなどと、いったい誰が言える／言うだろうか。「動物化するポストモダン」は、リアルな、（人間以外の）動物にとっては、「迷惑」なだけである。

地球という惑星における種々のエクスティンクションという危機的主題にかかわるはずのエコロジーの「うさん臭さ」も、おそらくこのこととかかわっている。というのも、わたしたちが即座に認識できる表象としてのエコロジーは、明らかに人間中心主義（＝ヒューマニズム）から構想されたものだからである。少なくとも、日本的人文学諸学や社会科学諸学の文脈では、エコロジーは人間中心の、あるいはグローバル資本主義体制の現状をある種の達成と見なし、その体制を維持すること、すなわち「サステナビリティ（＝維持可能性）」といった流行語が示すように、その体制を保守するために何をすべきかという行為性の対象として〈自然〉が――あくまでも峻別可能なカテゴリーとしての〈自然〉が――召還されるにすぎない。〈エコ〉という概念は、資本主義に乗っ取られたわけではなく、その定義からして資本主義と親和的なのである。

「新たな段階」を実質的に思考するためには、こうしたヒューマニズム的エコロジーからであるにせよ、〈虐殺〉といった魅惑的な（＝多分にロマン主義的）人文主義的トロープであるにせよ、わたしたちはそこからいったん離れる必要があるのではないか。そうしなければ、たとえば、フェリックス・ガタリが『三つのエコロジー（*Les Trois écologies*）』（一九八九）なる書物を書いたことの意味がわたしたちにはいまだに理解できないことになる。

## フェリックス・ガタリと「三つのエコロジー」

周知のように、〈ベルリンの壁崩壊〉前後の思考の結晶としてガタリが言説化した「三つのエコロジー」とは、自然環境（生物圏）、社会環境（社会圏）、精神環境（人間主観の圏域）の三つのカテゴリーにおけるエコロジー（＝生態学）である。この三つの圏域そのものは別段特異なものではないが、ガタリが提唱するのは、この三つの圏域の横断的思考である。というのも、まずはガタリには「人間という種のみならず、人間連帯の言葉も文章も行為も消滅（extinction）の危機にひんしている」（ガタリ 一九八九：三二―三、頁数は邦訳による）という認識があり、にもかかわず、この三つの圏域内部のそれぞれで模索／実践されているように思われる分析や連帯のための諸行為――生物圏内における一般的な意味でのエコロジー運動、社会圏内における社会運動、精神についての精神分析を含む心理学的行為――が、誰の目から見ても、すでにこの文章が書かれた時点で、機能不全に陥っていたからである。

> 精神《プシシェ》、社会体《ソシュス》、環境《アンヴィロヌマン》に対する行動を別々に切り離すのは正しくない。この三つの領域の劣悪化を直視しないでいると――メディアがそれを支えるかたちで――、やがて世論は小児化し、民主主義は破壊的な無力化にいたりつくだろう。とくにテレビなどが分泌する鎮静的言論の中毒からぬけだすためには、これからは、われわれの提起する三つのエコロジー的観点が構成する三つの互換可能なレンズを通して世界を把握しなければならないだろう。（同上：二九―三〇　和訳は邦訳による、以下同様）

というのも、

従来にもまして自然と文化を切り離すわけにはいかなくなっているのであり、また、エコシステム、機械領域《メカノスフェール》、社会的・個人的な参照系といったものの相互作用を「横断的に」考えていく習慣をわれわれは身につけねばならないのである。（同上：三一）

ところで、ここでガタリが「考えていく習慣を身につけねばならない」とする「われわれ」とは、いったい何者のことか。横断的思考の主体／主観が、近代的主体／主観でないことは自明であろう。とするなら、この主体／主観はどのように作られるのか。主体はどのようにして主体化するのか。『三つのエコロジー』を訳出した杉村昌昭の卓抜なまとめによれば、それは以下の三つの様態が交錯する複合過程においてである。

1．人々の身体や精神を外部からの直接的強制によって限定し支配する権力の様態
2．経済的・技術的・科学的なプログラムに人々が内面から適合していく知の様態
3．人々が自らの座標系を打ち立てようとする自己参照的な生成変化による自己創出の様態

つまり「主観性」は、いわば工業製品のように造型され、受容され、消費されると同時に、一人一人（あるいは個々の集団）が自ら特異的に創造することもできる根源的な存在の混成体として想定されているのである。（杉村二〇〇八：一六三―四）

「権力」、「知」、「自己創出」の三様態が交錯する複合過程のなかから立ち現れる主体／主観はしたがって、単に個の内面と外部の交渉によって位置づけられる二元論的主体／主観ではありえず、すなわち近代的個あるいは疎外論的個

に還元できるものではないので、つねに運動するものでありつつ、同時に特異性／単独性（=singularity）のプロセスこそが特権化されねばならない。したがって、ガタリにとっての当該のプロセスとは、

> みずからを形成し、みずからを定義し、そしてみずからを脱領土化していくといういとなみを同時進行的におこなっていくような存在の謂である。こうした「実在化」の過程は、全体化へむかってみずからをはめこんでいく動きと絶縁し、みずからのためだけに機能し、かつみずからの参照体系を制御して、みずからを実在的指標、自己成長的逃走線《プロセシュエル》（漏出線）として顕現させることを開始した表現的な部分集合にもっぱらかかわるものである。（ガタリ 一九八九：三五）

そして、「エコロジー的実践は、それぞれの部分的な実在の根拠地《フワイエ》において、主観化（主体化）と特異化のヴェクトルを見つけ出そうとつとめる」（同上）のである。というのも、「新しいエコロジー的実践の目標」は、ガタリによれば、

> ［世界資本主義的記号世界の動的編制によって］孤立させられ、抑圧されて、空回りをしつづけている特異性を自己成長的《プロセシュエルマン》に活性化するところにあるからである。（中略）このような展望からすると、規範をはずれた出来事や兆候などは潜在的な主観化（主体化）がすすんでいる指標とみなさなくてはならない。したがって、新たなミクロ政治的・ミクロ社会的な実践、新しい連帯、新しい優しさが組織され、それが無意識の形成にかかわる新しい分析的実践や新しい美的実践と結合することがもっとも重要なことだと私には思われる。（同上　四三―四　［　］は引用者の補足、以下同様）

ここで注意すべきことは、「実践」「連帯」「組織」「結合」といった語による示唆とは裏腹に、何か大きな全体性へ向かう、あるいは、全体性に向かわないまでも、大規模と見なしうる変革の運動形態をガタリが期待しているのではな

いことである。

さまざまに異なった実践のレヴェルがあり、それらは何も均質化したり、ある超越的な後ろ盾の下に無理につなぎ合わせたりするにはおよばないのであって、むしろ、異種混成的な過程に入るべきなのである。（中略）特異性、例外性、稀少性というものを、国家秩序的発想をできるだけ排しながら総体的に把握し、位置づけることが要請されているのである。（同上　四四　傍点原著者）

なかでも、ガタリにおいては、引用の中で「美的実践」と名指されていたように、芸術という実践的主題が焦点化される。というのも、ここまで追いかけてきた哲学（フィロゾフィ）に代わる思考の名としてのエコゾフィー的論理は、ガタリによれば、「芸術家の論理と類似している」（同上　四五）からである。

すなわち芸術家というのは、突然当初の企図を変えるような何か事故的に生じたディテイルとか、偶発的出来事を起点にして、作品に手直しをくわえながら、確固たるものであったはずのそれ以前のパースペクティヴからどんどん逸脱していくものなのである。「例外は規則を強化する」ということわざがあるけれども、例外はまた規則を変えたりつくりなおしたりもするのである。（同上）

たしかにガタリは、芸術実践の諸例を革命的（＝エコゾフィー的）実践のモデルとして『三つのエコロジー』の中で何度も取り上げている。たとえば、

人間精神に関する最良の測量地図、あるいはこういってよければ最良の精神分析は、フロイトやユングやラカンによってではな

く、むしろゲーテやプルースト、あるいはジョイス、アルトー、ベケットなどの手でなされたのではなかったろうか。(同上　二一二)

といった具合なのである。

## エコゾフィー的実践としての芸術とは何か?

それではより具体的に「エコシステム、機械領域《メカノスフェール》、社会的・個人的な参照系といったものの相互作用を『横断的に』考えていく」ような芸術とは、ガタリにとってどのようなものでありうるのか。『三つのエコロジー』邦訳版に収録された講演「エコゾフィーの展望」のなかで、彼はその点についてより具体的に語っている。講演であるゆえか、「三つのエコロジー」よりもより簡便な言葉づかいで、ガタリはまず、次のように現状認識を述べる。

エコロジー的な危機は、結局のところ、社会的なもの、政治的なもの、実在的なものといった広範な危機に帰着していきます。つまり環境の問題は単に環境の問題に帰着するのではなく、そういった全体にかかわってくるものであります。したがって、現在ここで問題にされなければならないことは人間のメンタリティー、ものの見方や考え方、感じ方といったものの総体の意思革命を起こさなければならないということです。今までのわれわれのものの見方、考え方というのは、実は生産主義に依拠したあるタイプの発展を保証してしまっていますが、メンタリティーを変えることによって、そこに新しい革命を起こしていかなければならないということです。(同上　一一二—三)

当然、芸術もその例外ではなく、今現在、芸術家もまたそのような「生産主義に依拠したあるタイプの発展」への道筋に組み込まれつつあり、そこにこそ芸術家のジレンマがあるという。ガタリ自身の言葉によれば、それは、

前衛至上主義者やポストモダン主義の提唱者などが奨励するように「流行の方向」に向かっていくのか、それとも、多くの人々からの無理解や孤立は覚悟のうえで、社会体《ソシュス》の他の刷新的な諸断片と接続しながら美的実践の刷新に取り組むのか、というジレンマです。（同上）

というのも、

［芸術（＝美的実践）が］創造の特異性や潜在的な社会変化の特異性を丸ごとつかみとることができるかどうかはまったくわかりません。しかも、現代の社会体のあり方は、この種の美的かつ倫理―政治的な横断性の実験にほとんどといっていいほど向きあおうとしていないことも認めなければなりません。（同上　一一四）

しかし現在的危機（＝「われわれの社会は崖っぷちに立っています」）を乗り越えるためには、「主観性の再発明」が必須であり、そのためには、「文字通り美的な性格をもった切断と縫合の技術を考慮するということが重要」（同上一三一）なのだとガタリは説く。

ここにガタリの芸術への信頼がある。というのも、

芸術作品というものは、それを活用する者たちにとって、既存の枠づけをはずしたり、意味を切断したりする企て、あるいはイメージをバロック的に増殖させたり、逆にイメージを極度に稀少化したりするという企てにほかならず、それが主体を主体自身の再創造や再発明へとみちびいていくのです。（同上　一二八）

こうしてかなり詳しくガタリによる「三つのエコロジー」とその実践にかかわる芸術あるいは美的実践についての記述を見てきたわたしたちは、やはり「抵抗」という契機をそこに強く見いだすことを余儀なくされるだろう。というのも、このすぐれてモダニズム的なガタリの芸術観においては、「本来の芸術」の社会的機能を回復する、あるいはその機能不全状態から救い出すという、おおよそガタリらしくないともいえる芸術の本質主義的あるいはまた楽観的でさえあるイメージが読み取れるからである。

しかし、これらの言葉が書かれて／話されてから二〇年以上たった今、事態はただ単にガタリの予測通りに悪化の一途をたどっていることを認知するだけでは事足りず、「本来の芸術」などというものはもはや想定あるいは想像すらできなくなっていることを、わたしたちは認めなければならない。「崖っぷちに立ってい」た「わたしたちの社会」は、すでに崖から落ちてしまったのではないか。

## 「抵抗」から「介入」へ

とはいえ、三つのエコロジー的圏域を横断する思考とその複合過程において／として立ち現れる単独性としての主体／主観を構想することそのものの意味が無効になったわけではないだろう。そもそもグレゴリー・ベイトソンの強い影響下に「三つのエコロジー」が提唱されたこともあり、英米を中心とする英語圏においては、たしかに一九六〇年代以降、いわゆるディープ・エコロジー的思考を標榜する学際的あるいは領域横断的運動や思考が百花繚乱的な状況を示してきており、その文脈にガタリの言説も置かれるべきなのである。実際、エコロジー側からの主体/主観構成のプロセスに関するアプローチは、通俗化/商業化したエコロジー運動に飽き足らない英語圏の運動家や関連する環境哲学者たちからすでに行われている。たとえば、その代表的著作として、ここでは、フレデリック・L・ベンダーの『エクスティンクションの文化――ディープ・エコロジーの哲学へ(*The Culture of Extinction: Toward a Philosophy of Deep Ecology*)』(二〇〇三)を挙げてこう。

この書物の題名になっており、また本章の主題そのものでもある「エクスティンクションの文化」とは、ベンダーによれば、ラディカル環境保護主義者のクリストファー・メインズがその『グリーンな怒り――ラディカル環境保護主義と文明の解体(*Green Rage: Radical Environmentalism and the Unmaking of Civilization*)』(一九九〇)のなかで使った言葉である(Bender 2003: 16)。すなわち、人類の文明/文化は、現在的に「エクスティンクション(=根絶やし)」へと向かっているという、ある意味簡単に了解また共有可能な主張である。また、エクスティンクションというからには、修正主義的変更などもはや不可能であるというある種の絶対性が、その根絶やしに向かう運動性に想定されていることも忘れてはならないだろう。実際『エクスティンクションの文化』でベンダーは、「エクスティンクションの文化」がユダヤ=キリスト教伝統の中で長らく培われ、それが近代に開花して現代にいたるという、やや単純ともいえるような見取り図ではあれ、単純であるがゆえの強い説得力をもつ議論を展開している。彼はまず現行のエコロジー的思考や運動の形態を批判した上で、ギリシャ哲学までさかのぼっての教科書的な手際よい記述により、西洋文明が根源的に「エクスティンクションの文化」であることを論証しようと試みるのである。さらに、一九六〇年代以降の代表的ディープ・エコロジー的思考にも批判的検討を加えつつ、ありうべきエコロジー的思考／運動のあり方を探ろうとし、本書の最後に十項目の提案をすることになっている[2]。

ここでその提案を紹介したり、それぞれの是非を論じる余裕はないが、わたしたちにとって重要なことは、ガタリの「三つのエコロジー」とも響き合うベンダーの基本的前提である。ひとつは二元論（「自然」対「文明」といった類の）からの、もうひとつは、第一項ともかかわるが、人類中心主義（anthropocentrism）からの離脱である。環境哲学の中心概念である人類中心主義とは、文字通り、動物の種としての人類をあらゆる発想の中心にするような思考法である。人間中心主義（＝ヒューマニズム）と重なると見なせる部分も多いが、歴史的規定性と通俗化の度合いが強い人間中心主義よりも、人類中心主義（とそこからの離脱）のほうが、「三つのエコロジー」を含むガタリ的な意味での〈横断的思考〉にとって有益なのは当然である。本書を読むかぎり、人類中心主義からの離脱から発想され、ディープ・エコロジーに今現在必要とされる「深さ」を与えるとベンダーが確信する「エクスティンクションの思考」とでも呼べるものこそが、エコロジーの思想の現在的最前線を築きつつあると言ってよいように思われるのである。

他方、芸術実践からの、あるいは芸術論的アプローチによるエコゾフィー的主観構成という主題はどうなっているのか。そのことを知る格好のトロープは、いわゆるニューメディアにかかわる芸術実践にあるとわたしは考えている。というのも、ニューメディアの理論的思考には、人類中心主義的思考からの離脱が必須になるからにほかならない。つまり、ルネッサンス以降の人間中心主義よりもさらに深いところまでわたしたちの思考、知覚や価値意識に入り込んだ人類中心主義――これこそが、ベンダーによれば（あるいはよらなくとも）、「エクスティンクションの文化」の基底材であることは自明だろう――の脱構築を前提にしなければ、人間＝ヒューマンについての思考（大きな括りでの近代的思考）以外には可能にはならず、ニューメディアが構成する／してしまっているポストヒューマンという／

についての思考へといたることなどできないからである。あるいはすでに使った表現でいえば、〈過去としての現実〉に限定的なアプローチ（＝批判／抵抗）することはできても、〈未来としての現実〉に介入することなどできないからである。

## 『ニューメディア演劇のポリティクス』をめぐって

ガブリエラ・ジャナッキの『ニューメディア演劇のポリティクス――Life™（*The Politics of New Media Theatre: Life™*）』（二〇〇七）は、その副題が示すように、生命そのものが商標登録されてしまっているわたしたちの時代における資本主義的生権力の徹底的遍在性を、まずは問題化しようとする。そして、ポストヒューマンという問題圏域において、演劇ないしはパフォーマンスによる介入的実践が、生権力的関係性を転倒するかもしれない「知」の生産に寄与している／すべきだという命題を、具体例とともに検証するという、いってみればオルタナティヴな〈未来としての現実〉の可能性を探る画期的な書である。

本書のイントロダクションでまずジャナッキは、四つの前提という形で、彼女の基本的スタンスを明らかにしている。

1　情報社会はグローバリゼーションをパフォームする。
2　情報のポリティクスは同時にある特定可能な美学である。
3　相互接続されてネットワーク化されたポストヒューマンな身体は、グローバリゼーションを生産する産業であると同時にその主たる消費者である。
4　細胞レヴェルの諸実践が情報ポリティクス（info-politics）の中心にある。（Giannachi 2007: 1–2　和訳は引用者、以下同様）

さらに、ここから導き出されるのが、以下の三つの命題である。

1　テクノロジーは物質的、文学的（literary）かつ社会的である。
2　芸術的パフォーマンスは経済的パフォーマンスに影響を与える。
3　不確かさこそ知のポリティクスの根幹にある。（同上：2-3）

こうした前提や命題を念頭に置きつつ、ジャナッキはこう言うことになる。

『ニューメディア演劇のポリティクス――Life™』は、いくつかの一見交渉不可能に見える緊張関係に取り組むという試みである。この緊張関係は本書でわたしが論じる二つの基本的なフィールド上にある広がりを持って観察可能なものである。その二つとは自然と社会である。この二つのフィールドはいうまでもなく深遠なレヴェルでお互いの中にも埋め込まれているが、本書は何より、自然と社会というレヴェルにおいてのみ、ポリティクスというものが、永続性がありかつグローバルなインパクトを与えうると主張しようとする試みなのである。（同上：3-4　傍点は原著者、以下同様）

「自然と社会」という表現に注目しよう。「と」が問題化されていることからも明らかなように、ガタリ同様、何よりも切断を前提とした横断的思考が重要視されていることが了解されるだろう。またガタリの「芸術への信頼」を支える信念同様、彼女は芸術的パフォーマンスの「不確かさ」を重要視する。何か「確かなもの」に抵抗するのではなく、あるいは、抵抗するという身ぶりにおいて「確かなもの」を反措定してしまうのではなく、グローバリゼーション、テクノロジー、あるいは生命や遺伝子にかかわる諸実践の諸領域でのパフォーマンスに寄り添いつつ、そのただなかにおける「不確かさ」、すなわちノイズ的なものにわたしたちの、すなわちグローバル資本主義的「知」とは一線を画す「知」の生産を賭けよ、というのだ。したがって、ジャナッキによれば、こうした介入的芸術実践の「美学における脱特定的、多数的、断片的、両義的、そしてなかでも『不確定的』という質」(同上:3)こそが問題になるので、当然その「不安定な基盤においては、疎外のプロセスではなく異化のプロセスのみが稼働することが許される」(同上)ことになる。こうして本書は、マクロからミクロへというとりあえずの進行の方針に従って、「グローバル」「都市」「身体」「動物と植物」「細胞」というそれぞれのレヴェルでの介入的芸術実践の具体例を詳細に論じることになる。

ここでわたしたちは、最初の三項、すなわち「グローバル」から「身体」までは、なんとか近代的芸術の諸方法による介入が想定できるものの、それ以下のレヴェルに至れないのではないか、と気づくことになる。すなわち、「身体」や「都市」や「グローバル」といった主題は伝統的な芸術の方法で扱うことが可能だという「常識」はあるもの の——そして、実際そのような主題を中心化する芸術実践にわたしたちは数多く触れているが——本書のタイトルにある「Life™」が示すように、商標化された生命こそが同時代の最重要課題であることを了解するなら、「グローバル」から「身体」までのレヴェルに芸術の介入的行為性をとどめてはならないことになる。とすれば、「身体」を含んだ三項、なかでも「身体」が、〈現実としての未来〉への介入可能性を構想できるかどうかの分岐点になるだろう。

## 「ポストヒューマンの身体」から始める——〈現実としての未来〉を構想するために

「身体」の章を始めるにあたり、ジャナッキは「身体」をひとまず次のように記述している。

身体はわたしたちの「自己同一性」[Shilling 2003: 1] にとって不可欠であり、わたしたちがこの世界において何であるのかを構成すると同時に、美学的、哲学的、記号論的、社会学的、生権力的、医学的、法学的、経済的諸言説と実践に包まれている。したがって身体は、二項対立的パフォーマティヴなプロセスの地図としてますます読まれるようになっているのである。言説性と物質性のあいだのこの流動状態にある身体は、不安定で、変化可能で、可鍛性さえもっている。（同上：60 傍点は原著者、以下同様）

ここまでは常識的な範囲での身体の定義的記述といえるだろうか。もちろん問題はその先、すなわち「人間の身体」から「ポストヒューマンの身体」へという不可逆的な展開（という認識）が持ち込まれるときである。というのも、「ポストヒューマンの身体」の領域は疑いなく不安定なままである。人間の身体とポストヒューマンの身体がどう関係するのかという問いだけでなく、ポストヒューマンの身体生産の中心にある諸物質性と諸テクノロジーをいったい誰がコントロールするのかという問いもまた、いまだ解決されてはいない。（中略）人間とポストヒューマンのあいだの距離がますます遠ざかっていることが倫理的に何を意味するのかを決定する権利を持つコンロトール・システムがいったいどのようなもので、またどのような力を持つのか、いまだはっきりしていないのである。いうまでもなく、ポストヒューマンは、人間であることは何を意味するかについての思考に根源的に新たな展開を呼び込むが、しかしながら、人類にとって、ポストヒューマンが、医学、社会、あるいは芸術にとって革命的なブレイクスルーをもたらすのと同様に、このグローバルな「ポストヒューマン」の時代に人間であることを構成するのは何か――法学的、医学的、哲学的あるいは言語学的に――という論争を呼ぶにちがいないし、また倫理的に解決困難であるようなさまざまな問いをもたらすのである。（同上：61-2）

非人間と人間の対立、あるいは〈自然〉と〈社会〉の対立においてではなく、あくまでもポストヒューマンとの関係性において〈人間〉を定義すること。そしてその定義の倫理的含意を思考すること。ここには近代的人間――とその根拠しての本質としての身体――というフィクションを回復しようなどという反動的な意図などまったくなく、つねにすでに生産されてしまっているポストヒューマンを起点にして、〈人間〉を考えるという当然の道筋が示されている。と同時に、芸術にとって、ポストヒューマンが「革命的なブレイクスルー」をもたらすとジャナッキがいっていることにわたしたちは注意すべきだろう。それは何より、彼女がいうように、「『ポストヒューマンの身体』の領域が疑いなく不安定なままである」からにほかならない。端的にいえば、その領域においては、いまだ介入の余地があるのだ。だからこそ、ポストヒューマンの身体の物質性とそのパフォーマティヴィティにおいて、オルタナティヴな〈現実としての未来〉が構想可能になる。あるいはまた、こうした思考を起点として、「動物と植物」や「細胞」というレヴェルにおける介入的芸術実践の可能性を考えることができるようになるはずでもある。

そして実際、日本でも多少は知られるようになってきたアメリカのクリティカル・アート・アンサンブルのような多ジャンルから人が参加する「デジタルの抵抗」のための芸術集団のように（第Ⅲ部二章を参照）――「抵抗」という彼／彼女らの表現の是非はともかく――、いまだ不安定なさまざまな遺伝子技術をはじめとする〈最先端〉におけるその〈知〉の生産とコントロールという主題をめぐる介入的芸術実践が世界各地で出現しつつある。それらは、それぞれ単なる〈点〉にしかならないが、全体性への「動的編制」（ガタリ）に絡め取られないためにも、〈点〉のままでいっこうに問題ないものとして、しかしポストヒューマンの思考の〈根拠地《フワイエ》〉として実践されている。こうして「身体」の章以降、「動物と植物」「細胞」と続く各章でジャナッキが丁重に論じる「ニューメディア演劇」の数多くの事例は、〈先端〉に出現しつつあるそうした多様で多数の〈点〉の存在とそのありようを明確にわたしたちに伝えるのである。

もちろん、わたしたち人類が、あるいは地球上の生物一般が、エクスティンクションの危機を脱するかどうかは誰にも予想できない。それでも、ジャナッキがナイーヴに聞こえることを恐れず宣言するように、少なくとも芸術実践にかかわるわたしたちにもまた、社会を変えることで、グローバル資本主義が強制的かつ一様にもたらしつつある〈現実としての未来〉のオルタナティヴなありようを構想する余地が、あるいはガタリに戻るならば、「意思革命」を起こす主観を構成する可能性が、残されているはずなのである。そのためにもまずは、人類中心主義からの離脱が目指されるべきである。冒頭のエピグラフでデリダが語っていたように、「どうすれば動物はあなたの顔を見つめることができるのでしょうか」という問いを、すなわち人類中心主義から発想されたのではない他者の他者性へと向かう思考のための問いを、わたしたち自身に向けて発していかなければならない。

（書き下ろし）

＊筆者が本論考を執筆したのは〈三・一一〉以前の二〇一〇年のことである。今のところまだ実現していないが、ある雑誌のテーマとして「エクスティンクション」が設定され、その問題提起のために用意した文章である。さまざまな事情でまだその雑誌は発刊されていないのだが、今回、本書を出版するにあたってこの論考を読み返してみたと

ころ、〈三・一一〉以降に起きたさまざまな事象を考慮に入れても、何かを書き加えるないしは大幅に改訂する必要はないどころか、ここで取り上げている細かな事例のアップデートの必要をのぞけば、むしろ〈三・一一〉以降にこそ読まれるべきものだと判断し、本書の最終章として収録することにした。

[注1] ここでは、東浩紀の『動物化するポストモダン——オタクから見た人間社会』（東 二〇〇一）を念頭に置いている。当該書で東は、アレクサンドル・コジェーヴの『ヘーゲル読解入門』第二版の注に書き込まれた、よく知られた一節を参照している。そこでコジェーヴは、「ヘーゲル的な歴史が終わったあとで、人々には二つの生存様式しか残されていないと主張している。ひとつはアメリカ的な生活様式の追求、彼の言う『動物への回帰』である。もうひとつは日本的スノビズムである」（同上：九七）。ここから東は、オタク文化とスノビズムを結びつけるべく議論を展開し、さらに、世界（西洋）では一九八九年、日本では一九九五年に、そうしたポスト・ヘーゲル的二極の存在様式は終焉し、同時代の人間は、「動物化」と呼ぶべき「解離的人間」（同上 一〇八）へと変化しつつあり、それを「データベース的動物」（同上 一四〇）と呼んでいる。その意味で、ここはある種の同定化、あるいは図式化のために「動物化」という用語を用いており、「動物」は必然、読者共同体に共有される通常の使用法、ふつうの意味となる。

[注2] その提案は以下の通り。一．地球上のすべてのものは相互依存しており、一過性でもある。二．それぞれの種の自己実現は、その他すべての種を必要とし、また、すべての種の自己実現に手を貸すものである。三．非人間は人間のために存在しない。四．カタストロフィックな退行を伴わずに継続する進化は、遺伝子とエコシステムのレヴェルにおける生物多様性を必要とする。五．他のものすべてと同じように、人間の行為は、生命コミュニティの健全性、安定性、複雑性を守るのであれば、正当化されうる。六．現在の非人間界への人間の干渉は、行き過ぎであり、さらに急速に悪化している。七．人間の影響を十分減らすためには、まずこれ以上危害を加えないこと、また、生物多様性、野生性、進化を守り、回復すること。八．ディー

プ・エコロジーは、人間の幸福、進歩、テクノロジーの当たり前とみなされる定義に深い疑いをもつことを奨励する。必要な変化には、十分考えた上で、人間的なやり方での人口の削減、グローバル経済の再設計、さらに、エコロジカルなサステナビリティのため、影響の少ないテクノロジーを採用し、個人のライフスタイルを変えること等が含まれる。九．エコロジー的サステナビリティは、世界の平和と正義を必要とし、また、生活の質は、単なる物質的な基準によらないことの気づきを必要とする。特に最貧国では、もし人々の物質的充足、自己保全、地に足が着いた状態、精神的成長のための必要が満たされるとするなら、社会正義は、長期間のエコロジー的サステナビリティと同程度に重要である。十．これらの点に賛同するのであれば、必要な変化を直接的あるいは間接的に実行する義務を負う。この提案の実践は具体的には多様でありうるが、一般的に言うなら、ディープ・エコロジーは地域の自己充足と自立的協調のために働く一方、権力の集中、弱者の搾取、企業管理による経済のグローバル化に対抗するものである（Bender 2003: 448-9　和訳は引用者）。

# あとがきに代えて
# トランスナショナルな〈移動性《モビリティ》の現場〉から
## ——移動と滞在《レジデンシー》

本書を締めくくるにあたり、勤務先の東京大学からサバティカル（研究休暇）をいただき、ドイツ・ベルリン自由大学の国際演劇研究所に所属した二〇一五年八月—一六年一月の半年間に経験したり、考えたりしたことをまとめて、『新潮』二〇一六年二月号に掲載した小論を転載させていただく。[1] 本論は本書のテーマである〈移動性《モビリティ》〉という主題に現場的に——舞台芸術の現場と研究の現場——触れたことの現時点での批評的記録であり、「あとがき」にふさわしいと考えるからである。

### ベルリンからチューリッヒへ——〈移動性《モビリティ》の現場〉

情報も資本も瞬時に移動する。国境など関係なく移動する。すでに十分クリシェであることを承知でこんなことを書くのは、移動が極めて困難だと伝統的に考えられてきた舞台芸術の同時代的諸実践について、それを語り分析する研究者や批評家が共有してきた前提が、今世紀に入って加速度的に崩れつつあるとわたしが考えているからである。その前提とは、グローバリゼーションなど関係ない、身体や言語を扱うジャンルであるからには、舞台芸術はハイコンテクストで国境を越えない、ということになる。もちろん、国内で上演された作品がパッケージ化／脱文脈化されて、海外に売られる——あるいはその逆に買い入れられる——というのは、ある程度の経済優位性を持つ国や地域にとって、当たり前の事象になって久しい。しかし、わたしが想定しているのは、もっと根源的な創作の現場における地殻変動、パラダイムシフトである。

今のところ、移動しているのはアーティストと、その役割の重要性がこれまた急速に増してきているフリーランスであることが多いキュレーターとかプリゼンターとか呼ばれる職能の人たちだけではある。しかし、この人たちは、トランスナショナルなネットワーク形成を模索するプロセスで、リゾーム状でアトランダムな接続を、さまざまな個人、組織、場所、有形無形の文化と果たしつつある。そのことが何をもたらすのかはまるで予想できないし、する必要もないが、その〈移動性《モビリティ》の現場〉に誰かが付き合って、ケーススタディ的でしかありえないにせよ、何らかの言説化を試みなければ、今、まさに起きつつある大きな変動を取り逃すのではないか。今回、ドイツ・ベルリンに半年ばかり滞在する機会を得たわたしの脳裏には、以上のような問題意識が強くあった。

こうした〈移動性《モビリティ》の現場〉は、少なくともここ大陸ヨーロッパにおいては近年、フェスティヴァルという空間が用意してきたわけだが、その典型例を、スイス・チューリッヒで開かれた第三六回テアーター・シュペクタークル(Theater Spektakel 国際演劇祭)に見ることができる。二〇一五年八月六日から二三日までの期間、演劇だけでなく、ダンスや音楽を含め、幅広いジャンルからの作品が上演される大規模な催しだが、〈移動性《モビリティ》の現場〉は、第二週末に行われた「ショート・ピーシーズ」(=短編特集)にあった。

その多くが一時間以内のソロ・パフォーマンスである「ショート・ピーシーズ」は、現在、注目されつつあるアーティストが自作品をそれぞれ三回ずつ上演するというプログラムで、審査員によるコンペの対象にもなっている。今年は、チョイ・カファイ(シンガポール)、ヴェヌーリ・ペレラ(スリランカ)、マリカ・タネージャ(インド、コンペで最優秀賞)、ヴィクトリア・マイロニュク(ウクライナ)、デイナ・ミッチェル(カナダ)、集団的欲望劇団(ブルキナファソ、劇団所属の女性俳優によるパフォーマンス）、アレクサンドル・パウリケヴィッチ（レバノン）、ジョハ・コー（韓国）が参加した。

その歴史的・文化的背景も、上演や身体へのアプローチもまったく異なる参加アーティストたちだが、誤解を恐れずまとめてしまえば、その多くが〈わたしの話〉を語ることに意識を集中していたことが興味深い。もちろん、ここでの「わたし」は即座に「わたしたち」になる場合が多く、各パフォーマンスでは、それぞれのアイデンティティ――この場合のアイデンティフィケーションの対象はきわめて流動的だが――が、個人史（ブルキナファソ、シンガポール、カナダ）や国家の歴史（スリランカ、韓国）、あるいは同時代的状況（インド、レバノン、ウクライナ）とともに、またそれらが重なり合うなかで、問題化されていく。

ここで注意しておきたいのは、二〇一五年四月号の『新潮』で紹介した（内野 二〇一五a）インド・ケーララ州の国際舞台芸術祭（開催は一月）に、カファイとペレラがそれぞれ同じ作品（『ソフトマシーン（*Soft Machine*）』、『トレイトリオット（*Traitriot*）』）で参加していたことである。二作品ともおおむね同じ内容だったが、付加された部分があるばかりでなく、パフォーマンスの強度や精度も当然上がっていた。今やこのように、作品そのものも地理的移動に伴って成長するのである。

作品を移動させながら熟成していくこと。これが、近年の〈移動性《モビリティ》の現場〉の大きな特徴のひとつである。事前に決まったリハーサル期間を経て決まった期間、上演を行い、また次へという、伝統的な創作サイクルがここでは崩れており、作品創造そのものがプロジェクト化している。そしてこの創造のプロジェクト化には、滞在《レジデンシー》という仕組みが大きく寄与しているのである。滞在制作と呼ばれることもあるが、必ずしも作品を創作するためだけでなく、プロジェクトを立ち上げるための調査・研究の滞在《レジデンシー》もそこには含まれる。今や世界各地のアートセンターや劇場スペース、あるいは助成財団等々が、滞在《レジデンシー》のプログラムを持つようになっており、トランスナショナルな移動を続けるアーティストは、滞在《レジデンシー》と試演会を繰り返すなかで、作品を完成形に近づけていく。そして、完成後もまた、カファイやペレラのように、作品そのものが地理的移動を続け、さらなる深化が目指されるのである。カファイの『ソフトマシーン』はその後ドイツを巡演し、スリランカにおける血なまぐさい近過去の歴史への介入を試みるペレラの『トレイトリオット』——トレイター、すなわち国家への反逆者とペイトリオット（＝愛国者）という立場が交換可能であることを示すための造語——は引き続き、シンガポール国際芸術祭にも参加した。ただし、作品上演のためだけでなく、〈移動性《モビリティ》の現場〉にとっても重要なアーカイヴ・ボックスというプロジェクトにも参加するためである。

### シンガポールへ——アーカイヴ・ボックスの試み

シンガポール国際芸術祭は、アジアを代表する大規模なフェスティヴァルだが、福岡アジア文化賞を受賞するなど、日本とも縁の深い演出家のオン・ケンセン（シアター・ワークス主宰）が、一三年から芸術監督に就任し、これまで以上に意欲的なプログラムが組まれている。二〇一五年は八月六日〜九月一九日の日程で開かれ、多様な作品が「ポスト帝国《エンパイヤー》」という総合テーマの元に集まった。そのなかで異彩を放っていたのが、「ダンス・マラソン——パンク精神《スピリット》であけろ！」という企画である。

そもそもオンは、芸術祭と直接関係がないプロジェクトとして、公益財団法人セゾン文化財団の協力を得て、アーカイヴ・ボックスという新しい試み《プロジェクト》を始めていた。事の発端は一三年六月までさかのぼる。テーマは、ダンスにとってのアーカイヴとは何か、という同時代的に緊急な問いである。デジタル映像がグローバルに瞬時に流通する時代を迎え、その場で消えてしまう身体パフォーマンスとしてのダンスについては、歴史的過去あるいは異なる文脈で、それぞれ展開してきた多種多様なダンス実践を、今どう共有できるかという問いが、新しい世代のアーティストのあいだに出現しつつある。一方に、アジアの伝統芸能のように、身体的にその思想や技法が後継世代に手渡されるシステムがあり、他方、西洋の舞踊のように、ノーテーション（＝記譜）システムによって、ある程度、過去作品が再現可能になっている場合もある。また、映像資料も近年ますます大量にアーカイヴされて、容易にアクセスできる。しかし、身体的な世代間の伝授《トランスミッション》やノーテーション、あるいは、映像資料ではない方法で、今まさに行われているダンスの〈本質《コア》〉をアーカイヴできないのか？　あるいは、すべきではないのか？

そうした問いを端緒として、一四年一二月まで一八カ月の期間に二度の短期集中型のワークショップを含む多数のミーティングが東京で行われ、オンのほか、日本のコンテンポラリーダンスを代表する七名（伊藤千枝、黒田育世、鈴木ユキオ、白井剛、手塚夏子、矢内原美邦、山下残）に加え、ダンス・ドラマトゥルクの中島那奈子とダンス批評家の武藤大祐が参加して議論を重ねていった。その過程で、共有可能なコンセプトとして登場してきたのがアーカイヴ・ボックスである。

参加アーティストは過去の自作品をまず選び、その作品にかかわる何かを取捨選択してボックスに入れる（＝〈貯蔵《アーカイヴ》〉する）というシンプルなコンセプトである（この人たちはアーキヴィストと呼ばれる）。ボックスは開かれたコンセプトであり、具体的な箱を作ってもよいし、そうでなくてもよい。実際、伊藤千枝のように手作りの箱を作って作品を〈貯蔵《アーカイヴ》〉したアーティストがいた一方、白井剛のようにウェッブサイトを立ち上げ、ヴァーチャルに作品を〈貯蔵《アーカイヴ》〉したアーティストもいた。いずれにせよ、そのボックスを使う人（＝ユーザー）に手渡せることができなければならない。そしてそのユーザーは手渡されたボックスに、何らかの応答をすることになる。応答のあり方もまた開かれており、受け取ったボックスに触発されたダンスを含むパフォーマンスになる可能性が高いが、そうでなければならないわけではない。

二〇一四年一二月のワークショップでは、参加七名がそれぞれアーキヴィストとユーザーに相互になって、何を〈貯蔵〉《アーカイヴ》したかというアーティスト自身による説明に加え、ボックスに対する応答のパフォーマンスが公開された。詳細には立ち入らないが、自作品を〈貯蔵〉《アーカイヴ》して他者に手渡すというプロセスは、アーティストにこれまでにない類いの負荷をかけはしたものの、ユーザーによる応答は、そうした負荷をこえ、新たな創造性のありようとでもいうべき何らかの展開へつながる可能性を示唆することになったと考えられる[2]。

こうした思考の延長線上には当然、ダンスというジャンル以外ほとんど何も共有していない他者（＝ユーザー）に、今回作られたボックスを手渡すことは果たして可能か、という新たな問いを呼び込む。そのためにオンは、シンガポール国際芸術祭をそのプラットフォームとして使うことにしたのである。

今、インドを中心としたアジアのコンテンポラリーダンスで、新たなシーンが出現しつつあるという認識のもと、他者としてのユーザーには、インドと何らかのかたちでかかわる七名のアーティストが選ばれ、東京で作られたボックスに応答するというプロジェクトが一五年一月に起動した。パトミニ・チェター（チェンナイ）、マンディープ・ライキー（デリー）、マーギー・メドリン（シドニー）、チェイ・チャンケトヤ（カンボジア）、ラニ・ナイル（スウェーデン）、プリティ・アトレーヤ（チェンナイ）、そしてすでに触れたスリランカのペレラという七名である。

芸術祭期間中、二週間の滞在《レジデンシー》をユーザーのアーティストが行う一方、自作品を芸術祭の演目として上演し、また、ユーザーとしては、東京での場合同様、ボックスへの応答を二日間に分けて公開する。また、日本のアーキヴィスト七名も招聘され、自作品を上演するとともに、ユーザーの応答に立ち会い、意見交換することになった。八月二九日と九月五日の両日、上演されたユーザーの応答をめぐり、深夜まで議論は続いた。この一連の企画がダンス・マラソンと呼ばれていたわけだが、その副題となった「パンク精神《スピリット》で開けろ！」とは、伊藤千枝がそのアーカイヴ・ボックスに添えたユーザーに向けた挑発する言葉である。

会ったこともないアーティストのアーカイヴ・ボックスに応答しろ、という半ば無理矢理な要請に対し、参加アーティスはそれぞれ真摯にかつまた個性的な応答をしたと思われる（なお、わたし自身はスケジュールの都合で、前半の回には参加できなかった）。こんなことをして、いったい何になるのか？　という疑義もあろう。具体的な成果などない、真剣であるとはいえ、仲間内ではないか、といわれる向きもあろう。だが、成果などまったく問われない、これほど開かれた、またコミュニケーションのプロセスのみが重要な実験的な試みはこれまでなかったのではないか。ユーザーの一人、山下残のボックスに応答したライキーによれば、「これで、次の作品につながるきっかけを得た。これまでとはまったく異なる視点で、創造に向かうことができる」。刹那的になりがちな〈移動性《モビリティ》の現場〉において、このプロジェクトはアーティストに一瞬歩みを止めさせ、自らの活動を振り返らせるばかりか、本来出会うはずのなかったアーティストとその作品に真剣に向き合う贅沢な時間と空間を与えたのである。

### ベルリンから——公共劇場の社会的使命

シンガポールの〈熱〉に触れてベルリンに戻ったわたしは、いわゆる難民問題で大きく揺れるドイツの首都ベルリンで、つまり、〈移動《モビリティ》と滞在《レジデンシー》〉が字義通りの、そしてリアルなイシューである都市で、舞台芸術に何が起きているか、時間をかけて観察することになった。

ベルリンでは、周知のように、音楽、美術、舞台芸術のあらゆる分野で盛んな活動が行われている。それらは歴史的なバックボーンと公的な助成金がシステマティックに支えるいわば制度としての芸術であり、その典型例を、舞台芸術の場合、公共劇場という場所／組織に見いだすことができる。日本でもよく知られたベルリナー・アンサンブル（以下、BE）のほか、ドイツ座（以下、DT）、シャウビューネ、マキシム・ゴーリキー劇場（以下、MG）、フォルクスビューネの五つが、ベルリンでレパートリー制を未だに維持している大きな公共劇場である。[3]

ここでドイツの劇場システムについてあまり詳しくない読者のために、多少の解説が必要かもしれない。公共劇場とは、劇場監督（＝インテンダント）[4]を頂点にし、劇作家、演出家、ドラマトゥルク、舞台美術家等のアーティストに加え、技術スタッフ、制作・広報等の制作系職員をかかえ、さらにアンサンブルと呼ばれる俳優集団が所属している組織である。レパートリー制は、上演される作品がほぼ日替わりで変わるという贅沢なシステムで、ひとつの演劇シーズンに特定の数の新作が提供され、旧作については、劇場のレパートリーとして、引き続き上演が続けられる。それらを様々な要因を勘案したうえでプログラミングがなされるわけだが、そのために、日替わりで別演目の上演が可能になっている。上記の劇場はさらに、メインになる劇場だけでなく、別のスペースを最低ひとつは持っていて、それらもまたレパートリー制で運営されることが基本である。

こうしたレパートリー制が可能なのは、広い意味での舞台芸術がドイツ社会において与えられた高い地位《ステータス》があるからにほかならない。この点についてはこれ以上深入りしないが、本論の主題である〈移動《モビリティ》と滞在《レジデンシー》〉にとって重要なことは、公共劇場のレパートリー制度を支えているのは、〈移動《モビリティ》と滞在《レジデンシー》〉という原理とは正反対の〈移動しない定住性〉とでも呼ぶべきものである。例えば、アンサンブルの一員となった俳優は、ベルリンという都市に生活拠点を置き、所属劇場で上演される異なる演目に、日によって別の役柄で登場する。同時に、新作の稽古をじっくりと時間をかけて行うといった定住的なアーティスト生活を送ることになる。劇場に所属する人々の、この〈移動しない定住性〉こそ、レパートリー制度を支え、舞台のクオリティを維持する原理となっているのである。

その一方で、公共劇場においては、その社会的使命が共有され、また自明視されてもいる。ここが日本から見てわかりにくいところなので、少々迂回しよう。というのも、ちょうど一一月のベルリンで、ダンスを中心としたプログラムで知られるゾフィーエンゼーレというスペースで、「本当に役に立つ演劇」という国際的なフェスティヴァルが開かれ、その期間に実施されたシンポジウムで、まさに演劇の社会的使命（＝「本当に役に立つ」）が議論されたからである。そこでは、ドイツ演劇のそれについての共通理解が、議論の出発点となったが、本シンポジウムの開催趣旨からその部分を引用する。

芸術や演劇の政治的装置化／道具化については、国際的には、ドイツにおけるほど熱心に議論されることがあまりない。それは、社会的要素のない芸術作品への助成がドイツにはほとんど存在しないことに、少なくとも部分的には拠っている。その結果、アーティストはここから来る諸制約を扱うための創造的な戦略を発展させることになる。その戦略は、与えられた社会的使命を忠実に果たすものから、社会的義務と想定されるものの価値転倒的な問い直しまでと、幅広い。（以下略）（http://www.sophiensaele.com/produktionen.php?IDstueck=1410&hl=de&hl=en　最終アクセス日二〇一六年三月二六日、和訳は引用者）

ここから何が読み取れるだろうか？　助成を受けることで〈公共〉という属性を帯びることになるドイツにおいては、アーティストは「与えられた社会的使命を忠実に果たす」から「社会的義務と想定されるものの価値転倒的な問い直し」までの振幅において、その創造を行うというのである。端的にいえば、〈体制的〉から〈反体制的〉までの振幅があるが、いずれにしても〈体制〉とかかわらなければならない、ということである。言い換えれば、ドイツというリベラル・デモクラシーと見なしうる国家体制とその社会における思考のフレームを含む支配的価値意識に忠実であろうとするか、あるいは転倒的であろうとするか、ということになる。[5] 以下、以上の社会とのかかわりを念頭に置きながら、ベルリンを代表する公共劇場の問題関心とその実践をより具体的に見ていくことにしたい。

〈公共〉であるからには、国家的、ないしは市民的アイデンティティが現象する／構成される場所としての劇場／演劇をめぐる伝統、そしてそれと不可分に関わる文学伝統というものがある。即ち、古典の問題である。ギリシャ・ローマからルネッサンス、そして近代にいたる西洋史のなかで正典化されてきた諸戯曲テクストがあり、それらをどう、同時代的に上演として結実させるかという問いである。この問いに、ベルリンの公共劇場はそのどれもがある程度の配慮をしており、レパートリーには、ほぼ必ず古典の新演出というものが含まれる。わたしがこれまでに立ち会った舞台では、例えば、シャウビューネの劇場監督トーマス・オスターマイアー演出による、装飾を排して生身の俳優の身体的強度を前景化するシェイクスピアの『リチャード三世（*Richard III*）』があり、近代劇では、長大な原作を一時間四五分の二人芝居に翻案したイプセンの『ペール・ギュント（*Peer Gynt*）』（DT、イヴァン・パンテレーエフ演出）。また、近現代のドイツ演劇の古典では、伝統的な民衆劇的臭いを充満させていたブレヒトの『セチュアンの善人（*Die gute Mensch von Sezuan*）』（BE、レアンダー・ハウスマン演出）や東西分断時代の過酷でカオティックな感覚を再生させたハイナー・ミュラーの『セメント（*Zement*）』（MG、セバスチャン・バウムガルテン演出）があった。

同時代の社会が抱える諸問題に対する問題提起という、公共劇場的〈使命〉にかかわる現代劇としては、ドイツにおける家族の崩壊とリベラル左派／六八年世代の思想的破産をあわせて問題化するシャウビューネの『プラスチックのかけら（*Stück Plastik*）』（マリウス・フォン・マイエンブルク作・演出）、テロリストにハイジャックされた民間機がミュンヘンのサッカー場に突入する直前に撃墜されて乗客全員が死亡したという想定で、ミサイルを発射した空軍パイロットの裁判が描かれるDTの『テロ（*Terror*）』（フェルディナント・フォン・シーラッハ作、ハスコ・ヴェーバー演出）、中産階級における家族の崩壊や老人問題までを、ナチス・ドイツの記憶を喚起しながら、複合的な視点から描く同じＤＴの『冬至（*Wintersonnenwende*）』（ローラント・シンメルプフェニヒ作、ヤン・ボッセ演出）などがあった。

また、ドイツ演劇伝統と他の演劇伝統の同時代的接続という、言語の問題を常に抱える演劇だけに、「国際化」というクリシェではなかなか片付けられない現在的課題もある。その課題には、観客対応の部分では、フォルクスビューネとＢＥをのぞいた劇場は、作品によっては英語字幕を用意しており、シャウビューネに至っては、フランス語字幕の上演もなかに含まれる。また、公共劇場間でのアーティストの客演というのは、すでに慣例になっているわけだが、シャウビューネでは、フランスの劇作家ヤスミナ・レザに書き下ろしを委嘱した『美しい形象（*Bella Figura*）』（オスターマイアー演出）に加え、英国のケイティ・ミッチェル（アリス・バーチ作『オフィーリアの小部屋（*Ophelias Zimmer*）』）といった演出家の招聘を通じ、ヨーロッパ内の他演劇伝統と繋がろうとする試みも行われている。

国家的／市民的諸規範に対する価値転倒的な上演で知られるのはフォルクスビューネであり、この劇場は、ほぼ一貫してグローバル資本主義批判を展開している。哲学的な思考と高度に詩的な感性と徹底した通俗性をない交ぜにしながら若い世代の日常的悲惨を様々な回路と形式で上演することで知られるルネ・ポレシュは、一人芝居の『誰も自分を美しいと思えない（*Keiner findet sich schön*）』やオペラと題されていた音楽劇『もう家賃が払えないので、仕方なく出て行った男（*Von einem der auszog, weil er sich die Miete nicht mehr leisten konnte*）』で、相変わらずの健在ぶりを示していた。また、九二年以降、この劇場の監督をつとめ、このたび退任が決まった演出家のフランク・カストルフは、上演時間が六時間に及ぶ『カラマーゾフの兄弟（*Die Brüder Karamasow*）』（カストルフ自身の構成・演出〉で、このロシアの古典を時空が捻れる格好で現代と無媒介に接続し、定番である実況中継のヴィデオ映像を駆使しつつ、圧倒的な力量を誇るアンサンブルの俳優陣を活用した舞台化に成功していた。

これらすべての社会的使命を帯びた諸上演は、俳優教育をしっかり受け、幅広い役柄をこなし、なおかつ個性を保つ一方で集団性を失わない〈移動しない定住性〉を原理とする俳優の演技によって担保された〈演劇の強度〉としか呼びようのない美学的感覚、あるいは劇場的コミュニケーションの回路によって成立している。では、同時代ドイツの国家的かつ市民的緊急な課題であるはずのいわゆる難民問題はどうなっているのか?

### マキシム・ゴーリキー劇場の現在——演劇的〈強度〉からの逸脱へ

ここまであえて難民問題への応答問題に触れなかったのは、ずいぶん迂回したとはいえ、この問題において、ここでの主題である〈移動《モビリティ》と滞在《レジデンシー》〉という主題が、これまで記述してきた〈移動しない定住性〉を創作原理とする公共劇場の分厚いシステムに、少なからぬ変化をもたらす可能性を秘めているからである。事の端緒は一三年にさかのぼる。MGの新劇場監督に、大方の予想を裏切って、トルコ系ドイツ人のシェルミン・ラングホフが就任したのである。彼女はそれ以前、ベルリン市内のトルコ系住民居住地区であるクロイツベルクの中心部に位置するバルハウス・ナウニン通り（以下、バルハウス）という劇場で活動していた。一一年には、毎年、その年度内にドイツ語圏で上演された数多くのドイツ語作品のなかから十作品を選んでベルリンで集中上演するベルリン演劇祭（テアタートレッフェン）にこの劇場の作品が選ばれ、伝統的な公共劇場の作品が選ばれる可能性が高いこの演劇祭にとっては、大きな事件となったという。ラングホフは演出家だが、力点はキュレーターあるいはプログラムに責任を持つディレクターの仕事にあり、ベルリン周縁部の劇場での活動が評価され、MGに〈進出〉したのである。

バルハウスは、その創造理念を「ポスト移民演劇」と謳っている。ポスト移民とは、移民にかかわる諸問題が、実際に移民してきた第一世代から、第二世代、第三世代と世代を下るにつれ、ドイツで生まれ育った移民系の人々の問題へと移行していることを明示する言葉である。仏英と比べても、それほど多文化主義に寛容であったとはいいがたいドイツにあって、その当事者たる移民あるいは移民系ドイツ人が、自ら声を発するというのが「ポスト移民演劇」の理念であり、またラディカルな革新性でもある。そしてラングホフは、この理念を公共劇場の圏域へと大胆に持ち込み、MGの劇場監督に就任した一三年夏の翌年にはすでに、ドイツ語圏最優秀劇場賞を獲得したのである（cf. Laudenbach 2014）。

より具体的には、この劇場の新しさを、わたしが滞在中の二〇一五年一一月一三日～二九日の期間に開かれた「ベルリン・秋のサロンパート二」というフェスティヴァルで確認することができる。周知のように、二〇一五年になって、シリアからを中心とする難民がEU圏内に押し寄せ、BBCによれば、ドイツは一一月までに九六万人あまりの難民申請に許可を与え、一五年中にその数は百万人をこえるという（cf. BBC News 2015）。したがって、ドイツの公共劇場としてのMGは、その社会的使命として、ポスト移民問題に加え、この事態に対する応答を求められたことになる。

期間中、様々な作品上演に加え、美術の展示、講演会、討論集会等が毎日のように繰り広げられ、他の公共劇場と比べると若い年齢層の観客が数多く訪れていたことが何とも印象的だった。この期間、わたしが立ち会うことができたのは、ドイツ在住の主として中東からの移民／難民が作った劇団「難民クラブインパルス」による『故郷（へ）の手紙（*Letters Home*）』、主として中東からのプロの俳優を招聘して上演された『我らの名において（*In unserem Namen*）』（ゼバスチャン・ニュープリンク演出）、さらにイスラエル出身でベルリン在住のヤエル・ローネンとアンサンプルによる『あの状況（*The Situation*）』である。

『故郷（へ）の手紙』[6]は、当事者としての移民／難民のパフォーマーが、自らの経験を基にスケッチ風の場面を積み重ねていく作りで、いかにドイツ国内における移民差別が根強いかを直接的に批判する内容。参加者の出身は、シリア、イラク、パキスタン、トルコ等と、多岐にわたっていた。本論にとって興味深いのは、出演者は職業俳優ではなく、アマチュアであることが歴然としていたということだ。この公演はメインの劇場ではなく、小劇場（STUDIO《スタジオ》・Я《ヤー》という百名ほど収容可能な小空間）で行われたのだが、それにしてもベルリンの公共劇場で、こうしたアマチュア演劇が——いかにその主張が自身の経験に基づく当事者性を根拠にした妥当かつ強いものであっても——行われていることに、わたしは一種の驚きを覚えたのである。

一方、『我らの名において』は、アイスキュロスの『嘆願する女たち（*Die Schutzflehenden*）』[7]とエルフリーデ・イェリネクの『庇護をゆだねられた者たち（*Die Schutzbefohlenen*）』のテクストに依拠した前半部に加え、後半は、一五年八月に改正された移民関連法について、改正前に専門家を呼んで開かれた公聴会の記録を使ったスラップスティックに近い場面が続き、最後は、それぞれの俳優が〈自分の話〉をはじめ、特に終わりを告げるシグナルはなく、観客は三々五々、劇場をあとにする。こういうオープンエンドな終わりが可能になったのは、この上演では、古典的なプロセニアム劇場の固定座席がすべて取り払われ、一種の集会のような状態で上演が行われたからである。また、俳優は全員職業俳優であるが、MG所属俳優——その出自は東欧を含めて様々で、なかには、劇場監督ラングホフとかつてバルハウスで活動していた移民系俳優もいる——に加えて、シリア、イスラエル、パレスチナからの参加もあって、全体のアンサンブルを形成していた[8]。

歴史的あるいは文学的な射程（アイスキュロス＋イェリネク）と同時代性（＝公聴会記録）、さらに加えて当事者としての俳優の経験談。これらが、公共劇場スタンダードの〈移動しない定住性〉の演技に加え、当事者性をはらんだ〈移動《モビリティ》と滞在《レジデンシー》〉の演技も導入され、融合されずにそのまま併置される。ただ併置されたままの状態で、観客と同じ位置から、あるいは観客のあいだから、俳優たちは声をあげることで、ポスト移民問題だけでなく、今まさに訪れている「難民」に対し何をすべきなのかという問題を、当事者のひとりとして、ともに考えることになる。その時、ドイツの俳優教育を経た劇場所属俳優とそうではない俳優のあいだには明らかな〈強度〉の差異が確実に現象するが、最後の場面にいたって、〈自分の話〉をする俳優は、発声も演技もせず、ただ淡々と日常を生きる一個人として観客に話しかける。元々舞台と観客席を排除した空間で行われるこの上演で、彼／彼女らは、わたしたちのひとりになるのである。

一名の劇場所属俳優をのぞき、上記にも出演したパレスチナ、イスラエル（パレスチナ系とユダヤ系の両者）、シリアから客演している俳優のアンサンブルによる『あの状況』は、そもそも英語タイトル（＝『*The Situation*』）である。中東の人たちが地域の暴力的紛争に言及するときに、個々の紛争は異なる地域、異なるアクター間で起きていても、暴力的で多数の犠牲者がいるという点については何ら変わりはなく、しかもあまりに恒常化している。その結果、いちいち個別の名称ではなく、「例の、あの状況ね！」という具合に、絶対に終わらない問題として知覚していることを示す言葉である（cf. Maxim Gorki Theater 2015b）。

本作では、ベルリンで現在、具体的に起きていることを描くという趣旨で、ノイケルン地区という、トルコ系住民が以前から多く住み、今やパレスチナやシリア、あるいはイスラエル（ユダヤ系とパレスチナ系）からの移民が混在している地区にあるドイツ語の語学学校が舞台として設定されていた。ドイツで難民申請が受け入れられると、ドイツ語習得が義務づけられるのである。イスラエルから来たパレスチナ系の夫とユダヤ系の妻に加え、パレスチナ出身のラップ歌手のマネージャーとしての成功を夢見る、ジェニン（パレスチナ）の難民キャンプから来た黒人のパレスチナ人女性、そして、「善良な市民」として、シリア難民に部屋を無料で貸しているドイツ人の男性がドイツ語教師である。

〈自分の話〉ではないにせよ、参加俳優自身の経験に基づきながら、テルアヴィヴにおける演劇活動後、現在はベルリン在住の演出家ローネンのもと、ワークショップを通じて創作された本作品では、英語が主要な言語となり、ドイツ語、アラビア語、ヘブライ語が入り乱れる。『我らの名において』に比べると、ギャグに近い軽いタッチのスケッチ風の場面が多いことも印象的である。その過程で、移民／難民差別にとどまらず、宗教／エスニシティ／国籍／階級／ジェンダー／世代といったレイヤー状をなす複雑なアイデンティティの諸カテゴリーにかかわる問題を中心に、現在のベルリンに住む人たちの日常が、いかに多種多様な要素が交錯した上で成り立っているかが浮き彫りになる。ここでは、公共劇場的演技の〈強度〉はほぼ完全に排除されており、等身大の俳優とともにある時間・空間を共有しているという感覚が支配的である。劇場的コミュニケーションのキーワードは〈強度〉から〈共感〉へと明らかに移動しているのである。

### 「倫理的転回」／「委任的パフォーマンス」へ

こうした劇場的コミュニケーションにおける〈強度〉の排除、ないしは美学的価値への無関心という現象は、公共劇場制度の外で展開するフリーシーンと呼ばれる圏域では、すでにひとつのスタンダードにさえなっている。[9] ＨＡＵの愛称で知られるヘッベル・アム・ウーファー劇場（ＨＡＵ1、2、3の三つのスペースをもつ）は、そのフリーシーンを活動領域とするアーティストに場を与えるという意味で、すでに触れた〈移動性《モビリティ》の現場〉としてのフェスティヴァルが、決まった期間ではなく恒常的に開かれているといった様相を呈している。HAUには所属俳優はおらず、国内外からの招聘作品の上演に加え、領域横断的なプロジェクトをサポートするのがプログラミングの要となる。日本でも何度かその作品が上演されたリミニ・プロトコルは、このHAUに長期に滞在《レジデンシー》しているという形態を取っている[10]ことが、その格好の事例となろうか。

　リミニ・プロトコルはヘルガルト・ハウク、ダニエル・ヴェッツェル、シュテファン・ケーギの三名からなる創作集団で、劇場の内と外を往還しながら、さまざまなプロジェクトを実施している。この期間、ベルリンでのパフォーマンスはなかったが、そのかわり、ミュンヘン・カンマーシュピーレのオープニング週間に招聘されて十月に上演した劇場作品『わが闘争　第一巻　第二巻（*Adolf Hitler: Mein Kampf, Band 1 & 2*）』をわたしは見る機会があった。
一五年一二月三一日をもって版権が切れるヒットラーのこの著書——現在の版権者は、バイエルン州政府で、基本的にドイツ語での出版を禁じてきた——については、その発行を認めるのかどうかで大きな論争となり、現時点では、注釈付きで出版することで決着している。リミニ・プロトコルは、この書に何らかのかたちでパーソナルに関係がある、世代も国籍も現時点で住む地域も異なる職業俳優ではない六名の出演者との共同作業を通じ、本書をめぐる様々な問題を提出してみせた。他作品同様、台詞はすべてマイクを通じて発語され、出演者には俳優としての力量はまったく求められていない。もちろん、台詞は固定されているので、原理的には演技しているのだが、その善し悪しはそもそも問題にされておらず、彼／彼女らの本作品にかかる当事者としての存在性《プレゼンス》が何よりこの上演を可能にするのである。

　このように、リミニの思考とMGの新しさは実はかなり密接にかかわっている。上演の〈強度〉という価値の棄却とそこに代入されるかたちの〈当事者性〉とその行為者《エージェンシー》の存在性《プレゼンス》である。こうしてみると、現在、少なくともドイツ演劇の最前線で起きていることは、美術批評家のクレア・ビショップが十年以上前に「社会的転回（social turn）」と名指した、「リレーショナル・アート」（ニコラス・ブリオー）以降進行してきた現代美術における新しい動向と呼応していることが理解できるのではないだろうか。ビショップの見解を簡便かつ的確に要約した星野太によれば

> 今日の芸術を特徴づける顕著な傾向とは、作品の「美的」ないし「芸術的」な見かけよりも、社会に対する具体的な働きかけを重視する傾向であり（＝社会的転回）、それを批評する人々の評価基準もまた、それに伴って次第に「美的なもの」から「倫理的なもの」へと移行する（倫理的転回）（星野 二〇一五、九―一〇）。

ビショップはまた、「社会的に周縁化された構成体とのプロジェクトを行うことへのアーティストやキュレーターの興味の爆発」が一九八九年以降顕著になり、そこでは「公開《ディスプレイ》から同時的な生産の場としての展示《エキシビション》の再発明を伴い」ながら、「現代美術の社会的転回は、パフォーマンスという新しいジャンルを通して現れつつあった」とも書いている（Bishop 2012: 219）。さらに、個人のアーティストから複数のアマチュアのパフォーマーたちへの〈権力の委任〉が起きており、その逆に複数のパフォーマーは、「彼／彼女らの日常的社会現実への近さを通して、アーティストに真正性（authenticity）を与えるのである。その真正性は、それまでは単に表象を扱うだけだとされていたアーティストには、手に入れようのないものだった」（同上 237）とビショップは続けるのである。

もちろん、ドイツの舞台芸術はその定義からして「社会的」であって「転回」する必要などそもそもなかった。しかし、倫理の問題、つまり演劇につきものの代理表象の問題は、古典時代から機会があるごとに呼び出されてきた演劇につきまとう「真実性（The Truth）」をめぐる演劇嫌悪の伝統とも複雑に絡みながら、近年では、移民／難民という他者表象や包摂／排除というアクチュアルな問題として再登場しつつあった。そうした倫理的問いへの応答として、

代理表象から「委任的パフォーマンス（delegated performance）」（ビショップ）のモードへ、という「転回」が「真正性」を確保しながら、ドイツ演劇でも起きつつあるのではないか。劇場的コミュニケーションが、〈移動しない定住性〉が可能にする〈強度〉によって、「真正性」を担保する代理表象（＝伝統的な他者表象）から、〈移動《モビリティ》と滞在《レジデンシー》〉によって、〈当事者性〉（＝「日常的社会現実への近さ」）による〈共感〉の劇場的組織を可能にするという、ビショップの「委任的パフォーマンス」へ。〈強度〉によって倫理の問題を回避することから、〈共感〉によって倫理の問題に応答することへ。この二重の転回が起きつつあるのではないか。

本論で最初に扱ったチューリッヒにおけるソロ・パフォーマンスが、ほぼすべて〈わたし（たち）の話〉をしていたことをここで思い起こしてもよい。もちろん、演劇伝統の文脈が異なるそれらにおいて、劇場的コミュニケーションの主要モードは基本的に〈強度〉――より正確にいえば複数化する多様な（＝トランスナショナルな）〈強度〉と呼んでもよいが――でしかありえない。それは国際フェスティヴァルというプラットフォームの性格上、当然の結果である。また、〈わたしの身体〉とその身ぶりだけを劇場的コミュニケーションの通貨《カレンシー》とするとするコンテンポラリーダンスにおいては、代理表象の問題は回避されており、東京／シンガポールでのアーカイヴ・ボックス・プロジェクトが実践するように、むしろそこでは、〈わたしの身体〉のダンス的可能性、つまり、複数化する多様な〈強度〉をトランスナショナルに探求することが可能になっていたのである。このように、トランスナショナルな〈移動性《モビリティ》の現場〉においては、〈強度〉が、それも恐らく既存の感覚的諸レジスター、即ち、劇場的コミュニケーションの感覚にかかわる様々な回路を拡張するトランスナショナルな〈強度〉が追求されている。他方、〈移動しない定住性〉が伝統のドイツ演劇の〈非移動性の現場〉は、差し迫った社会的問題に応答するために、〈移動《モビリティ》と滞在《レジデンシー》〉という創作理念によって、トランスナショナルな〈移動性《モビリティ》の現場〉の様相を呈しつつある。そしてそこでは、〈強度〉ではなく、

〈委任性〉と〈共感〉が、劇場的コミュニケーションの回路になる可能性を示しているのである。

本書の出版にいたるまでには紆余曲折があった。日本語による前二作『メロドラマの逆襲』（一九九六）、『メロドラマからパフォーマンスへ』（二〇〇一a）を出版する前後以降、多数の劇評・時評や研究論文を、英語・日本語の二カ国語で書く機会があり、一時期、劇評を含む上下二巻の著書を出すという壮大な計画があった。英語については、幸いなことに、二〇〇九年、『るつぼの身体（*Crucible Bodies*）』というタイトルで出版することができた。一方、日本語については、出版不況という現実が日増しに感じられるようになり、紙媒体での出版を断念すべきだと次第に思うようになっていった。というのも、ネットが発達し、原稿ファイルをアップすればすむのではないか、という時代になっていたからである。他方、「九・一一」と「三・一一」という未曾有の世界史的事件があり、資料・研究的に、そのコーパスや研究的・批評的視座がある程度確定した「過去」が研究・批評の対象ではないわたしにとって、研究論文の場合はその研究が拠って立つ理論的枠組み、劇評・時評のように同時代の舞台芸術を扱う批評の場合は、そのときの社会文化政治関係にとらわれることは避けがたかった。そのため、文章が乱れたり、用語・概念の使用法が揺れたり、あるいは、わたしの批評的視点そのものが大きく変化することもあった。

そんななか、東京大学出版会が紙媒体での出版に同意してくれたことは、なによりありがたいことだった。そのため、本書に収める文章を選定する作業は、とても楽しいものになった。とはいえ、ここに収められた文章は、学術誌から商業誌まで多様な媒体に掲載されたもので、編集にはかなりの長時間を要した。原稿の整理から校正、はたまた掲載すべき写真の選定・手配等、さまざまな煩瑣な作業を一手に手伝ってくれた、ドイツ演劇研究者の柴田隆子氏にも感謝しておきたい。彼女の励ましがなければ、本書が日の目を見ることはなかったかもしれない。

その他、名前を出しはじめるときりがないが、わたしの研究を暖かく見守ってくれた東京大学大学院総合文化研究科・超域文化科学専攻表象文化論コースの教員と事務の方々、また、現場でのわたしの批評活動をさまざま様々な意味で支えてくれた公益財団法人セゾン文化財団の片山正夫と久野敦子の両氏、さらに、この間ずっと批評的インスピレーションを、作品を通じて与えてくれた劇作家・演出家の宮沢章夫と岡田利規の両氏、演出家の清水信臣氏にも、ありがとうございます、という言葉を贈らせていただきたい。

なお、本書に収録できなかった劇評・時評、その他の日本語・英語の文章の多くは、現在、academia.edu というサイトのわたしの個人ページ（https://u-tokyo.academia.edu/TadashiUchino）にリンクするかたちで閲覧可能になっている。本書を読まれて興味を持たれた読者がもしおられたなら、そちらも参照していただければ幸いである。

二〇一六年四月

内野　儀

［注1］本論を執筆するにあたり、ダンス・アーカイヴ・ボックスについては、このプロジェクトを積極的に推進した公益財団法人セゾン文化財団のプログラム・オフィサー・久野敦子氏に、また、ベルリンを中心とするドイツ演劇については、ドラマトゥルクでドイツ演劇・オペラがご専門の庭山由佳氏に、それぞれ貴重な情報と示唆をいただいた。この場を借りて感謝の意を表しておきたい。

［注2］この間の活動の詳細については、公益財団法人セゾン文化財団が『Archiving Dance　セミナー「ダンスアーカイブの手法」報告書』を日英両語作成し、財団ウェブサイトで公開している（http://www.saison.or.jp/search_past/archiving_dance/ArchivingDance_all.pdf　最終閲覧は二〇一六年三月二六日）。

［注3］公共劇場という日本語でなじみのある表現をここでは採用しているが、実際の運営形態はかなり複雑である。ただ、公的助成金を主たる収入源としているということは共通しており、慣例にしたがって、ここで取り上げる五劇場を、「ベルリンの公共劇場」と本章では総称する。また、公的助成という場合、ドイツは連邦制であり、ナチス・ドイツの記憶もあることから、助成は連邦（いわゆる国）からではなく、ベルリン州政府（ベルリンは特別市で州と同じステータスをもつ）からのものが中心となる。

［注4］英語表記ではインテンダントの職能はartistic directorとなり、場合によっては芸術監督と訳される場合もあるが、現在、アーティストではないインテンダントも増えてきており、本章では劇場監督という訳語を採用する。

［注5］ここで注意したいのは、「忠実」というのは、必ずしも国家／市民社会のいいなりということを意味しないということである。むしろメインストリームが設定するアジェンダの枠組み内で、反対意見、あるいは批判的スタンスを取ることは、「忠実」のうちに入る。したがって、いわゆる難民問題について、政府の対応を批判するのは、「忠実」な反応である。一方、難民問題をまったく異なる思考の枠組み（例えば、グローバル資本主義の問題の単なる一現象にすぎない、とする）から問いかえすような場合は、ここでいう「社会的義務と想定されるものの価値転倒的な問い直し」だと考えうる。

［注6］以下、MGの諸上演についての記述は、アーツカウンシル東京のウェブサイト（https://www.artscouncil-tokyo.jp/ja/）に

掲載した拙稿「〈公共〉ということ――ベルリンから」と重複する部分があることを、ここでお断りしておきたい。

［注7］『庇護をゆだねられた者たち』は、一三年九月にリーディング公演、翌一四年二月にラジオドラマとして初演。さらに、一四／五年シーズンには、ドイツ語圏の五つの劇場で同時制作されて話題を呼んだ作品である。この戯曲については、ウェッブ版『シアターアーツ』誌の「ベルリン演劇祭（テアタートレッフェン）とドイツ語圏演劇の現在　谷川チーム報告」のなかの（I）演劇を通して難民問題を考えるというセクション内において、「『庇護にゆだねられた女たち』イェリネク、シュテーマン／ハンブルク・タリア劇場」という小見出しがもうけられ、井上百合子「執筆背景とテクスト」と庭山由佳「上演背景を受容」というふたつの報告が掲載されているので参照されたい（http://theatrearts.aict-iatc.jp/201511/3494/#link5）。

［注8］MGのアンサンブル俳優と客演俳優については、Maxim Gorki Theater（2015a）を参照のこと。なお、本作では英語とドイツ語に加え、アラビア語、ボスニア語、ペルシャ語、ロシア語、セルビア／クロアチア語とトルコ語が飛び交った（英語およびドイツ語の字幕あり）。

［注9］フリーシーンについては、［注7］の「谷川チーム報告書」のなかの川崎陽子「開かれた思考の実践の場のために――HAUの試み『ヨーロッパ　お宅訪問（*Hausbesuch Europa*）』リミニ・プロトコル／HAU他」に詳しい。本註以降で論じるリミニ・プロトコルについて、川崎は劇場外のプロジェクトとして『ヨーロッパ　お宅訪問（*Hausbesuch Europa*）』を取り上げている。

［注10］リミニ・プロトコルは、二〇〇三年以降、HAUが管轄する建物内にその事務局と制作オフィスを置いている（cf. Rimini Protokoll 2015, http://www.rimini-protokoll.de/website/de/about.html）。

# 初出一覧

まえがき
〈媒介〉としての日本――舞台芸術のモビリティを高めるために、二〇一三、『セゾン文化財団ニュースレター viewpoint』六三号、セゾン文化財団、八～一〇頁＋書き下ろし

第Ⅰ部　現代アメリカ演劇の地平――モダン・ドラマとパフォーマンス

1　二〇世紀アメリカ演劇をマッピング／ザッピングする――その〈始まり〉と〈終わり〉をめぐって、二〇〇六、『劇場文化』第九号、静岡県舞台芸術センター、一〇八～一二一頁。

2　オニールを読み直せるか？――モダン・ドラマとユージン・オニール、二〇〇三、『英語青年』一四九巻六号（九月号）、研究社、二一～五頁。

3　リベラル悲劇の顚末――アーサー・ミラーのために、二〇〇五、『英語青年』一五一巻三号（六月号）、研究社、一三八～一三九頁。

4　ドラマと身体――テネシー・ウィリアムズのテクスト的身体　書き下ろし。

5　身体からテクストへ――カレン・フィンリーとジョン・ジェスランを中心に、『アメリカ文学ミレニアムⅡ』、國重純二編、二〇〇一、南雲堂、四二四～四五頁、四九〇～一頁。

6　「アジア系」から遠く離れて――レザ・アブドーと危機的身体、二〇〇二、『東京大学アメリカ太平洋研究』第二号、東京大学大学院総合文化研究科附属アメリカ太平洋地域研究センター、六三～七四頁。

7　マルチメディア的アメリカ――ジョン・ジェスランからビルダーズ・アソシエーションへ　書き下ろし。

第Ⅱ部　J演劇を理論化する　――〈九・一一〉のあとに

1　J演劇をマッピング／ザッピングする、二〇〇五、『ユリイカ』七月号（三七巻七号）、青土社、一八三～九八頁。

2　身体論から身体へ、二〇〇二、『シアターアーツ』一七号、晩成書房、一〇～五頁。

3　松尾スズキからチェルフィッチュへ――〈九・一一〉以降の演劇の言葉、二〇〇四、『現代詩手帖』（四七巻四号）（四月号）、思潮社、七八～八五頁。

4　近代劇は終わらない／始まらない――亡霊・〈国民〉国家・身体、二〇〇五、『シアターアーツ』春号（通巻二二号）、晩成書房、七四～八一頁。

5　〈Jという場所〉で歴史を「ｕｎｄｏ」すること――〈九・一一〉以降の宮沢章夫をめぐって、二〇〇六、『ユリイカ』一一月増刊号（総特集　宮沢章夫）、青土社、七二～八五頁。

6　一〇年代の上演系芸術――ヨーロッパの「田舎」をやめることについて、二〇一〇、『ユリイカ』九月号（四二巻一〇号）、青土社、一三一～九頁。

7　続・一〇年代の上演系芸術――「ドメスティックな抜けてしまった底」を修復するために、二〇一三、『ユリイカ』一月号（四五巻一号）、青土社、六六～七四頁。

第Ⅲ部　グローバリゼーションにまみれて

1　「グローバリゼーションは身体に悪い」、あるいはトランスナショナルな埒外《オープンスペース》で共振するポストヒューマンな身体について、二〇〇八、『劇場文化』第一二号、静岡県舞台芸術センター、八二～九二頁。

2　ヴァーチャルに行く――クリティカル・アート・アンサンブルのポリティックス、二〇〇七、『舞台芸術』第一二号、京都造形芸術大学舞台芸術センター、一四一～五二頁。

3 ジュディス・バトラーへ／から――アメリカ合衆国における演劇研究の「不幸」をめぐって、二〇〇六、『現代思想』一〇月増刊号（総特集 ジュディス・バトラー――触発する思想）、青土社、八六～九七頁。

4 科学／ガリレイ／革命――ブレヒト『ガリレイの生涯』をめぐって、二〇〇九、『現代思想』九月号（三七巻一二号）、青土社、一七七～九一頁。

5 村上春樹を上演（perform=embody）するために――〈いま、ここ〉のマテリアリティの複雑化ということ、二〇一〇、『ユリイカ』一月臨時増刊号（総特集 村上春樹）、青土社、一八三～九一頁。

6 エクスティンクションの文化から創造としての介入へ 書き下ろし。

あとがきに代えて 舞台芸術の地殻変動――移動性《モビリティ》と滞在《レジデンシー》の現場から、二〇一六、『新潮』二月号（一一三巻二号）、一六〇～七三頁。

# 参考文献一覧


[日本語文献]

浅田彰
二〇一三「浅田彰『構造と力』マルクスをポップ化」(http://book.asahi.com/booknews/update/2013032800004.html).

東浩紀
一九九九「徹底化されたポストモダン——九〇年代について4」『武蔵野美術』第一一一号、武蔵野美術大学、一九九九年、六二~三頁。
二〇〇一『動物化するポストモダン——オタクから見た日本社会』、講談社。

東浩紀・北田暁大編
二〇〇九『思想地図』vol．4、日本放送出版協会。

石光泰夫
二〇〇〇「ヒステリー的身体の夢——身体論のゆくえ」、『身体——皮膚の修辞学』、「表象のディスクール」第三巻、東京大学出版会、九~三二頁。

石合力
二〇一二「(インタビュー)中東、三・一一、そして演劇　イスラエルで公演する蜷川幸雄さん」、『朝日新聞』二月四日、一五頁。

井上百合子
二〇一五「執筆背景とテクスト」、http://theatrearts.aict-iatc.jp/201511/3494/#link5　最終アクセス日二〇一六年三月二六日。

岩城京子
二〇一二a「『トロイアの女たち』を巡る芸術の自立と当事者性」二〇一二年一二月一日、https://www.facebook.com/permalink.php?id=520852164608726&story_fbid=530754153618527、最終アクセス日二〇一六年三月二九日。
二〇一二b「東京芸術劇場プロデューサー・高萩宏氏インタビュー」二〇一二年一二月二日　https://www.facebook.com/permalink.php?id=520852164608726&story_fbid=530929670267642　最終アクセス日二〇一六年三月二九日。

岩淵達治
一九九八「第四巻作品解題」ベルトルト・ブレヒト『ブレヒト戯曲全集4』未來社、四一五~二二頁。

内野儀
一九九六『メロドラマの逆襲——〈私演劇〉の八〇年代』、勁草書房。
一九九八a「身体の『破棄』と声のパフォーマンス」、『テアトロ』四月号、カモミール社、九二~五頁。

一九九八b「言語的想像力の回復へ、あるいはジョン・ジェスランとポストモダニティ」、『テアトロ』六月号、九二～五頁。

一九九八c「三つの検閲問題と助成金の政治学」、『テアトロ』九月号、九六～九頁。

二〇〇一a『メロドラマからパフォーマンスへ――二〇世紀アメリカ演劇論』、東京大学出版会。

二〇〇一b「野田秀樹とサム・シェパード　グローバリティ・国民国家《ネイション・ステート》・演劇」『ユリイカ』二〇〇一年、（総特集　野田秀樹）、青土社、一三四～四二頁。

二〇〇二「出会いそこねる身体、あるいは『グローバリゼーションは身体に悪い』――ニブロール『コーヒー』、〈J〉の風景①」、「図書新聞」二〇〇二年四月六日号、八頁。

二〇〇三a「芸術に留まる、芸術に閉じこもる」、『舞台芸術』第三号、京都造形芸術大学舞台芸術研究センター、二三二～四五頁。

二〇〇三b「パフォーマンス研究とニューヨーク大学」、『舞台美術』第八号、京都造形芸術大学舞台芸術研究センター、三五～四〇頁。

二〇〇四「それでも演劇は続くのか?――『正義の味方』にならないために」、『舞台芸術』第七号、京都造形芸術大学舞台芸術研究センター、一六〇～七六頁。

二〇〇五「『不可能性の時代』の演劇――身ぶりの政治学をめぐって」、『舞台芸術』第八号、京都造形芸術大学舞台芸術研究センター、一九九～二一二頁。

二〇〇九「パフォーマンス研究の現在――パフォーマティヴィティ・身体・認知」、『ヒューマン・コミュニケーション研究』第三七号、日本コミュニケーション学会、五～二三頁。

二〇一〇「ゼロ年代の終わりに――ベルリンのチェルフィッチュ」、『新潮』二月号（一〇七巻二号）、新潮社、二〇六～九頁。

二〇一二a「『動かない』ことは可能か?――解体社とともに思考する」、劇団解体社公演『享楽系』プログラム。

二〇一二b「演劇」、『文藝年鑑　二〇一二』、日本文藝協会編、新潮社、一一四～六頁。

二〇一五a「グローバル／グローカル／ローカル――ケーララ州国際舞台芸術祭に参加して」、『新潮』五月号（一一二巻五号）、一九六～七頁。

二〇一五b「〈公共〉ということ――ベルリンから」、https://www.artscouncil-tokyo.jp/ja/library/column-interview/9844/　最終アクセス日二〇一六年三月二六日。

NHK「東海村臨界事故」取材班
二〇〇六『朽ちていった命――被爆治療83日間の記録』、新潮社。

大澤真幸
二〇〇五『現実の向こう』、春秋社。

鴻英良
二〇〇二「『帝国』の演劇に向けて――共同討議のための基調報告」、『舞台芸術』創刊号、京都造形芸術大学舞台芸術研究センター、五四～六〇頁。

岡田利規
二〇〇四『三月の5日間』上演台本。
二〇〇五『三月の5日間』、白水社。
二〇一〇『わたしたちは無傷な別人である』上演台本。

風間研

一九九二『小劇場の風景』、中央公論社。
柄谷行人
二〇〇五a「革命と反復　序説」、『at』〇号、太田出版、四〜一八頁。
二〇〇五b『近代文学の終り』、インスクリプト。
川崎陽子
二〇一五「開かれた思考の実践の場のために——HAUの試み『ヨーロッパ：お宅訪問』リミニ・プロトコル／HAU他」、http://theatrearts.aict-iatc.jp/201511/3494/#link5　最終アクセス日二〇一六年三月二六日。
北野圭介
一九九七「ポストモダニズムを射抜くミックスド・メディア・シアター」、『シアターアーツ』第七号、一六三〜七六頁。
熊倉敬聡
二〇〇二「珍しいキノコ舞踊団の『フリル（ミニ）ワイルド』を観て考えたことなど」、『舞台芸術』創刊号、京都造形芸術大学舞台芸術研究センター、一一七〜二六頁。
鴻上尚史
二〇一〇「なんというか、かんというか」、第五四回岸田國士戯曲賞選評　http://www.hakusuisha.co.jp/news/n/2262.html　最終アクセス日二〇一六年三月二九日。
斎藤環
二〇〇三『心理学化する社会』、PHP出版。
坂口恭平
二〇〇四『0円ハウス』佐藤直子、リトルモア。
二〇一〇『ゼロから始める都市型狩猟採集生活』、太田出版。
サリー、サラ
二〇〇五『ジュディス・バトラー』（竹村和子訳）、青土社。
シェクナー、リチャード
二〇〇五「パフォーマンス研究の起源と未来」、『舞台芸術』第八号、京都造形芸術大学舞台芸術研究センター、一二〜三四頁。
酒井直樹
一九九五「共感の共同体と否認された帝国主義的国民主義——『ゆきゆきて神軍』序説」、『現代思想』一月号（二三巻一号）、一一七〜三二頁。
桜井圭介
二〇〇三「『コドモ身体』ということ——コンテンポラリー・ダンスにみる歴史と記憶（?-）」、『舞台芸術』第四号、京都造形芸術大学舞台芸術研究センター、二九〜四二頁。
渋谷望
二〇〇五「統治しているのは誰か?-」、『InterCommunication』五三号、NTT出版、一五六〜六〇頁。
杉村昌昭
二〇〇八「まとめ」、フェリックス・ガタリ『三つのエコロジー』、平凡社ライブラリー版、一三九〜七〇頁
セゾン文化財団（公益財団法人）
二〇一五『Archiving Dance　セミナー「ダンスアーカイブの手法」報告書』、http://www.saison.or.jp/search_past/archiving_dance/ArchivingDance_all.pdf　最終アクセス日二〇一六年三月二六日。
高橋雄一郎
二〇〇四『身体化される知』、せりか書房。

とちぎあきら
一九九七「複数性の亀裂——フェミニズム的身体の変貌へ向けて」、『シアターアーツ』第七号、三九〜四四頁。
永井愛
二〇一〇「設計士としての勝利」、第五四回岸田國士戯曲賞選評 http://www.hakusuisha.co.jp/news/n12262.html　最終アクセス日二〇一六年三月二九日
新野守広
二〇〇五『演劇都市ベルリン——舞台表現の新しい姿』、れんが書房新社。
蜷川幸雄
二〇一二「インタビュー」、『朝日新聞』、二月四日。
庭山由佳
二〇一五「上演背景を受容」、http://theatrearts.aict-iatc.jp/201511/3494/#link5　最終アクセス日二〇一六年三月二六日。
バーム、クリストファ
二〇〇七「舞台を代替する——演劇とニューメディア」（山下純照訳）、毛利三彌編著『演劇論の変貌——今日の演劇をどうとらえるか』、論創社、一四五〜八〇頁。
パレスチナ情報センター
二〇一二「公開書簡：テルアヴィヴのカメリ劇場での上演に反対を表明して」（二〇一二年一月二九日）（http://www.boycottil.seesaa.het/article/249186860.html　最終アクセス日二〇一六年三月二八日）。
兵藤裕己
二〇〇五『演じられた近代——〈国民〉の身体とパフォーマンス』、岩波書店。
平田オリザ
一九九五『現代口語演劇のために』、晩聲社。
ブレヒト、ベルトルト
一九九八『ブレヒト戯曲全集4』（岩淵達治訳）、未來社。
星野太
二〇一五「拡張された場におけるパフォーマンス」、『Viewpoint』no. 72, 九—一一頁、公益財団法人セゾン文化財団、http://www.saison.or.jp/viewpoint/pdf/15-10/viewpoint_vol.72_hoshino.pdf 最終アクセス日二〇一六年三月二六日。
マルテル、フレデリック
二〇〇九『超大国アメリカの文化力——仏文化外交官による全米踏査レポート』（根本長兵衛他訳）、岩波書店。
宮沢章夫
二〇〇三『トーキョー・ボディ』公演プログラム。
二〇〇三b『トーキョー・ボディ』上演台本。
二〇〇四『秋人の不在』、『文學界』八月号、一二一〜一〇〇頁（『不在』、文藝春秋社、二〇〇五）。
二〇〇五a『トーキョー／不在／ハムレット』プレスリリース。
二〇〇五b『トーキョー／不在／ハムレット』プログラム。
二〇〇五c『トーキョー／不在／ハムレット』上演台本（『テアトロ』一月号、カモミール社、一一〇〜五三頁）。
二〇〇六a『鵺／NUE』、『SPT』第三号、世田谷パブリックシアター、一四二〜八八頁。
二〇〇六b『モータサイクル・ドン・キホーテ』上演台本。
ミュラー、ハイナー

一九九二 『ハムレットマシーン――シェイクスピア・ファクトリー』（岩淵達治・谷川道子訳）、未來社。
村上隆
二〇〇五 「『脱力』に宿る芸術の力――おたくの起源たどる『リトル・ボーイ』展」、『朝日新聞』五月一六日夕刊、四頁
山口情報芸術センター
二〇一二 「現在可能な最も先鋭的なオペラ　ボーカロイドによるオペラは可能か?」プレスリリース「渋谷慶一郎＋岡田利規新作オペラ公演『THE END』」二〇一二年一〇月一二日　portal.ycam.jp/asset/pdf/press-release/2012/the-end.pdf　最終アクセス日二〇一六年三月二九日。
吉本光宏
二〇〇八 「再考、文化政策――拡大する役割と求められるパラダイムシフト　支援・保護される芸術文化からアートを起点としたイノベーションへ」、『ニッセイ基礎研所報』Vol. 51（Autumn 2008）、三七～一一六頁

［外国語文献］

Abdoh, Reza & Salar Abdoh.
1995 "Quotations from a Ruined City." *TDR* 39, 4 (T148). 108–36.
Aronson, Arnold
2000a *American Avant-garde Theatre: A History*. NY: Routledge.
2000b "American Theatre in Context: 1945–Present." *The Cambridge History of American Theatre, Vol. 3, Post-World War II to the 1990s*. Don B. Wilmeth, Christopher Bigsby ed., NY: Cambridge UP. 87–162.
Auslander, Philip (ed.)
2003 *Performance: Critical Concepts in Literary and Cultural Studies*. vol. 4. NY: Routledge.
Austin, J. L.
1962 *How to Do Things with Words*. Cambridge, Mass.: Harvard UP. ［『言語と行為』（坂本百大訳）、大修館書店、一九七八］.
Bahr, Ehrhard.
2007 *Weimar on the Pacific: German Exile Culture in Los Angeles and the Crisis in Modernism*. Berkeley: U of California P.
Bailes, Sara Jane.
2011 *Performance Theatre and the Poetics of Failure*. NY: Routledge.
BBC News.
2015 "Migrant crisis: Germany heads for 1m asylum-seekers in 2015." http://www.bbc.com/news/world-europe-35027951　最終アクセス日二〇一六年三月二六日。
Beck, Julian.
1972 ［1986］ *The Life of the Theatre: the relation of the artist to the struggle of the people*. San Francisco: City Lights, rpt. NY: Limelight.
Bell, John.
1995a "AIDS and Avant-garde Classicism: Reza Abdoh's *Quotations from a Ruined City*." *TDR* 39, 4 (T148). 21–47.
1995b "To Reach Divinity through the Act of Performance: An Interview with Reza Abdoh." *Ibid*., 48–71.

2003 "Performance Studies in an Age of Terror." *TDR* 47, 2 (T178). 6-8.
Bender, L. Frederic
2003 *The Culture of Extinction: Toward a Philosophy of Deep Ecology*. NY: Humanity Books.
Berlin, Normand.
1988 "The Beckettian O'Neill." *Modern Drama* 31 (March 1988), 28-34.
1993 *O'Neill's Shakespeare*. Ann Arbor, Mich.: U of Michigan Press.
Bial, Henry (ed.)
2004 *The Performance Studies Reader*. NY: Routledge.
Bigsby, C. W. E
1985 *A Critical Introduction to Twentieth-Century American Drama*. Cambridge: Cambridge UP.
Birringer, Johannes.
1991 *Theatre, Theory, Postmodernism*. Bloomington: Indiana UP.
Bishop, Claire.
2012 *Artificial Hells: Participatory Art and the Politics of Spectatorship*. London: Verso.
Blom, Ina
1998 "Boredom and Oblivion" Ken Friedman (ed.) *The Fluxus Reader*. Chichester: Akademy Edition, 63-90.
Bloom, Harold.
1987 "Introduction." *Arthur Miller* (Modern Critical Views). NY: Chelsea House Press. 1-6.
Blumental, Eileen
1985 *Joseph Chaikin*. NY: Cambridge UP.
Boycott, Devestment and Sactions (BDS)
2012 "Now is the time for a military embargon on Israel?" http://bdsmovement.net/2012/190094-190094 最終アクセス日二〇一六年三月二八日。
Brantley, Ben.
2001 *The New York Times Book of Broadway: On the Aisle for the Unforgettable Plays of the Last Century*. NY: St. Martin's Press.
Brecht, Bertolt
2008 *Life of Galileo*, NY: Penguin Books. [岩淵達治訳「ガリレイの生涯」『ブレヒト戯曲全集4』未來社、一九九八、二〇三～三六〇頁]
Butler, Judith.
1988 "Performative Act and Gender Constitution: An Essay on Phenomenology and Feminist Criticism." *Theatre Journal* 40, 4. 519-31. [吉川純子訳「パフォーマティヴ・アクトとジェンダーの構成——現象学とフェミニズム理論」、『シアターアーツ』第三号、晩成書房、一九九五、五八～七三頁。]
1997 *Excitable Speech: A Politics of the Performative*. NY: Routledge. [竹村和子訳『触発する言葉——言語・暴力・行為体』、岩波書店、二〇〇四。]
Case, Sue-Ellen (ed.)
1990 *Performing Feminisms: Feminist Critical Theory and Theatre*. Baltimore: The Johns Hopkins UP.

Case, Sue-Ellen.
2007 *Performing Science and the Virtual*. NY: Routledge.
Champagne, Lenora (ed.)
1990 *Out from Under: Texts by Women Performance Artists*. NY: TCG.
Corbett, Rachel.
2012 "Documenta 13 HELICOPTER RIDES COURTESY CRITICAL ART ENSEMBLE," http://www.artnet.com/magazineus/features/corbett/documenta-13.asp 最終アクセス日二〇一六年六月一四日。
Conboy, Katie, Nadia Medina and Sarah Stanbury (eds.)
1997 *Writing on the Body: Female Embodiment and Feminist Theory*. NY: Columbia UP.
Cook, Pam (ed.)
2007 *The Cinema Book*, 3rd. Edition. London: British Film Institute.
Critical Art Ensemble (CAE).
1994 *The Electronic Disturbance*. NY: Autonomedia.
1996 *Electronic Civil Disobedience and Other Unpopular Ideas*. NY: Autonomedia.
1998 *Flesh Machine: Cyborgs, Designer Babies and new Eugenic Consciousness*. NY: Autonomedia.
2000a "Critical Art Ensemble Timeline;" "Recombinant Theatre and Digital Resistance;" and "Performing a Cult." *TDR* 44, 4 (T168). 132–35, 151–66, 167–73.
2000b *Digital Resistance: Explorations in Tactical Media*. NY: Autonomedia.
2002 *The Molecular Invasion*. NY: Autonomedia.
2006 *Marching Plague: Germ Warfare and Global Public Health*. NY: Autonomedia.
Derrida, Jacques.
2002 "The Animal That Therefore I Am (More to Follow)." *Critical Inquiry* 28, 2. 369–418.
Dixon, Steve.
2007 *Digital Performance: A History of New Media in Theatre, Dance, Performance Art and Installation*. Cambridge, Mass.: The MIT Press.
Dolan, Jill.
2001 *Geographies of Learning: Theory and Practice, Activism and Performance*. Middletown, Conn.: Wesleyan UP.
2005 *Utopia in Performance: Finding Hope at the Theater*. Ann Arbor, Michigan: The U of Michigan P.
Duke, Lynne
2004 "The FBI's Art Attack: Offbeat Materials at Professor's Home Set Off Bioterror Alarm." *Washington Post*, 2 June.
Feingold, Michael.
2005 "Arthur Miller, 1915–2005." *The Village Voice*, 12 February.
Finley, Karen.
1988a "*The Constant State of Desire*." *TDR* 32, 1 (T117). 139–151. [「欲望の恒常的状態」(渡辺佐智江訳)、『シアターアーツ』第七号、一九九七、二〇五～一五頁。]
1988b "Karen Finely: A Constant State of Becoming—An Inter-

view by Richard Schechner." *Ibid.*, 152-8.
1990　*Shock Treatment*. San Francisco: City Lights.
Fried, Ronald K.
1985　"The Cinematic Theatre of John Jesurun." *TDR* 29, 1 (T105). 57-72.
Fuchs, Elinor.
1996　*The Death of Character—Perspectives on Theater after Modernism*. Bloomington: Indiana UP.
Giannachi, Gabriella.
2007　*The Politics of New Medea Theatre: Life™*. NY: Routledge.
Goldman, Michael.
1975　*The Actor's Freedom: Toward a Theory of Drama*. NY: Viking.
Grotowski, Jerzy.
1968　*Towards a Poor Theatre*. NY: Simon & Schuster.
Guattari, Félix
1989　*Les trois écologies*, Editions Galilée (The English Edition translated by Ian Pindar and Paul Sutton, London: Continuum, 2000.)［杉村昌昭訳『三つのエコロジー』、平凡社ライブラリー版、二〇〇八。］
Handelzalts, Michael.
2012　"Israel theaters in the shadow of the 'Ariel' factor." *Haaretz*, 11 Sep. http://www.haaretz.com/culture/arts-leisure/israeli-theaters-in-the-shadow-of-the-ariel-factor-1.464187　最終アクセス日　二〇一四年八月一九日。
Hardt, Michael, Antonio Negri.
2000　*Empire*. Cambridge. Mass,: Harvard University Press.［水嶋一憲・酒井隆史ほか訳『〈帝国〉』、以文社、二〇〇三年。］
Harootunian, H. D.
1993　"America's Japan/Japan's Japan." *Japan in the Wolrd*, Masao Miyoshi and H. D. Harotoonian (eds.). Durham: Duke UP. 186-221.
Hart, Lynda.
1992　"Motherhood According to Finley: *The Theory of Total Blame*." *TDR* 36, 1 (T133). 124-34.
Hassan, Ihab
1977　"Prometheus as Performer: Towarda Posthumanist Culture?" *The Georgia Review* 31/4, (Winter 1977), 830-50.
Jackson, Shannon.
2001　"Why Modern Plays Are Not Culture: Disciplinary Blind Spots." *Modern Drama* 44, 1. 31-51.
2004　*Professing Performance: Theatre in the Academy from Philology to Performativity*. NY: Cambridge UP.
Jameson, Fredric
1985　*Postmodernism or the Cultural Logic of Late Capitalism*. Duraham: Duke UP.
1998　*Brecht and Method*. London: Verso.［フレドリック・ジェイムソン「ブレヒトと方法」連載五、大橋洋一・河野真太郎訳、『舞台芸術』第八号、京都造形芸術大学舞台芸術研究センター、二〇〇五年、二三四〜四七頁。］
Jesurun, John.
1986a　*Deep Sleep*. *Word Plays 5*, 223-304, NY: PAJ Publications.

1993 “Breaking the Relentless Spool of Film Unrolling.” *Felix* 1, 3: 65–9.

2009 [1986b] “White Water.” *Deep Sleep, White Water, Black Maria: A Media Trilogy*, South Gate, CA: No Passport Press, 107–225.

2008 [1995] Slight Return. Shatterhand Massacree and Other Media Texts New York: PAJ Publications, 2009.

1996 *Imperial Motel (Faust)*. In unpublished manuscript.

2007 “Snow.” In Nick Kaye, *Multi-media: Video, Installation, Performance*, New York: Routledge. 2007, n.p.

Kaprow, Allan

1993 “Nam June Paik.” *Nam June Paik: Video Time-Video Space*. New York: Harry N. Abrams. 114.

Kaye, Nick

2007 *Multi-media: Video-Installation-Performance*. London; New York: Routledge.

Kazan, Elia.

1988 [1997] *A Life*. New York: Da Capo Press. [佐々田英則他訳、『エリア・カザン自伝』（上・下巻）、朝日新聞社、一九九九年。]

Laudenbach, Peter.

2014 “Theatre of the Year 2014: The Maxim Gorki Theatre in Berlin Provides New Perspectives.” https://www.goethe.de/en/kul/tut/gen/tup/20448059.html. 最終アクセス日二〇一六年三月二六日。

Leeson, Lynn Harshman,

2007 “Strange Culture” http://www.strangeculture.net/ 最終アクセス日二〇一六年三月二九日。

Levinson, Chaim, Or Kahti.

2010 “150 academics, artists back actors’ boycott of settlement arts center.” *Haaretz*, 31 Aug. http://www.haaretz.com/print-edition/news/150-academics-artists-back-actors-boycott-of-settlement-arts-center-1.311149 最終アクセス日二〇一四年八月一九日。

Manheim, Michael

1998 “O’Neill Criticism.” *The Cambridge Companion to Eugene O’Neill*. NY: Cambridge UP, 236–43.

Manheim, Michael, ed.

1998 *The Cambridge Companion to Eugene O’Neill*. NY: Cambridge UP.

Marranca, Bonnie.

1977 [2005] “Introduction.” *The Theatre of Images*, ix–xv. NY: PAJ Publications.

Martin, Carol (ed.)

1996 *A Sourcebook of Feminist Theatre and Performance: On and Beyond the Stage*. NY: Routledge.

Maxim Gorki Theater.

2015a “Actors,” http://english.gorki.de/company/ 最終アクセス日二〇一六年三月二六日。

2015b “The Situation,” http://english.gorki.de/programme/the-situation/ 最終アクセス日二〇一六年三月二六日。

McKenzie, Jon, Rebecca Schneider and Critical Art Ensemble

2000 "Critical Art Ensemble Tactical Media Practitioners: An Interview by Jon McKenzie and Rebecca Schneider." *TDR* 44, 4 (T168). 136-150.
McNeill, Dougal.
2005 *The Many Lives of Galileo: Brecht, Theatre and Translation's Political Unconscious.* Bern: Peter Lang AG.
Miller, Arthur.
1952 [1988] *The Crucible* in *Arthur Miller—Plays: One.* London: Methuen, 223-330.
Mufson, Daniel (ed.)
1999 *Reza Abdoh.* Baltimore: The Johns Hopkins UP.
Murakami, Takashi (ed.).
2005 *Little Boy: The Arts of Japan's Exploding Subculture.* NY: Yale UP.
Palestinian Campaign for the Academic & Cultural Boycott of Israel (PACBI)
2009 "PACBI Guidelines for the International Cultural Boycott of Israel". 現在は以下のサイトに更新 (http://pacbi. org/etemplate. php?id=1045 最終アクセス日二〇一六年三月二八日)。
Pfister, Joel.
1995 *Staging Depth: Eugene O'Neill and the Politics of Psychological Discourse.* Chapel Hill: U of North Carolina P.
Puchner, Martin.
2002 *Stage Fright: Modernism, Anti-theatricality and Drama.* Baltimore, MD: The John's Hopkins UP.
2008 "General Introduction." *Modern Drama: Critical Concepts in Literary and Cultural Studies*, vol. 1. London: Routledge, 1-20.
Rashty, Sandy.
2012 "Israeli theatre plans legal action over British director's boycott." *The Jewish Chronicl Online*, 28 Sept. http://www.thejccom/news/uk-news/83891/israeli-theatre-plans-legal-action-over-british-directors-boycott 最終アクセス日 二〇一四年八月一九日。
Roessler, Norman.
2008 "Life of Galileo." Bertolt Brecht, *Life of Galileo.* NY: Penguin Books. xxi-xxvi.
Rose, Loyd.
1994 "A Streetcar Named Desire." *Washington Post*, January 21.
Roth, Moira (ed.)
1983 *The Amazing Decade: Women and Performance Art in America, 1970-1980.* Los Angeles, CA: Astro Arts,.
Román, David.
2005 *Performance in America: Contemporary U.S. Culture and the Performing Arts.* Durham: Duke UP.
Roy, Arundhati.
2001 *Power Politics.* Cambridge, MA: South End Press.
Salter, Christopher.
2010 *Entangled: Technology and the Transformation of Performance.* Cambridge, MA: The MIT Press.
Savran, David.
1988 *Breaking the Rules: The Wooster Group.* NY: Theater Communication Group.

1992 *Communists Cowboys and Queers: The Politics of Masculinity in the Work of Arthur Miller and Tennessee Williams*. Minneapolis: U of Minnesota P.

1995 "Ambivalence, Utopia, and a Queer Sort of Materialism: How *Angels in America* Reconstructs the Nation." *Theatre Journal* 47, 2 (May 1995). 207-27; rpt. in Deborah R. Geis and Steven F. Kruger, *Approaching the Millennium*. Ann Arbor: U of Michigan P, 1997. 13-39.

Schechner, Richard.

1985 *Between Theater and Anthropology*. Philadelphia: U of Pennsylvania P.

2013 (2002, 2006) *Performance Studies: An Introduction* (3rd. Edition). NY: Routledge.

2005 "Five Avant-gardes ... Or None." A revised version in draft. (Published version in *The Future of Ritual*. NY: Routledge, 1993. 1-23) [「五つの前衛、それとも前衛は存在しないのか?」小田透・内野儀訳、二〇〇七、「舞台芸術」第一一号、京都造形芸術大学舞台芸術研究センター、一五四―八五頁。]

Schneider, Rebecca.

1997 *The Explicit Body in Performance*. NY: Routledge.

2000 "Nomadmedia: On Critical Art Ensemble." *TDR* 44, 4 (T168). 120-31.

Schneider, Rebecca, and Jon McKenzie

2004 "Keep Your Eyes on the Front and Watch Your Back," *TDR* 48, 4 (T184). 5-10.

Shilling, C.

2003 *The Body and Social Theory*. London: Sage.

Taylor, Diana.

2003 *The Archive and the Repertoire: Performing Cultural Memory in the Americas*. Durham, NC: Duke UP.

Tytell, John.

1995 *The Living Theatre: Art, Exile, and Outrage*. NY: Grove Press.

Uchino, Tadashi

2009 *Crucible Bodies: Postwar Japanese performance from Brecht to the new millennium*. London: Seegull Books.

Wainscott, Ronald H.

1988 *Staging O'Neill: The Experimental Years, 1920-1934*. New Haven: Yale UP.

Wallerstein, Immanuel.

2011 *Historical Capitalism with Capitalist Civilization*, 3rd. ed. New York: Verso. [川北稔訳『新版　史的システムとしての資本主義』、岩波書店、一九九七年。なお、この翻訳は、一九九五年版によっている。]

Wikander, Matthew H.

1998 "O'Neill and the cult of sincerity." *The Cambridge Companion to Eugene O'Neill*. NY: Cambridge UP. 217-35.

Willett, John and Ralph Manheim

1980 [2008] "Introduction." Bertolt Brecht, *Life of Galileo*. NY: Penguin Books, xxvii-xlv.

Wilmeth, Don B. and Miller, Tice L. (eds.)

1993 [2003, 2007] *The Cambridge Guide to American Theatre*.

NY: Cambridge UP.

Williams, Raymond.
1975 *Drama in a Dramatised Society:* An Inaugural Lecture. Cambridge: Cambridge UP. 1-21: rpt. in Philip Auslander (ed.), *Performance: Critical Concepts in Literary and Cultural Studies*, vol. 2. London: Routledge, 2003. 303-12.

Williams, Tennessee.
1947 [2000] *"A Streetcar Named Desire." Tennessee Williams: Plays 1937-1955*. NY: The Library of America. 467-564.

Wolff, Tamsen.
2003 ""Eugenic O'Neill" and the Secrets of *Strange Interlude*." *Theatre Journal* 55, 2. 215-34.

Worthen, W.B.
2010 *Drama: Between Poetry and Performance*. Chichester, West Sussex: Wiley-Blackwell.

Zushi, Yo.
2012 "The NS Interview: Yukio Ninagawa, theatre director." *New Statesman*, 13 June. http://www.newstatesman.com/culture/culture/2012/06/ns-interview-yukio-ninagawa-theatre-director 最終アクセス日二〇一六年三月二九日。

No signature.
2012 "Peter Brook and Bouffes du Nord Theatre Troop Respect the Cultural Boycott of Israel." *Refrain Playing Israel*, 16 Sept. http://refrainplayingisrael.blogspot.jp/2012/09/peter-brook-and-bouffes-du-nord-theatre.html　最終アクセス日二〇一六年三月二九日。

**著者略歴**
1957年生まれ
東京大学大学院人文科学研究科修士課程修了
現在，東京大学大学院総合文化研究科教授

**主要著書**
『メロドラマの逆襲』（勁草書房，1996年）
『メロドラマからパフォーマンスへ』（東京大学出版会，2001年）
*Crucible Bodies* (Seagull Books, 2009)
『文学アメリカ資本主義』（共著，南雲堂，1993年）
『読み直すアメリカ文学』（共著，研究社，1996年）

「J演劇」の場所
トランスナショナルな移動性《モビリティ》へ

2016年9月20日　初　版

［検印廃止］

著　者　内野《うちの》　儀《ただし》

発行所　一般財団法人　東京大学出版会
代表者　古田元夫
153-0041 東京都目黒区駒場4-5-29
http://www.utp.or.jp/
電話 03-6407-1069　Fax 03-6407-1991
振替 00160-6-59964

組　版　有限会社プログレス
印刷所　株式会社ヒライ
製本所　牧製本印刷株式会社


ISBN 978-4-13-080217-8　Printed in Japan

# 人名索引

## あ　行

アイスキュロス(Aischylos)　386
アインシュタイン，アルベルト(Einstein, Arbert)　309
青田玲子　224
アコンチ，ヴィトー(Acconce, Bito)　111
浅田彰　i, v,
東浩紀　16, 134, 193, 370
アトレーヤ，プリティ(Athreya, Preethi)　378
アブドー，レザ(Abdoh, Reza)　16-7, 85, 89-92, 94-104
新舗美佳　146
アリストテレス(Aristotle)　46, 309
アルトー，アントナン(Artaud, Antonin)　28, 359
アロンソン，アーノルド(Aronson, Arnold)　10, 56-57, 102, 305
アンダーソン，ローリー(Anderson, Laurie)　74, 113
イーグルトン，テリー(Eagleton, Terry)　29-30
イェリネク，エルフリーデ(Jelinek, Elfriede)　248, 386
石光泰夫　158-60, 163, 166
井手茂太　146
伊藤千枝　146, 377, 379
戌井昭人　143
イプセン，ヘンリク(Ibsen, Henrik)　40, 47, 52, 57, 382
イヨネスコ，ウジェーヌ(Ionesco, Eugène)　45
岩城京子　236, 240-1, 246-7
岩崎正寛　213
岩崎裕司　141
岩淵達治　311, 330
岩松了　141
ヴァーグナー，リヒャルト(Wagner, Richard)　129, 244
ヴァウター，ロン(Ron Vawter)　121
ウィームス，マリアンヌ(Weems, Marianne)　114, 123
ウィカンダー，マシュー・H(Wikander, Matthew H.)　28
ヴィトン，ルイ(Vuitton, Louis)　245
ウィラー，ヒュー(Wheeler, Hugh)　24
ウィリアムズ，テネシー(Williams, Tennessee)　vii, 10-2, 20-1, 24, 38, 40-1, 44, 54-7, 60
ウィリアムズ，レイモンド(Williams, Raymond)　27, 29, 34, 38, 188-9, 192
ヴィリリオ，ポール(Virilio, Paul)　167
ウィルソン，オーガスト(Wilson, August)　4, 24
ウィルソン，ロバート(Wilson, Robert)　15, 64, 74, 94, 99
ウィレット，ジョン(Willett, John)　309
ウェインスコット，ロナルド・H(Wainscott, Ronald H.)　30
ヴェーバー，ハスコ(Weber, Hasko)　382
上杉祥三　212
ヴェッツェル，ダニエル(Wetzel, Daniel)　389
ウェッバー，アンドリュー，ロイド(Webber, Andrew Lloyd)　24
ウェルマン，マック(Wellman, Mac)　22
ウォーカー，アリス(Walker, Alice)　247
ヴォーク，ケイト(Valk, Kate)　121
ウォーゼン，ウィリアム・B(Worthen,

### か　行

## さ　行

た　行



な　行

## は　行

ヒル，ゲイリィ(Hill, Gary)　111
ピンター，ハロルド(Pinter, Harold)　5, 24
ファインゴールド，マイケル(Feingold, Michael)　36, 39
フィスター，ジョエル(Pfister, Joel)　8-9, 29-33
フィッシャー=リヒテ，エリカ(Fischer-Lichte, Erika)　266
フィッシュ，ヴァルダ(Fish, Varda)　246
フィッツジェラルド，スコット(Fitzgerald, F. Scott)　8, 343, 346
フィンリー，カレン(Finley, Karen)　63-72, 74-8, 81-3
フーコー，ミシェル(Foucault, Michel)　67
フェラル，ジョセット(Féral, Josette)　68
フォアマン，リチャード(Foreman, Richard)　15, 93, 99, 108
フォークナー，ウィリアム(Faulkner, William)　8, 335
フォックス，ジョシュ(Fox, Josh)　255-6
藤田康城　149
フックス，エリノア(Fuchs, Elinor)　69-70, 76-7
ブッシュ，ジョージ・W(Bush, George Walker)　6
プッチナー，マーティン(Puchner, Martin)　42-7, 60
ブラウン，ケネス・H(Brown, Kenneth H.)　21
プラトン(Plato)　46
ブランド，マーロン(Brando, Marlon)　57
ブラントリー，ベン(Brantley, Ben)　4-6, 9, 16-7
フリード，K. ロナルド(Fried, Ronald K.)　71
ブルーステイン，ロバート(Brustein, Robert)　190
プルースト，マルセル(Proust, Marcel)　266, 359
ブルーム，ハロルド(Bloom, Harold)　37, 40
ブルーメンソール，アイリーン(Blumenthal, Eileen)　21
ブルック，ピーター(Brook, Peter)　5, 7, 24, 238-9, 241, 247, 249
古橋悌二　101
フレッチャー，ジョン(Fletcher, John)　213
ブレヒト，ベルトルト(Brecht, Bertolt)　viii, 52, 297, 307-11, 313-4, 317-323, 325-30, 382
ブレントン，ハワード(Brenton, Howard)　329
フロイト，ジークムント(Freud, Sigmund)　67, 358
ブロム，アイナ(Blom Ina)　119
ヘア，デイヴィッド(Hare, David)　329
ベイトソン，グレゴリー(Bateson, Gregory)　361
ベイルズ，サラ・ジェーン(Bailes, Sara Jane)　344, 346
ヘイワード，デュボーズ(Heyward, Du Bose)　24
ヘーゲル，ゲオルク(Hegel, Georg)　370
ベーコン，ロジャー(Bacon, Roger)　321, 324
ベケット，サミュエル(Beckett, Samuel)　5, 24, 40, 45, 52, 359
ベッソン，ベノ(Besson, Benno)　309
ベネット，ベンヤミン(Bennett, Benjamin)　50
ベラスコ，デイヴィッド(Belasco, David)　11
ベル，ジョン(Bell, John)　26-9, 34, 91-2, 94-102
ヘルムス，ジェシー(Helms, Jesse)

## ま　行

Christopher)　362
メドリン，マーギー(Medlin, Magie)　378
メルヴィル，ハーマン(Melville, Herman)　8
モーツァルト，ヴォルフガング(Mozart, Wolfgang Amadeus)　129
本谷有希子　138, 141
森山直人　155
モンク，メレディス(Monk, Meredith)　113
モンロー，アレクサンドラ(Munroe, Alexandra)　152

## や　行

矢内原美邦　146, 148, 176, 209, 255-7, 377
山口真樹子　220
山下残　377, 379
山田うん　176
ユング，カール(Jung, Carl)　358
吉川純子　286
吉田鋼太郎　196
吉本光宏　231

## ら　行

ラーソン，ジョナサン(Larson, Jonathan　4, 7, 24
ラーナー，アラン・ジェイ(Lerner, Alan Jay)　24
ライキー，マンディープ(Raikhy, Mandeep)　378-9
ライス，エルマー(Rice, Elmer)　325
ラカン，ジャック(Lacan, Jacques)　67, 159, 260, 358
ラングホフ，シェルミン(Langhoff, Schermin)　384-6
リー，ヴィヴィアン(Leigh, Vivien)　57, 59
リー，ストラスバーグ(Strasberg, Lee)　10
リード，ルー(Reed, Lou)　55
リオタール，ジャン＝フランソワ(Lyotard, Jean-François)　191
リスト，ピピロッティ(Rist, Pipilotti)　111
リリエンタール，マティアス(Lilienthal, Matthias)　ix, 220, 233
ルコント，エリザベス(LeCompte, Elizabeth)　4, 7, 127-8
ルパージュ，ロベール(Robert Lepage)　129
レイヴェンヒル，マーク(Ravenhill, Mark)　325
レイナー，イヴォンヌ(Rainer, Yvonne)　113
レーガン，ロナルド(Reagan, Ronald)　16, 17
レーマン，ハンス＝ティース(Lehmann, Hans-Thies)　195
レザ，ヤスミナ(Reza, Yasmina)　383
ロイ，アルダハティ(Roy, Arundhati)　303
ロウ，フレデリック(Loewe, Frederick)　24
ロースラー，ノーマン(Rossler, Norman)　308
ローゼンバーグ，ダン(Rosenberg, Dan)　viii
ロートン，チャールズ(Laughton, Charles)　308, 329-30
ローネン，ヤエル(Ronen Yael)　385, 388
ローレンツ，アーサー(Laurents, Arthur)　24
ロジャーズ，リチャード(Rodgers, Richard)　24
ロス，モアイラ(Roth, Moira)　21, 288
ロベール，サンドーズ(Sandoz, Robert)　346
ロマン，デイヴィッド(Román, David)　18-9

## 団体名索引

た　行



な　行



は　行



ま　行



や　行



ら行・わ行

# 作品名索引

## あ　行



## か　行

さ　行

た　行



な　行



は　行

庇護にゆだねられた者たち(Die Schutzbefohlenen)　386
日なたの干しぶどう(A Raisin in the Sun)　4, 24
ヒネミ　199
ファウスト—帝国モーテル(Faust: Imperial Motel)　81
ファウストが死んだ(Faust Is Dead)　325
プラスチックのかけら(Stücke Plastik)　382
フランク・デルの聖アントニウスの誘惑(Frank Dell's Temptation of St. Antony)　118
フリータイム　viii, 263
フリル（ミニ）ワイルド　157, 164
分子レヴェルの侵略(Molecular Invasion)　275, 281
ペール・ギュント(Peer Gynt)　382
蛇(The Serpent)　14
ベラージオ(Bellagio)　22
ボーギィ・マン(Bogeyman)　90
ポギーとベス(Porgy and Bess)　24
ホットペッパー，クーラー，そしてお別れの挨拶　ix, 219, 226
ホテル・デュ(Hotel Du)　242
ホワイト・ウォーター(White Water)　74, 79, 216

## ま　行

マ・レイニーのブラック・ボトム(Ma Rainey's Black Bottom)　4, 24
マイフェアレイディ(My Fair Lady)　24
まとまったお金の唄　183
麻薬密売人(The Connection)　21
ミナマタ(Minamata)　90
メイヘム(Mayhem)　22
もう家賃が払えないので，仕方なく出て行った男(Von einem der auszog, weil er sich die Miete nicht mehr leisten konnte)　383
モーターサイクル・ドン・キホーテ　212-3, 215
喪服の似合うエレクトラ(Mourning Becomes Electra)　11, 30, 185-6, 194, 196
森の生活(Walden)　248
モンド・ニューヨーク(Mondo New York)　65

## や　行

焼けたトタン屋根の上の猫（A Cat on a Hot Tin Roof)　20
屋根裏　153, 255
遊園地再生　199
有機蜂蜜の垂直な転がり(Organic Honey's Vertical Roll)　112
ヨーロッパ　お宅訪問(Hausbesuch Europa)　395
欲望という名の電車(A Streetcar Named Disire)　12, 20, 24, 55-60
欲望の恒常的状態(The Constant State of Desire)　63, 65, 72, 75, 79
夜への長い旅路(A Long Day's Journey into Night)　9, 24

## ら　行

ラザロ笑えり(Lazarus Laughed)　11
ラムスティック・ロード(Rumstic Road)　116
リア王(King Lear)　iii, ix, 202-3
リチャード三世(Richard Ⅲ)　382
ルーシー・キャブロルの三つの生(The Three Lives of Lucie Cabrol)　336
るつぼ(The Crucible)　35-9
Referendum 国民投票プロジェクト　248
レフティを待ちながら(Waiting for Lefty)　24
レント(Rent)　4, 7, 24
ローゼンクランツとギルデンスターンは死んだ(Rosencrantz and Guilden-

わ 行

# 図版一覧

**カバー写真**

上・『ホットペッパー，クーラー，そしてお別れの挨拶』（岡田利規作・演出）から（チェルフィッチュ，2010）．写真提供：precog，写真撮影：横田徹．

下・ミュンヘン・カンマーシュピーレ劇場（2016）での公演．"Hot Pepper, Air Conditioner and the Farewell Speech," Courtesy: Münchner Kammerspiele (2016) [https://www.muenchner-kammerspiele.de/en/staging/hot-pepper-air-conditioner-and-the-farewell-speech].

**各章扉**

第Ⅰ部第1章「ウースター・グループ『皇帝ジョウンズ』」――The Emperor Jones, Directed by Elizabeth LeCompte, photograph by ©Paula Court. In: Callens, Johan (ed.), *The Wooster Group and Its Traditions*, P. I. E.-Peter Lang, 2004, p. 23 (Figure 11).

第Ⅰ部第2章「オニール『奇妙な幕間劇』」――Strange Interlude (1928), act VIII (yacht afterdeck), John Golden Theatre. In: Wainscott, R. H., *Staging O'Neill: The Experimental Years, 1920-1934*, Yale UP, 1988 (Illustration 13).

第Ⅰ部第3章「ミラー『るつぼ』」――Miller, Arthur, *The Crucible*, Penguin Books, 1996.

第Ⅰ部第4章「フランク・カストロフ『終着駅アメリカ』」――Frank Castorf, Endstation Amerika, photograph by © Sebastian Hope. 新野守広『演劇都市ベルリン――舞台表現の新しい姿』れんが書房新社，2005年より．

第Ⅰ部第5章「カレン・フィンリー『欲望の恒常的状態』」――Photograph by © Dona Ann McAdams. In: Karen Finley, *A Different Kind of Intimacy*, Thunder's Mouth Press, 2000, p. 46.

第Ⅰ部第6章「レザ・アブドー『廃墟都市からの引用』」――Quotations from Ruined City, 448 W. 16th Street in New York City, 1994, photograph by © Paula Court. In: Mufson, D. (ed.), *Reza Abdoh*, The Johns Hopkins UP, 1999.

第Ⅰ部第7章「ビルダーズ・アソシエーション『スーパーヴィジョン』」――Supervision (2005-6), Builders Association [http://www.thebuildersassociation.org/prod_supervision_images.html].

第Ⅱ部第1章「『ユリイカ』「この小劇場を観よ！」」――『ユリイカ』2005年7月号，青土社．

第Ⅱ部第2章「珍しいキノコ舞踊団『フリル（ミニ）ワイルド』」．写真提供：珍しいキノコ舞踏団，写真撮影：Yohta Kataoka.

第Ⅱ部第3章「チェルフィッチュ『三月の5日間』」――写真提供：precog，写真撮影：横田徹．

第Ⅱ部第4章「新国立劇場『喪服の似合うエレクトラ』」――写真提供：新国立劇場，写真撮影：谷古宇正彦．

第Ⅱ部第5章「遊園地再生事業団『トーキョー・ボディ』，『トーキョー／不在／ハ

ムレット』」——「不在日記」より．写真提供・遊園地再生事業団，写真撮影：引地信彦．

第Ⅱ部第6章「チェルフィッシュ『ホットペッパー，クーラー，そしてお別れの挨拶』」——写真提供：precog，写真撮影：横田徹．

第Ⅱ部第7章「解体社『最終生活Ⅳ』「カダフィ・ダンス」」——劇団解体社／テアトル・シネマ『Document Posthuman Theatre［2011-2014］』，p. 42．写真提供：劇団解体社，写真撮影：宮内勝．

第Ⅲ部第1章「ミクニヤナイハラプロジェクト Vol. 3『青ノ鳥』」——MIKUNI YANAIHARA PROJECT「青ノ鳥」，劇評サイトワンダーランド（http://www.wonderlands.jp/archives/12315/）より．写真提供：precog，写真撮影：飯田研紀．

第Ⅲ部第2章「クリティカル・アート・アンサンブル，バイオテック・プロジェクト「放し飼い穀物」」——Free Range Grain 2003-04. CAE, Installation, Schlin Kunsthalle, Frankfurt, 2003［http://www.critical-art.net/Biotech.html］．

第Ⅲ部第3章「シェクナー『パフォーマンス・スタディーズ』」——Schechner, Richard, *Performance Studies: An Introduction*, third edition, Routledge, 2013.

第Ⅲ部第4章「ブレヒト『ガリレイの生涯』」——Brecht, Bertolt, *Life of Galileo*, Penguin Classics; Reprint edition, 2008.

第Ⅲ部第5章「エレベーター・リペア・サービス『ギャッツ』」——Elevator Repair Service, “Gatz,” photograph by © Mark Barton［https://www.elevator.org/shows/gatz/］．

第Ⅲ部第6章「解体社「ポストーヒューマンシアター」」——写真提供：劇団解体社，写真撮影：宮内勝．